プリント形式のリアル過去問で本番の臨場感！

兵庫県

須磨学園中学校

第1回入試

2025年春受験用

解答集

本書は，実物をなるべくそのままに，プリント形式で年度ごとに収録しています。
問題用紙を教科別に分けて使うことができるので，本番さながらの演習ができます。

■ 収録内容

・解答集（この冊子です）

書籍ＩＤ番号，この問題集の使い方，最新年度実物データ，リアル過去問の活用，
解答例と解説，ご使用にあたってのお願い・ご注意，お問い合わせ

・2024（令和６）年度 ～ 2020（令和２）年度　学力検査問題

JN132407

○は収録あり	年度	'24	'23	'22	'21	'20
■ 問題(第1回)		○	○	○	○	○
■ 解答用紙		○	○	○	○	○
■ 配点						

全教科に解説があります

◎第2回，第3回は別冊で販売中
注）問題文等非掲載：2024年度国語の一と二，2023年度国語の一と二，社会の5

問題文などの非掲載につきまして

著作権上の都合により，本書に収録している過去入試問題の本文や図表の一部を掲載しておりません。ご不便をおかけし，誠に申し訳ございません。

本文の一部を掲載できなかったことによる国語の演習不足を補うため，論説文および小説文の演習問題のダウンロード付録があります。弊社ウェブサイトから書籍ＩＤ番号を入力してご利用ください。

なお，問題の量，形式，難易度などの傾向が，実際の入試問題と一致しない場合があります。

教英出版

■　書籍ＩＤ番号

入試に役立つダウンロード付録や学校情報などを随時更新して掲載しています。
教英出版ウェブサイトの「ご購入者様のページ」画面で，書籍ＩＤ番号を入力してご利用ください。

書籍ＩＤ番号　118430

（有効期限：2025年9月30日まで）

【入試に役立つダウンロード付録】
「要点のまとめ(国語／算数)」
「課題作文演習」ほか

■　この問題集の使い方

年度ごとにプリント形式で収録しています。針を外して教科ごとに分けて使用します。①片側，②中央のどちらかでとじてありますので，下図を参考に，問題用紙と解答用紙に分けて準備をしましょう（解答用紙がない場合もあります)。

針を外すときは，けがをしないように十分注意してください。また，針を外すと紛失しやすくなりますので気をつけましょう。

① 片側でとじてあるもの

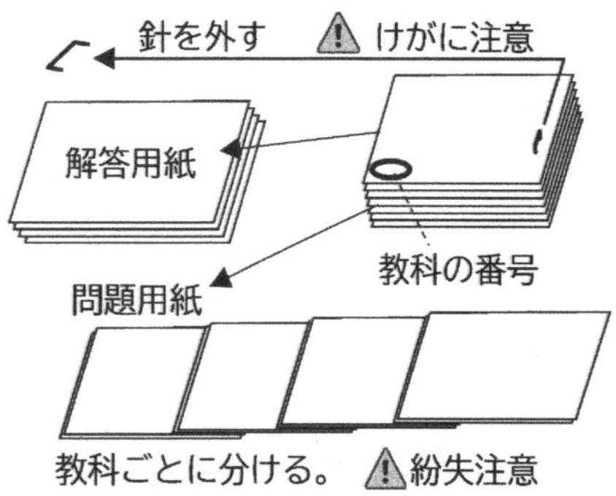

② 中央でとじてあるもの

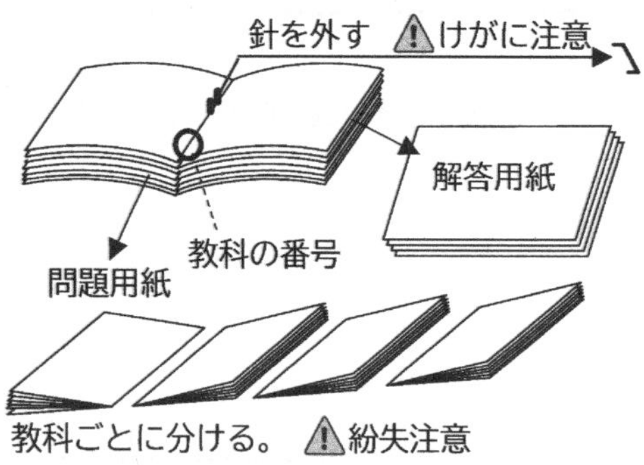

※教科数が上図と異なる場合があります。
解答用紙がない場合や，問題と一体になっている場合があります。
教科の番号は，教科ごとに分けるときの参考にしてください。

■　最新年度 実物データ

実物をなるべくそのままに編集していますが，収録の都合上，実際の試験問題とは異なる場合があります。実物のサイズ，様式は右表で確認してください。

問題用紙	Ｂ５冊子(二つ折り) 国：Ｂ４プリント
解答用紙	Ｂ４片面プリント

リアル過去問の活用

～リアル過去問なら入試本番で力を発揮することができる～

本番を体験しよう！

問題用紙の形式（縦向き / 横向き），問題の配置や余白など，実物に近い紙面構成なので本番の臨場感が味わえます。まずはパラパラとめくって眺めてみてください。「これが志望校の入試問題なんだ！」と思えば入試に向けて気持ちが高まることでしょう。

入試を知ろう！

同じ教科の過去数年分の問題紙面を並べて，見比べてみましょう。

① 問題の量

毎年同じ大問数か，年によって違うのか，また全体の問題量はどのくらいか知っておきましょう。どのくらいのスピードで解けば時間内に終わるのか，大問ひとつにかけられる時間を計算してみましょう。

② 出題分野

よく出題されている分野とそうでない分野を見つけましょう。同じような問題が過去にも出題されていることに気がつくはずです。

③ 出題順序

得意な分野が毎年同じ大問番号で出題されていると分かれば，本番で取りこぼさないように先回りして解答することができるでしょう。

④ 解答方法

記述式か選択式か（マークシートか），見ておきましょう。記述式なら，単位まで書く必要があるかどうか，文字数はどのくらいかなど，細かいところまでチェックしておきましょう。計算過程を書く必要があるかどうかも重要です。

⑤ 問題の難易度

必ず正解したい基本問題，条件や指示の読み間違いといったケアレスミスに気をつけたい問題，後回しにしたほうがいい問題などをチェックしておきましょう。

問題を解こう！

志望校の入試傾向をつかんだら，問題を何度も解いていきましょう。ほかにも問題文の独特な言いまわしや，その学校独自の答え方を発見できることもあるでしょう。オリンピックや環境問題など，話題になった出来事を毎年出題する学校だと分かれば，日頃のニュースの見かたも変わってきます。

こうして志望校の入試傾向を知り対策を立てることこそが，過去問を解く最大の理由なのです。

実力を知ろう！

過去問を解くにあたって，得点はそれほど重要ではありません。大切なのは，志望校の過去問演習を通して，苦手な教科，苦手な分野を知ることです。苦手な教科，分野が分かったら，教科書や参考書に戻って重点的に学習する時間をつくりましょう。今の自分の実力を知れば，入試本番までの勉強の道すじが見えてきます。

試験に慣れよう！

入試では時間配分も重要です。本番で時間が足りなくなってあわてないように，リアル過去問で実戦演習をして，時間配分や出題パターンに慣れておきましょう。教科ごとに気持ちを切り替える練習もしておきましょう。

心を整えよう！

入試は誰でも緊張するものです。入試前日になったら，演習をやり尽くしたリアル過去問の表紙を眺めてみましょう。問題の内容を見る必要はもうありません。どんな形式だったかな？受験番号や氏名はどこに書くのかな？…ほんの少し見ておくだけでも，志望校の入試に向けて心の準備が整うことでしょう。

そして入試本番では，見慣れた問題紙面が緊張した心を落ち着かせてくれるはずです。

※まれに入試形式を変更する学校もありますが，条件はほかの受験生も同じです。心を整えてあせらずに問題に取りかかりましょう。

須磨学園中学校【第1回】

《国語》

一 問一．4　問二．3　問三．3　問四．4　問五．1　問六．2　問七．確かに、人間の性格の二、三割は意識的につくった部分なので、第一印象だけではその人の性格を判断できない。しかし、計算高さは表情や態度に自然に表れ、相手にいい印象を与えないので、利害関係は自分の判断力の中に何気なく含まれる程度にするのがよい。　問八．(i) 3→5→2→4→1　(ii) 1．T　2．F　3．T　4．F　5．F　6．T　7．T
問九．a．反射　b．発揮　c．見当　d．増　e．厳密　f．単

二 問一．a．4　b．1　c．3　問二．四　問三．3　問四．2　問五．1，5　問六．4
問七．4　問八．4　問九．1　問十．3

《算数》

1 (1)1985　(2)$\frac{5}{11}$　(3)126　(4)5　(5)5

2 (1)10　(2)23　(3)11　(4)(ア)　(5)120　(6)15　(7)17　(8)3

3 (1)60　(2)88　(3)4　(4)8

4 (1)108　(2)48，120　(3)192，$125\frac{1}{3}$

5 (1)4　(2)113.04　(3)1.5　※(4)18

※の考え方は解説を参照してください。

《理科》

1 問1．ア．食物連さ　イ．生態ピラミッド　ウ．植物プランクトン　問2．④　問3．(a)②，④　(b)①
問4．有害物質が高い濃度でたまった魚を食べた量が異なるから。　問5．②，⑤

2 問1．③　問2．(a)11　(b)25　問3．0.5　問4．①　問5．－16.7　問6．④
問7．黒く着色することで，太陽の光を吸収し，温度が上がりやすくなるから。

3 問1．①　問2．2.9　問3．②　問4．A．ポリエチレン　B．ポリプロピレン
C．塩化ビニル　D．ポリエチレンテレフタラート　問5．A，B

4 問1．①，②，⑤，⑥　問2．ア．二酸化炭素　イ．ちっ素　ウ．酸素　問3．③
問4．(a)600　(b)右図　問5．③から④　問6．④　問7．50.4

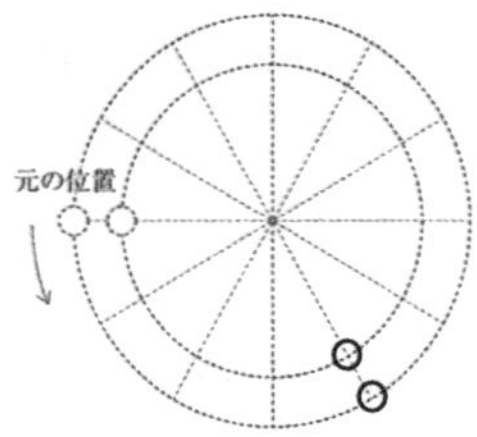

《社　会》

1 問1．ウ　問2．エ　問3．中継貿易　問4．ア　問5．エ　問6．ア　問7．渋沢栄一
問8．エ　問9．エ

2 問1．日本書紀　問2．ア　問3．朝廷の支配が東北まで広がったことに加え，地方政治のゆるみをなくすための改革が行われ，勘解由使を設けるなどして，国司をより厳しく監督するようになったから。　問4．オ
問5．方丈記　問6．イ　問7．ア→エ→イ→ウ　問8．世界銀行

3 問1．遠洋漁業…エ　海面養殖業…ウ　問2．イ　問3．地産地消　問4．地元の生産者から直接仕入れたり，卸売業者から直接仕入れたりするなど，さまざまな流通経路を柔軟に選択することができ，輸送費用や仕入れ価格を抑えることができるから。　問5．第1次石油危機　問6．(1)カ　(2)太平洋ベルト

4 問1．(1)日本アルプス　(2)ウ　問2．ア　問3．オ　問4．イ　問5．オ　問6．旬ではない食材は，ビニールハウスで暖房を使って栽培したり，他地域で生産したものを輸送したりしなければならないため，多くの電力や燃料を使用するから。

5 問1．イ　問2．戦力　問3．エ　問4．ア　問5．チェルノブイリ　問6．PKO　問7．エ

《2024　第１回　国語　解説》

一　**問一**　後の方に、動物的に発達してきた判断力や印象で見る力は、前思春期の十五、六歳までで終わってしまうと書かれている。つまり、第一印象で人をあてる能力は、年をとると失われてしまうため、外れることも多くなるのである。よって、４が適する。

問二　前の段落に書かれている内容を読み取る。「おそらく第一印象を形作る上で大きな力を発揮して」いる「ある部分の判断力」は、「かなりの確率であたるのではないか」とある。――線部Ｂの「それができる」は、この内容を受けている。つまり、――線部Ｂの「それ」とは、第一印象でかなり正確に判断することである。よって、３が適する。

問三　前の段落に、「青春期以降は、他人を第一印象だけで判断してはだめだということを悟り、自分でそれを直そうとか、乗り越えようと人はするものです」とあり、直後でこのことを「意識的作用」と言い換えている。――線部Ｃを含む段落では、「そういう意識的な作用に加えて～人間の考え方や性格というのは、実際につきあってみないとわからないものだ、という体験も増えてくるはずです」と述べている。つまり、他人を第一印象だけで判断してはだめだと意識するのに加え、他人は実際につきあってみないとわからないという体験を重ねることで、「第一印象というものはあまりあてにならないとわかってくる」のである。よって、３が適する。

問四　――線部Ｄの前後では、第一印象で判断する側と判断される側の両方について、無意識的な部分と意識的な部分があることを説明し、さらに、第一印象はあまり正確ではなく、あてにならないということを説明している。よって、無意識的な部分と意識的な部分があることと、第一印象はあまり正確ではないということを説明している４が適する。１は、無意識的な部分と意識的な部分があるという点にふれていないので適さない。２と３は、第一印象はあまり正確ではないという点にふれていないので適さない。

問五　２段落前に「(人となりの)二、三割は、自分の意志の力や人間関係の経験などをもとにして、後から自分でつくってきた部分があります」とある。これを受けて、前の段落で「つまり、無意識だけではなくて、意識的な性格もプラスされて人間というものができ上がるのです」と述べている。ここから、１にある「人間は意識的に自らを作る」という内容が読みとれる。一方、――線部Ｅ以降では、計算高さは顔や表情に自然に出てきてしまい、あまりいい印象を相手に与えないため、利害関係を第一に考えるのはやめたほうがいいと述べている。これは、人間関係で「意識すべき」点について、補足する形で述べたものである。よって、１が適する。

問六　――線部Ｆの前後にある「計算高さは、顔や挙措振る舞いの中に自然に出てきてしまう」や、「利害ばかり考えていたり、言っていたりすると何となくそれが全体ににじみ出てきて、相手にもあまりいい印象を与えないかもしれません」より、計算高さは表情や態度に表れることや、自分の利益しか考えていないという印象を相手に与えることが読み取れる。よって、２が適する。１は「因果応報として」が、３は「表情や態度と裏腹に」が、４は「海千山千な人間である印象」がそれぞれ誤り。

問七　まず、二文目に書く内容を考える。「いい人格」をつくるには、「利害関係を第一に考えるのはやめたほうがよく、「自分の判断力の中に何気なく含めるというぐらいの気持ちで加えるようにする」のがよいとある。その理由は、前の段落にあるように、「計算高さは、顔や挙措振る舞いの中に自然に出てきてしま」い、「利害ばかり考えていたり、言っていたりすると何となくそれが全体ににじみ出てきて、相手にもあまりいい印象を与えないかもしれ」ないからである。次に、一文目に書く内容を考える。その際、二文目の内容に「しかし」でつながる内容になるように意識する。――線部Eの前の段落までで、第一印象はあてにならないということを述べている。その理由は、「人となりの七、八割は、その人の生まれつきの性格や育った環境による」無意識的な部分であるが、「残りの二、三割は、自分の意志の力や人間関係の経験などをもとにして、後から自分でつくってきた」意識的な性格だからである。

三 著作権上の都合により文章を掲載しておりませんので、解説も掲載しておりません。ご不便をおかけし、誠に申し訳ございません。

《2024　第1回　算数　解説》

1 (1) 与式$=2024-(48-35)\times\{(8-6)+1\}=2024-13\times(2+1)=2024-13\times3=2024-39=$**1985**

(2) 与式$=\frac{1}{3}+\frac{1}{15}+\frac{1}{35}+\frac{1}{63}+\frac{1}{99}=\frac{1}{1\times3}+\frac{1}{3\times5}+\frac{1}{5\times7}+\frac{1}{7\times9}+\frac{1}{9\times11}=$

$\frac{1}{2}\times\{(\frac{1}{1}-\frac{1}{3})+(\frac{1}{3}-\frac{1}{5})+(\frac{1}{5}-\frac{1}{7})+(\frac{1}{7}-\frac{1}{9})+(\frac{1}{9}-\frac{1}{11})\}=\frac{1}{2}\times(1-\frac{1}{11})=\frac{1}{2}\times\frac{10}{11}=\mathbf{\frac{5}{11}}$

(3) 与式$=\frac{9}{5}\times\frac{49}{16}\div\frac{3}{2}\times\frac{10}{3}\times\frac{27}{7}\div\frac{3}{8}=\frac{9}{5}\times\frac{49}{16}\times\frac{2}{3}\times\frac{10}{3}\times\frac{27}{7}\times\frac{8}{3}=$**126**

(4) 与式＝314159.26 cm＋12345.67 cm＋0.07 cm－186500 cm－140000 cm＝326505 cm－186500 cm－140000 cm＝**5** cm

(5) $\frac{□+2\times3}{6\times8-26}=\frac{□+6}{22}$を△とおくと，$\frac{7}{△}=\frac{26}{11}\times\frac{77}{13}$　　$7\div△=14$　　$△=7\div14=\frac{1}{2}$

よって，$\frac{□+6}{22}=\frac{1}{2}$　　$□+6=\frac{1}{2}\times22$　　$□=11-6=$**5**

2 (1) 食塩の重さの合計は，$20+200\times\frac{7}{100}=34$(g)，食塩水の重さの合計は，$140+20+200-20=340$(g)

よって，求める濃度は，$\frac{34}{340}\times100=$**10**(%)

(2) 右図の角エの大きさは，180°－60°－37°＝83°

平行線の錯角は等しいから，角ABC＋角ウ＝角エなので，

60°＋角ウ＝83°　　角ウ＝**23°**

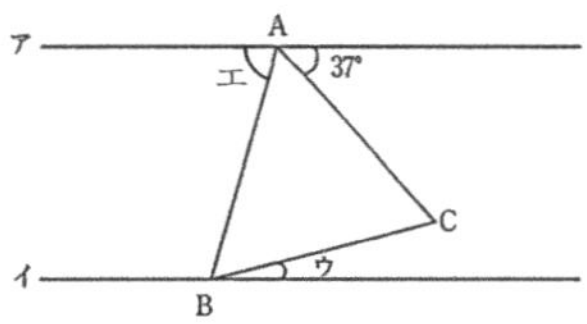

(3) **【解き方】＜＞の中の数1つ1つに6をかけていき，十の位を求める。**

与式＝＜3＋7＋0＋4＞＋＜6＋8＋9＞＝＜14＞＋＜23＞＝8＋3＝**11**

(4) 切り口は右図の太線のようになる。(イ)と(エ)は明らかに断面の面積が一番大きくない。(ア)と(ウ)の断面は正方形で，1辺の長さは，(ア)が正八面体の面の正三角形の1辺の長さ，(ウ)は同じ正三角形の高さにあたるから，**(ア)**の方が断面の面積が大きい。

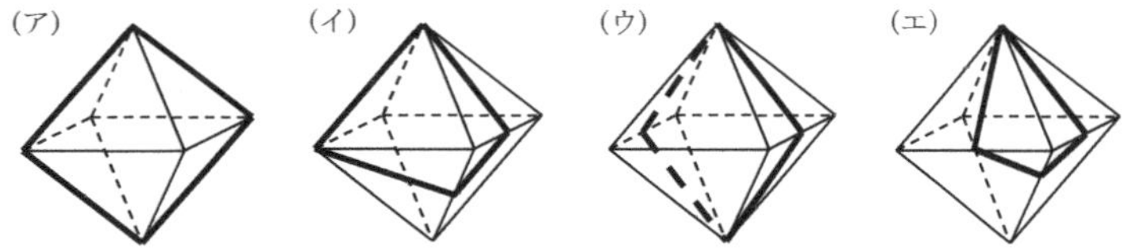

(5) **【解き方】リンゴ5個とミカン8個で920円，リンゴ3個とミカン6個で$480\div(1-\frac{20}{100})=600$(円)だから，リンゴとミカンを2個ずつ増やすと920－600＝320(円)高くなる。**

リンゴ1個とミカン1個の定価の合計は，320÷2＝160(円)　　したがって，ミカン3個の定価の合計は，600－160×3＝120(円)だから，ミカン1個の定価は，120÷3＝40(円)　　リンゴ1個の定価は，160－40＝**120**(円)

(6) **【解き方】AB＝①とするとAD＝③であり，正方形EFGHの1辺の長さは①である。**

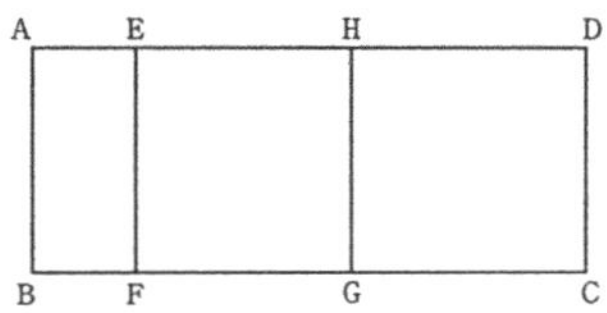

ADの長さは，AH＋FC－①＝8＋12－①＝20－①(cm)と表せる。

これと③＝④－①が等しいから，④＝20より，①$=\frac{20}{4}=5$(cm)

よって，AE＝8－5＝3(cm)だから，四角形ABFEの面積は，5×3＝**15**(cm²)

(7)　1km4分のペースで走った道のりは，$1\times\frac{30}{4}=7.5$(km)　　したがって，残りの1時間31分－30分＝61分で20－7.5＝12.5(km)走った。12.5kmをずっと1km5分のペースで走ると，5×12.5＝62.5(分)かかるので，実際より62.5－61＝1.5(分)多くなる。12.5kmのうち1kmを，1km5分のペースから1km4分30秒のペースにおきかえると，5分－4分30秒＝30秒＝0.5分早くなる。よって，1km4分30秒のペースで走ったのは，$1\times\frac{1.5}{0.5}=3$(km)だから，求める道のりは，20－3＝**17**(km)

(8)　**【解き方】ＡＯ：ＯＣ＝(三角形ＡＢＤの面積)：(三角形ＢＣＤの面積)＝３：９＝１：３である。三角形ＢＣＤの底辺と高さを考える。**

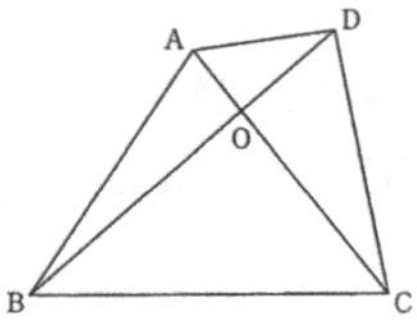

三角形ＢＣＤの底辺をＢＤ＝６cmとしたときの高さは，９×２÷６＝３(cm)だから，ＯＣが高さにあたるとわかる。したがって，角ＢＯＣ＝90°だから，三角形ＢＯＣは３辺の比が３：４：５の直角三角形なので，ＢＯ＝４cm

(三角形ＯＣＤの面積)：(三角形ＢＣＤの面積)＝ＯＤ：ＢＤ＝(６－４)：６＝１：３だから，

(三角形ＯＣＤの面積)＝(三角形ＢＣＤの面積)$\times\frac{1}{3}=9\times\frac{1}{3}=$**３**(cm²)

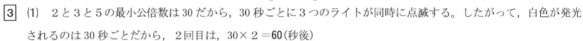

3　(1)　２と３と５の最小公倍数は30だから，30秒ごとに３つのライトが同時に点滅する。したがって，白色が発光されるのは30秒ごとだから，２回目は，30×２＝**60**(秒後)

(2)　**【解き方】ライトがついている時間の長さ(１回の点滅の長さ)は一瞬(いっしゅん)と考える。赤，緑，青が点滅するのはそれぞれ，「２の倍数」秒後，「３の倍数」秒後，「５の倍数」秒後だから，２または３または５で割り切れる時間のときは，いずれかのライトが点滅する。ライトが点滅しない時間を数えた方が速く解ける。**

１から30までの整数のうち，２でも３でも５でも割り切れない数は，１，７，11，13，17，19，23，29の８個だから，２または３または５で割り切れる数は，30－８＝22(個)ある。したがって，30秒で発光する回数は22回である。よって，２分＝120秒だと，$22\times\frac{120}{30}=$**88**(回)

(3)　**【解き方】緑がつくのは３秒ごとである。２と５の最小公倍数は10だから，赤と青が同時に発光されるのは10秒ごとである。**

１から30までの整数のうち，10の倍数の１つ前が３の倍数になっているところを探すと，９と10の組み合わせだけがあるとわかる。９秒後は緑だけがついているから緑色が発光され，10秒後は赤と青だけがついているからピンク色が発光される。つまり，条件に合う発光は30秒ごとに１回ある。よって，２分＝120秒だと，$1\times\frac{120}{30}=$**４**(回)

(4)　**【解き方】30秒後までのライトのつき方を図にまとめると，右図のようになる(○がライトの点滅を表す)。**

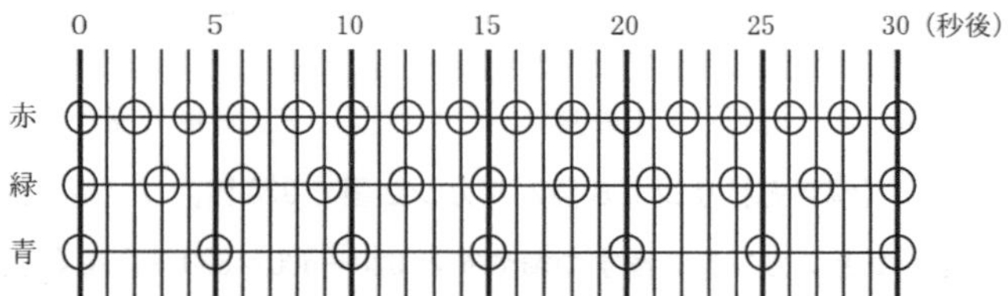

30秒後までの間に５秒連続で発光されるのは，２～６秒後と24～28秒後の２回ある。よって，２分＝120秒だと，$2\times\frac{120}{30}=$**８**(回)

4　(1)　**【解き方】図２で新たに３個増えた正三角形は，図１の正三角形を$\frac{1}{3}$倍に縮小した図形だから，面積は$\frac{1}{3}\times\frac{1}{3}=\frac{1}{9}$(倍)である。**

図２で新たに３個増えた正三角形の１個の面積は，$81\times\frac{1}{9}=9$(cm²)

よって，図２の図形の面積は，81＋９×３＝**108**(cm²)

(2)　**【解き方】図２は辺が12本ある。その１辺につき１個ずつ，新たに面積が$\frac{1}{9}$倍の正三角形が増えてできたの**

が，図３である。

図２のどの辺を見ても，１本の辺が図３で４本になっている。したがって，辺の本数の合計も４倍になっているから，図３の辺の本数は，12×４＝**48**(本)

図３で新たに増えた正三角形は，面積が９×$\frac{1}{9}$＝１(㎠)であり，図２の辺の数と同じだけ増えたから，12個増えた。よって，図３の図形の面積は，108＋１×12＝**120**(㎠)

⑶　**【解き方】⑵と同様に考える。**

新たにできる図形の辺の本数は，48×４＝**192**(本)　　新たにできる正三角形は，面積が１×$\frac{1}{9}$＝$\frac{1}{9}$(㎠)で48個できるから，新たにできる図形の面積は，120＋$\frac{1}{9}$×48＝**125$\frac{1}{3}$**(㎠)

5　⑴　**【解き方】柱体の側面積は，(底面の周の長さ)×(高さ)で求められることを利用する。**

Ｂの底面積は，３×３×3.14＝９×3.14(㎠)，表面積は，131.88＝42×3.14(㎠)だから，側面積は，42×3.14－９×3.14×２＝24×3.14(㎠)　　Ｂの底面の周の長さは，３×２×3.14＝６×3.14(㎝)だから，高さは，$\frac{24\times3.14}{6\times3.14}$＝**４**(㎝)

⑵　(９×3.14)×４＝36×3.14＝**113.04**(㎤)

⑶　**【解き方】Ｂの高さは４㎝だから，ＢをＡに入れたとき，Ｂはすべて水の中に入った。Ｃも同様である。したがって，増えた水位の比からＢとＣの底面の半径の比を求められる。**

ＢとＣそれぞれを水の中に入れたときに増えた水位の比は，１：(12.25－10)＝４：９

したがって，ＢとＣの体積比は４：９であり，高さが等しいから底面積の比も４：９である。

４：９＝(２×２)：(３×３)だから，ＢとＣの底面の半径の比は２：３である。

よって，Ｃの底面の半径はＢの底面の半径の，$\frac{3}{2}$＝**1.5**(倍)

⑷　**【解き方】ＤをＡの中に入れることで，右図のこい色つきの部分にあった水が，うすい色つきの部分に移動したと考える。**

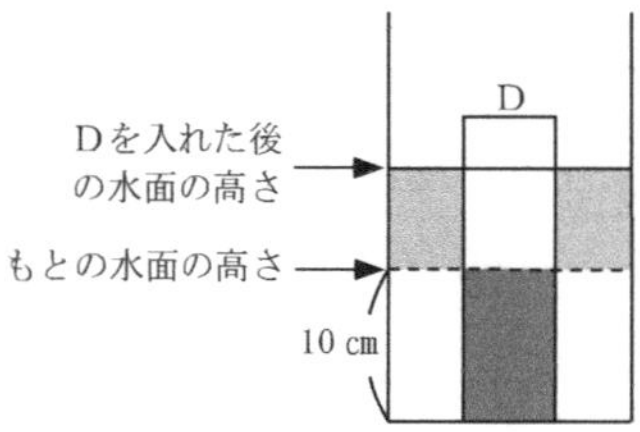

こい色の部分の底面積は，４×４×3.14＝16×3.14(㎠)

⑵より，Ｂの体積は36×3.14(㎤)だから，Ａの底面積は，

$\frac{36\times3.14}{1}$＝36×3.14(㎠)

うすい色の部分の底面積は，36×3.14－16×3.14＝20×3.14(㎠)

こい色の部分とうすい色の部分は体積が等しく，底面積の比が(16×3.14)：(20×3.14)＝４：５だから，高さの比はこの逆比の５：４である。よって，こい色の部分の高さは，10×$\frac{4}{5}$＝８(㎝)だから，Ａの中の水位は，10＋８＝**18**(㎝)

《2024　第１回　理科　解説》

1　**問１**　ウ．ピラミッドの底辺には，光合成によって有機物をつくり出す生物があてはまる。このような生物を生産者という。

問２　④において，生産者である１本のサクラの木には多くの葉がついていて，その１本のサクラの木には葉を食べるガの幼虫がたくさんいる。よって，底辺のサクラの個体数よりもそれを食べるガの幼虫の個体数の方が多くなり，底辺が広いピラミッド型にならない。

問３⒜　①×…水に溶(と)けやすい物質はにょうなどとともに体外に出ていきやすい。　③×…体内で分解されるのであれば蓄積(ちくせき)しない。　⒝　それぞれの段階で濃度(のうど)が何倍になっているかを求め，その倍率が高いほど濃縮されていると考えればよい。①では$3÷0.001=3000$(倍)，②では$5÷3=1.6\cdots$(倍)，③では$20÷5=4$(倍)である。

問5　①×…２日ごとの変化が大きくなるということは，グラフのかたむきが大きくなっていく(垂直に近づいていく)ということである。どちらの群も，グラフのかたむきは大きくなったり小さくなったりしている。

②○…例えば，６～８日のときは，ＭＰ群の方がグラフのかたむきが大きい。　③×…受精前の卵の条件だけを変えた実験を行っていないので，受精前の卵に原因があったかどうか判断できない。　④×…水温についての情報がないので，幼生の大きさの変化と水温の上しょうの関係を考えることはできない。　⑤○…６日以降で最も差が小さくなったのは８日のときで，対照群が120マイクロメートル，ＭＰ群が110マイクロメートルである。このとき，対照群の方が120－110＝10(マイクロメートル)大きいので，差が10マイクロメートルより小さくなることはない。

2　**問1**　水よう液の濃度が２倍になったとき，凝(ぎょうこ)固点の下がり方も２倍になるときのグラフが①である。表１より，水よう液の濃度が２倍になると，凝固点の下がり方は２倍より大きいので，③のようなグラフになる。

問2　(a)100ｇの水で濃度が10％の水よう液をつくるには，水の重さが水よう液の重さの90％になればよい。つまり，水よう液の重さは$100÷0.9=111.1\cdots\rightarrow111$ｇになるから，Ａの重さは111－100＝11(ｇ)である。　(b)　(a)と同様に考えて，水よう液の重さは$100÷0.8=125$(ｇ)になるから，Ａの重さは125－100＝25(ｇ)である。

問3　濃度が10％のときには$5.6÷11=0.50\cdots\rightarrow0.5$倍，20％のときには$12.5÷25=0.5$(倍)と求められる。

問4　問３で求めた値が約0.5倍で一定になるということは，100ｇの水に溶けているＡの重さと凝固点の下がり方は一定の割合で変化するということだから，①のようなグラフになる。

問5　濃度が25％の水よう液について問２と同様にＡの重さを求めると，水よう液の重さは$100÷0.75=\frac{400}{3}$(ｇ)だから，Ａの重さは$\frac{400}{3}-100=\frac{100}{3}$(ｇ)である。よって，凝固点の温度からマイナスをとった値は$\frac{100}{3}\times0.5=16.66\cdots\rightarrow16.7$だから，凝固点は－16.7℃である。

問6　気温が０℃を大きく下回らないのであれば，凝固点をＡよりは下げないが安価な食塩の方で十分だと考えられる。食塩はＡより持続性がある。

3　**問1**　水中では水の重さによる圧力(水圧)があらゆる向きにはたらく。水圧は水面からの深さに比例するため，水中に沈(しず)めた物体の下面にはたらく上向きの水圧は，上面にはたらく下向きの水圧よりも必ず大きくなり，その差が浮力(ふりょく)となる。よって，浮力の向きは必ず上向きである。

問2　こぼれた水が2.9ｇだから，Ｐの体積は2.9ｇの水と同じ体積である。水の密度は１ｇ/㎤だから，2.9ｇの水の体積は2.9㎤である。

問3　てんびんがつりあった後でＰを沈めると，Ｐの分だけビーカー側の重さが重くなる。

問4　表１の実験３でのはかりの数値から水の重さ100ｇを引くと，プラスチック片が押(お)しのけた水の重さがわかり，その値がプラスチック片の体積となる。また，密度は〔密度(ｇ/㎤)$=\frac{質量(g)}{体積(cm^3)}$〕で求めることができるから，Ａは体積が122－100＝22(㎤)，密度が$\frac{21.1}{22}=0.959\cdots\rightarrow0.96$ｇ/㎤であり，表２より，ポリエチレンだとわかる。同様に考えて，Ｂは体積が125.9－100＝25.9(㎤)，密度が$\frac{23.3}{25.9}=0.899\cdots\rightarrow0.9$ｇ/㎤だからポリプロピレン，Ｃは体積が115.5－100＝15.5(㎤)，密度が$\frac{22.5}{15.5}=1.451\cdots\rightarrow1.45$ｇ/㎤だから塩化ビニル，Ｄは体積が115－100＝15(㎤)，密度が$\frac{20.7}{15}=1.38$(ｇ/㎤)だからポリエチレンテレフタラートだとわかる。

問5　物体をすべて沈めたときにはたらく浮力が物体の重さより大きいと，物体が浮(う)くと考えればよい。例えば，表２のポリプロピレン１㎤を密度が1.04ｇ/㎤の海水にすべて沈めると１㎤の海水を押しのけるので，ポリプロピレンにはたらく浮力は１㎤の海水の重さと同じ1.04ｇになる。これは１㎤のポリプロピレンの重さ0.9ｇより大きいので，ポリプロピレンは海水に浮く。つまり，海水より密度が小さい物体は浮き，海水より密度が大きい物体は沈むと考えればよい。よって，表２のプラスチックのうち海水に浮くのは，海水より密度が小さいポリプロピレン(問４のＢ)とポリエチレン(問４のＡ)である。

4 **問１**　太陽系には太陽に近い順に，水星，金星，地球，火星，木星，土星，天王星，海王星の８つの惑星(わくせい)がある。水星と金星と地球と火星は主に岩石でできていて，木星と土星と天王星と海王星は主にガスでできている。

問３　③○…大気がなくなると，昼は太陽光によって地表面があたためられやすくなる。また，夜は温室効果がなくなることで，熱が宇宙空間に出ていきやすくなる。

問４(a)　火星から見たとき，次にフォボスとダイモスが一直線上に並ぶのは，公転周期が短い(公転速度が速い)フォボスがダイモスに追いつくとき，つまりフォボスがダイモスよりも１周(360度)多く公転したときである。それぞれの公転周期より，フォボスは１時間で$\frac{360}{7.5}=48$(度)，ダイモスは１時間で$\frac{360}{30}=12$(度)公転するから，１時間あたりフォボスの方が$48-12=36$(度)多く公転する。よって，フォボスの方が360度多く公転するのは$360\div36=10$(時間後)→600分後である。　(b)　10時間で，フォボスは$360\times\frac{10}{7.5}=480$(度)→１周と120度，ダイモスは120度公転する。解答らんの図の点線の直線が30度ごとに引かれていることと，公転の向きが反時計回りであることに着目して，２つの衛星の位置を考えればよい。

図ｉ

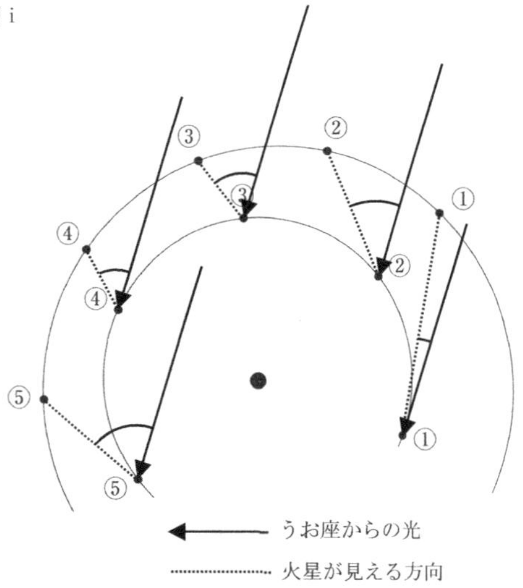

問５　図ｉを，地球の北極上空から見た図とする。うお座は地球から非常に遠くはなれた位置にあるため，うお座から届く光は，地球がどの位置にあっても平行に届くと考える(ここではうお座がどこにあるかわからないので，うお座からの光の方向は適当に決めているが，図ｉと異なる方向から届く光で考えても同様に確かめることができる)。うお座が南中した時刻で考えるので，それぞれの地球においてうお座からの光が届く方向を南とすればよい。例えば，①のとき，火星が見える方向は南より少し左側，つまり東側であり，同様に考えると，②では矢印と点線の間の角度が大きくなっているので，①と比べて火星が見える方向がより東側にずれた(西から東へ動いた)ことがわかる。さらに，②から③，④から⑤の期間でも同様に，矢印と点線の間の角度が大きくなっている。これに対し，③から④の期間では矢印と点線の間の角度が小さくなっている。このとき，火星は南に見えるうお座に近づいた，つまり東から西へと動いたように見える。火星のように地球より外側を公転する惑星(外惑星)が逆行するのは，地球が外惑星を追いこすころである。なお，水星や金星のように地球より内側を公転する惑星(内惑星)が逆行するのは，内惑星が地球を追いこすころである。

問６　①×…夜の間ずっと観察できるのは，火星から見て地球が太陽と反対方向を通るときである。火星にとって内惑星である地球がこのような位置を通ることはない。　④○…図ｉのような図で，火星から見て地球が太陽と同じ方向にあるときには見ることができず，地球が太陽から左右にずれた位置にあるとき見ることができる。火星から見て地球が太陽の左側にあるとき(図ｉの①～③)は日の入りのころに西の空に見え，火星から見て地球が太陽の右側にあるとき(図ｉの④と⑤)は日の出のころの東の空に見える。

問７　地軸(ちじく)のかたむき(公転面に対して垂直な方向からのかたむき)が23.4度である地球(北半球)の場合，太陽の南中高度が最も高くなる夏至の日では〔90－緯度＋23.4〕，最も低くなる冬至の日では〔90－緯度－23.4〕で求めることができる。つまり，夏至の日では(90－緯度)より23.4度高く，冬至の日では(90－緯度)より23.4度低いから，その差は23.4×２＝46.8(度)である。よって，地軸のかたむきが25.2度である火星について，同様に求めると，太陽の南中高度の差は最大で25.2×２＝50.4(度)になると考えられる。

《2024　第１回　社会　解説》

1 問１　ウ　　アは板垣退助，イは伊藤博文，エは大隈重信。

問２　エ　　資料の下から３行目に「武家の中で公家に恨みをいだいている者は，源頼朝のように天下を握ってほしいと願っているのである」とある。ア．誤り。資料に出てくる天皇は後醍醐天皇である。イ．誤り。資料の２行目に「近臣が勝手に天皇に意見を述べて不当なことを言うので，命令は朝に変わり夕暮れに改まる」とある。ウ．誤り。資料の下から５行目に「東国の者たちはこれに従おうとしない」とある。

問３　中継貿易　　琉球王国は，中国の陶磁器や日本の刀剣などを東南アジアに運んだり，こしょうや染料などの東南アジアの珍しい産物を東アジアに運んだりした。

問４　ア　　中尊寺金色堂は，奥州藤原氏の初代当主清衡が建てた。イは鎌倉の大仏，ウは銀閣，エは日光東照宮陽明門。

問５　エ　　江戸幕府第８代将軍の徳川吉宗による改革を享保の改革という。享保の改革では，公事方御定書の制定のほか，上米の制，目安箱の設置，漢語で書かれた洋書の輸入の緩和などが行われた。アは松平定信の寛政の改革の内容，イは水野忠邦の天保の改革の内容，ウは第３代将軍の徳川家光が行ったことについての内容である。

問６　ア　　日韓基本条約は1965年に調印された。イは1972年，ウは1956年，エは1978年。

問７　渋沢栄一　　渋沢栄一の肖像が入った一万円札が2024年７月から発行された。

問８　エ　　３代執権は北条時宗ではなく北条泰時である。

問９　エ　　二毛作が普及したのは鎌倉時代以降である。

2 問１　日本書紀　　『日本書紀』は，太安万侶が編さんした『古事記』と合わせて記紀と呼ばれる。

問２　ア　　天武天皇・持統天皇の頃に最も栄えた文化を白鳳文化という。作品Ａは高松塚古墳の西壁女子群像，作品Ｂは平安時代に描かれた『源氏物語絵巻』である。

問３　桓武天皇は，乱れていた班田収授の実行に力を入れ，国司の不正を取りしまって地方の政治を引きしめた。勘解由使を設け，国司の交替の際に事務の引継ぎを厳しく監督させたことで，国司が細かく記録をするようになったと考えられる。

問４　オ　　陸奥国胆沢で活動していた蝦夷のアテルイらの征討に苦労していたため，５つのうち，胆沢城(ｂ)が最も遅くにつくられた。ｅ(渟足柵(ぬたりのさく))→ｄ(磐舟柵)→ｃ(多賀城)→ａ(秋田城)→ｂ(胆沢城)

問５　方丈記　　「ゆく河の流れは絶えずして…」で始まる『方丈記』は，日本人の無常観を表したものとされる。

問６　イ　　新井白石の『折たく柴の記』の内容である。アは徳川綱吉，ウは徳川吉宗，エは松平定信である。文章に「５代将軍が死んだ」とあることから，徳川綱吉ではなく，綱吉以降に幕府に関係した人物と推定できる。徳川吉宗は８代将軍であり，松平定信は徳川吉宗の孫であることから，明らかに年代が離れている。６代・７代将軍に仕えた新井白石が最も適当と判断できる。新井白石の行った政治を正徳の治という。

問７　ア→エ→イ→ウ　　ア(1866年)→エ(1868年)→イ(1870年)→ウ(1874年)

問８　世界銀行　　世界銀行は，国際復興開発銀行(ＩＢＲＤ)と国際開発協会(ＩＲＤ)からなる国際機関である。

3 問１　遠洋漁業…エ　海面養殖業…ウ　　1970年代前半をピークとして減少しているのが遠洋漁業である。石油危機と世界各国が排他的経済水域を設定したことで日本の遠洋漁業は衰退していった。アは沖合漁業，イは沿岸漁業。

問３　地産地消　「地元農家の方から購入した」「消費地への流通コストを抑える」から地産地消と判断する。

問４　図は，一般的な野菜の流通経路であることから，流通コストについての内容を書く。卸売業者や仲卸業者を介さないことで流通コストを抑えることができる。

問５　第１次石油危機　1973年に起きた第１次石油危機(オイルショック)は，第４次中東戦争を契機に中東の産油国が石油の輸出を規制したり，価格を上げたりしたことで起きた経済危機である。

問６(1)　カ　太平洋ベルトと関東内陸に広がるのが自動車組立工場，沿岸部だけに広がるのが石油化学コンビナートである。

4　問１(1)　日本アルプス　飛驒山脈を北アルプス，木曽山脈を中央アルプス，赤石山脈を南アルプスといい，合わせて日本アルプスという。　(2)　ウ　天橋立付近では北から南に向かって流れているため，垂直に堤を置くと，堤の北側に砂がたまっていく。

問２　ア　鉄道を使わずにトラックで輸送すると，移動手段の数は減るが，トラックは鉄道より輸送量が少なく，かつ多くのエネルギーを消費するため，輸送単位当たりのエネルギーは増える。

問３　オ　千葉県と神奈川県を比べた場合，製造業の製造品出荷額等は神奈川県の方が多いが，石油化学が盛んな千葉県の方がエネルギー消費量は多くなる。

問４　イ　青森県が風力発電による発電量が多いこと，大分県が地熱発電による発電量が多いことから考える。

問５　オ　発電量に占める二酸化炭素の排出量の割合は，日本が 1132÷10073×100＝11.2…(%)，ドイツが 719÷6537×100＝10.9…(%)，フランスが 306÷5621×100＝5.4…(%)である。フランスは発電量の約70%を原子力に依存しているため，火力発電の割合が低く，二酸化炭素の排出量が少なくなる。

問６　促成栽培や輸送時のエネルギー消費について書くのがよい。例えば，カボチャは日本では秋頃に旬を迎えるから，国産があまり出回らないときには，ニュージーランドやメキシコから輸入している。

5　問１　イ　ア．誤り。法律の公布は天皇が行う。ウ．誤り。予算案は内閣がつくり，提出する。エ．誤り。国政調査権は国会が行使できる権利である。

問３　エ　直接請求権は，地方自治法で定められた権利である。新しい人権は，環境権，プライバシーの権利，知る権利，自己決定権などがある。

問４　ア　衆議院議員選挙の被選挙権は25歳以上で任期は４年である。参議院議員選挙の被選挙権は30歳以上で任期は６年であり，３年ごとに半数が改選される。

問５　チェルノブイリ　チョルノービリでもよい。

問６　ＰＫＯ　平和維持活動でもよい。日本では 1992 年にＰＫＯ法が制定され，カンボジアなどに自衛隊が派遣され，平和維持活動が展開された。

問７　エ　国連安全保障理事会の常任理事国入りを目指している国は，日本，ドイツ，ブラジル，インドである。

須磨学園中学校【第１回】

《国　語》

一 問一．４　問二．２，３　問三．４　問四．手間暇のかかる　問五．１　問六．３
問七．①１　②４　問八．２　問九．勉強するように言うのは効果が低いのでやめたほうがよく、横について勉強を見る、勉強する時間を決めて守らせるなど、親が十分に時間を割き、できれば同性の親が子どもの学習にかかわるとよいが、親が十分に時間を取れない場合は身近な年長者を頼るのがよい。
問十．a．知見　b．世帯　c．朗報　d．補　e．力量

二 問一．a．４　b．１　c．１　問二．７　問三．豆　問四．３　問五．め　問六．まなこ／まりも／みかん／めだま／めんこ　問七．１，４，７　問八．２　問九．ビー玉　問十．３

《算　数》

1 (1)20　(2)9　(3)100　(4)$\frac{16}{45}$　(5)4

2 (1)600　(2)2　(3)21　(4)6　(5)9　(6)678.24　(7)4　(8)1185

3 (1)60　(2)20　(3)68　(4)20　(5)103

4 (1)150　(2)300　(3)242，264

5 (1)14　(2)1296　(3)25　※(4)54

※の考え方は解説を参照してください。

《理　科》

1 問１．③，④　問２．10　問３．②，③，④，⑤　問４．(あ)死んでしまった　(い)生きたままであった
問５．でんぷん　問６．(a)①，⑥　(b)③→④→②→①

2 問１．水に溶けにくい性質。　問２．(a)26　(b)12：1　(c)ヘプタン　問３．(a)45　(b)0.008
問４．1.2　問５．600

3 問１．コイルの巻き数を増やす。　問２．A．８　B．４
問３．コイル１…S　コイル２…S　コイル３…N　コイル４…N　問４．①
問５．ア．左　イ．左　ウ．右　エ．右　オ．左　カ．$\frac{11}{8}$　問６．下図 のうち１つ

4 問１．いつ…①　条件…①　問２．しっ気が少ない　問３．②　問４．(a)32　(b)⑤　問５．55
問６．②→③→①

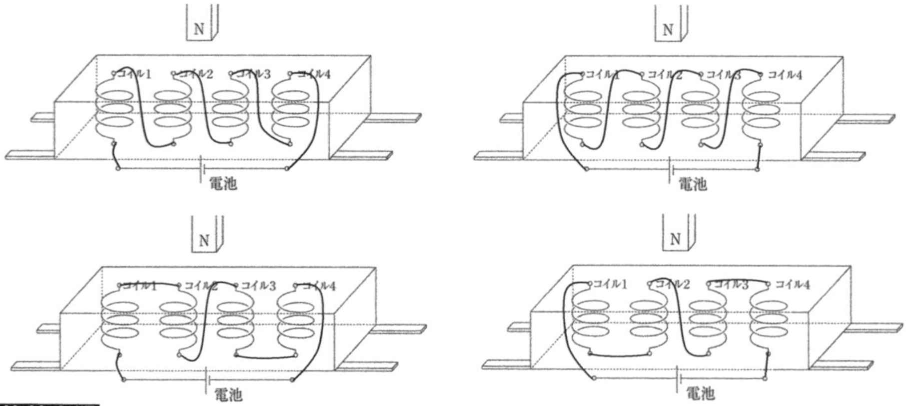

《社　会》

1 問１．ウ　問２．エ　問３．カ　問４．エ　問５．ア

2 問１．ウ　問２．オ　問３．自分の娘を天皇のきさきとし，生まれた男子を天皇に立て，外戚として天皇の摂政や関白となって政治の実権をにぎった。　問４．ア　問５．助言／承認　問６．ア　問７．エ
問８．元寇　問９．エ

3 問１．右図　問２．ア　問３．中京…イ　東海…エ　問４．Ⅳ…ブラジル
高位…ア　問５．ウ　問６．イ　問７．⑴花芽ができる前の秋に電照して開花時期を遅らせ，冬から春に出荷する　⑵イ　問８．ウ

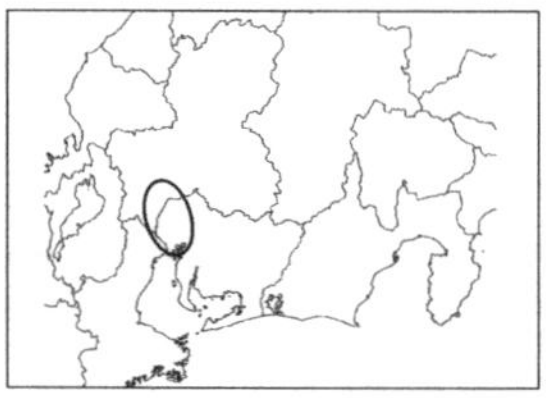

4 問１．3100　問２．ウ　問３．イ　問４．10　問５．東京都では若い世代の人口の割合が高いが，そのうち未婚の割合も高いのに対し，佐賀県では若い世代の人口の割合が低いが，そのうち未婚の割合も低いため。

5 問１．ウ　問２．ウ　問３．１　問４．ア　問５．気候変動　問６．非核三原則　問７．ア

2023 解説 令和５年度 ▶ 須磨学園中学校【第１回】

《2023　第１回　国語　解説》

一・二　著作権上の都合により文章を掲載（けいさい）しておりませんので、解説も掲載しておりません。ご不便をおかけし、誠に申し訳ございません。

《2023　第１回　算数　解説》

1

(1)　与式＝(21－18)×(１＋６－４＋５)－$(\frac{35}{6}-\frac{11}{6})$＝３×８－$\frac{24}{6}$＝24－４＝**20**

(2)　与式＝$\frac{7}{3}\div\frac{2}{5}\times\frac{6}{11}\div\frac{7}{10}\div\frac{25}{11}\times\frac{9}{2}=\frac{7}{3}\times\frac{5}{2}\times\frac{6}{11}\times\frac{10}{7}\times\frac{11}{25}\times\frac{9}{2}$＝**9**

(3)　与式＝１週間７日28時間49分32秒－２週間１日４時間47分52秒＝

２週間１日４時間49分32秒－２週間１日４時間47分52秒＝１分40秒＝**100秒**

(4)　与式＝$(\frac{1}{1}\times\frac{1}{3}+\frac{1}{3}\times\frac{1}{5}+\frac{1}{5}\times\frac{1}{7}+\frac{1}{7}\times\frac{1}{9})\times(\frac{1}{1}\times\frac{1}{2}+\frac{1}{2}\times\frac{1}{3}+\frac{1}{3}\times\frac{1}{4}+\frac{1}{4}\times\frac{1}{5})$＝

$\frac{1}{2}\times\{(\frac{1}{1}-\frac{1}{3})+(\frac{1}{3}-\frac{1}{5})+(\frac{1}{5}-\frac{1}{7})+(\frac{1}{7}-\frac{1}{9})\}\times\{(\frac{1}{1}-\frac{1}{2})+(\frac{1}{2}-\frac{1}{3})+(\frac{1}{3}-\frac{1}{4})+(\frac{1}{4}-\frac{1}{5})\}$＝

$\frac{1}{2}\times(1-\frac{1}{9})\times(1-\frac{1}{5})=\frac{1}{2}\times\frac{8}{9}\times\frac{4}{5}=$ $\mathbf{\frac{16}{45}}$

(5)　与式より，$\frac{(3+\square\times2)-7}{2}\times\frac{16}{32}=1$　　$\frac{(3+\square\times2)-7}{4}=1$　　$(3+\square\times2)-7=1\times4$

$3+\square\times2=4+7$　　$\square\times2=11-3$　　$\square=8\div2=$ **4**

2

(1)　**【解き方】食塩水の問題は，うでの長さを濃度（のうど），おもりを食塩水の重さとしたてんびん図で考えて，うでの長さの比とおもりの重さの比がたがいに逆比になることを利用する。**

右のようなてんびん図がかける。５％と15％の食塩水の量の比は，

ａ：ｂ＝(10－５)：(15－10)＝１：１の逆比の１：１となる。

よって，15％の食塩水は300ｇ加えたので，できた食塩水は300＋300＝**600**(ｇ)である。

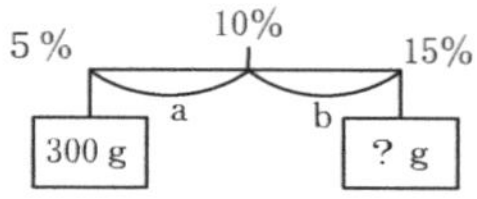

(2)　右のように作図する。三角形ＤＣＥはＤＣ＝ＤＥの二等辺三角形だから，

角ＤＣＥ＝角ＤＥＣ＝30°

よって，三角形ＢＣＦは30°，60°，90°の直角三角形で，２つ合わせると１辺の長さがＢＣ＝４cmの正三角形ができるので，ＢＦ＝４÷２＝２(cm)

四角形ＡＢＦＥは長方形だから，ＡＥ＝ＢＦ＝**２cm**

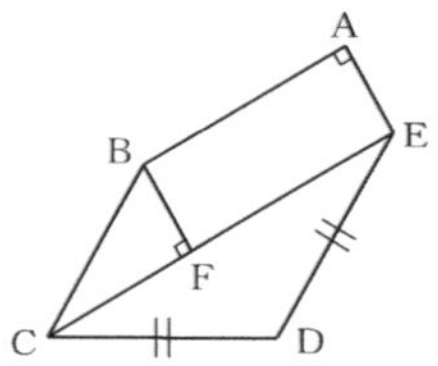

(3)　国語の確認テストに合格した生徒と数学の確認テストに合格した生徒の合計は68＋53＝121(人)で，生徒は100人いるから，両方の確認テストに合格した生徒は少なくとも121－100＝**21**(人)以上いる。

(4)　**【解き方】７回の反射でＰに戻るのだから，右図のように，３回目の反射で光はＯＡに対して垂直に進み，４回目に反射してからはそれまでに通った道を戻るようにしてＰに戻る。**

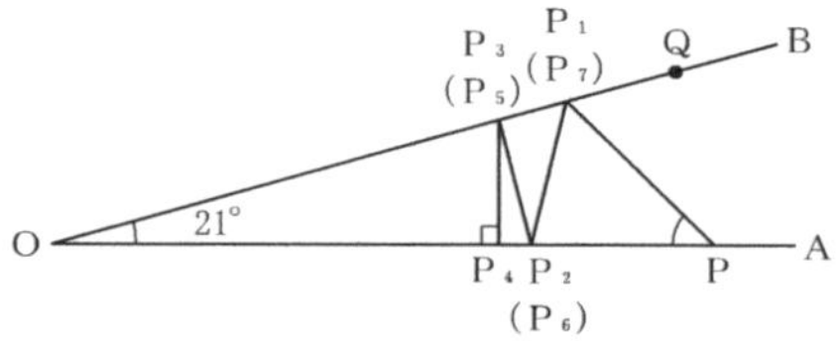

三角形の内角の和より，角OP_3P_4＝角$P_2P_3P_1$＝

180°－90°－21°＝69°

角$P_4P_3P_2$＝180°－69°×２＝42°だから，角$P_3P_2P_4$＝角P_1P_2P＝180°－90°－42°＝48°

角$P_3P_2P_1$＝180°－48°×２＝84°だから，角$P_2P_1P_3$＝角PP_1Q＝180°－69°－84°＝27°

角P_2P_1P＝180°－27°×２＝126°だから，求める角度は，角P_1PP_2＝180°－48°－126°＝**６°**

⑸　三角形の最も長い辺は，他の２辺の長さの和より短い。よって，残りの２本の長さの和が８㎝より大きくなればよいので，残り２本の辺の長さの組み合わせは，（２㎝，７㎝）（３㎝，６㎝）（３㎝，７㎝）（４㎝，５㎝）（４㎝，６㎝）（４㎝，７㎝）（５㎝，６㎝）（５㎝，７㎝）（６㎝，７㎝）の**９**通りある。

⑹　**【解き方】１回転させてできる立体について，右のように作図する。**

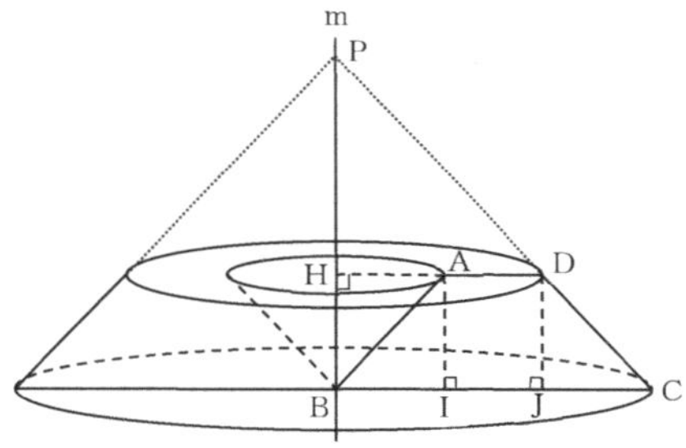

三角形ＡＢＩ，ＢＡＨ，ＤＣＪは合同で，３辺の長さの比が３：４：５の直角三角形である。
また，ＢＩ＝ＩＪ＝ＣＪ＝３㎝
できる立体は，㋐三角形ＰＣＢを１回転させてできる円すいから，㋑三角形ＰＤＨを１回転させてできる円すいと，㋒三角形ＢＡＨを１回転させてできる円すいを取り除いた立体となる。三角形ＰＣＢ，ＰＤＨ，ＢＡＨは同じ形の三角形で，辺の長さの比がＣＢ：ＤＨ：ＡＨ＝３：２：１だから，㋐と㋑と㋒の体積の比は，（３×３×３）：（２×２×２）：（１×１×１）＝27：８：１である。よって，求める体積は，㋒の体積の 27－８－１＝18（倍）であり，ＡＨ＝３㎝，ＢＨ＝４㎝だから，（３×３×3.14×４÷３）×18＝216×3.14＝**678.24**（㎤）

⑺　10÷７＝１余り３，20÷７＝２余り６，30÷７＝４余り２，40÷７＝５余り５，50÷７＝７余り１，60÷７＝８余り４，70÷７＝10，80÷７＝11 余り３，90÷７＝12 余り６，100÷７＝14 余り２
よって，与式＝〔３＋６＋２＋５＋１＋４＋０＋３＋６＋２〕＝〔32〕で，32÷７＝４余り４より，〔32〕＝**４**

⑻　**【解き方】Ａが通る線は右図の太線のようになる。**

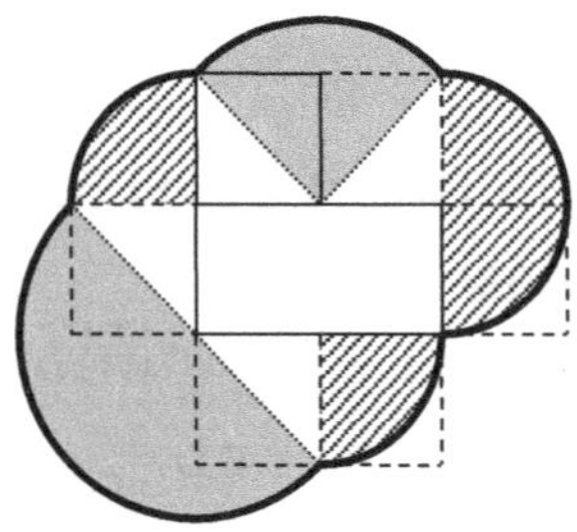

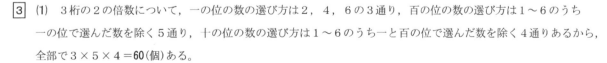

斜線部分を合わせると半径が 10 ㎝の円になるから，面積は，
10×10×3.14＝100×3.14＝314（㎠）
色付き部分を合わせると半径が１辺 10 ㎝の正方形の対角線（Ｘとする）で中心角が 180°＋90°＝270°のおうぎ形となる。正方形（ひし形）の面積は（対角線）×（対角線）÷２で求められるから，Ｘ×Ｘ÷２＝10×10 より，
Ｘ×Ｘ＝100×２＝200
色付き部分の面積の和は，200×3.14×$\frac{270°}{360°}$＝150×3.14＝471（㎠）
斜線と色付き以外の面積の和は，たて 10 ㎝で横 20 ㎝の長方形の面積２つ分だから，10×20×２＝400（㎠）
よって，求める面積は，314＋471＋400＝**1185**（㎠）

３　⑴　３桁の２の倍数について，一の位の数の選び方は２，４，６の３通り，百の位の数の選び方は１～６のうち一の位で選んだ数を除く５通り，十の位の数の選び方は１～６のうち一と百の位で選んだ数を除く４通りあるから，全部で３×５×４＝**60**（個）ある。

⑵　３桁の５の倍数について，一の位の数は５，百の位の数の選び方は１，２，３，４，６の５通り，十の位の数の選び方は１，２，３，４，６のうち百の位で選んだ数を除く４通りあるから，全部で５×４＝**20**（個）ある。

⑶　**【解き方】３桁の整数の各位の数の組み合わせから考える。**
各位の数の和が３の倍数になるので，できる組み合わせは，(０，１，２)(０，１，５)(０，２，４)(０，３，６)(０，４，５)(１，２，３)(１，２，６)(１，３，５)(１，５，６)(２，３，４)(２，４，６)(３，４，５)(４，５，６)の 13 通りある。
下線の５通りに対して，できる数は 102，120，201，210 のように４個ずつある。

下線以外の８通りに対して，できる数は123，132，213，231，312，321のように６個ずつある。

よって，３の倍数は全部で４×５＋６×８＝**68**(個)ある。

⑷　**【解き方】15の倍数は３の倍数かつ５の倍数であるので，各位の数の和が３の倍数で，一の位の数が０か５となる。**

⑶より，15の倍数は全部で，120，210，150，510，105，240，420，360，630，450，540，405，135，315，165，615，345，435，465，645の**20**個ある。

⑸　**【解き方】３桁の整数のうち，(３の倍数の個数)＋(５の倍数の個数)－(15の倍数の個数)で求める。**

５の倍数は一の位の数が０か５である。

一の位の数が０のとき，百の位の数の選び方は１～６の６通り，十の位の数の選び方は１～６のうち百の位で選んだ数を除く５通りあるから，３桁の５の倍数は６×５＝30(個)ある。

一の位の数が５のとき，百の位の数の選び方は１，２，３，４，６の５通り，十の位の数の選び方は０，１，２，３，４，６のうち百の位で選んだ数を除く５通りあるから，３桁の５の倍数は５×５＝25(個)ある。

よって，３桁の５の倍数は全部で30＋25＝55(個)あるから，求める個数は，68＋55－20＝**103**(個)

4　⑴　**【解き方】花子さん，太郎君，先生の頭が一直線上に並ぶときについて，右のように作図する。このとき，先生からは花子さんの頭がちょうど見えない。**

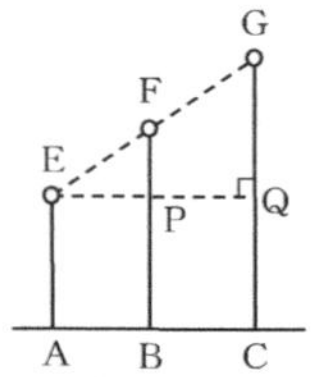

ＦＰ＝132－88＝44(cm)，ＧＱ＝176－88＝88(cm)

三角形ＥＦＰと三角形ＥＧＱは同じ形の三角形だから，ＥＰ：ＥＱ＝ＦＰ：ＧＱ＝44：88＝１：２　よって，ＥＰ＝ＰＱ＝ＡＢ＝ＢＣ＝ＡＣ÷２＝300÷２＝150(cm)だから，太郎君は先生から**150**cm以上離(はな)れている。

⑵　**【解き方】右図のように，太郎くんの足元と先生の頭と街灯のてっぺんが一直線上に並ぶ。**

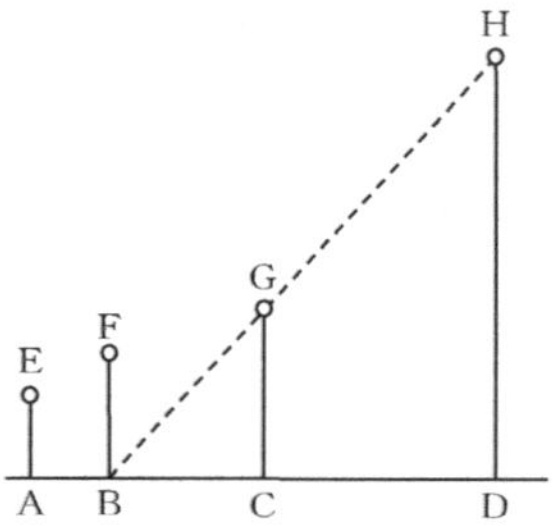

三角形ＢＧＣと三角形ＢＨＤは同じ形で，ＢＣ：ＢＤ＝ＧＣ：ＨＤ＝176：440＝２：５　ＢＣ：ＣＤ＝２：(５－２)＝２：３で，ＢＣ＝ＡＣ－ＡＢ＝300－100＝200(cm)だから，先生から街灯まではＣＤ＝ＢＣ×$\frac{3}{2}$＝200×$\frac{3}{2}$＝**300**(cm)離れている。

⑶　**【解き方】(ｉ)について，街灯が図ｉのＤＨより低いときは花子さんの影の全体が先生の影の中に入る。(ⅱ)について，街灯が図ⅱのＤＨよりも高いときは太郎くんの影が先生の影からはみ出る。**

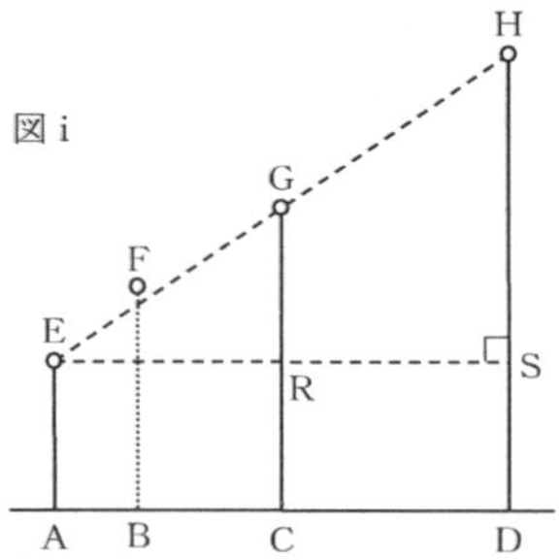

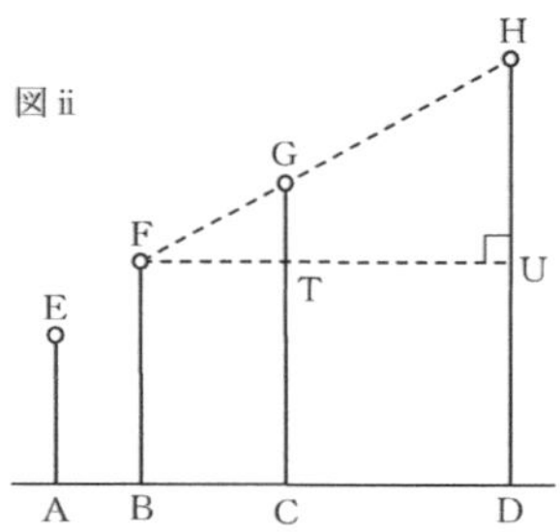

図ｉについて，ＧＲ＝176－88＝88(cm)

三角形ＥＧＲと三角形ＥＨＳは同じ形で，

ＧＲ：ＨＳ＝ＥＲ：ＥＳ＝300：(300＋300)＝１：２だから，ＨＳ＝ＧＲ×２＝88×２＝176(cm)

よって，街灯はＤＨ＝176＋88＝264(cm)よりも低い。

図ⅱについて，ＧＴ＝176－132＝44(cm)

三角形ＦＧＴと三角形ＦＨＵは同じ形で，ＧＴ：ＨＵ＝ＦＴ：ＦＵ＝200：(200＋300)＝２：５だから，

ＨＵ＝ＧＴ×$\frac{5}{2}$＝44×$\frac{5}{2}$＝110(cm)　　よって，街灯はＤＨ＝110＋132＝242(cm)よりも高い。

以上より，街灯は**242**cmよりも高く，**264**cmよりも低くなる。

5 (1)　ＦＣ＝12÷２＝６(cm)，ＥＣ＝４÷２＝２(cm)だから，重なっている部分の面積は，用紙が２枚のときが６×２＝12(cm²)で，ここから用紙が１枚増えるごとに12 cm²ずつ増える。

156÷12＝13より，用紙の枚数は１＋13＝**14**(枚)である。

(2)　用紙が１枚の周りの長さは(12＋４)×２＝32(cm)である。用紙を２枚重ねると，用紙１枚の周りの長さの２倍が32×２＝64(cm)，重なってできる長方形の周の長さが(６＋２)×２＝16(cm)だから，周の長さは64−16＝48(cm)となる。よって，周りの長さは，用紙が１枚のときは32 cmで，そこから用紙が１枚増えるごとに48−32＝16(cm)増えるから，80枚のときの周の長さは，32＋16×(80−１)＝**1296**(cm)

(3)　Ｐは80枚目の右下の頂点に着くまでに１枚目の辺上を４＋６＝10(cm)だけ動き，２枚目から79枚目までは，それぞれの用紙の辺上を２＋６＝８(cm)ずつ動く。Ｐは２枚目からあと200−10＝190(cm)動くから，190÷８＝23余り６より，Ｐは１＋23＋１＝**25**(枚目)の用紙の辺上にある。

(4)　**【解き方】Ｑが何cm動いたのかに注目して考える。**

ＰとＱは合わせて1296 cm動き，進んだ道のりの比は速さの比に等しく２：１だから，ＰとＱが初めて出会うまでに，Ｑは$1296\times\frac{1}{2+1}$＝432(cm)進んだ。Ｑは80枚目の右下の頂点に着くまでに１枚目の辺上を12＋２＝14(cm)だけ動き，２枚目から79枚目までは，それぞれの用紙の辺上を６＋２＝８(cm)ずつ動く。Ｑは２枚目からあと432−14＝418(cm)動くから，418÷８＝52余り２より，ＰとＱは１＋52＋１＝**54**(枚目)の用紙の辺上で初めて出会う。

《2023　第１回　理科　解説》

1 **問１**　③×…葉でつくられた養分の通り道は師管である。　④×…双子葉類の茎には形成層が存在する。

問２　実験開始時の重さを１とすると，１年ごとに1.5ずつ増加する。したがって，５年間で1.5×５＝7.5増加し，これが約75 kgだから，実験開始時のヤナギの木の重さはおよそ75÷7.5＝10(kg)である。

問３　ヤナギの木の増加量に対して，土の重さがほんの少ししか減っていなかったので，この実験から考えられるのは，植物のからだをつくるのは土以外ということである。

問４　ものが燃えるためには酸素が必要である。火をつけたろうそくとネズミを入れた場合は，ネズミの呼吸に必要な酸素が不足するので，ネズミは死んでしまう。一方，火をつけたろうそく，植物，ネズミを入れた場合に，下線部(3)のように植物が光を受け取ることで酸素を発生させるならば，ネズミの呼吸に必要な酸素が不足せず，ネズミは生きたままであると考えられる。

問６(a)　植物の葉は緑色光を他の色の光よりも多く反射しているので，緑色光を当てた時間は他の色の光を当てた時間よりも葉が光合成によって吸収する二酸化炭素の量が少なくなると考えられる。よって，図２で容器内の二酸化炭素量の減少が他よりも少ない20分〜40分が緑色光を当てた時間である。　(b)　葉で反射する緑色光の割合が小さい光ほど，葉が二酸化炭素を吸収しやすく，容器内の二酸化炭素が速く減少する。よって，速く減少するものから順に③，④，②，①となる。

2 **問１**　アセチレンは水上置換で集めることができる水に溶けにくい気体である。また，酸素と窒素も水に溶けにくい気体である。

問２(a)　表１より，二酸化炭素88 gに含まれる炭素は$12\times\frac{88}{44}$＝24(g)，水18 gに含まれる水素は２gだから，燃焼させる前のアセチレンの重さは24＋２＝26(g)となる。　(b)　ベンゼンに含まれる炭素は$12\times\frac{264}{44}$＝72(g)，水素は$2\times\frac{54}{18}$＝６(g)だから，(炭素)：(水素)＝72：６＝12：１となる。　(c)　ヘプタンに含まれる炭素は$12\times\frac{308}{44}$＝84(g)，水素は$2\times\frac{144}{18}$＝16(g)だから，(炭素)：(水素)＝84：16＝21：４となる。アセチレンでは

24：2＝48：4，ベンゼンでは12：1＝48：4となるので，炭素の重さの割合がもっとも小さいのはヘプタンである。

問3(a)　ちょうど中和するのに必要な塩酸の体積は，発生したアセチレンの体積に比例するので，表2のアセチレンと塩酸の体積を利用して，$20\times\frac{25.2}{11.2}=45$(mL)となる。　(b)　発生したアセチレンの体積は水に溶けた炭化カルシウムの重さに比例するので，25.2mLのアセチレンが発生するときに反応する炭化カルシウムの重さは$0.032\times\frac{25.2}{11.2}=0.072$(g)であり，溶け残っている炭化カルシウムは0.080−0.072＝0.008(g)となる。

問4　336mLのアセチレンを発生させるのに必要な炭化カルシウムは$0.032\times\frac{336}{11.2}=0.96$(g)だから，純度80%のカーバイドを用いた場合は，水に加えたカーバイドの重さは0.96÷0.8＝1.2(g)となる。

問5　$20\times\frac{336}{11.2}=600$(mL)

3　**問1**　電磁石の強さは，コイルに流れる電流の大きさとコイルの巻き数によって決まる。ここではコイルに流れる電流の大きさは変えずに，電磁石を強くする方法を考えるので，コイルの巻き数を増やせばよい。

問2　Aのように2つのコイルを直列につなぐと，それぞれのコイルに流れる電流は電流計の電流と同じ2ミリアンペアになるが，Bのように2つのコイルを並列につなぐと，それぞれのコイルに流れる電流はコイルが1つのときの半分の1ミリアンペアになる。よって，表1より，それぞれのコイルにくっつくクリップの合計は，Aが4×2＝8(個)，Bが2×2＝4(個)である。

問3　電磁石にできる極の向きは，図iのように右手を使って調べることができる。コイルの巻き方や電流の向きによって，上の面の極が変わるので注意しよう。

図i

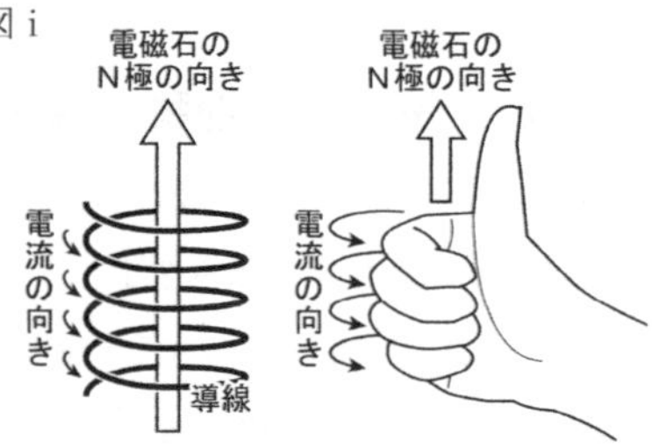

問4　問3で求めた極より，コイル1と2は磁石と引き合い，コイル3と4は磁石と反発し合う。よって，コイル1と2の間にN極を下にした磁石を近づけ，ゆっくり右に動かし始めると，コイル1，2，が磁石についていくように，コイル3，4は磁石から遠ざかるように，装置はレールに沿って右に動く。

問5　図6では，コイル1，3，4は上がN極，コイル2は上がS極になる。よって，コイル1，3，4では磁石に反発する力がはたらき，2では磁石と引き合う力がはたらくので，コイル1は左方向，コイル2は左方向，コイル3は右方向，コイル4は右方向の力を受ける。左方向の合計は1＋1＝2，右方向の合計は$\frac{1}{2}+\frac{1}{8}=\frac{5}{8}$となるので，1～4が受ける合計の力は左方向に$2-\frac{5}{8}=\frac{11}{8}$となる。

問6　表2と図7のコイルと磁石の距離から，力の大きさはコイル1と4が$\frac{1}{2}$，コイル2と3が1だとわかる。よって，1と4の極，2と3の極がそれぞれ同じになるように(極が左右対称になるように)導線をつなぐ。

4　**問1**　晴れた日の昼間は，海よりも陸の方があたたまりやすいので，陸の気温の方が高くなって上昇気流が生じ，海から陸へ海風が吹く。海と陸の気温差が大きいほど強い風が吹きやすい。

問2　北から六甲山に向かって吹く風は，中国山地をこえるときにしっ気をうばわれて，かんそうしている。

問3　花こう岩をつくる結晶と同様に，ミョウバンの結晶もゆっくり冷えて固まるほど大きくなる。

問4(a)　すべての●の数は25個で，有色鉱物に含まれる●の数は8個だから，色指数は$\frac{8}{25}\times100=32$(%)となる。

(b)　図3の岩石は色指数が32%で，図1の花こう岩と同様にマグマが地下の深いところで固まってできた深成岩だから，⑤が正答である。

問5　長石類の体積は100×0.8＝80(cm³)で，重さは80×2.5＝200(g)，長石類に含まれる二酸化ケイ素の重さは200×0.6＝120(g)である。また，その他の鉱物の体積は100−80＝20(cm³)で，重さは20×3.0＝60(g)，その他の鉱物に含まれる二酸化ケイ素の重さは60×0.4＝24(g)である。よって，$\frac{120+24}{200+60}$×100＝55.3…→55％となる。

問6　二酸化ケイ素の割合が大きいほどマグマの粘(ねば)り気は強く，②のようなおわんをふせたような形の火山になりやすい。一方，二酸化ケイ素の割合が小さいほどマグマの粘り気は弱く，①のような傾斜(けいしゃ)のゆるやかな火山になりやすい。

《2023　第1回　社会　解説》

1 **問1**　X．桓武天皇は，794年に平安京に都をうつした天皇として知られている。　Y．律令制のもと，国は班田収授法によって人々に口分田を与え，税を納めさせたが，死後は口分田を返させていた。奈良時代中頃になると，人口の増加による口分田不足などにより，聖武天皇の治世の頃に墾田永年私財法が制定され，新たに開墾した土地の永久私有が認められた。　Z．私有地が認められたことで，貴族や寺社などが貧しい農民を使って開墾をさかんに進め，公地公民制がくずれていった。

問2　X．誤り。吉野ヶ里遺跡は弥生時代の遺跡。弥生時代になるとムラどうしで土地や水の利用をめぐって争いが起きるようになった。濠や柵は稲作のためではなく，争いに備えた防御用の施設である。　Y．誤り。石包丁は稲穂のつみ取りのために作られた道具なので，稲作が発達していない旧石器時代にはまだ作られていない。

問3　大友くん…誤り。稲荷山古墳は埼玉県，江田船山古墳は熊本県にある。この遺跡の場所から，ワカタケル大王は関東から九州まで支配したことがわかる。細川くん…誤り。大和政権は大和(現在の奈良県)を中心とした。朝倉くん…誤り。古墳が出現した頃は，前方後円墳は西日本で多く，東日本では前方後方墳が多かった。

問4　Ⅱ(大正時代　1925年)→「軍票の発行」太平洋戦争中→Ⅰ(太平洋戦争後　1946年)

問5　18世紀は1701年～1800年であり，この頃の日本は，江戸時代中期ごろである。田沼意次は，株仲間の結成を奨励(しょうれい)し，印旛沼の干拓を進めるなど，商工業を活発にさせる政策を推し進めた老中である。天明のききん(1782～1787年)によって百姓一揆や打ちこわしが多発すると，その責任を追及され失脚した。イは1825年，ウは1858年，エは1637年の出来事。

2 **問1**　日独伊三国同盟は，太平洋戦争開始前の1940年に結ばれた。太平洋戦争は，1941年12月の海軍によるオアフ島の真珠湾攻撃と，陸軍によるイギリス領マレー半島上陸から始まった。

問2　Ⅲ(670年)→Ⅰ(673年～)→Ⅱ(701年)　年号がわからなくても，即位した天皇の順や，律令制が整っていった流れを理解していれば判断できる。

問3　藤原氏は摂関政治(娘を天皇のきさきとし，生まれた子を次の天皇に立て，自らは天皇の外戚として摂政や関白となって実権をにぎる政治)によって勢力をのばした一族である。藤原道長・頼通親子の頃に最もさかえた。

問4　国際連盟が設立されたのは，第一次世界大戦後のことである。国際連盟はアメリカの大統領ウィルソンの提案によって設立されたが，アメリカは議会の反対により加盟しなかった。イは1962年，ウは1961年，エは1949年。

問5　日本国憲法には，天皇は国の政治に関する行為を一切行わず，象徴として形式的・儀礼的な国事行為のみを行うこと，その国事行為は内閣の助言と承認が必要で，内閣が責任を負うことが規定されている。

問6　X．五箇条の誓文にある「上下心を一つにして」は，「身分の上下に関係なく」という意味である。

Y．廃藩置県では，政府が県令(知事)を派遣(はけん)し，中央集権国家体制の確立が進められた。

問7　前後の会話から判断する。「天皇が実質的な政治的決定を下した例は極めてまれ」「実際，～決めたことを承認する」とあることから，天皇は決定していない(＝政治的な責任がない)と判断する。

問8　1274年の文永の役と1281年の弘安の役のいずれも，暴風雨が吹き荒れ，元軍が引き上げる要因となった。この暴風雨を「神風」とし，日本は「神の国」という思想がたかまった。

問9　X．誤り。英語ではなく，オランダ語。　Y．誤り。葛飾北斎の作品は化政文化を代表する作品で，貴族の間ではく，江戸の町人の間で人気だった。

3　問1　濃尾平野は木曽三川(木曽川・長良川・揖斐川)の下流域に広がる平野であり，岐阜県南西部から愛知県北西部と三重県北部の一部にかけて広がっている。

問2　木曽三川に囲まれた低地には，河川の氾濫(はんらん)による洪水を防ぐため，堤防で周囲をめぐらせた輪中とよばれる地域がある。家屋などの重要な建物を，土を盛るなどして周囲より高いところに建てた。水はけが悪く，普通の田では稲を育てられないため，周りの土を掘って盛りあげ，田にしたものが堀田である。

問3　阪神工業地帯が全国で3位になっていることや，自動車産業がさかんな北関東工業地域の割合が増加していることから，Ⅱが 2019 年度と判断する。2019 年現在，中京工業地帯は日本で最大の工業地帯であるから，イが中京工業地帯である。アは京浜工業地帯，ウは北九州工業地帯(地域)，エは東海工業地域。

問4　図3より，中京工業地帯に属する愛知県がアに分類されているので，アが高位と考える。ブラジル人は製造業がさかんなところに多いので，図2より，愛知県，群馬県などが分類されるⅣはブラジル人，大阪府を中心に，その周辺府県が分類されているⅤは韓国人，残ったⅢは中国人と判断する。

問5　Dの断面には赤石山脈があるので，標高 1500mを超える地点があるウと判断する。Aはイ，Bはア，Cはエ。

問6　静岡は太平洋側の気候で，冬は乾燥してよく晴れ，比較的温暖である。グラフⅥより，最も寒い月の月平均気温が他の地域より高いイを選ぶ。アは京都，ウは上越，エは長野。

問7(1)　農作物の出荷時期をずらす促成栽培や抑制栽培では，他の地域の出荷が少ない時期に出荷できるので，より高値で販売することができる。

問8　船による海運は，陸運に比べて多くの物が運べることや所要時間が短くなるなどのメリットがあったが，天候に左右され，海難事故も多かった。「七里の渡し」については，婦人や子どもが多く通ったことから「姫街道」とも呼ばれるう回路もあり，旅人にとって海路の方が負担が少なく，楽しみも多かったとはいえない。

4　問1　地図上の長さより，東京からロンドンまで，アンカレジを経由していくと 3.1 ㎜長くなる。地図上の2㎝が地球の円周の半分の2万㎞なので，3.1 ㎜は 3100 ㎞となる。

問2　足利市は栃木県にある。地図帳のさく引「112B3N」は，112 ページのB列の③行のN(North＝北)にあるということであり，イ，ウ，オのうち，栃木県にあるのはウのみである。

問3　図3をみると，兵庫県や茨城県などは実際の面積より大きくなっているが，図4では人口が減少していることがわかる。

問4　等高線の主曲線は 25000 分の1の地図では 10mおき，50000 分の1の地図では 20mおきに引かれる。図5の地図の左に標高 436mの地点，真ん中上に標高 519.9mの地点がある。この2点間に等高線が 17 本あり，等高線が 10mおきに引かれているとすると，一番低い地点が標高 390mとなるので，10mおきと考えればよい。

問5　資料3より，東京は佐賀に比べて，子育て世代の割合が多いことがわかる。それぞれに住んでいる女性のうち，同様の割合の女性が，子供を同様の人数産めば，東京のほうが出生率・合計特殊出生率ともに高くなるはずである。東京の合計特殊出生率のみ低くなる理由としては，東京が佐賀に比べて子供を産む女性の割合が少ないことや，女性1人あたりが産む子供の数が少ないことが挙げられる。資料1から，東京は佐賀に比べて世帯人員1人の世帯の割合が多いことがわかるので，解答のように説明するとよい。

5　問1　参政権のうちの選挙権についての事例である。アは自由権のうちの学問の自由，イは居住・移転・職業選択の自由，エは財産権の不可侵についての事例。

問3　ドント方式は表のように，１，２，３…と整数で割って求めた商に対し，大きい順に議席を与える方法である。Ｃ党の議席数は１となる（各党の獲得議席数は右表の◯）。

	A党	B党	C党	E党
投票数	7500	6000	3000	1500
÷１	(7500)	(6000)	(3000)	1500
÷２	(3750)	(3000)	1500	750
÷３	(2500)	2000	1000	500
÷４	2000	1500	750	375

問4　被選挙権の年れいについては右表。

衆議院議員・都道府県の議会議員・市(区)町村長・市(区)町村の議会議員の被選挙権	満25歳以上
参議院議員・都道府県知事の被選挙権	満30歳以上

問6　非核三原則は，佐藤栄作首相が打ち出した方針である。1974年，この原則に基づく政治・外交が評価され，佐藤栄作はノーベル平和賞を受賞した。

問7　イ．核兵器不拡散条約ではなく，包括的核実験禁止条約。　ウ．中国ではなく，旧ソビエト。エ．アメリカの核の傘の下にある日本は，核兵器禁止条約に署名も批准もしていない。

★須磨学園中学校【第1回】

《国　語》

一　問一．(1)権力の空白状態　(2)B．3　C．1　問二．1　問三．3　問四．2　問五．A．ブルカ　B．ひげ（AとBは順不同）　C．凧揚げ　D．映画(館)（CとDは順不同）　問六．6　問七．うのみ　問八．ニュース映像で平和なカブールの街を繰り返し見ていると，タリバン制圧は近いと思ってしまいがちだが，カブールの外は無法地帯かもしれない。受け入れがたい想像を回避することなく，様々な想像をはたらかせながら映像を見て，一定の危機感を持つべきである。　問九．a．帯同　b．豊富　c．首都　d．独自　e．内戦

二　問一．a．2　b．4　c．3　問二．1　問三．3　問四．A．痴漢の被害者　B．みなみちゃんがみなみちゃんである　問五．1　問六．すごくすてきなところ

《算　数》

1　(1)14　(2)1310　(3)1　(4)2020　(5) $\frac{1}{2}$

2　(1)42　(2) $1\frac{1}{3}$　(3)10　(4)5　(5)2.3　(6)2036　(7)500　(8)7

3　(1)300　(2)270　(3)140　(4)60　(5)3，20

4　(1)0.4　(2)1.75　※(3) $1\frac{59}{76}$

5　(1)19，30　(2)8　(3)6　(4)76　(5)5

※の考え方は解説を参照してください。

《理　科》

1　問1．記号…②　あ．師管　い．道管　う．維管束　え．形成層　問2．②，④
問3．ア．①　イ．③　ウ．③　エ．①　問4．(a)ウ　(b)キャップ　問5．9.8
問6．大きくなる　理由…重力屈性による曲がりがほとんどなくなり，光屈性による曲がりが大きく現れるから。

2　問1．②　問2．けい帯電話　問3．水にとけやすい。／においがある。
問4．ちっ素…22.4　水素…4.8　問5．⑤
問6．反応速度が速くなるから。　問7．右グラフ
問8．温度が低いと，反応に時間がかかるから。

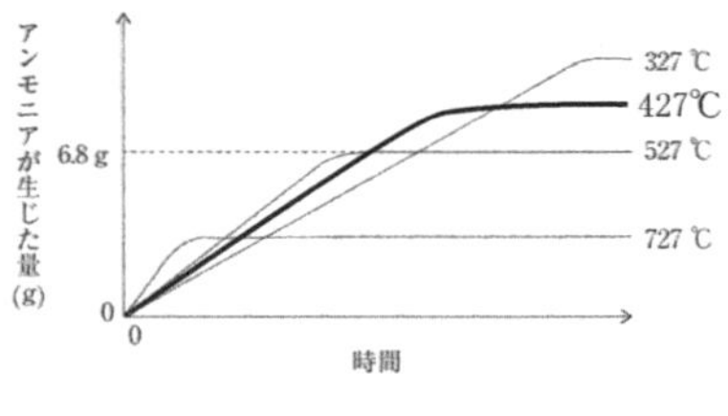

3　問1．省電力である。／じゅ命が長い。などから1つ
問2．a，b，e，f，g　問3．(あ)　問4．モーター
問5．(1)同じ　(2)より遅く　問6．(a)①　(b)④　(c)④

4　問1．③　問2．⑦　問3．②，③　問4．(a)東西方向，南北方向，上下方向の全ての方向のゆれを記録できるから。　(b)13　問5．ア．5，47，14　イ．5，47，23　ウ．450

《社　会》

1 問１．c，d　問２．ウ　問３．ア　問４．天草四郎　問５．イ　問６．イ　問７．E→D→A→C

2 問１．ア　問２．藤原頼通　問３．イ　問４．武士　問５．エ　問６．天皇　問７．イ
問８．エ〔別解〕ウ　問９．エ

3 問１．エ　問２．右図　問３．ウ　問４．イ　問５．エ
問６．状況…イ　説明…リアス海岸は，押し寄せる波が湾内に集まることで，津波の高さが周辺より数倍高くなるから。

4 問１．エ　問２．ア　問３．ア　問４．インターネット　問５．1965年から2019年の間に稲作にかかる時間が短縮したのは，機械が導入され発達したためである。今後農地集積がさらに進めば，さらに短縮することが予想される。それは，広い耕地では機械をさらに効率的に使用できるようになるためである。

5 問１．イ，ウ　問２．ウ　問３．エ　問４．イ　問５．ウ　問６．ア　問７．公共の福祉

←解答例は前のページにありますので，そちらをご覧ください。

《2022　第１回　国語　解説》

一　問一(1)「無法」とは，法がない，または法があっても守られていないこと。一般的に，権力がなければ法を守らせることは難しく，場合によってはどの法に従えばよいのかもはっきりしない。ここでの「無法地帯」は，カブールの外の状況について言ったもの。――線部カの２段落後に，「ひょっとしたらカブールの外は～権力の空白状態が生じているのではないか」とある。

問二　アメリカ軍あるいはアメリカ政府にとって，自軍の兵士が負傷したことは好ましいことではない。また，アメリカはタリバンと戦っているので，「タリバンの捕虜が蜂起した」という情報は，アメリカ政府にとって好ましいものではない。よって，「政治的な問題がある」とある１が適する。

問三　――線部イの映像の具体的な内容が，２～４行後の「タリバンによって禁止されていた凧揚げ～復活した映画館などの映像」である。これらの映像は，タリバンによって禁止されていたことを楽しみ，逆に強制されていたことをやめている人々の映像なので，タリバンの支配から解放され，喜んでいる人々の映像だと考えられる。よって，３が適する。

問四　直前の２段落で，タリバンは首都カブールを放棄し，北部同盟は「カブールの治安だけは何としても維持している」と書かれているので，少なくとも，カブールにおいては「タリバン制圧」はすでに終わっている。――線部ウは，アフガニスタン国内のカブール以外の地域もふくめた「タリバン制圧」，つまり，アフガニスタン全土からタリバンを排除することを指している。よって，２が適する。――線部ウをふくむ一文では，平和なカブールの様子を見て，アフガニスタン全土でタリバンがほぼ制圧されたような印象を持ってしまうということを言っている。

問五　――線部イの２～４行後の「タリバンによって禁止されていた凧揚げ～復活した映画館などの映像が繰り返し紹介された」の部分から読み取る。タリバンがいなくなったカブールで行われている「凧揚げ」や復活した映画館は，タリバンが禁止していたものである。逆に，ブルカの着用やひげをのばすことは強制されていたと考えられる。

問六　同じ段落の最初に「ニュース映像で『平和が訪れたカブールの街』を繰り返し見せられると，タリバン制圧はすでにほとんど終わってしまったかのような印象を持ってしまう」とある。しかし，ニュース映像としてあまり見ないだけで，カブール以外では戦闘が続いている。戦闘地域の映像をあまり流さないことは，「嘘の事実も織り交ぜて報道を組み立てている」とまでは言えないので，１・３・５は適さない。――線部オの「そういう『物語』」が指すのは，「誰もがそう思いたい」物語であり，「アフガニスタンがタリバンの支配を脱して新しく生まれ変わる」という筋書きである。つまり，――線部オは，誰もが望んでいる「アフガニスタンがタリバンの支配を脱して新しく生まれ変わる」という筋書きに沿って，カブール以外では戦闘が続いているという不都合な事実を無視してニュースを作っているということ。よって，６が適する。２の「地上からタリバンを壊滅させる」や，４の「カブールの平和が保たれ，安全な市民生活が保障され続ける」という部分は，アフガニスタンが生まれ変わるという内容と少しずれている。

問八　最初の２段落にあるように，アフガニスタン戦争においては，何でも撮影できるわけではなく，一部の戦闘地域の映像にいたっては，ほとんど見ることができない。また，問六の解説にあるように，繰り返し見せられるニュース映像によって，事実とは異なる印象を持ってしまうことがあり，メディアが多くの人の望む「物語」に沿ってニュースを作っているという可能性もある。こうしたことはアフガニスタン戦争のニュース映像に限った話ではない。最後の段落に，「受け入れがたい想像」つまり不安を「すべて排除してしまうと危機感を持てなくなる」とある。平和なカブールの映像を見て，「ひょっとしたらカブールの外は，メディアが取材できないほど」ひどい状態なのではないかと想像する，言いかえると，「受け入れがたい想像を回避」しないことで，一定の危機感を持つことが大事だと筆者は考えている。

□二 **問二**　1～10 行後に，このとき「あたし(愛理)」が何を考えながらピアノを弾いていたかが書かれている。また，── 線部イの直前に「あたしが痴漢に怒りながら弾いていたことを，見破ってしまった」とある。「あたし」は，みなみを苦しめた痴漢に怒りながら弾いているので，1が適する。── 線部アの３～４行後に「女の子の方を責める人がいる」とあるが，みなみが責められたかどうかはわからないので，４は適さない。

問三　愛理が弾いているドビュッシーの『月の光』は，「ベルガマスク組曲」の一つであり，先生はベルガモ地方ののどかな村をイメージして弾くように言っている。また，この曲を聴けば，「悪夢を見て，午前三時に目が覚めてしまっても」安らかな眠りにつけるとも言っている。よって，３が適する。

問四　愛理は，みなみの「自分が女の子であることがいやになったりすること，ない？」という発言を思い出して，痴漢のことを考え，怒っている。このことから，みなみは痴漢にねらわれたことに絡めてこの発言をしたと考えられる。愛理はこのように考えるみなみに対して，「痴漢にねらわれたことは，みなみちゃんが女の子であること，みなみちゃんがみなみちゃんであることとは，まったく関係ないんだよ」と心の中で呼びかけている。これは，みなみが，自分が痴漢の被害者になった理由がそこにあると考えていることを受けたものである。

問五　「まぶしそうに」見ていたということは，憧れていたということ。愛理は「変わったってことは，成長したってことでしょ～変わらないなんて，つまんないよ」と言っていて，変化することを前向きにとらえていた。また，「未来には『いいことしか待っていません』って感じの瞳をしていた」ともあり，愛理は未来でもいいことが起こると強く信じていたと，みなみが感じていたことが読み取れる。よって，１が適する。

問六　少し前のみなみは，自分に自信が持てず，未来にも希望を持てなかった。しかし，今は，「心のかたすみに『変わりたい』と思っているわたしがいる」。前書きにあるように，小学生の頃のみなみは走るのが好きだった。そして，「小さな女の子」は，「もう一度，走りたい。思いっきり，走りたい」と言っている。これは，「変わりたい」と思っているみなみの「変わらない」部分である。みなみは「どんなに成長しても，大人になっても～変わらないところこそ，その人のすごくすてきなところ」だったらすてきだと思っている。

《2022　第１回　算数　解説》

□1 **(1)**　与式＝{(17－12)×５}－{16×(７－６)－(12－７)}＝５×５－(16－５)＝25－11＝14

(2)　与式＝16×(58＋79)－14×100＋37×(19－５)＝16×137－14×100＋37×14＝16×(100＋37)－14×100＋37×14＝16×100＋16×37－14×100＋37×14＝(16－14)×100＋(16＋14)×37＝２×100＋30×37＝200＋1110＝1310

(3)　与式＝$\frac{2}{9}\times\frac{1}{8}\div\frac{7}{4}\div\frac{6}{5}\div\frac{5}{3}\times\frac{7}{4}\times\frac{8}{3}\times\frac{9}{2}\div\frac{1}{6}=\frac{2}{9}\times\frac{1}{8}\times\frac{4}{7}\times\frac{5}{6}\times\frac{3}{5}\times\frac{7}{4}\times\frac{8}{3}\times\frac{9}{2}\times 6=1$

(4)　１ｍ＝100 ㎝＝1000 ㎜なので，与式＝31225 ㎝＋7117 ㎝－36385 ㎝＋63 ㎝＝2020 ㎝

(5)　与式より，{31×□＋(３＋12)}×(16－14)＝１＋60　　(31×□＋15)×２＝61　　31×□＋15＝$\frac{61}{2}$
31×□＝$\frac{61}{2}$－15　　□＝$\frac{31}{2}$÷31＝$\frac{1}{2}$

□2 **(1)**　右のように記号をおく。対頂角は等しいので，角ＥＦＣ＝67°
三角形ＡＢＣはＡＢ＝ＡＣの二等辺三角形だから，角ＡＣＢ＝(180°－38°)÷２＝71°

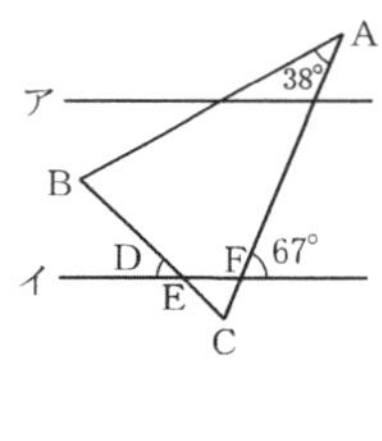

三角形ＣＥＦの内角の和より，角ＣＥＦ＝180°－67°－71°＝42°

対頂角は等しいので，角ウ＝角ＣＥＦ＝42°

⑵　与式の左辺を計算すると，３△（４×２－４－２）＝３△２＝３×２－３－２＝１

右辺を計算すると，□×７－□－７＝□×（７－１）－７＝□×６－７

したがって，１＝□×６－７　　□×６＝１＋７　　□＝８÷６＝$\frac{4}{3}$＝$1\frac{1}{3}$

⑶　**【解き方】向かい合う面の切り口の線は平行になることから，切断面は右図の太線部分となる。Ａを含む立体を太点線で分け，手前の直方体とＹを含む立体の体積をそれぞれ求める。**

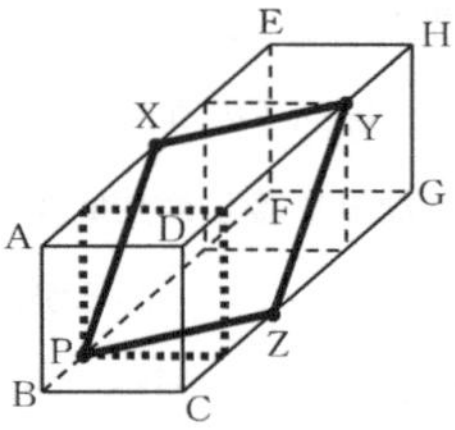

ＸＰとＹＺは平行なので，ＤＹ＝６－２＝４(㎝)，ＣＺ＝２㎝，ＡＸ＝３㎝より，

ＢＰ＝３－(４－２)＝１(㎝)とわかる。

Ａを含む立体を太点線で２つの立体に分けたとき，手前の直方体の体積は，２×２×１＝４(㎤)

Ｙを含む立体の体積は，底面積が２×２＝４(㎠)，高さが４－１＝３(㎝)の直方体の体積の半分なので，

４×３÷２＝６(㎤)

以上より，求める体積は，４＋６＝10(㎤)

⑷　求める組は，（１，２，８)(１，３，７)(１，４，６)(２，３，６)(２，４，５)の５組ある。

⑸　**【解き方】おうぎ形ＡＢＤとおうぎ形ＣＤＢの面積の和から，四角形ＡＢＣＤの面積をひいて求める。**

右のように，ＢからＡＤに対して垂直な線をひき，ＡＤとの交わる点をＨとして，

三角形ＡＢＨと合同な三角形ＡＥＨを作図する。

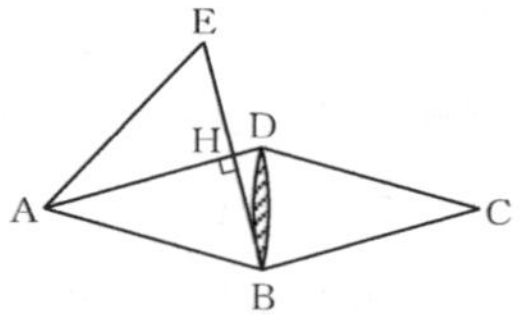

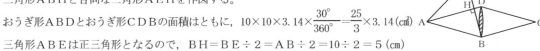

おうぎ形ＡＢＤとおうぎ形ＣＤＢの面積はともに，$10\times10\times3.14\times\frac{30^\circ}{360^\circ}=\frac{25}{3}\times3.14$(㎠)

三角形ＡＢＥは正三角形となるので，ＢＨ＝ＢＥ÷２＝ＡＢ÷２＝10÷２＝５(㎝)

三角形ＡＢＤの面積はＡＤ×ＢＨ÷２＝10×５÷２＝25(㎠)なので，四角形ＡＢＣＤの面積は，25×２＝50(㎠)

よって，求める面積は，$\frac{25}{3}\times3.14\times2-50=\frac{157}{3}-\frac{150}{3}=\frac{7}{3}=2.33\cdots$より，2.3㎠である。

⑹　**【解き方】開催される年の，下２けたに注目する。**

Ａ祭りの開催年の下２けたは，12年，16年，…となるので，４の倍数となる。

Ｂ祭りの開催年の下２けたは，15年，18年，…となるので，３の倍数となる。

Ｃ祭りの開催年の下２けたは，08年，15年，…となるので，７の倍数より１大きい数となる。

Ａ祭りとＢ祭りが同時に開催されるのは，下２けたが３と４の最小公倍数である12の倍数の年(2012年よりもあと)だとわかる。７の倍数より１大きい数のうち，12の倍数となる最小の数を探すと，７×５＋１＝36が見つかるので，求める年数は，2036年である。

⑺　**【解き方】商品１個の仕入れ値を100として，総利益を考える。**

商品１個の定価は100×(１＋0.3)＝130，利益は130－100＝30である。

定価の２割引きは130×(１－0.2)＝104だから，このときの利益は１個あたり104－100＝４である。

定価で200－40＝160(個)，２割引きで40個売れたので，総利益は30×160＋４×40＝4960と表せる。

よって，4960が24800円にあたるから，商品１個の仕入れ値は，$24800\times\frac{100}{4960}=500$(円)

⑻　**【解き方】ＣＤの長さをＸ㎝として，それぞれの立体の体積をＸの式で表す。**

直線アを回転の軸として回転させた立体は図Ⅰのようになる。

ＡＥ＝ＤＥ＝４㎝であり，円柱と円すいを合わせた立体となるので，体積は，

図Ⅰ

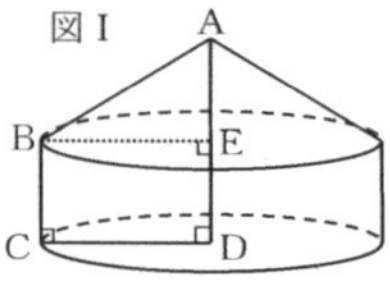

$X\times X\times 3.14\times 4+X\times X\times 3.14\times 4\div 3=X\times X\times 3.14\times(4+\frac{4}{3})=\frac{16}{3}\times 3.14\times X\times X$ (㎤)

直線イを回転の軸として回転させた立体は図Ⅱのようになる。

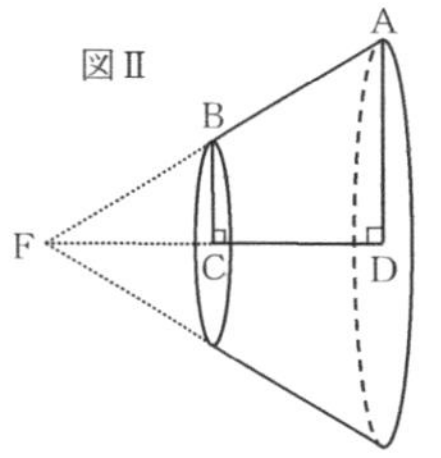

三角形ＡＦＤと三角形ＢＦＣは同じ形で，ＡＤ：ＢＣ＝８：４＝２：１だから，

ＦＤ：ＦＣ＝２：１より，ＦＣ＝ＣＤ＝Ｘcmとわかる。

三角形ＡＦＤと三角形ＢＦＣについて，それぞれ直線イを回転の軸として回転させた立体は同じ形で，ＡＤ：ＢＣ＝２：１だから，体積の比は(２×２×２)：(１×１×１)＝８：１となる。よって，図Ⅱの立体の体積は，三角形ＢＦＣを回転させた立体の体積の８－１＝７(倍)となるので，$BC\times BC\times 3.14\times FC\div 3\times 7=4\times 4\times 3.14\times X\div 3\times 7=\frac{112}{3}\times 3.14\times X$ (㎤)

以上より，$\frac{16}{3}\times 3.14\times X\times X=\frac{112}{3}\times 3.14\times X$　　$16\times X\times X=112\times X$　　$X\times X=7\times X$

よって，Ｘ＝７とわかるので，ＣＤ＝７cmである。

3　**【解き方】ＡからＢへの移動を下り，ＢからＡへの移動を上りと表す。**

(下りの速さ)＝(静水時の速さ)＋(川の流れの速さ)，(上りの速さ)＝(静水時の速さ)－(川の流れの速さ)である。

(1)　【解き方】同じ道のりを進むのにかかる時間の比は，速さの比の逆比に等しいことを利用する。

太郎君の下りの速さは，秒速(1.5＋0.5)ｍ＝秒速２ｍ，上りの速さは，秒速(1.5－0.5)ｍ＝秒速１ｍ

よって，太郎君の下りと上りでかかる時間の比は，速さの比である２：１の逆比の１：２となる。

７分30秒＝(７×60＋30)秒＝450秒だから，太郎君は下りで $450\times\frac{1}{1+2}=150$ (秒)かかる。

よって，求める距離(きょり)は，２×150＝300(ｍ)

(2)(3)(4)　【解き方】１，２，３回目にすれ違う位置を求めるので，ダイヤグラムをかき，同じ形の三角形に注目して考えるとよい。

太郎君は下りで150秒，上りで450－150＝300(秒)かかる。

次郎君の下りの速さは秒速(１＋0.5)ｍ＝秒速1.5ｍだから，下りは300÷1.5＝200(秒)かかる。

また，次郎君は往復で13分20秒＝(13×60＋20)秒＝800秒かかるから，下りで800－200＝600(秒)かかる。

よって，３回目にすれ違うまでをダイヤグラムで表すと，右のようになる(太郎君は太線，次郎君は太点線)。

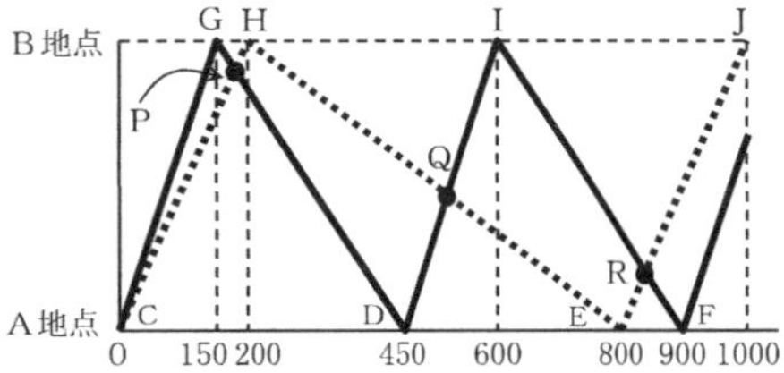

１回目にＰ，２回目にＱ，３回目にＲの位置ですれ違う。

三角形ＣＤＰと三角形ＨＧＰは同じ形で，ＣＤ：ＨＧ＝450：(200－150)＝９：１だから，Ｐは Ａから $300\times\frac{9}{9+1}=$ 270(ｍ)離れたところだとわかる。

三角形ＤＥＱと三角形ＩＨＱは同じ形で，ＤＥ：ＩＨ＝(800－450)：(600－200)＝７：８だから，ＱはＡから $300\times\frac{7}{7+8}=140$ (ｍ)離れたところだとわかる。

三角形ＥＦＲと三角形ＪＩＲは同じ形で，ＥＦ：ＪＩ＝(900－800)：(1000－600)＝１：４だから，ＲはＡから $300\times\frac{1}{1+4}=60$ (ｍ)離れたところだとわかる。

よって，１，２，３回目にすれ違うのはそれぞれ，Ａから270ｍ，140ｍ，60ｍ離れたところである。

(5)　次郎君は２往復泳ぐのに800×２＝1600(秒)かかり，休みは５分＝300秒以内だから，同時にＡに着くのは，出発から1600秒後よりあとで，1600＋300＝1900(秒後)以前となる。

太郎君は１往復で450秒かかるから，Ａ地点に着くのは，出発から450秒後，900秒後，1350秒後，1800秒後，2250秒後，…となるので，同時にＡに着くのは1800秒後とわかる。

よって，休んだ時間は，1800－1600＝200(秒間)，つまり，200÷60＝３余り 20 より，３分 20 秒間である。

4 ⑴　水の体積は，１×１×２＝２(cm³)

面ＡＢＣＤＥＦＧＨの面積は，１×３＋２×１＝５(cm²)だから，水面までの高さは，２÷５＝0.4(cm)

⑵　**【解き方】図２について，右のように作図する。色付き部分に水が入っているので，加えた水は，図の太線で囲まれた部分を底面とする，高さが１cmの四角柱の体積に等しい。**

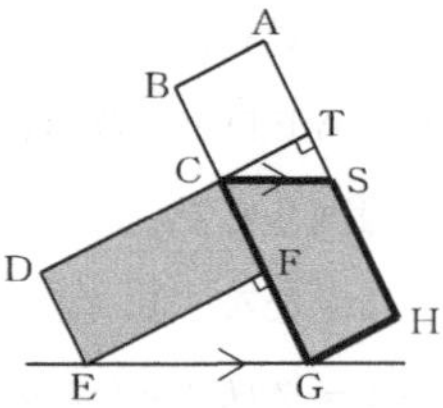

三角形ＥＧＦと三角形ＣＳＴは同じ形であり，ＥＦ：ＦＧ＝２：１だから，

ＣＴ：ＴＳ＝２：１となるので，ＴＳ＝ＣＴ×$\frac{1}{2}$＝１×$\frac{1}{2}$＝$\frac{1}{2}$(cm)

ＣＧ＝１＋１＝２(cm)，ＳＨ＝２－$\frac{1}{2}$＝$\frac{3}{2}$(cm)だから，四角形ＣＧＨＳの面積は，(２＋$\frac{3}{2}$)×１÷２＝$\frac{7}{4}$(cm²)

よって，求める体積は，$\frac{7}{4}$×１＝$\frac{7}{4}$＝1.75(cm³)

⑶　**【解き方】入れ物Ｑの体積→入れ物Ｑの高さ，の順で求める。**

入れ物Ｑについて，水が入っている部分と入っていない部分の高さの比が１：２だから，入れ物Ｑと㋐入れ物Ｑの水が入っていない部分の高さの比は(１＋２)：２＝３：２となる。よって，入れ物Ｑと下線部㋐の体積の比は，(３×３×３)：(２×２×２)＝27：８となるから，入れ物Ｑと水の体積の比は，27：(27－８)＝27：19

水の体積は２＋$\frac{7}{4}$＝$\frac{15}{4}$(cm³)だから，入れ物Ｑの体積は，$\frac{15}{4}$×$\frac{27}{19}$＝$\frac{405}{76}$(cm³)

入れ物Ｑの底面積は９cm²だから，高さをｈcmとすると，体積について，９×ｈ÷３＝$\frac{405}{76}$　　３×ｈ＝$\frac{405}{76}$

ｈ＝$\frac{405}{76}$÷３＝$\frac{135}{76}$＝１$\frac{59}{76}$　　よって，求める高さは１$\frac{59}{76}$cmである。

5 ⑴　**【解き方】隣(とな)り合う２列において，どの横２マスの数を足しても合計は同じ数になる。**

左から１列目と２列目の横２マスの数の合計は１＋12＝13，２列目と３列目は 12＋13＝25，３列目と４列目は 13＋24＝37，４列目と５列目は 24＋25＝49 となる。合計が 49 となるのは左から４列目と５列目の横２マスだから，左側の数が一番小さい組み合わせは，19 と 30 である。

⑵　**【解き方】縦１列は６マスあり，５の倍数の個数を考えるので，６と５の最小公倍数である 30 を１周期として考える。**

1	12	13	24	25
2	11	14	23	26
3	10	15	22	27
4	9	16	21	28
5	8	17	20	29
6	7	18	19	30

１～30 までのマスについて，５の倍数の数が縦１列に２個ある列は，右のように１列(左から５列目)ある。これを１周期として考える(31～60 までのマスは，右図と５の倍数の位置が上下で逆になるが，個数は変わらない)と，240÷30＝８(周期)分あるから，求める列の数は，８列である。

⑶　**【解き方】⑴をヒントに考える。７の倍数が横２マスに隣り合うのは，その２つの列において横２マスの数の合計が７の倍数になる列でしか起こらない。隣り合う２つの列の横２マスの数の合計は，13 から 12 ずつ増えていき，最初に７の倍数になるのは４列目と５列目である。**

４列目から列が７つ右にずれるごとに，その右の列との横２マスの数の合計は７の倍数になる。全部で 40 列あるので，(40－４)÷７＝５余り１より，条件に合う列の組み合わせは，１＋５＝６(組)ある(４列目と５列目，11 列目と 12 列目，18 列目と 19 列目，……)。よって，求める箇所の数は，６か所である。

⑷　**【解き方】(５の倍数の個数)＋(７の倍数の個数)－(５と７の公倍数の個数)で求める。**

１～240 までの整数のうち，５の倍数は 240÷５＝48(個)，７の倍数は 240÷７＝34 余り２より 34 個，５と７の最小公倍数である 35 の倍数は 240÷35＝６余り 30 より６個あるから，求める個数は，48＋34－６＝76(個)

⑸　**【解き方】各列で５の倍数が３個以上，７の倍数が２個以上黒く塗られることはないので，塗りつぶした**

マスが３個ある列は，その列に５の倍数が２個，７の倍数が１個あり，いずれも５と７の公倍数ではない。

⑵より，５の倍数が２個ある列は，25～30，55～60，85～90，115～120，145～150，175～180，205～210，235～240の８列あり，そのうち，両端の数（５の倍数）以外に７の倍数が１個ある列は，下線の５列なので，これが求める列の数である。

《2022　第１回　理科　解説》

1 **問１**　植物の茎には，葉でつくられた養分などを運ぶ管（師管）と根から吸い上げた水などを運ぶ管（道管）が通っている。師管と道管が集まって束になったものを維管束といい，師管は外側，道管は内側を通る。また，イネのなかまは子葉が１枚の単子葉類で，維管束は②のように散らばっている。なお，子葉が２枚の双子葉類の維管束は①のように輪状に並んでいる。

問２　②○…虫が光に反応して移動する性質を走光性という。　④○…大量の紫外線を浴びるとメラニンという黒っぽい色の色素がつくられる。メラニンが紫外線を吸収することで，紫外線が内部へ侵入するのを防いでいる。なお，眼に急に明るい光を当てると，レンズを通過する光の量を少なくするためにひとみが小さくなるので，③は誤りである。

問３　アとエは先たん部分に光があたるから光のくる方向に曲がる。これに対し，イは先たん部分がなく，ウは先たん部分に光があたらないから，曲がらない。

問４　先たん部分に光が当たらないのはウである。ウは，アと比べて，先たん部分に光があたらないことと，先たん部分にキャップが存在することの２つの条件が異なるため，アとウの結果のちがいが光によるものかキャップによるものか判断できない。よって，ウと光の条件だけが異なるエを用意することで，ウが光のくる方向に曲がらなかったのは，先たん部分に光があたらなかったためだと判断することができる。なお，アとエを比べることで，キャップの有無は結果に影響を与えないことがわかる。

問５　12分後には５度曲がり，15分後には$5\times\frac{1}{5}=1$（度）戻って４度になる。27分後には$4+5=9$（度）になり，30分後には$9\times\frac{1}{5}=1.8$（度）戻って$9-1.8=7.2$（度）になる。42分後には$7.2+5=12.2$（度）になり，45分後には$12.2\times\frac{1}{5}=2.44$（度）戻って$12.2-2.44=9.76$→9.8度になる。

図 i

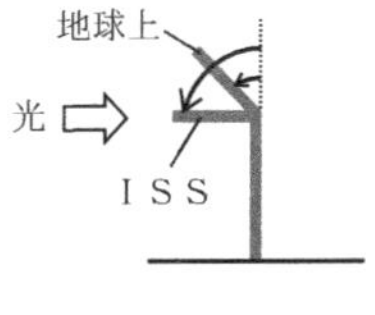

問６　図ｉ参照。地球上では重力がはたらくため，図２のように光をあてても，地面と平行に曲がることはなく，ななめ上方向に曲がる。ＩＳＳでは重力がはたらかないとすると，重力屈性の影響を受けず，光屈性の影響だけを受けて，光と平行な方向に曲がると考えられる。

2 **問３**　解答例の他に，アンモニアは水にとけるとアルカリ性を示すことも異なる点である（ちっ素と水素はほとんど水にとけないが，水にとけたときには中性を示す）。

問４，５　ちっ素と水素が反応するとアンモニアだけが生じるから，反応したちっ素と水素の重さの和は，生じたアンモニアの重さと等しい。28ｇのちっ素と６ｇの水素がすべて反応するとアンモニアが34ｇ生じるから，アンモニアが6.8ｇ生じたとき，反応したちっ素は$28\times\frac{6.8}{34}=5.6$（ｇ），反応した水素は$6.8-5.6=1.2$（ｇ）である。よって，容器に残っているちっ素は$28-5.6=22.4$（ｇ），水素は$6-1.2=4.8$（ｇ）である。

問６　他の物質の反応を促す物質を触媒という。

問７　図１より，温度が200度低くなるごとにアンモニアが生じた最大量がほぼ一定の割合で大きくなっている。よって，427℃のときの最大量は527℃と327℃のときの真ん中付近になる。また，最大量に達した時間は，527℃のときよりはおそく，327℃のときよりははやくなる。

問8　図１より，327℃のときのアンモニアが生じた量が最大になるまでの時間は527℃のときの約２倍であるのに対し，327℃のときの最大量は527℃のときの２倍よりも少ないので，527℃のときの方が効率よくアンモニアを得ることができると考えられる。

3　**問2**　図２より，豆電球は電流の向きにかかわらず点灯し，ＬＥＤは長い足を乾電池の＋極側につなぐと点灯することがわかる。よって，点灯しないＬＥＤはｄとｈであり，ｄと直列つなぎになっているｃも点灯しない。

問3　図３のＣではＬＥＤが点灯したから，ＬＥＤの長い足とつながっている実線側が＋極である。

問5　表１で，１秒あたりの回転数が時計回りに２回のときに電流が流れなかったことに着目すると，このとき，手回し発電機からは乾電池２個分と同じ大きさの電流が，乾電池の電流とは逆向きに流れていると考えられる。その他の回転数のときとあわせて考えると，ハンドルの１秒あたりの回転数を乾電池の数に置きかえればよいとわかるので，問５で，一方のハンドルを時計回りに１秒あたり２回の速さで回転させると，もう一方の手回し発電機には，実線側から乾電池２個分の電流が流れこむ。これは，実験３でハンドルの操作を何もしないときと同じだから，もう一方の手回し発電機のハンドルは，時計回りに１秒あたり１回の速さで回転する。

問6　問５解説より，(a)は２個の乾電池が同じ向きにつながった回路(①)，(b)は３個の乾電池のうち，２個が同じ向きで１個が逆向きにつながった回路(④)である。また，表１より，手でハンドルの回転を止めたときには，手回し発電機が電池の役割をせず，導線と同じ役割になっていると考えればよいから，(c)では回路に乾電池１個分の電流が流れる。これは④に流れる電流と同じ大きさである。

4　**問1**　①×…震度は０，１，２，３，４，５弱，５強，６弱，６強，７の10段階に分けられている。　②×…マグニチュードが２大きくなると地震の規模は1000倍になる。　④×…陸のプレートと海のプレートの境目で海溝型地震が発生したときに津波が発生しやすい。ただし，必ず発生するわけではない。また，陸のプレート内のゆがみによって起こる内陸型地震のときには津波が発生しにくい。

問2　震源に近い地点ほど，地震が発生してからゆれ始めるまでの時間が短い。よって，20秒後にゆれ始めた４つの地点に着目すると，これらの点を通る円の中心付近にある⑦が震源のある場所だと考えられる。

問3　高さに差が生じるのは①か②である。①は上盤(図では左側)がずれ落ちる正断層，②は上盤がもり上がる逆断層である。また，南東側に立っている人が南西側にずれて見えるのは，南東側に立っている人が，北西側に立っている人から見て右手側に移動したときだから，③の右横ずれ断層である。なお，④は左横ずれ断層である。

問4(a)　左側の２つの地震計で東西方向と南北方向のゆれを記録し，一番右の地震計で上下方向のゆれを記録する。

(b)　震源から42kmの地点にＰ波がとう達するのは地震発生から42÷６＝７(秒後)だから，震源から90kmの住宅地に緊急地震速報が伝わったのは地震発生から７＋10＝17(秒後)である。これに対し，震源から90kmの住宅地にＳ波がとう達するのは地震発生から90÷３＝30(秒後)だから，30－17＝13(秒)が正答となる。

問5　Ｐ波とＳ波はそれぞれ一定の速さで伝わるものとする。神戸と大阪の２地点に着目し，Ｐ波は24kmを４秒，Ｓ波は24kmを８秒で伝わることを基準とする。神戸と高野山の震源からの距離の差は66－24＝42(km)だから，高野山にＳ波がとう達するのは神戸にＳ波がとう達した時刻の$8\times\frac{42}{24}$＝14(秒後)の５時47分14秒である。同様に考えて，神戸と名古屋の震源からの距離の差は186－24＝162(km)だから，名古屋にＰ波がとう達するのは神戸にＰ波がとう達した時刻の$4\times\frac{162}{24}$＝27(秒後)の５時47分23秒である。また，東京にＰ波が到達したのは神戸にＰ波がとう達した時刻の71秒後だから，東京と神戸の震源からの距離の差は$24\times\frac{71}{4}$＝426(km)である。よって，東京の震源からの距離は24＋426＝450(km)である。

《2022 第１回 社会 解説》

1 **問１** ａは室町幕府，ｂは江戸幕府，ｃとｄは鎌倉幕府なので，ｃとｄを選ぶ。

問２ ウの京都が正しい。室町幕府８代将軍足利義政の跡継ぎ争いに，細川勝元と山名持豊(宗全)の幕府内での勢力争いがからみあって応仁の乱が始まった。東軍は細川勝元，西軍は山名持豊を総大将とした。

問３ アが正しい。上海はアヘン戦争後の南京条約(1842 年)に開港された港で，イギリス・アメリカ・日本などの租界が置かれていた。第一次世界大戦中の二十一ヶ条の要求で，日本は山東省のドイツ権益を獲得した。イとエは日本の植民地，ウはイギリスの植民地だった。

問４ 1637 年にキリシタンの天草四郎が中心となって島原・天草一揆(島原の乱)をおこしたが，３代将軍徳川家光により鎮圧された。

問５ イ．鎌倉幕府(将軍)は，御恩として御家人の以前からの領地を保護したり，新たな領地を与えたりして，御家人は，奉公として京都や鎌倉の警備につき命をかけて戦った。しかし，元寇は防衛戦だったため，幕府は十分なほうびを御家人に与えることができなかった。そのため生活に困る御家人が増え，幕府に不満を持つ者も出てきた。

問６ イが正しい。上皇の居所を院と呼んだことから，上皇そのものを院とも呼んだ。鎌倉時代の承久の乱後，後鳥羽上皇・土御門上皇・順徳上皇が島流しとなった。アは飛鳥時代の天皇，ウは平安時代の皇子，エの菅原道真は平安時代の貴族。

問７ Ｅ．承久の乱(1221 年／鎌倉時代)→Ｄ．元寇(1274 年・1281 年／鎌倉時代)→Ａ．応仁の乱(室町時代)→Ｃ．島原・天草一揆(江戸時代)

2 **問１** アは遣隋使についての記述なので，誤り。聖徳太子によって，小野妹子が遣隋使として派遣された。

問２ 11 世紀中頃，末法思想から，阿弥陀如来にすがって死後に極楽浄土へ生まれ変わることを願う浄土信仰が広まり，多くの阿弥陀堂が造られた。藤原頼通は，道長から若くして摂政の地位を譲られ，長く摂関政治を続けたことでも知られる。

問３ 鎌倉時代の「阿氏河荘民(あてがわのしょうみん)の訴状」だから，イが正しい。地頭は年貢の取り立てや土地の管理をしていたため，荘園領主との間で年貢や土地支配をめぐる争いが起こった。アの防人は律令制度における農民の税の１つとして，九州地方を防備するために置かれた。ウの酒屋・土倉は室町時代，エの徴兵令は明治時代。

問４ 鎌倉時代の支配階級は武士で，源頼朝の鎌倉幕府初代将軍就任以後，約 700 年間にわたる武家政治が続いた。

問５ 茶の栽培は温暖で降水量が多い温暖湿潤気候が適しているので，エと判断する。

問６ 鎌倉幕府滅亡後，後醍醐天皇が建武の新政を行った。建武の新政は公家・天皇中心の政治であったことから武士らの反感を買い，２年あまりで失敗に終わった。京都を追われた後醍醐天皇は奈良の吉野に逃れ，そこで南朝をたてた。京都では足利尊氏がすでに新たな天皇を立てていたため，室町幕府３代将軍足利義満が南北朝を統一するまで，日本には２つの朝廷が存在していた。

問７ イ．「鎮護国家思想に基づき」の部分が誤り。鎮護国家思想は，奈良時代の聖武天皇が大仏造立をしたときの考えである。

問８ ウとエが誤り。東廻り航路は太平洋沿岸をまわって酒田と江戸を結ぶ航路だから，大坂を経由しない。また，西廻り航路は，日本海と瀬戸内海を通って酒田と大坂を結ぶ航路である。

問９ 両方とも誤りだから，エを選ぶ。 Ｘ．「関税自主権」ではなく「領事裁判権(治外法権)」である。ノルマントン号事件では，和歌山県沖で船が沈没した際，イギリス人船長が日本人の乗客を見捨てたにもかかわらず，日本の法律で裁けなかったために軽い刑罰で済んだ。　Y．岩倉使節団の派遣(1871年～1873年)はノルマントン号事件(1886年)よりも前の出来事である。

3　問1　畜産は岩手県の産出額が高いエと判断する。青森県・山形県が高いアは果物，宮城県が高いイは漁業，秋田県をはじめ東北全体で高いウは米である。

問2　日本海に面する部分をなぞる(右図参照)。

問3　ウを選ぶ。津軽富士(岩木山)は青森県，会津富士(磐梯山)は福島県，出羽富士(鳥海山)は秋田県・山形県，南部片富士(岩手山)は岩手県にある。

問4　イが誤り。大山ブロッコリーは鳥取県で生産されている。

問5　エを選ぶ。長崎くんちが始まった江戸時代，鎖国体制が完成した後も長崎の出島でオランダとの貿易が続けられた。アは仙台七夕まつり，イは祇園祭，ウは博多祇園山笠。

問6　Bの三陸海岸はリアス海岸なので，イと判断する。リアス海岸に入り込んだ津波は，入り江が狭くなるため，波が一層高くなった。

4　問1　Aは1990年代半ばまで生産量が増え，その後減少してることからエ(生乳)と判断する。Bは健康志向の高まりにより消費量が増えたイ(茶)，Cはオレンジの輸入自由化により消費量が減ったア(みかん)，Dは健康志向の高まりにより消費量が減少したウ(葉たばこ)。

問2　アが正しい。グラフより，3Cの1つである自動車は，高度経済成長期(1950年代後半～1973年)に大幅に生産台数が増えたIと判断する。図より，内陸部にもあるPを自動車，沿岸部だけのQを粗鋼と判断する。

問3　アが正しい。福島県は，2011年の福島第一原子力発電所放射能漏れ事故後に発電量がないIと判断できる。XとYのうち，再生可能エネルギーの発電量が増えたXを2020年と判断する。

問4　2000年時点のインターネット利用者の割合は50%以下だったが，2020年時点では83.4%まで普及している。マスメディアに対し，インターネットで相互のやりとりができるメディアを「ソーシャルメディア」と言う。

問5　資料2より，人の手で行われていた作業が機械で行われるようになったため，作業時間を大幅に短縮できるようになることが分かる。資料3より，水田が集積されてきれいに区画されると，大型機械が速く安全に通行できるようになることが分かる。以上のような，水田や農道，用水路などの整備を一体的に行い，区画形状を整理して生産性を高める取り組みを「ほ場整備」という。

5　問1　イとウが正しい。　ア．衆議院に先議権があるのは「法律案」ではなく「予算案」である。　エ．国会以外の機関が法律を制定することはできない。

問2　ウ．内閣総理大臣の指名は衆議院の優越が認められているので，政党Cは，政党Aまたは政党Bから153以上の票を得ることができれば，過半数を占めて党首を首相にできる。

問3　エが正しい。　ア．都道府県知事に立候補することができる年齢は満30歳以上である。　イ・ウ．都道府県議会の議員や都道府県知事の解職請求(リコール)では，有権者の3分の1以上の署名を選挙管理委員会に提出し(有権者数が40万人以下のとき)，住民投票で過半数の賛成となれば解職となる。

問4　イは日本銀行が行う金融政策(公開市場操作)なので，誤り。

問5　ウが誤り。2002年に日本が中国産農産物の輸入を一時禁止した。中国産輸入食料品の安全問題が背景にあった。

問6　アが正しい。国際通貨基金はIMFとも言う。イとエは非政府組織(NGO)，ウは政府開発援助(ODA)。

問7　公共の福祉は，一人ひとりの利益ではなく，社会全体の人々の利益のことで，自由権(特に経済活動の自由)は公共の福祉によって制限されることがある。

2021 解答例 令和3年度　★須磨学園中学校【第1回】

《国　語》

一　問一．Ⅰ．２　Ⅱ．３　Ⅲ．１　問二．Ａ．１　Ｂ．２　問三．あ．１　い．４　問四．１　問五．２
問六．３　問七．４　問八．１　問九．ａ．管理　ｂ．徒労　ｃ．官民　ｄ．愛着　ｅ．電光
ｆ．心境

二　問一．４　問二．正しい処置法を提案する　問三．１　問四．３　問五．２　問六．里美との個人的な関係　問七．日本では、今のところ新型インフルエンザ封じ込めに成功しているが、いずれは感染が広がると考えられる。自分たち医師の仕事は、感染対策を徹底的に行うことで、こうした感染の拡大をできるだけ遅らせて、被害を少なくすることだということ。　問八．２　問九．電話での里美の

《算　数》

1　(1)19　(2)252　(3)２　(4)1000　(5)４

2　(1)108　(2)２　(3)46　(4)408　(5)(オ)　(6)176　(7)$\frac{62}{63}$　(8)73.68

3　(1)3.5　(2)3.7　(3)8.5

4　(1)202　(2)$\frac{7}{32}$　※(3)$264\frac{3}{8}$

5　(1)８　(2)22　(3)44　(4)83

※の考え方は解説を参照してください。

《理　科》

1　問１．②　問２．②　問３．③，⑤　問４．①　問５．④　問６．④　問７．3200

2　問１．③，⑥　問２．③　問３．40　問４．右グラフ　問５．32
問６．③　問７．塩酸…36　水素…50.4

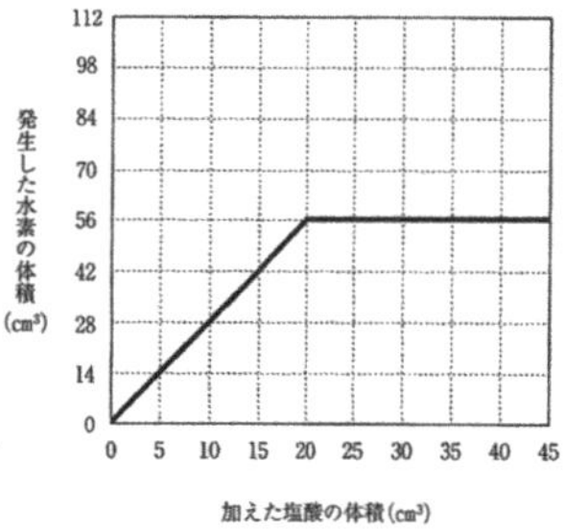

3　問１．③　問２．(a)①　(b)④　(c)ショート　問３．18
問４．(a)３　(b)3000

4　問１．チバニアン　問２．ａ．光合成　ｂ．オゾン層　ｃ．陸上進出
問３．露頭　問４．あ．②　い．⑤　う．①　え．④　お．③　問５．示準化石
問６．②　問７．骨や貝殻は微生物などによって分解されにくいから。

《社　会》

1　問１．(1)C→D→A→B　(2)③　問２．イ　問３．奈良／三重　問４．大正デモクラシー
問５．条約名…日米修好通商条約　記号…ウ　問６．出雲(の)阿国　問７．農民が農業に専念するようになり，武士と農民の身分の区別がはっきりした。　問８．地名…安土　記号…イ

2　問１．百済　問２．イ　問３．ウ　問４．ウ　問５．エ　問６．尊王攘夷運動　問７．生糸
問８．Ａ．イ　Ｂ．ク　問９．エ　問10．イ，ウ

3　問１．イ　問２．フィリピン海プレート…ア　太平洋プレート…ウ　問３．ア　問４．エ
問５．関東…イ　北陸…ウ　問６．④　問７．(1)D　(2)沖ノ鳥島周辺の排他的経済水域にある豊富な漁業資源を保護するため。　問８．ウ

4　問１．(1)ア　(2)もちこませず　問２．大阪府　問３．イ　問４．イ　問５．エ　問６．ア　問７．エ

←解答例は前のページにありますので，そちらをご覧ください。

《2021　国語　解説》

一 **問四**　前の部分の「赴任期間が短いと、やっと慣れるころに帰国である」「それだけの準備とオリエンテーションに膨大な精力を費やして『おさらば』されるのでは」を受けて、「それだけのゆとりを日本の社会が許さない」と述べている。よって「ゆとり」とは、現地に慣れる時間をふくめた長期の赴任ができること、準備とオリエンテーションに精力を費やせることである。しかし、日本では、そういったことが許されないのだから、１が適する。５は、「赴任前に」の部分が適さない。

問五　ペシャワール会とその関連する病院の人びとは、問四のようなゆとりのない日本の現状のなかで、「長期の」滞在をし、「現地の人びとと泣き、笑いをともにした」。また、その後の「短期訪問と異なって～肌身で異文化を感じとったろう。しかも～庶民たちとのつきあいで～人びとのほんとうの姿をしっかり心に焼きつけて帰っていくだろう」から、筆者は長期間現地で生活し、現地の人びとと深い付き合いをしたことをたたえている。よって、２が適する。

問六　前の文に「人びとのほんとうの姿をしっかり心に焼きつけて」とあることから、――線部ウの「厳然と存在する『人間』」は、長期間ともに生活することで見えてくる、人種や異文化などの違いをこえた〝人間の本質〟だと考えられる。よって、３が適する。「厳然」は、おごそかで近寄りがたいこと。

問七　筆者の考える「国際理解」は、現地の言葉を習得し、らい病患者のささえとなった看護婦や、皆に好かれて「どんな国際協力の『経歴』のある者よりも～ほんとうの意味の相互理解と国際友好の働きをした」人によって、もたらされたものである。現地の人びとの信頼や、交流によって生まれるのだから、４が適する。

問八　中田先生は助けたつもりの人に、実は助けられていたという雪山での遭難話を繰り返し話し、「援助ではなく、ともに生きることだ。それで我われも支えられるのだ」という持論を持っていた。この考えに筆者は共鳴(共感)しており、最後の一文の「現地は外国人の活動場所ではなく、ともにあゆむ協力現場である」も、中田先生の考え方と共通する。このような考え方と、問六・七でみたような、現地の人と生活をともにして、理解を深めるという筆者の支援のあり方から、１が適する。　２．「何も言わなくても助けてくれる」が本文にない内容。
３．中田先生は「弱い者を積極的に助けるべきだ」とは言っていない。ともに生きることの大切さを説いている。
４・５．「現地特有の人の温かみが感じられる」「現地の人々と苦楽を共にすべきだ」ということは、中田先生は言っていない。

二 **問一**　この後で里美が言っている、「形もにおいも音もない。男も女も、大人も子供もない。ただの数」や、その後の、WHOに入ってくる情報についての「死体を直接目にすることもなければ、死臭にさらされることもない」という記述から、４が適する。死の生々しさを知らずに済むということ。

問三　ここまでの会話で、里美が優司の手腕を評価していること、WHOで得た情報や現状について率直に話していることから、優司のことを信頼し、優司の言葉を真摯に受け止めたと考えられる。よって、２の「強引さに鼻白みつつ」、３の「鼻が高いものの～ためらいを感じ」、４の「しゃくだと感じている」などの、優司に対する否定的な感情の選択肢は適さない。目の前の困難な状況を思うと、すぐに言葉が出てこなかったのである。よって１が適する。

問四　日本が今のところ新型インフルエンザの封じ込めに成功していることに対して、「魔法」という言葉を使って、普通では実現できないという、驚きの気持ちを表現している。

問五　３、４、５は、２の「『基本に従』うこと」の一例である。

問六　里美が「元妻」であるということ(前書き参照)と、「ごりっぱな言葉ね」という皮肉めいた言い方から推測できる。

問七　「ほころび」は、新型インフルエンザの対策においてミスが発生し、感染が広がり始めることを指している。

問八　新しい病気が流行し、たくさんの人間が命を失うこと、そしてその病気と戦い、打ち勝つこと。そのことを優司は生命の「何度となく繰り返されてきた生き残りの一過程」なのだと考え、「自分の行為などまったく無意味」だと感じた。なぜなら、自分の行動はこうした大きな流れからすればとても小さく短いものであり、たとえ今回の新型インフルエンザの大流行を乗りこえたとしても、種の絶滅の危機はまちがいなくこの先も訪れ、繰り返されることだからである。よって２が適する。

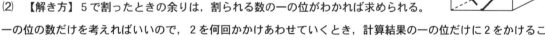

《2021　算数　解説》

1　(1)　与式＝(７－４)×15－３×(24－15)＋(21－20)＝３×15－３×９＋１＝45－27＋１＝19

(2)　与式＝62×７＋64×(10－３)－126×５＝62×７＋64×７－126×５＝(62＋64)×７－126×５＝126×７－126×５＝126×(７－５)＝126×２＝252

(3)　与式＝$\frac{7}{3}\times\frac{16}{7}\times\frac{3}{4}-\frac{8}{5}\times\frac{5}{4}=4-2=2$

(4)　与式＝(１週間２日５時間 33 分 31 秒＋１時間 26 分)－(８日６時間 45 分 20 秒＋23 時間 57 分 31 秒)＝１週間２日６時間 59 分 31 秒－８日 29 時間 102 分 51 秒＝９日６時間 58 分 91 秒－８日 29 時間 102 分 51 秒＝８日 29 時間 118 分 91 秒－８日 29 時間 102 分 51 秒＝16 分 40 秒＝(16×60＋40)秒＝1000 秒

(5)　与式より，$\{5\div(14-11)+\square\}\times4=\frac{68}{3}$　$5\div3+\square=\frac{68}{3}\div4$　$\frac{5}{3}+\square=\frac{17}{3}$　$\square=\frac{17}{3}-\frac{5}{3}=4$

2　(1)　**【解き方】３点Ａ，Ｂ，Ｃを通る切り口は，立方体の各辺の真ん中の点を通り，右図のように正六角形となる。分けられてできた２つの立体は合同である。**

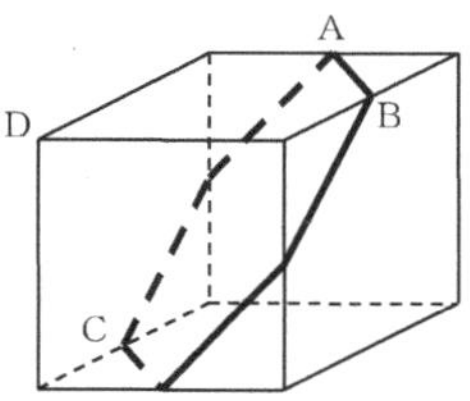

切断したことで立方体の体積は２等分されたから，求める体積は，
６×６×６÷２＝108(㎤)

(2)　**【解き方】５で割ったときの余りは，割られる数の一の位がわかれば求められる。一の位の数だけを考えればいいので，２を何回かかけあわせていくとき，計算結果の一の位だけに２をかけることをくり返し，一の位の数の変化を調べる。**

一の位の数は，2→２×２＝4→４×２＝8→８×２＝16→６×２＝12→…，と変化するので，２，４，８，６という４つの数がくり返される。2021 回かけると，2021÷４＝505 余り１より，２，４，８，６が 505 回くり返された１つあとの数になるので，一の位の数は２になっている。この数を５で割ると，２余る。

(3)　**【解き方】右図のように記号をおく。三角形ＡＢＣと三角形ＤＣＥは二等辺三角形であることを利用する。**

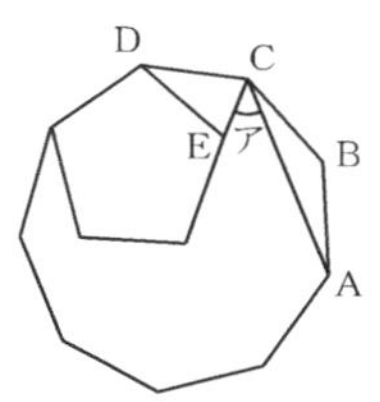

多角形の外角の和は 360°だから，正九角形の１つの外角は 360°÷９＝40°，正五角形の１つの外角は 360°÷５＝72°である。したがって，正九角形の１つの内角は 180°－40°＝140°，正五角形の１つの内角は 180°－72°＝108°である。

三角形ＤＣＥは二等辺三角形で，角ＥＤＣ＝140°－108°＝32°だから，角ＥＣＤ＝(180°－32°)÷２＝74°

三角形ＡＢＣは二等辺三角形だから，角ＢＣＡ＝(180°－140°)÷２＝20°

よって，角ア＝140°－74°－20°＝46°

⑷　**【解き方】同じ道のりを進むのにかかる時間の比は，速さの比の逆比に等しいことを利用する。**

弟と姉の速さの比は4.2：7.2＝7：12だから，家から姉が弟を追い越すまでにかかった時間の比は，7：12の逆比の12：7である。この比の数の12－7＝5が2分にあたるので，姉が家を出発してから弟を追い越すまでにかかった時間は，$2\times\frac{7}{5}=\frac{14}{5}$(分)である。したがって，姉は家から学校まで，$\frac{14}{5}+\frac{36}{60}=\frac{17}{5}$(分)かかった。

時速7.2㎞＝分速$\frac{7.2\times1000}{60}$m＝分速120mだから，家から学校までの道のりは，$120\times\frac{17}{5}=408$(m)

⑸　展開図を組み立てると，右図①のように五角柱になる。

図②のように記号をおいて，底面と底面を見ると，Kの真上にJ，Lの真上にI，Cの真上にHがくるから，AとI，BとH，DとG，EとFが重なるとわかる。よって，(オ)が正しい。

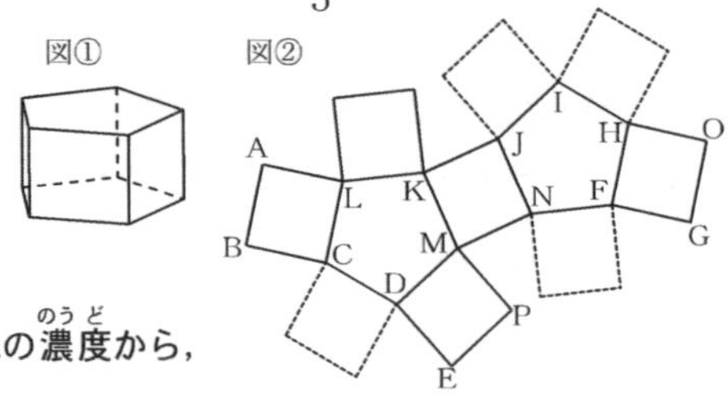

⑹　**【解き方】ふくまれる食塩の量の合計と，最後にできた食塩水の濃度（のうど）から，最後にできた食塩水の量を求める。**

ふくまれる食塩の量の合計は，$150\times\frac{2}{100}+80\times\frac{5}{100}+70\times\frac{7}{100}=3+4+4.9=11.9$(g)　11.9gの食塩をふくむ2.5%の食塩水の量は，$11.9\div\frac{2.5}{100}=476$(g)だから，加えた水の量は，476－150－80－70＝176(g)

⑺　**【解き方】□と(□＋△)の差は△だから，□♪△＝△÷{□×(□＋△)}＝$\frac{△}{□\times(□+△)}=\frac{1}{□}-\frac{1}{□+△}$と変形できる。**

与式＝$(\frac{1}{1}-\frac{1}{3})+(\frac{1}{3}-\frac{1}{7})+(\frac{1}{7}-\frac{1}{15})+(\frac{1}{15}-\frac{1}{31})+(\frac{1}{31}-\frac{1}{63})=1-\frac{1}{63}=\frac{62}{63}$

⑻　**【解き方】右図のように記号をおく。2つの直角二等辺三角形ＡＢＤ，ＦＥＤと，おうぎ形ＤＢＥの面積の和を求めればよい。**

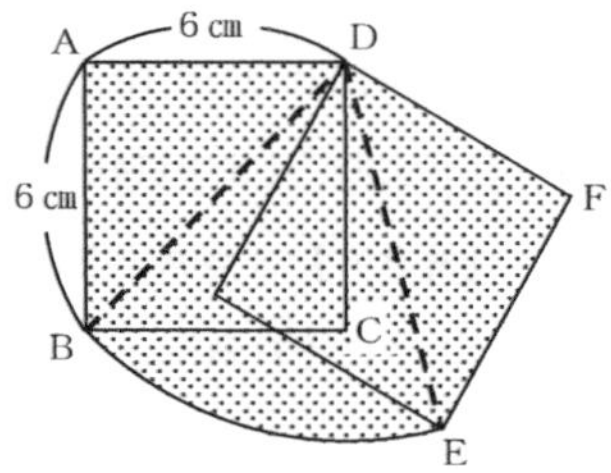

2つの直角二等辺三角形ＡＢＤ，ＦＥＤの面積の和は，正方形の面積と等しく，6×6＝36(㎠)　正方形の面積が36㎠だから，正方形の(対角線)×(対角線)の値（あたい）は36×2＝72となるので，ＤＢ×ＤＢ＝72

角ＢＤＥ＝60°だから，おうぎ形ＤＢＥの面積は，

$DB\times DB\times3.14\times\frac{60°}{360°}=72\times3.14\times\frac{1}{6}=12\times3.14=37.68$(㎠)

よって，求める面積は，36＋37.68＝73.68(㎠)

3　しきりは右図のような位置にある。水そうの底面のうち，しきりAとBに囲まれた色をつけた部分を㋐，しきりA，B，Cに囲まれた白い部分を㋑，しきりCに囲まれた斜線（しゃせん）の部分を㋒とする。ホースの先端は㋐の上の高さ1㎝のところにあるから，水が入る順番は，㋐→㋑→㋒である。

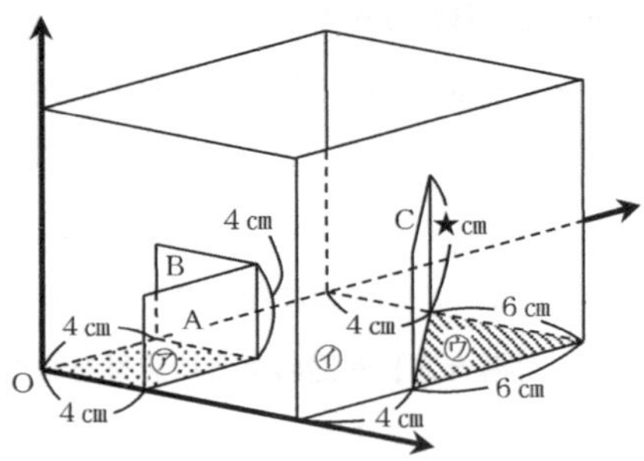

⑴　**【解き方】(2，2，0)の位置は㋐にふくまれるから，(2，2，□)の位置に水面が達したということは，㋐の上に高さ□㎝まで水が入ったということである。**

□＝56÷(4×4)＝3.5(㎝)

⑵　**【解き方】(5，5，0)の位置は㋑にふくまれるから，(5，5，□)の位置に水面が達したということは，**

㋑の上に高さ□cmまで水が入ったということである。まず，□＜4と考えて□の値を求める。

㋐の上の高さ4cmまで水が入っていて，そこにある水の量は4×4×4＝64(cm³)だから，㋑の上には308.2－64＝244.2(cm³)の水が入っている。㋑の面積は，10×10－4×4－6×6÷2＝66(cm²)だから，□＝244.2÷66＝3.7

□＜4となったので，□＝3.7は条件に合っている。

⑶　**【解き方】(6，9，0)の位置は㋒にふくまれるから，(6，9，4)の位置に水面が達したということは，㋒の上に高さ4cmまで水が入ったということである。㋒に入った水の体積を先に求めることで，㋐と㋑に入った水の体積がわかる。**

㋒の上には，(6×6÷2)×4＝72(cm³)の水が入っているので，㋐と㋑の上には769－72＝697(cm³)の水が入っている。★は5以上なのだから，㋐と㋑の上には高さ★cmまで水が入っている。㋐と㋑の面積の和は，

10×10－6×6÷2＝82(cm²)だから，★＝697÷82＝8.5(cm)

4　**【解き方】この分数の列では，分母が1の分数が1個，分母が2の分数が2個，分母が3の分数が3個，…と順に並んでいて，各分母ごとに，分子は1から連続する整数になっている。aからbまで等間隔(とうかんかく)に並ぶx個の数の和は，$\frac{(a+b)\times x}{2}$で求められることを利用する。**

⑴　最初の分数から，分母が19の分数の最後の分数までの個数は，$1+2+3+\cdots+19=\frac{(1+19)\times 19}{2}=190$(個)

$\frac{12}{20}$は分母が20の分数のうち12番目の分数だから，最初から数えると，190＋12＝202(番目)

⑵　**【解き方】最初の分数から，分母がnの分数の最後の分数までの個数は，$\frac{(1+n)\times n}{2}$(個)である。これが503に近くなるようなnの値を探す。分子が503×2＝1006に近くなればよく，分子は(1＋n)×nと連続する2つの整数の積になっている。**

(1＋n)×nが1006に近くなるところを探すと，31×30＝930，32×31＝992，33×32＝1056より，n＝31がよいとわかる。最初の分数から，分母が31の分数の最後の分数までの個数は，$\frac{(1+31)\times 31}{2}=\frac{992}{2}=496$(個)

したがって，503番目の分数は，分母が32の分数のうち503－496＝7(番目)の分数だから，$\frac{7}{32}$である。

⑶　**【解き方】分母が1の分数の和は1，分母が2の分数の和は$\frac{1+2}{2}=1.5$，分母が3の分数の和は$\frac{1+2+3}{3}=2$，分母が4の分数の和は$\frac{1+2+3+4}{4}=2.5$，…となっている。これは，1から始まり0.5ずつ大きくなる数の列である。**

分母が31の分数の和は，1＋0.5×(31－1)＝16である。したがって，$\frac{1}{1}$から$\frac{31}{31}$までの分数の和は，1から16まで0.5ずつの等間隔で並ぶ31個の数の和であり，$\frac{(1+16)\times 31}{2}=263.5$

$\frac{1}{32}$から$\frac{7}{32}$までの分数の和は，$\frac{1+2+3+4+5+6+7}{32}=\frac{7}{8}$

よって，求める分数の和は，$263.5+\frac{7}{8}=263\frac{11}{8}=264\frac{3}{8}$

5　⑴　**【解き方】0以外の青玉3個の数の和が22－12＝10ならばよい。青玉3個に書かれた数字をa，b，cとして，a＋b＋c＝10，a≦b≦cとなる，a，b，cの組を最小の数aの値で場合分けして数える。**

a＝1のとき，b＋c＝10－1＝9である。bは，1以上であり，9÷2＝4余り1より4以下だから，1～4の4通りが考えられる。ここまで決まればcは1通りに決まる。

したがって，a＝1の場合の取り出し方は，4通りある。

10÷3＝3余り1より，aには1以上3以下の数が考えられるので，a＝1からa＝3の場合までをまとめると，右表のようになる。

a	b＋c	b	組み合わせの数(通り)
1	9	1～4	4
2	8	2～4	3
3	7	3	1

よって，求める取り出し方は全部で，4＋3＋1＝8(通り)

⑵　**【解き方】0の青玉の個数は0個～2個まで考えられる。0の青玉1個の場合は⑴で求めたので，0個の場合**

と2個の場合を考える。a≦b≦c≦dとしたとき，10÷4＝2余り2より，aには2までの数があてはまる。

0の青玉の個数が2個の場合は，問題文より5通りとわかる。

0の青玉の個数が0個の場合は，右表より4＋2＋1＋2＝9(通り)ある。

(1)より，0の青玉の個数が1個の場合は8通りあるから，

全部で，5＋8＋9＝22(通り)

a	b	c＋d	c	組み合わせの数(通り)
0	0	10	1～5	5
1	1	8	1～4	4
1	2	7	2～3	2
1	3	6	3	1
2	2	6	2～3	2

(3)　**【解き方】赤玉に書かれた数は1～3だから，3つの青玉に書かれた数字の和が11，12，13になる場合を求める。**

表①a＋b＋c＝11の場合

a	b＋c	b	組み合わせの数(通り)
0	11	2～5	4
1	10	1～5	5
2	9	2～4	3
3	8	3～4	2

表②a＋b＋c＝12の場合

a	b＋c	b	組み合わせの数(通り)
0	12	3～6	4
1	11	2～5	4
2	10	2～5	4
3	9	3～4	2
4	8	4	1

表③a＋b＋c＝13の場合

a	b＋c	b	組み合わせの数(通り)
0	13	4～6	3
1	12	3～6	4
2	11	2～5	4
3	10	3～5	3
4	9	4	1

a＋b＋c＝11，a≦b≦cとなるa，b，cの組は，表①より，4＋5＋3＋2＝14(通り)ある。

a＋b＋c＝12，a≦b≦cとなるa，b，cの組は，表②より，4＋4＋4＋2＋1＝15(通り)ある。

a＋b＋c＝13，a≦b≦cとなるa，b，cの組は，表③より，3＋4＋4＋3＋1＝15(通り)ある。

以上より，求める取り出し方の数は，14＋15＋15＝44(通り)

(4)　**【解き方】赤玉が3個以上で得点が22点になることはないから，赤玉が0個の場合，赤玉が1個の場合，赤玉が2個の場合それぞれで，得点が22点になる取り出し方を合計すればよい。**

赤玉が0個の場合，(2)より22通りある。

赤玉が1個の場合，(3)より44通りある。

赤玉が2個の場合，赤玉の点数の和は1＋1＝2(点)以上3＋3＝6(点)以下だから，青玉の点数をa，b(a≦b)としてa，bの組を考えると，表④のように全部で，4＋3＋3＋3＋2＋2＝17(通り)ある。

表④

赤玉の数		a＋b	a	組み合わせの数(通り)
1	1	12	3～6	4
1	2	13	4～6	3
1	3	14	5～7	3
2	2	14	5～7	3
2	3	15	6～7	2
3	3	16	7～8	2

以上より，求める取り出し方の数は，22＋44＋17＝83(通り)

《2021　理科　解説》

1　**問1**　②○…植物の光合成によって，酸素の量が変化するという形で環境にも影響を与えている。

問2　①×…子を産む魚もいる。　②○…すべての魚は背骨をもつ。　③×…全身にかたい骨をもたない魚もいる。④×…海水と淡水の両方を行き来する魚もいる。

問3　③，⑤○…昆虫は6本のあしをもっている。

問4　①×…エノコログサはネコジャラシとも呼ばれる在来種である。

問5　④×…問題文にもあるように，外来生物とは，人間の活動にともなって，それまで生息していなかった場所に持ち込まれた生物だから，渡り鳥の飛来は外来生物にあてはまらない。

問6　④×…外来生物は植物も捕食し，もともとその場所にいた生物に影響を与える。

問7　捕獲した数が 800 個体の$\frac{3}{4}$の 600 個体になり，さらに$\frac{3}{4}$の 450 個体になっている。このようになるのは，全個体数に対して$\frac{3}{4}$になるように捕獲していくとき，つまり$1-\frac{3}{4}=\frac{1}{4}$ずつ捕獲していくときである。したがって，１回目の捕獲前の全個体数は$800\div\frac{1}{4}=3200$(個体)である。

2 **問1**　①×…アンモニアが発生する。　②×…気体は発生しない。　③○…水素が発生する。　④×…二酸化炭素が発生する。　⑤×…酸素が発生する。　⑥○…水素が発生する。

問2　③○…水上置換で捕集すると，ふくまれる水素の割合が最も大きく，水面からの蒸発によって水蒸気もふくまれる(空気がふくまれない)。なお，水素は空気よりも軽いので，①は下方置換，②は上方置換である。

問3　表１の加えた塩酸の体積と発生した水素の体積の関係より，塩酸５㎤がすべて反応すると７㎤の水素が発生することがわかる。発生した水素の体積は最大で 56 ㎤で，このとき鉄片がすべて溶けたと考えられるので，塩酸の体積は$5\times\frac{56}{7}=40$(㎤)となる。

問4　塩酸の濃度を２倍にすると，同じ体積の塩酸で発生する水素の体積は２倍になるが，鉄片がなくなると水素は発生しなくなるので，発生した水素の最大量は表１と同じ 56 ㎤である。

問5　問３解説で発生した水素の体積を 44.8 ㎤に変えて計算すると，$5\times\frac{44.8}{7}=32$(㎤)となる。

問6　③○…鉄片 140 ㎎を溶かすには 40 ㎤，亜鉛片 130 ㎎を溶かすには 32 ㎤の塩酸が必要である。これらの金属片を同じ体積の塩酸で溶かすには，鉄片に加える塩酸の濃度を亜鉛片に加える塩酸の濃度の$\frac{40}{32}=1.25$(倍)にすればよい。

問7　実験３では，鉄片と亜鉛片の重さがそれぞれ実験１と実験２の半分になっている。したがって，$\frac{40}{2}+\frac{32}{2}=36$(㎤)の塩酸が必要で，発生する水素は$\frac{56}{2}+\frac{44.8}{2}=50.4$(㎤)となる。

3 **問1**　③○…金属のアルミニウムはもっとも熱が伝わりやすい。

問2(a)　①○…Ａに電流が流れて，Ｂに電流が流れないような回路にするため，１を入れる。　(b)　④○…バッテリーから流れ出る電流がもっとも大きくなるのは，ＡとＢが並列つなぎの回路になったときである。したがって，１と３を入れる。　(c)　すべてのスイッチを入れると，電熱線に電流が流れず，導線だけの部分に非常に大きな電流が流れるショート回路になる。

問3　9000mA の電流を１時間流し続けることができるので，500mA では，9000÷500＝18(時間)流し続けることができる。

問4(a)　カイロから制携帯に流れ込む電流は 2000×0.6＝1200(mA)であり，3600mA であれば１時間で充電が完了することから，3600÷1200＝３(時間)となる。　(b)　2000mA の電流を３時間流し続けたので，あと 9000－2000×３＝3000(mAh)残っている。

4 **問2**　ａ．酸素が増えたので光合成である。　ｂ，ｃ．オゾン層が形成されたことで，生物に有害な紫外線がさえぎられるようになり，生物の陸上進出が可能になった。

問4　地層はふつう下から順に堆積するので，下に行くほど古い。Ｄの層とＣの層の間に火山灰の層があり，Ｃ層までが地震によってできた断層でずれているので，Ｄの層が堆積した→火山が噴火した(②)→Ｃの層が堆積した(⑤)→地震が発生した(①)の順である。その後，粒が大きいＢのれき岩の層，粒が小さいＡの泥岩の層の順にできたので，河口となった(④)→海底となった(③)となる。

問5　サンヨウチュウは地層が古生代にできたことを示す示準化石である。

問6　②○…断層は，地層に押す力や引っ張る力などが加われると生じる。図１の断層は，左右から押す力によって地表の２点間の距離がせまくなるようにずれている。

問７　骨や貝殻の主な成分は炭酸カルシウムである。炭酸カルシウムは微生物などによって分解されにくい。

《2021　社会　解説》

1　問１(1)　C．徳川吉宗の享保の改革→D．老中田沼意次の政治→A．老中松平定信の寛政の改革→B．老中水野忠邦の天保の改革

(2)　③が正しい(右表)。

政治	主な内容
享保の改革 (1716～1745年)	・参勤交代の期間を短縮する代わりに，幕府に米を納めさせる(上げ米の制) ・民衆の意見を広く取り入れる目安箱の設置 ・裁判の基準となる公事方御定書の制定
田沼意次の政治	・株仲間を奨励し，営業税を徴収 ・長崎貿易を活発化させる
寛政の改革 (1787～1793年)	・昌平坂学問所をつくり，朱子学以外の学問を教えることを禁じる(寛政異学の禁) ・１万石につき50石の米を，社倉や義倉と呼ばれる穀物倉に備蓄させる(囲い米の制)
天保の改革 (1841～1843年)	・株仲間の解散を命じる ・江戸に出かせぎに来ている農民を村に帰らせる(人返し令)

問２　イの東大寺正倉院(奈良時代)を選ぶ。遣唐使によって，シルクロードを通って伝わった宝物が日本に持ちこまれ，東大寺正倉院におさめられた。アは金閣(室町時代)，ウは法隆寺(飛鳥時代)，エは平等院鳳凰堂(平安時代)。

問５　領事裁判権(治外法権)の記述のウが正しい。　ア．1854年の日米和親条約の記述である。日米修好通商条約では，神奈川(横浜)・函館(箱館)・長崎・新潟・兵庫(神戸)の５港が開かれた。　イ．小笠原諸島や琉球は1870年代に日本領になった。　エ．日本に関税自主権(国家が輸入品に対して自由に関税をかけることができる権利)はなかった。また，朝廷の許可を得ないまま日米修好通商条約を結んだ大老井伊直弼は，幕府に反対する吉田松陰らを安政の大獄で処刑し，水戸藩の浪士らに桜田門外で暗殺された(桜田門外の変)。

問６　歌舞伎は，安土桃山時代に出雲の阿国が始めた歌舞伎踊りが，江戸時代に男性の舞う芸能に発展していった。

問７　資料Ⅲは刀狩，資料Ⅳは太閤検地。太閤検地では予想される収穫量を米の体積である石高で表したため，年貢を確実に集めることができるようになった。検地帳に耕作者の名前が記入されることで農民は勝手に土地を離れられなくなり，刀狩によって武器を使って戦うことができなくなったため，武士との身分がはっきりと区別されるようになった(兵農分離)。

問８　安土城は琵琶湖の東岸に築かれたから，イを選ぶ。織田信長が出した楽市・楽座令によって，公家や寺社などに税を納めて保護を受け，営業を独占していた座が廃止された。その結果，誰でも自由に商売ができるようになり，商工業が活性化した。

2　問１　百済から仏教が正式に伝来すると，飛鳥時代に仏教の受け入れに賛成する蘇我氏と反対する物部氏が対立し，蘇我氏が勝ったことで仏教を信じることが国の方針になった。

問２　聖武天皇の治世(８世紀前半／奈良時代)に行われたイを選ぶ。平城京遷都(710年)は元明天皇，大宝律令制定(701年)は文武天皇，班田収授法制定(７世紀)は欽明天皇の治世に行われた。

問３　ウが誤り。平将門の乱は935年，藤原純友の乱は939年におこった。保元の乱は1156年，平治の乱は1159年，院政の開始は1086年，平清盛の太政大臣就任は1167年，前九年の役は1051年，後三年の役は1083年におこった。

問４　ウが正しい。アは飛鳥時代の富本銭，イは江戸時代の寛永通宝，エは飛鳥時代・奈良時代の和同開珎。

問５　エは，尾形光琳の記述だから誤り。アは近松門左衛門(②)，イは松尾芭蕉(④)，ウは菱川師宣(③)，オは井原西鶴(①)。

問６　天皇を敬う思想を尊王論，外国人(外国勢力)を追い払う思想を攘夷論といい，この２つが幕末に結びついて

尊王攘夷運動となった。

問7　開国以来，生糸は日本の主要な輸出品だったが，輸出の急増によって品質が低下してしまった。そのため，生糸の品質や生産技術の向上を目的に，1872年，群馬県に官営模範工場の富岡製糸場がつくられた。

問8　Aはイ，Bはクを選ぶ。米騒動の原因であるシベリア出兵は，ロシア革命による社会主義の考えが世界に広がるのをおそれた列強が行った。

問9　エ．②日ソ共同宣言調印・日本の国際連合加盟（1956年）→③日米新安全保障条約締結（1960年）→④日韓基本条約締結（1965年）→①沖縄返還（1972年）

問10　イとウが誤り。　イ．戦後初の衆議院議員総選挙（1946年）まで，女性に選挙権はなかった。　ウ．小学校の就学率がはじめて90％を超えたのは，1907年頃であった。

3　**問1**　日本の標準時子午線（兵庫県明石市を通る東経135度線）から，真南に進むとオーストラリア大陸があるので，イと判断する。

問2　アとウを選ぶ。海洋プレートは海嶺で現れ，陸地に向かって移動し，大陸プレートとぶつかると，密度の高い海洋プレートの方が下に沈みこみ，海溝となる。

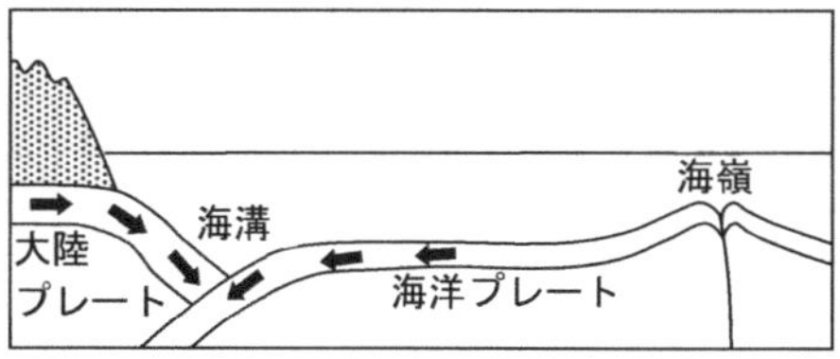

問3　1月と8月の降水量が少ないアとイは，松本と広島である。中央高地に位置する松本の方が，広島よりも冬の寒さが厳しいのでアと判断する。イは広島，ウは札幌，エは静岡，オは上越。

問4　少子高齢化が進む日本は，死亡率が低く，2000年から2010年の間に死亡率が出生率を上回ったエと判断する。アはスウェーデン，イは中国，ウはナイジェリア。

問5　関東地方は近郊農業による野菜の生産が盛んだからイ，北陸地方は米の生産が盛んだからウと判断する。アは北海道地方，エは東北地方，オは九州地方。

問6　④が正しい。名古屋港がある中京工業地帯は機械工業の割合が高いア，千葉港がある京葉工業地域は化学工業の割合が高いイと判断する。ウは大阪港がある阪神工業地帯，エは横浜港がある京浜工業地帯。

問7⑴　沖ノ鳥島は日本の最南端に位置するから，Dを選ぶ。　**⑵**　排他的経済水域では，沿岸国が漁業資源のほか，鉱産資源も優先的に開発・管理することができる。

問8　ウ．養殖エビの輸入先であるタイやベトナムが上位のCは，水産物である。オーストラリアからの輸入量が多いDは，牛肉である。残ったうち，オーストラリアが上位のAを小麦，ブラジルが上位のBを大豆と判断する。

4　**問1⑴**　アが正しい。　イ．国際連合加盟国は各1票の投票権をもつ。　ウ・エ．安全保障理事会の記述である。

⑵　非核三原則は1971年に国会で決議された。日本は，唯一の被爆国として核兵器を持たない立場を明らかにしている。

問2　大阪府の万博記念公園にある太陽の塔は，1970年の大阪万博のシンボルであった。

問3　イ．サミットは，日本・アメリカ・カナダ・イギリス・フランス・イタリア・ドイツの7か国（G7）およびEU内の欧州理事会の議長・欧州委員会の委員長で構成される。

問4　イが誤り。日本では，国政選挙の選挙権は日本国籍保持者に与えられているので，外国人に投票権はない。

問5　エが正しい。総務省は情報通信や地方自治制度・行政組織に関する業務，経済産業省は経済や貿易の発展に関する業務，国土交通省は道路や公園などの整備・国土の利用や開発に関する業務，財務省は国家財政に関する業務を担当している。

問6　ア．日本は4人に1人が65歳以上の超高齢社会であり，今後も少子高齢化は進行すると予測されている。

問7　エ．社会権のうちの生存権について規定した憲法第25条の「健康で文化的な最低限度の生活」という文言はそのまま暗記しよう。

須磨学園中学校【第１回】

《国　語》

一　問一．4　問二．同じ言葉で答えているため。　問三．3　問四．(1)3　(2)3　問五．(1)2　(2)4
問六．「遊ぼう」っていう。　問七．1　問八．2　問九．4　問十．2　問十一．大漁の喜びとは、魚の多くの死から生じるという事実。　問十二．a．宣伝　b．優　c．点検　d．無名　e．永遠
f．運命　g．前提　h．文語　i．基調

二　問一．4　問二．1　問三．1　問四．なんで　問五．3　問六．3　問七．2　問八．のり君の言動に関心を持っている様子。　問九．あみ子は母を元気づけたい一心で母に綺麗なお墓を作っていたのだから、流産した母にその子どものお墓を贈れば、母がいったいどういう気持ちになるのかという他者の気持ちを想像させることなどできず、叱ってもまったく意味がないと誰もが思ったから。

《算　数》

1　(1)315　(2)$5\frac{2}{87}$　(3)117　(4)$\frac{10}{39}$　(5)7

2　(1)48.56　(2)10　(3)66　(4)84　(5)968　(6)1580　(7)3029　(8)$\frac{4}{9}$

3　(1)ア．4　イ．24　(2)ウ．1　エ．6　オ．7　カ．13　キ．43

4　(1)体積…896　表面積…768　(2)1248　(3)1398

5　(1)18　(2)※①5　※②25　③7，12

※の考え方は解説を参照してください。

《理　科》

1　問1．和歌山県／奈良県／福岡県 のうち1つ　問2．①　問3．③　問4．④　問5．④
問6．②，③，④，⑤　問7．動物が柿を食べて種子を運んでくれる。

2　問1．水素　問2．②　問3．②　問4．④　問5．A．アルミニウム　B．鉄　C．銅　D．金
問6．7：18

3　問1．太い　問2．7.2　問3．二酸化炭素　問4．③　問5．③　問6．キ．11　ク．76

4　問1．②　問2．ア．二酸化炭素　イ．無色　問3．2　問4．③　問5．炭酸飲料のふたを開けるとプシュッと音が聞こえる現象。　問6．3

《社　会》

1　問1．エ　問2．ア　問3．(1)エ　(2)ア　問4．福沢諭吉　問5．イ　問6．イ　問7．エ
問8．ア

2　問1．イ　問2．イ　問3．プロイセン〔別解〕ドイツ　問4．エ

3　問1．(1)イ　(2)シリコンロード　(3)エ　問2．(1)イ　(2)イ　(3)近郊農業　問3．(1)ウ　(2)大都市からはなれた場所。　問4．(1)イ　(2)エ　問5．高知県は，森林面積の割合が高いわりに山林を管理する農林業就業者が少ないので，林業への新規就業者を募っているから。

4　問1．イ　問2．三審　問3．［名前／功績］A．［オ／④］　B．［カ／③］　C．［ア／①］　問4．(1)防衛
(2)エ　問5．ウ　問6．(1)食べられる　(2)イ

←解答例は前のページにありますので，そちらをご覧ください。

《2020 国語 解説》

一 問一　さみしくなったきっかけは、「もう遊ばない」と言ってけんかをしたことである。この状況(じょうきょう)では、少なくともその相手とはもう遊べず、そのことにさみしさを感じるのが自然である。よって、４が適する。３は考えられなくはないが、もともと「大切な存在だと」思っていた可能性があるため、適さない。

問二　こだまは、自分の声が山などにぶつかってはね返ってくる現象なので、自分が言ったのと同じことばが返ってくる。この詩では、「遊ぼう～遊ぼう」「ごめんね～ごめんね」などと、同じことばが返ってきている。

問三　――線部オの少し後に「こだまとは～誰においても同じだということだ。こちらが友好的にふるまえば相手も好意を持ち、こちらが嫌えばまた同じであるという、人と人との関係性を述べている」とある。よって、３が適する。

問四(1)　――線部エの「ようだ」は、推定の意味を表している。３の「ようだ」はたとえの意味を表しているので、これが正解。　(2)　直前の「この童話が選ばれた」ことについて推定する形で述べているということは、作者はそのことについて確かなことは知らないということ。このことから、作品の選定に関わっていないことがわかる。よって、３が適する。

問五(1)　隠喩(いんゆ)とは、「～のようだ」などの言葉を用いずに、性質や特徴(ちょう)などを他のもので表したもの。ここでは「鍵」ということばを使ってたとえている。　(2)「鍵」ということばは、重要な点といった意味で使われる。比喩を使うことで、伝えたい内容を短いことばで言い表せるので、４が適する。

問六　詩の中で「楽しさ」が感じられる部分は、「遊ぼう」と言う部分である。「遊ぼう」とさそったときに「遊ぼう」と返事が返ってきたことで、楽しい気分がさらに大きくなっている。

問七　「自分の隣に息づいている」というのは、「書き手のことば」がすぐ隣にいるように身近に感じられるということ。また、直前の「変な気取りもなく臭(くさ)みもなく」からは、「書き手のことば」が自然な表現であることが読み取れる。よって、１が適する。

問八Ｘ　大漁なので、人間のいる浜(はま)の方はにぎやかで、お祭りのようになっていると考えられる。　Ｙ「海のなか」は、魚のいる側なので、魚の立場から見て「大漁」とはどういうことなのかを考える。「『大漁』の魚たちの弔(とむら)いという視点の確かさ」とあるので、「とむらい」が入る。よって、２が適する。

問九　③は、金子みすずの童謡(どうよう)に関して述べた文である。童謡一般について②とは逆の内容を主張したものではない。よって、４が正解。

問十　当時の詩は文語体のものが主流であった。一方、金子みすずは「自分がものを書く際には、口語体の喋(しゃべ)りことばを基調とした」。このことについて、「金子みすずの童謡には～主張があり、それが歌詞であるため、目や耳に入りやすい開かれた形式で綴(つづ)られた」と述べている。つまり「童謡だからこそかなった」のは、目や耳に入りやすい話しことばの詞という形式をとることである。この形式をとったことで、金子みすずは、自分の主張を分かりやすく表現することができたのである。よって、２が適する。

問十一　ここより前にある「身近に魚の水揚げを見たり感じたりした者」「『大漁』の魚たちの弔いという視点の確かさ」から考える。

二 問一　兄とあみ子の会話や「注２」の内容から、あみ子が弟の墓を作ったことや、「木の札」にはのり君の字で「弟の墓」と書かれていたことがわかる。母はそれを見て、流産という辛い事実を思わぬ形で突きつけられたため、感情をおさえることができず、あみ子の前で声を上げて泣きだしたのである。よって、4が適する。

問二　泣き続ける母と、弟の墓と書かれた木の札を見た父は、母に何が起きたのかをおおよそ理解したはずである。いったんは立たせようとしたのに、「結局引きずりながら家の中へ運びこんだ」のは、近くに寄ったことで母の動揺(どうよう)のはげしさを感じ、自分で動くことはできないと判断したからだと考えられる。よって、1が適する。

問四　2行後で、兄は「ほうじゃなくて、なんで墓作ろうと思ったん」と質問し直している。ここから、［ Z ］であみ子に理由をたずねたが、質問の意味を正しく理解してもらえなかったので、言い直したことがわかる。

問五　兄が弟の墓を作った理由をたずねると、あみ子は「お母さんのお祝いも」と答えている。ここから、あみ子は書道教室再開のお祝いとして墓をつくったことがわかる。また、兄が「(母が)泣いとったじゃろう」と言ったのに対して、あみ子は「あみ子なんにもしてないよ」と答えている。あみ子は、弟の墓を作るという行動が母を悲しませたことを理解できておらず、母に喜んでもらえなかったことを不思議に思っている。よって、3が適する。

問六　問五の解説も参照。あみ子は、自分の行動が母を悲しませたことを理解できていない。兄が、「あみ子」と語りかけたものの、後の言葉が続かなかったのは、あみ子に対して何をどう言ったらよいのかわからず、困ってしまったからである。よって、3が適する。

問七　次の行に「父の高い声が響く中」とある。――線部オと「小さな子どものいたずらですから」という言葉は、「～とか、～とか」と同列で並べられているので、どちらもあみ子の父のものである。よって、2が適する。

問八　少し前に「あみ子は玄関先で対応する父との会話を聞くためにテレビを消して耳を澄ませた」とあるように、あみ子は、のり君一家と父との会話が気になっている。また、直前に「入ってきたときから出ていくまで」とあることから、ずっと会話を聞いていたことがわかる。「泣き声」はのり君のものなので、あみ子がのり君の言動に関心が持っていることが読み取れる。

問九　前書きにあるように、あみ子がお墓を作ったのは母を元気づけるためであり、悪気はなかった。また、問五の解説にあるように、あみ子は、自分の行動が母を悲しませたことを理解できていない。周囲の人々は、母を悲しませることをしたという事実だけを見てあみ子を責めることはできないし、母の気持ちを理解できていないあみ子を今叱っても意味がないと思っていると考えられる。

《2020　算数　解説》

1

(1)　与式$=84\times3.15+36\times2\times3.15-56\times3.15=(84+72-56)\times3.15=100\times3.15=315$

(2)　与式$=\frac{40}{3}\times\frac{2}{5}-2\frac{1}{4}\div(3\frac{3}{4}+\frac{7}{2})=\frac{16}{3}-\frac{9}{4}\div(\frac{15}{4}+\frac{14}{4})=\frac{16}{3}-\frac{9}{4}\div\frac{29}{4}=\frac{16}{3}-\frac{9}{4}\times\frac{4}{29}=\frac{464}{87}-\frac{27}{87}=\frac{437}{87}=5\frac{2}{87}$

(3)　すべての単位を円にして考えると，$122\times270-108\times250+16\times316+1640=32940-27000+5056+1640=$ 12636(円)となるので，$12636\div108=117$(ドル)である。

(4)　与式$=\frac{3\times(9+6\div3)}{9-3+33}\div\{11\div(\frac{1}{3}+3)\}=\frac{3\times(9+2)}{39}\div(11\div\frac{10}{3})=\frac{11}{13}\div\frac{33}{10}=\frac{11}{13}\times\frac{10}{33}=\frac{10}{39}$

(5)　与式より，$\frac{239}{30}-\frac{\square}{10}\div\frac{1}{2}-(\frac{7}{2}+15\times\frac{1}{9})=\frac{7}{5}$　$\frac{239}{30}-\frac{\square}{10}\times2-(\frac{7}{2}+\frac{5}{3})=\frac{7}{5}$　$\frac{239}{30}-\frac{\square}{5}-(\frac{105}{30}+\frac{50}{30})=\frac{7}{5}$

$\frac{239}{30}-\frac{155}{30}-\frac{\square}{5}=\frac{7}{5}$　$\frac{\square}{5}=\frac{14}{5}-\frac{7}{5}$　$\square=\frac{7}{5}\times5=7$

2

(1)　円が通過する部分は，右図の太線部分の内側である。このうち，長方形の部分を縦が$1\times2=2$(cm)となるように合わせると，横は$5+5+8=18$(cm)となるので，長方形の部分の面積の和は，$2\times18=36$(cm²)

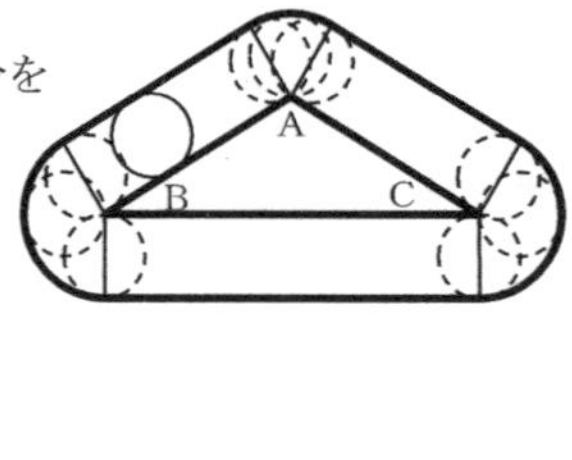

おうぎ形の部分を合わせると，半径が２㎝の円となるので，おうぎ形の部分の
面積の和は，２×２×3.14＝12.56(㎠)　　よって，求める面積は，36＋12.56＝48.56(㎠)

(2)　消費税抜きの合計金額は，999÷1.08＝925(円)である。一の位の数に注目する。68 の倍数の一の位は，８，６，４，２，０のいずれかとなる。35 の倍数の一の位は５か０であり，消費税抜きの合計金額の一の位の数が５であることから，チョコレートの合計金額(68 の倍数)の一の位の数は０となることがわかる。よって，チョコレートの個数は５の倍数となる。
チョコレートの個数が５個のとき，チョコレートの合計金額が 68×５＝340(円)なので，ガムの合計金額は 925－340＝585(円)となるが，585÷35＝16.7…より，ガムを買った個数が整数で表せないため，条件に合わない。
チョコレートの個数が 10 個のとき，ガムの合計金額は 925－68×10＝245(円)なので，ガムは 245÷35＝７(個)買った。チョコレートの個数が 15 個のとき，チョコレートの合計金額が 68×15＝1020(円)となり，925 円をこえるので，条件に合わない。以上より，太郎くんの買ったチョコレートは，10 個である。

(3)　100 から 200 までの整数のうち，４または６の倍数を除いた数がいくつあるのかを考えればよい。
100 から 200 までの整数は 200－100＋１＝101(個)ある。１から 200 までの整数のうち，４の倍数は 200÷４＝50(個)，６の倍数は 200÷６＝33 余り２より 33 個，４と６の最小公倍数である 12 の倍数は 200÷12＝16 余り８より 16 個ある。また，１から 99 までの整数のうち，４の倍数は 99÷４＝24 余り３より 24 個，６の倍数は 99÷６＝16 余り３より 16 個，12 の倍数は 99÷12＝８余り３より８個ある。よって，100 から 200 までの整数のうち，４の倍数は 50－24＝26(個)，６の倍数は 33－16＝17(個)，12 の倍数は 16－８＝８(個)あるから，４または６の倍数は 26＋17－８＝35(個)ある。したがって，求める個数は，101－35＝66(個)である。

(4)　五角形の内角の和は 180×(５－２)＝540(度)なので，正五角形の１つの内角の大きさは 540÷５＝108(度)
よって，角ＢＣＦ＝角ＢＣＤ－角ＦＣＤ＝108－60＝48(度)である。三角形ＣＢＦはＣＢ＝ＣＦの二等辺三角形なので，角ＣＢＦ＝(180－48)÷２＝66(度)である。角ＡＢＦ＝角ＡＢＣ－角ＣＢＦ＝108－66＝42(度)であり，ＡＢとＡＥはＡＦに対して対称だから，角ＢＡＦ＝角ＢＡＥ÷２＝108÷２＝54(度)である。
よって，三角形ＡＢＦの内角の和は 180 度だから，角ア＝180－(42＋54)＝84(度)

(5)　ある数に５×７＝35 の倍数を足しても，５で割ったときと７で割ったときの余りの数は変わらないから，まずは５で割ると３余り，７で割ると２余る最小の数を見つけ，その数に 35 の倍数を足して，３桁の数で最大のものを求める。５で割ると３余る数の一の位の数は３か８である。７で割ると２余る数を小さい順に並べると，２，９，16，23，…となるので，最小の数は 23 とわかる。23＋35×□で表される３桁の数で最大のものを探す。
999－23＝976 に最も近い 35×□が，976÷35＝27 余り 31 より 35×27 だから，求める数は，23＋35×27＝968

(6)　三角すいの体積は，底面を三角形ＢＣＤとすると，高さがＡＢ＝20 ㎝となるから，(８×18÷２)×20÷３＝480(㎤)
図２の左の図において，三角すいと三角すいのうち水に入っていない部分は同じ形であり，高さの比が 20：(20－10)＝２：１だから，体積比は(２×２×２)：(１×１×１)＝８：１となる。よって，水に入っていない部分の体積は，$480\times\frac{1}{8}=60$(㎤)である。図２の左の図と右の図を比べると，水に入っていない部分が水に入ることによって，水位が 10.3－10＝0.3(㎝)上がっているから，水そうの底面積は 60÷0.3＝200(㎠)である。
よって，図２の右の図において，三角すいと水そうに入っている水の体積の和は 200×10.3＝2060(㎤)だから，求める水の量は，2060－480＝1580(㎤)

(7)　＜１×１＞＝＜１＞＝１，＜２×２＞＝＜４＞＝１，＜３×３＞＝＜９＞＝０，＜４×４＞＝＜16＞＝１，＜５×５＞＝＜25＞＝１，＜６×６＞＝＜36＞＝０，…より，＜１×１＞，＜２×２＞，＜３×３＞，…の値は，

1，1，0が繰(く)り返されることがわかる。1，1，0が 2020÷（1＋1＋0）＝1010(回)くり返されると和が 2020 になるので，3×1010＝3030 より，＜1×1＞から＜3030×3030＞までの和は 2020 である。＜3030×3030＞＝0 より，＜1×1＞＋＜2×2＞＋＜3×3＞＋…＋＜△×△＞の値がはじめて 2020 になるときの△の値は，3029

⑻　三角形ＡＢＣの面積を１とする。三角形ＡＤＦと三角形ＢＣＦの面積を求めるために，ＢＦ：ＤＦを求める。直線ＣＥ上に垂線ＢＨ，ＡＩ，ＤＪをひく。三角形ＢＨＥと三角形ＡＩＥは同じ形の三角形であり，ＢＨ：ＡＩ＝ＢＥ：ＡＥ＝１：３なので，ＡＩ＝３ＢＨである。三角形ＡＩＣと三角形ＤＪＣは同じ形の三角形であり，ＡＩ：ＤＪ＝ＡＣ：ＤＣ＝３：２だから，ＤＪ＝$\frac{2}{3}$ＡＩ＝２ＢＨである。三角形ＢＨＦと三角形ＤＪＦは同じ形の三角形だから，ＢＦ：ＤＦ＝ＢＨ：ＤＪ＝ＢＨ：２ＢＨ＝１：２

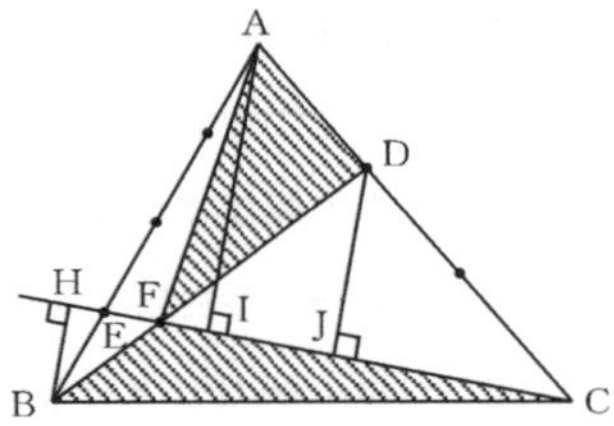

高さの等しい三角形の面積比は，底辺の長さの比に等しいことを利用すると，

ＡＣ：ＡＤ＝３：１より，三角形ＡＢＤの面積は，（三角形ＡＢＣの面積）$\times\frac{1}{3}=1\times\frac{1}{3}=\frac{1}{3}$

ＢＤ：ＤＦ＝（１＋２）：２＝３：２より，三角形ＡＤＦの面積は，（三角形ＡＢＤの面積）$\times\frac{2}{3}=\frac{1}{3}\times\frac{2}{3}=\frac{2}{9}$

同様にして，三角形ＢＣＦの面積は，（三角形ＡＢＣの面積）$\times\frac{\mathrm{DC}}{\mathrm{AC}}\times\frac{\mathrm{BF}}{\mathrm{BD}}=1\times\frac{2}{3}\times\frac{1}{3}=\frac{2}{9}$

したがって，斜線(しゃせん)をつけた部分の面積の合計は$\frac{2}{9}+\frac{2}{9}=\frac{4}{9}$なので，三角形ＡＢＣの面積の$\frac{4}{9}\div1=\frac{4}{9}$(倍)である。

〔別の解き方〕

上記のＢＦ：ＤＦ＝１：２は，右のメネラウスの定理を使うと以下のように求めることができる。三角形ＡＢＤにおいて，

$\frac{\mathrm{AE}}{\mathrm{EB}}\times\frac{\mathrm{BF}}{\mathrm{FD}}\times\frac{\mathrm{DC}}{\mathrm{CA}}=1$

$\frac{3}{1}\times\frac{\mathrm{BF}}{\mathrm{FD}}\times\frac{2}{3}=1$　　$\frac{\mathrm{BF}}{\mathrm{FD}}=\frac{1}{2}$　　ＢＦ：ＤＦ＝１：２

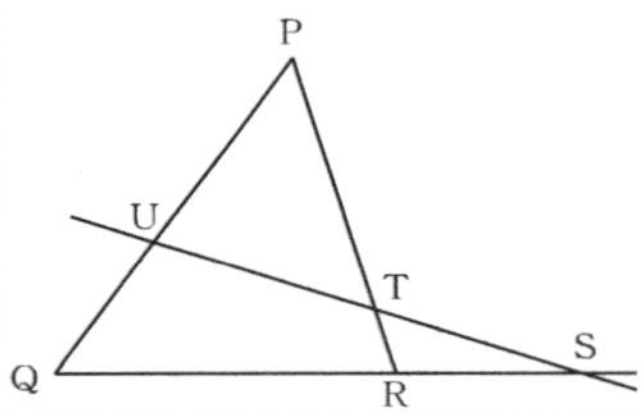

メネラウスの定理

左の三角形ＰＱＲにおいて，

$\frac{\mathrm{PU}}{\mathrm{UQ}}\times\frac{\mathrm{QS}}{\mathrm{SR}}\times\frac{\mathrm{RT}}{\mathrm{TP}}=1$

一筆書きのようになるのがポイント。

１回だけ逆に進む辺がある。

3　⑴　青と赤の２色が使える場合，１色だけを用いるぬり方は，すべてを青または赤でぬる２通りである。２色どちらも用いるぬり方は，回転させて一致するぬり方は同じであることに注意すると，右図Ｉの$_{ア}$<u>4</u>通りあることがわかる。

図Ｉ

青	青		青	赤		青	赤		青	赤
青	赤		青	赤		赤	青		赤	赤

青，赤，黄の３色が使える場合，１色だけを用いるぬり方は，すべてを青か赤か黄でぬる３通りである。３色中２色を用いる場合，２色の選び方は青と赤，赤と黄，黄と青の３通りあり，それぞれの選び方に対して図Ｉのような４通りのぬり方があるので，全部で３×４＝12(通り)のぬり方がある。

３色すべてを用いる場合，３色中１色が２ヶ所でぬられ，あとの２色が１ヶ所ずつぬられる。例えば，青が２ヶ所でぬられるときは，右図Ⅱの３通りのぬり方が考えられる。

図Ⅱ

青	青		青	青		青	赤
赤	黄		黄	赤		黄	青

赤，黄が２ヶ所でぬられるときも同様に３通りずつのぬり方があるから，合わせて３×３＝９(通り)のぬり方がある。

したがって，３色が使える場合は，３＋12＋９＝$_{イ}$<u>24</u>(通り)のぬり方がある。

⑵　青，赤で色をぬるので，赤でぬる場所だけ考える。

青を７ヶ所と赤を１ヶ所でぬるぬり方は，図ｉの$_{ウ}$<u>1</u>通りである(他の位置に赤をぬっても，裏返したり回転したりすると図ｉと同じぬり方になる)。

青を６ヶ所と赤を２ヶ所でぬるぬり方について，表面または裏面だけに赤を２ヶ所ぬる場合は，図ⅱの２通りある。表面と裏面に赤を１ヶ所ずつぬる場合は，図ⅲのように表面の赤をぬる

図ｉ

表面			裏面	
赤				

図ⅱ

赤	赤		赤	
				赤

図ⅲ

表面			裏面	
赤			B	E
			C	D

位置を固定すると，裏面の赤のぬり方はB～Eの４通りあるので，全部で２＋４＝エ6(通り)ある。表面と裏面に赤をぬる場合は，このように表面にぬる赤を固定して考える。

図ⅳ

赤	赤
赤	

青を５ヶ所と赤を３ヶ所でぬるぬり方について，表面または裏面だけに赤を３ヶ所ぬる場合は，図ⅳの１通りある。表面に赤を２ヶ所，裏面に１ヶ所ぬる場合は，図ⅴのとき，裏面の赤のぬり方はB～Eの４通りあり，図ⅵのとき，裏面の赤のぬり方はBまたはEの２通りある(Bをぬる場合とDをぬる場合，Cをぬる場合とEをぬる場合は，それぞれ回転させると重なる)。表面に赤を１ヶ所，裏面に２ヶ所ぬる場合は，裏返すと図ⅴ，ⅵのぬり方と重なるから，全部で１＋４＋２＝オ7(通り)ある。

図ⅴ

表面		裏面	
赤	赤	B	E
		C	D

図ⅵ

表面		裏面	
赤		B	E
	赤	C	D

青を４ヶ所と赤を４ヶ所でぬるぬり方について，表面または裏面に赤を４ヶ所ぬる場合は１通りある。表面に赤を３ヶ所，裏面に赤を１ヶ所ぬる場合は，図ⅶのとき，裏面の赤のぬり方はB～Eの４通りある。表面に赤を２ヶ所，裏面に赤を２ヶ所ぬる場合は，図ⅷのとき，裏面の赤のぬる場所の組み合わせが，(B，C)(E，D)(B，E)(C，D)(B，D)(C，E)の６通りあり，図ⅸのとき，(B，D)(C，E)の２通りある(他の組み合わせは裏返すと図ⅷのぬり方と重なる)。表面に赤を１ヶ所，裏面に赤を３ヶ所ぬる場合は，裏返すと図ⅶのぬり方と重なるから，全部で１＋４＋６＋２＝カ13(通り)ある。

図ⅶ

表面		裏面	
赤	赤	B	E
赤		C	D

図ⅷ

表面		裏面	
赤	赤	B	E
		C	D

図ⅸ

表面		裏面	
赤		B	E
	赤	C	D

青を３ヶ所と赤を５ヶ所，青を２ヶ所と赤を６ヶ所，青を１ヶ所と赤を７ヶ所でぬるぬり方はそれぞれ，青を５ヶ所と赤を３ヶ所，青を６ヶ所と赤を２ヶ所，青を７ヶ所と赤を１ヶ所でぬるぬり方に等しく，青のみ，赤のみのぬり方はそれぞれ１通りずつあるから，全部で(１＋６＋７)×２＋13＋１×２＝キ43(通り)ある。

4 (1) 立体Pの体積は，１辺が８cmの立方体１つと１辺が４cmの立方体６つの体積の和だから，

８×８×８＋(４×４×４)×６＝512＋384＝896(cm³)

立体Pの表面積は，１辺が８cmの立方体の表面積より，１辺が４cmの立方体の側面積６個分だけ多いので，

８×８×６＋(４×４×４)×６＝384＋384＝768(cm²)

(2) 立体Qでくっつけた１辺が２cmの立方体の個数は，１辺が４cmの立方体１つにつき５個だから，全部で５×６＝30(個)である。よって，立体Qの表面積は，立体Pの表面積より，１辺が２cmの立方体の側面積30個分だけ多いので，768＋(２×２×４)×30＝1248(cm²)

(3) 立体Rでくっつけた１辺が0.5cmの立方体の個数は，１辺が２cmの立方体１つにつき５個だから，全部で30×５＝150(個)である。よって，立体Rの表面積は，立体Qの表面積より，１辺が0.5cmの立方体の側面積150個分だけ多いので，1248＋(0.5×0.5×４)×150＝1398(cm²)

5 (1) 窓口を３つにすると，10時36分－10時12分＝24(分間)で待っている人が80人減る。10時の時点では60人並んでいるから，ここから窓口を３つに増やすと，$24\times\frac{60}{80}=18$(分)で待っている人がいなくなる。

(2)① 窓口が２つのときは１分あたりで$20\div12=\frac{5}{3}$(人)待つ人が増えて，窓口が３つのときは１分あたりで$80\div24=\frac{10}{3}$(人)待つ人が減ったから，１つの窓口で$\frac{5}{3}+\frac{10}{3}=5$(人)に対応することができる。

② ①の解説をふまえる。窓口が４つのときは１分あたりで$\frac{10}{3}+5=\frac{25}{3}$(人)待つ人が減るから，３分あたりならばちょうど$\frac{25}{3}\times3=25$(人)ずつ減る。

③ 窓口を４つにすると１分あたりで$\frac{25}{3}$人待つ人が減るので，$60\div\frac{25}{3}=\frac{36}{5}=7\frac{1}{5}$(分)，つまり，７分$(\frac{1}{5}\times60)$秒＝７分12秒で待っている人がいなくなる。

《2020　理科　解説》

1　問１　１位が和歌山県，２位が奈良県，３位が福岡県である。

問２　①はクスノキで常緑樹であり，決まった時期に葉を落とさない。②のイチョウ，③のモミジ，④のサクラは柿と同様に落葉樹である。

問３　③○…ヒマワリのような双子葉類の種子にはふつう「はい乳」がない。ただし，柿は例外で，双子葉類だが「はい乳」がある。

問５　④×…切り取られた葉では，水などの材料が不足して光合成が行われなくなる。

問６　①○…水へのとけやすさが同じ値で，タンニンの量が異なる２つ(未熟な柿Ａと未熟な柿Ｃ，熟した柿Ａと熟した柿Ｃなど)を比べると，タンニンの量が少ない方がしぶ味は感じにくい。　②×…未熟な柿Ｂと熟した柿Ｂでは，タンニンの量は同じだが，しぶ味の感じ方が異なる。　③×…水へのとけやすさの値が小さい熟した柿Ｂの方が，タンニンが水にとけにくい。　④×…熟した柿Ａと熟した柿Ｂのタンニンの量は同じである。　⑤×…熟した柿Ａと熟した柿Ｃでは，水へのとけやすさが同じ値である。　⑥○…熟した柿Ａと熟した柿Ｃでは，水へのとけやすさが同じ値だから，タンニンの量が少ない熟した柿Ｃの方がしぶ味を感じにくい。

2　問１　塩酸や硫酸などと金属が反応したときに発生する気体は水素である。

問３　②○…水素は空気よりも軽いので，ガラス管から出てきた水素が上から出ていかないように，試験管の口を下にして集める(上方置換法)。また，ガラス管から出てきた水素が，集める試験管の中にあった気体(空気)を追い出すように，ガラス管の先は奥まで入れる。

問４　④○…金属を塩酸にとかし，その液を加熱して水を蒸発させても，とかした金属を取り出すことはできない(他の物質に変化している)。これに対し，①～③では，とけて見た目が変わっても，物質そのものは変化していない(例えば②では，砂糖がとけて目に見えなくなっても，水を蒸発させると再び砂糖を取り出すことができる)。①～③のような変化を物理変化，④のような変化を化学変化という。

問５　酸性の塩酸にもアルカリ性の水酸化ナトリウム水よう液にもとけたＡはアルミニウムである。アルミニウム以外で塩酸にとけたＢは鉄，塩酸にはとけないが高温のこい硫酸にはとけたＣは銅，残りのＤは金である。金は化学変化が非常に起こりにくい金属である。

問６　質量は，密度と体積の積で求めることができる。したがって，こい硝酸とこい塩酸の体積比が１：３で，こい硝酸の密度が1.4ｇ/㎤，こい塩酸の密度が1.2ｇ/㎤であれば，質量比は，こい硝酸：こい塩酸＝(1.4×１)：(1.2×３)＝1.4：3.6＝７：18である。

3　問１　電熱線が太いときの方が大きな電流が流れ，電熱線で発生する熱量が大きくなる。

問２　１Ａの電流を流すと１秒間に1.2calの電気エネルギーが発生するから，１Ａの電流を10分間→600秒間流し続けると，1.2×600＝720(cal)の電気エネルギーが発生する。水１ｇを１℃上げるには１calの熱量が必要だから，水100ｇを１℃上げるには100calの熱量が必要であり，720calでは$\frac{720}{100}$＝7.2(℃)上昇する。

問３　日本では，電気エネルギーを得るために大量の石炭やＬＮＧなどの化石燃料を燃焼させている。化石燃料を燃焼させるときに二酸化炭素が発生する。二酸化炭素には温室効果があるため，大量の二酸化炭素を排出することが地球温暖化につながると考えられている。

問４　③○…熱は温度が高い方から低い方へと移動するので，室外機の中の循環気体が室外から熱を吸収するには，外気の温度より循環気体の温度を低くする必要がある。空気は，ぼう張させる(体積を大きくする)と温度が下がり，圧縮させる(体積を小さくする)と温度が上がる。

問5　③○…問4と同様に考える。循環気体から室内の空気へと熱を移動させるには，循環気体を圧縮させて室内の空気より温度を高くする必要がある。

問6　キ．室内の空気を1℃上昇させるのに必要な熱量は55kcalだから，5℃上昇させるには55×5＝275(kcal)→275000calの熱量が必要である。装置Bが1秒間に60calの電気エネルギーを使うものとすると，循環気体が1秒間に得る熱量は(室外機からもらうものを合わせて)60＋60×6＝420(cal)であり，1分間(60秒間)では420×60＝25200(cal)である。したがって，$\frac{275000}{25200}$＝10.9…→11分かかる。　ク．室内の空気が1秒間に得る熱量が60calになるので，1分間(60秒間)では60×60＝3600(cal)であり，$\frac{275000}{3600}$＝76.3…→76分かかる。

4 **問1**　②○…石灰岩はサンゴや貝がらなどの炭酸カルシウムを主成分とする生物の死がいが押し固められたものである。

問2　はく息には二酸化炭素が多くふくまれていて，石灰水と二酸化炭素が反応すると水にとけにくい炭酸カルシウムができる。炭酸カルシウムのとけ残りが，白いにごりの正体である。とけ残った炭酸カルシウムは，息を吹き込(こ)み続けて二酸化炭素が大量にとけた酸性の水よう液にはとけるので，白いにごりが消えて再び無色透明(とうめい)になる。

問3　地層の境界面が平らになっていないところは，隆起(りゅうき)して地上に現れたときにけずられてできた不整合面である。したがって，図1の地層では，れき岩の層ができた後に1回隆起し，さらに石灰岩の層ができた後にもう1回隆起している。

問4　③×…扇状地(せんじょうち)は，川が山地から平野部に出るところで流れが急にゆるやかになり，たい積作用が大きくなることで土砂が積もってできる。

問5　炭酸飲料は，圧力を高くすることで大量の二酸化炭素をとかしている。ふたを開けなければペットボトル内の圧力が高く保たれるため，とけている二酸化炭素が出てくることはないが，ふたを開けることでペットボトル内の圧力が低くなり，とけている二酸化炭素があわとなって出てくる。

問6　1㎠あたり1年間にしみ出す地下水60㎤の6％，つまり60×0.06＝3.6(㎤)が固体として出てきて，さらにその1％，つまり3.6×0.01＝0.036(㎤)が鍾乳石(しょうにゅうせき)を形成する。したがって，1年で石柱の高さは$\frac{0.036(㎤)}{1(㎠)}$＝0.036(㎝)になるから，1m→100㎝になるには$\frac{100}{0.036}$＝2777.7…→3000年かかる。

《2020　社会　解説》

1 **問1**　エが誤り。草木灰や牛馬耕などの新技術が導入されたのは<u>鎌倉時代</u>である。

問2　ア．A．平将門の乱(平安時代)→B．加賀の一向一揆(室町時代)→D．戊辰戦争(江戸時代・明治時代)→C．米騒動(大正時代)

問3　(1)はエ，(2)はアが正しい。Aについて，平安時代の密教は天台宗・真言宗。天台宗は最澄によって比叡山延暦寺で開かれ，真言宗は空海によって高野山金剛峯寺で開かれた。Bについて，念仏を唱える宗派は浄土宗・浄土真宗。浄土宗は法然によって知恩院で開かれ，浄土真宗は親鸞によって本願寺で開かれた。Cについて，鎌倉時代の禅宗は臨済宗・曹洞宗。臨済宗は栄西によって建仁寺で開かれ，曹洞宗は道元によって永平寺で開かれた。②は空海，④は親鸞，⑤・⑥は栄西・道元。

問4　福沢諭吉の『学問のすゝめ』では，人間の自由・平等や学問の大切さが説かれている。

問5　イ．都から近い順に「上総国」「下総国」となっていることからも，中央集権的な政治だったことがわかる。

問６　イが正しい。７世紀には，まだ東北地方全体を朝廷が管理できておらず，蝦夷などの抵抗勢力もいたので，安定した納税は期待できなかった。また，稲作についても東北地方に広まっていたことは確認されているが，その収量は安定していなかったと思われる。

問７　エ．Ｄ．白村江の戦いの開始(663年)→Ｂ．天智天皇の即位(668年)→Ａ．大宝律令の制定(701年)→Ｃ．墾田永年私財法の制定(743年)

問８　イ．日清修好条規の締約(1871年)→エ．下関条約の締約(1895年)→ア．二十一箇条の要求(1915年)→ウ．日中平和友好条約の締結(1978年)

2　**問１**　イが正しい。　Ａ．原敬内閣は，陸軍・海軍・外務以外の大臣すべてを衆議院の第一党である立憲政友会の党員から選んだ，初の本格的な政党内閣であった。　Ｂ．1925年の普通選挙法により，選挙権を持つようになった一般の労働者や農民に，政治体制の変革につながる思想が広まることを懸念した政府は，同時に治安維持法を制定して社会主義の動きを取り締まった。　Ｄ．吉田茂は，1951年，サンフランシスコ平和条約や日米安全保障条約に調印した。　Ｅ．1972年の日中共同声明によって国交が回復し，記念としてジャイアントパンダ２頭が中国から贈られた。

問２　イが正しい。日清戦争の開戦は1894年，治安維持法の制定は1925年，日本国憲法の公布は1946年，非核三原則は1968年。第１回帝国議会の開催は1890年，対華二十一箇条の要求は1915年，東京裁判の開催は1946～1948年，雑誌「青踏」の創刊は1911年，自由民権運動の開始は1874年，国家総動員法の制定は1938年，警察予備隊の設立は1950年，東京オリンピックの開催は1964年，下関講和条約が結ばれたのは1895年，日比谷焼きうち事件は1905年，日米安全保障条約の成立は1951年，日韓基本条約の調印は1965年。

問３　プロイセン(ドイツ)が君主権の強い憲法であったことが，日本国憲法の模範にされた理由の１つである。

問４　エが正しい(右表参照)。

選挙法改正年 (主なもののみ抜粋)	直接国税の要件	性別による制限	年齢による制限
1889年	15円以上	男子のみ	満25歳以上
1925年	なし	男子のみ	満25歳以上
1945年	なし	なし	満20歳以上
2015年	なし	なし	満18歳以上

3　**問１**　右図参照。　⑴　イを選ぶ。近畿地方に紀ノ川と淀川，九州地方の北部に筑後川，南部に球磨川が流れる。　⑵　半導体産業が盛んなアメリカの太平洋岸の都市サンノゼ付近をシリコンバレーと呼ぶことから，集積回路など電子部品の生産が盛んになった東北地方の東北自動車道沿いを「シリコンロード」と呼んでいる。　⑶　エ．Ａは，冬の降水量が多いから日本海側の気候である。Ｂは，冬の気温が氷点下に達していて，年間を通して降水量が少ないから内陸性の気候である。Ｃは夏の降水量が多いから太平洋側の気候である。以上のことから，Ａを新潟市，Ｂを内陸地，Ｃを浜松市と判断できる。

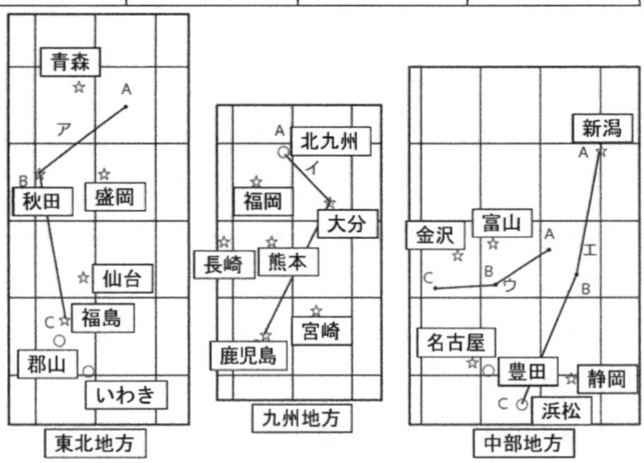

問２⑴　イを選ぶ。長野県では，夏でも涼しい気候をいかして，高原野菜の白菜を栽培している(高冷地農業による抑制栽培)。また，外国産が多いＢはかぼちゃであり，Ｘが１月，Ｙが７月である。　⑵　イを選ぶ。十勝平野は

全国有数の畑作地帯であり，じゃがいもや小麦などが栽培されている。アは石狩平野，ウは根釧台地，エは上川盆地。

問３⑴　日本は火力発電の割合が高く，原子力発電の割合が極端に低いから，ウが正しい。石炭火力発電に依存していることが問題視され，環境ＮＧＯから「温暖化対策に消極的な国」におくる「化石賞」がおくられた。

⑵　風力発電所は風切音や稼働音が大きく，騒音対策のために人口の少ない場所に立地する。

問４⑴　イ．岡山県倉敷市に石油化学コンビナートがあること，愛知県岡崎市で自動車を中心とした機械工業が盛んなこと，群馬県桐生市で桐生織の生産が盛んなことから導く。　**⑵**　エが誤り。搬出される産業廃棄物の総量は，茨城県よりも東京都の方が100万トン以上多い。

問５　［図Ⅰ］と［図Ⅱ］を比較すると，高知県は面積が広いのに低地面積が少ないから，森林面積が広いことがわかる。［図Ⅲ］から農林業就業者の数は少ないので，林業の人材が不足していると考えられる。また，パンフレットからは，東京や大阪などの人口が多い都市で林業への新規就業者を募っていることがわかる。

4　**問１**　イが誤り。Ｃには「10」，Ｅには「30」があてはまる。

問２　三審制は，慎重に審議することでえん罪を減らし，国民の人権を守るための制度である。

問３Ａ　オと④を選ぶ。日本の資本主義の父といわれた渋沢栄一は，富岡製糸場や第一国立銀行，大阪紡績会社などの設立を進めた。　**Ｂ**　カと③を選ぶ。津田梅子は，女子英学塾（津田塾大学）の創立者として知られる。

Ｃ　アと①を選ぶ。北里柴三郎は，破傷風の研究に取り組み，ペスト菌やコレラの血清療法を発見した。②は与謝野晶子，⑤は新渡戸稲造についての記述である。

問４⑴　内閣総理大臣が自衛隊の最高指揮監督権を持ち，防衛大臣が自衛隊の隊務を統括する。　**⑵**　エが誤り。減災は，災害が起こることを前提にして，災害による被害をできるだけ小さくするための取り組みである。

問５　ウが誤り。違憲立法審査権が行使され，裁判所によって条例が違憲と判断されると，その条例は無効になる。

問６⑴　食品ロスは家庭から発生する量が特に多いため，買い物に行く前に冷蔵庫の中の在庫を確認したり，食べきれないほどの食材を買いすぎないようにしたりするなどの取り組みが進められている。　**⑵**　イが誤り。食品ロスを増やすと，国民の健康に悪影響を与える。例えば，廃棄食品を燃やすことで，大量の二酸化炭素が排出され，地球温暖化が進むことが挙げられる。

■ ご使用にあたってのお願い・ご注意

（1）問題文等の非掲載

著作権上の都合により，問題文や図表などの一部を掲載できない場合があります。

誠に申し訳ございませんが，ご了承くださいますようお願いいたします。

（2）過去問における時事性

過去問題集は，学習指導要領の改訂や社会状況の変化，新たな発見などにより，現在とは異なる表記や解説になっている場合があります。過去問の特性上，出題当時のままで出版していますので，あらかじめご了承ください。

（3）配点

学校等から配点が公表されている場合は，記載しています。公表されていない場合は，記載していません。

独自の予想配点は，出題者の意図と異なる場合があり，お客様が学習するうえで誤った判断をしてしまう恐れがあるため記載していません。

（4）無断複製等の禁止

購入された個人のお客様が，ご家庭でご自身またはご家族の学習のためにコピーをすることは可能ですが，それ以外の目的でコピー，スキャン，転載（ブログ，ＳＮＳなどでの公開を含みます）などをすることは法律により禁止されています。学校や学習塾などで，児童生徒のためにコピーをして使用することも法律により禁止されています。

ご不明な点や，違法な疑いのある行為を確認された場合は，弊社までご連絡ください。

（5）けがに注意

この問題集は針を外して使用します。針を外すときは，けがをしないように注意してください。また，表紙カバーや問題用紙の端で手指を傷つけないように十分注意してください。

（6）正誤

制作には万全を期しておりますが，万が一誤りなどがございましたら，弊社までご連絡ください。

なお，誤りが判明した場合は，弊社ウェブサイトの「ご購入者様のページ」に掲載しておりますので，そちらもご確認ください。

■ お問い合わせ

解答例，解説，印刷，製本など，問題集発行におけるすべての責任は弊社にあります。

ご不明な点がございましたら，弊社ウェブサイトの「お問い合わせ」フォームよりご連絡ください。迅速に対応いたしますが，営業日の都合で回答に数日を要する場合があります。

ご入力いただいたメールアドレス宛に自動返信メールをお送りしています。自動返信メールが届かない場合は，「よくある質問」の「メールの問い合わせに対し返信がありません。」の項目をご確認ください。

また弊社営業日（平日）は，午前９時から午後５時まで，電話でのお問い合わせも受け付けています。

2025 春

教英出版

株式会社教英出版

〒422-8054　静岡県静岡市駿河区南安倍３丁目 12-28

TEL　054-288-2131　　FAX　054-288-2133

URL　https://kyoei-syuppan.net/

MAIL　siteform@kyoei-syuppan.net

教英出版の中学受験対策

中学受験面接の基本がここに！
知っておくべき面接試問の要領

面接試験に，落ち着いて自信をもってのぞむためには，あらかじめ十分な準備をしておく必要があります。面接の心得や，受験生と保護者それぞれへの試問例など，面接対策に必要な知識を１冊にまとめました。

- 面接の形式や評価のポイント，マナー，当日までの準備など，面接の基本をていねいに指南「面接はこわくない！」
- 書き込み式なので，質問例に対する自分の答えを整理して本番直前まで使える
- ウェブサイトで質問音声による面接のシミュレーションができる

定価：770円(本体700円+税)

入試テクニックシリーズ

必修編

基本をおさえて実力アップ！
1冊で入試の全範囲を学べる！
基礎力養成に最適！

こんな受験生には必修編がおすすめ！
- 入試レベルの問題を解きたい
- 学校の勉強とのちがいを知りたい
- 入試問題を解く基礎力を固めたい

定価：1,100円(本体1,000+税)

発展編

応用力強化で合格をつかむ！
有名私立中の問題で
最適な解き方を学べる！

こんな受験生には発展編がおすすめ！
- もっと難しい問題を解きたい
- 難関中学校をめざしている
- 子どもに難問の解法を教えたい

定価：1,760円(本体1,600+税)

絶賛販売中！

詳しくは教英出版で検索

教英出版　検索

URL https://kyoei-syuppan.net/

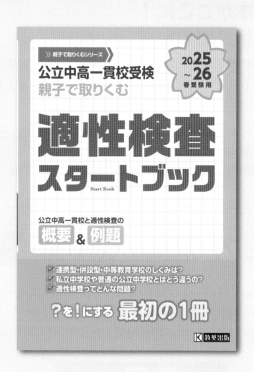

神奈川県

①［県立］（相模原中等教育学校 / 平塚中等教育学校）
②［市立］南高等学校附属中学校
③［市立］横浜サイエンスフロンティア高等学校附属中学校
④［市立］川崎高等学校附属中学校
✿⑤聖光学院中学校
✿⑥浅野中学校
⑦洗足学園中学校
⑧法政大学第二中学校
⑨逗子開成中学校（1次）
⑩逗子開成中学校（2·3次）
⑪神奈川大学附属中学校（第1回）
⑫神奈川大学附属中学校（第2·3回）
⑬栄光学園中学校
⑭フェリス女学院中学校

新潟県

①［県立］（村上中等教育学校 / 柏崎翔洋中等教育学校 / 燕中等教育学校 / 津南中等教育学校 / 直江津中等教育学校 / 佐渡中等教育学校）
②［市立］高志中等教育学校
③新潟第一中学校
④新潟明訓中学校

石川県

①［県立］金沢錦丘中学校
②星稜中学校

福井県

①［県立］高志中学校

山梨県

①山梨英和中学校
②山梨学院中学校
③駿台甲府中学校

長野県

①［県立］（屋代高等学校附属中学校 / 諏訪清陵高等学校附属中学校）
②［市立］長野中学校

岐阜県

①岐阜東中学校
②鶯谷中学校
③岐阜聖徳学園大学附属中学校

静岡県

①［国立］静岡大学教育学部附属中学校（静岡·島田·浜松）
②（［県立］清水南高等学校中等部 / ［県立］浜松西高等学校中等部 / ［市立］沼津高等学校中等部）
③不二聖心女子学院中学校
④日本大学三島中学校
⑤加藤学園暁秀中学校
⑥星陵中学校
⑦東海大学付属静岡翔洋高等学校中等部
⑧静岡サレジオ中学校
⑨静岡英和女学院中学校
⑩静岡雙葉中学校
⑪静岡聖光学院中学校
⑫静岡学園中学校
⑬静岡大成中学校
⑭城南静岡中学校
⑮静岡北中学校
⑯（常葉大学附属常葉中学校 / 常葉大学附属橘中学校 / 常葉大学附属菊川中学校）
⑰藤枝明誠中学校
⑱浜松開誠館中学校
⑲静岡県西遠女子学園中学校
⑳浜松日体中学校
㉑浜松学芸中学校

愛知県

①［国立］愛知教育大学附属名古屋中学校
②愛知淑徳中学校
③（名古屋経済大学市邨中学校 / 名古屋経済大学高蔵中学校）
④金城学院中学校
⑤椙山女学園中学校
⑥東海中学校
⑦南山中学校男子部
⑧南山中学校女子部
⑨聖霊中学校
⑩滝中学校
⑪名古屋中学校
⑫大成中学校
⑬愛知中学校
⑭星城中学校
⑮名古屋葵大学中学校（名古屋女子大学中学校）
⑯愛知工業大学名電中学校
⑰海陽中等教育学校（特別給費生）
⑱海陽中等教育学校（I·II）
⑲中部大学春日丘中学校
新刊⑳名古屋国際中学校

三重県

①［国立］三重大学教育学部附属中学校
②暁中学校
③海星中学校
④四日市メリノール学院中学校
⑤高田中学校
⑥セントヨゼフ女子学園中学校
⑦三重中学校
⑧皇學館中学校
⑨鈴鹿中等教育学校
⑩津田学園中学校

滋賀県

①［国立］滋賀大学教育学部附属中学校
②［県立］（河瀬中学校 / 守山中学校 / 水口東中学校）

京都府

①［国立］京都教育大学附属桃山中学校
②［府立］洛北高等学校附属中学校
③［府立］園部高等学校附属中学校
④［府立］福知山高等学校附属中学校
⑤［府立］南陽高等学校附属中学校
⑥［市立］西京高等学校附属中学校
⑦同志社中学校
⑧洛星中学校
⑨洛南高等学校附属中学校
⑩立命館中学校
⑪同志社国際中学校
⑫同志社女子中学校（前期日程）
⑬同志社女子中学校（後期日程）

大阪府

①［国立］大阪教育大学附属天王寺中学校
②［国立］大阪教育大学附属平野中学校
③［国立］大阪教育大学附属池田中学校

④[府立]富田林中学校
⑤[府立]咲くやこの花中学校
⑥[府立]水都国際中学校
⑦清風中学校
⑧高槻中学校（A日程）
⑨高槻中学校（B日程）
⑩明星中学校
⑪大阪女学院中学校
⑫大谷中学校
⑬四天王寺中学校
⑭帝塚山学院中学校
⑮大阪国際中学校
⑯大阪桐蔭中学校
⑰開明中学校
⑱関西大学第一中学校
⑲近畿大学附属中学校
⑳金蘭千里中学校
㉑金光八尾中学校
㉒清風南海中学校
㉓帝塚山学院泉ヶ丘中学校
㉔同志社香里中学校
㉕初芝立命館中学校
㉖関西大学中等部
㉗大阪星光学院中学校

兵庫県

①[国立]神戸大学附属中等教育学校
②[県立]兵庫県立大学附属中学校
③雲雀丘学園中学校
④関西学院中学部
⑤神戸女学院中学部
⑥甲陽学院中学校
⑦甲南中学校
⑧甲南女子中学校
⑨灘中学校
⑩親和中学校
⑪神戸海星女子学院中学校
⑫滝川中学校
⑬啓明学院中学校
⑭三田学園中学校
⑮淳心学院中学校
⑯仁川学院中学校
⑰六甲学院中学校
⑱須磨学園中学校(第1回入試)
⑲須磨学園中学校(第2回入試)
⑳須磨学園中学校(第3回入試)
㉑白陵中学校
㉒夙川中学校

奈良県

①[国立]奈良女子大学附属中等教育学校
②[国立]奈良教育大学附属中学校
③[県立]
国際中学校
青翔中学校
④[市立]一条高等学校附属中学校
⑤帝塚山中学校
⑥東大寺学園中学校
⑦奈良学園中学校
⑧西大和学園中学校

和歌山県

①[県立]
古佐田丘中学校
向陽中学校
桐蔭中学校
日高高等学校附属中学校
田辺中学校
②智辯学園和歌山中学校
③近畿大学附属和歌山中学校
④開智中学校

岡山県

①[県立]岡山操山中学校
②[県立]倉敷天城中学校
③[県立]岡山大安寺中等教育学校
④[県立]津山中学校
⑤岡山中学校
⑥清心中学校
⑦岡山白陵中学校
⑧金光学園中学校
⑨就実中学校
⑩岡山理科大学附属中学校
⑪山陽学園中学校

広島県

①[国立]広島大学附属中学校
②[国立]広島大学附属福山中学校
③[県立]広島中学校
④[県立]三次中学校
⑤[県立]広島叡智学園中学校
⑥[市立]広島中等教育学校
⑦[市立]福山中学校
⑧広島学院中学校
⑨広島女学院中学校
⑩修道中学校
⑪崇徳中学校
⑫比治山女子中学校
⑬福山暁の星女子中学校
⑭安田女子中学校
⑮広島なぎさ中学校
⑯広島城北中学校
⑰近畿大学附属広島中学校福山校
⑱盈進中学校
⑲如水館中学校
⑳ノートルダム清心中学校
㉑銀河学院中学校
㉒近畿大学附属広島中学校東広島校
㉓AICJ中学校
㉔広島国際学院中学校
㉕広島修道大学ひろしま協創中学校

山口県

①[県立]
下関中等教育学校
高森みどり中学校
②野田学園中学校

徳島県

①[県立]
富岡東中学校
川島中学校
城ノ内中等教育学校
②徳島文理中学校

香川県

①大手前丸亀中学校
②香川誠陵中学校

愛媛県

①[県立]
今治東中等教育学校
松山西中等教育学校
②愛光中学校
③済美平成中等教育学校
④新田青雲中等教育学校

高知県

①[県立]
安芸中学校
高知国際中学校
中村中学校

福岡県

①[国立] 福岡教育大学附属中学校（福岡・小倉・久留米）
②[県立] 育徳館中学校／門司学園中学校／宗像中学校／嘉穂高等学校附属中学校／輝翔館中等教育学校
③西南学院中学校
④上智福岡中学校
⑤福岡女学院中学校
⑥福岡雙葉中学校
⑦照曜館中学校
⑧筑紫女学園中学校
⑨敬愛中学校
⑩久留米大学附設中学校
⑪飯塚日新館中学校
⑫明治学園中学校
⑬小倉日新館中学校
⑭久留米信愛中学校
⑮中村学園女子中学校
⑯福岡大学附属大濠中学校
⑰筑陽学園中学校
⑱九州国際大学付属中学校
⑲博多女子中学校
⑳東福岡自彊館中学校
㉑八女学院中学校

佐賀県

①[県立] 香楠中学校／致遠館中学校／唐津東中学校／武雄青陵中学校
②弘学館中学校
③東明館中学校
④佐賀清和中学校
⑤成穎中学校
⑥早稲田佐賀中学校

長崎県

①[県立] 長崎東中学校／佐世保北中学校／諫早高等学校附属中学校
②青雲中学校
③長崎南山中学校
④長崎日本大学中学校
⑤海星中学校

熊本県

①[県立] 玉名高等学校附属中学校／宇土中学校／八代中学校
②真和中学校
③九州学院中学校
④ルーテル学院中学校
⑤熊本信愛女学院中学校
⑥熊本マリスト学園中学校
⑦熊本学園大学付属中学校

大分県

①[県立]大分豊府中学校
②岩田中学校

宮崎県

①[県立]五ヶ瀬中等教育学校
②[県立] 宮崎西高等学校附属中学校／都城泉ヶ丘高等学校附属中学校
③宮崎日本大学中学校
④日向学院中学校
⑤宮崎第一中学校

鹿児島県

①[県立]楠隼中学校
②[市立]鹿児島玉龍中学校
③鹿児島修学館中学校
④ラ・サール中学校
⑤志學館中等部

沖縄県

①[県立] 与勝緑が丘中学校／開邦中学校／球陽中学校／名護高等学校附属桜中学校

もっと過去問シリーズ

北海道

北嶺中学校
7年分(算数・理科・社会)

静岡県

静岡大学教育学部附属中学校
(静岡·島田·浜松)
10年分(算数)

愛知県

愛知淑徳中学校
7年分(算数・理科・社会)
東海中学校
7年分(算数・理科・社会)
南山中学校男子部
7年分(算数・理科・社会)
南山中学校女子部
7年分(算数・理科・社会)
滝中学校
7年分(算数・理科・社会)
名古屋中学校
7年分(算数・理科・社会)

岡山県

岡山白陵中学校
7年分(算数・理科)

広島県

広島大学附属中学校
7年分(算数・理科・社会)
広島大学附属福山中学校
7年分(算数・理科・社会)
広島学院中学校
7年分(算数・理科・社会)
広島女学院中学校
7年分(算数・理科・社会)
修道中学校
7年分(算数・理科・社会)
ノートルダム清心中学校
7年分(算数・理科・社会)

愛媛県

愛光中学校
7年分(算数・理科・社会)

福岡県

福岡教育大学附属中学校
(福岡·小倉·久留米)
7年分(算数・理科・社会)
西南学院中学校
7年分(算数・理科・社会)
久留米大学附設中学校
7年分(算数・理科・社会)
福岡大学附属大濠中学校
7年分(算数・理科・社会)

佐賀県

早稲田佐賀中学校
7年分(算数・理科・社会)

長崎県

青雲中学校
7年分(算数・理科・社会)

鹿児島県

ラ·サール中学校
7年分(算数・理科・社会)

※もっと過去問シリーズは
国語の収録はありません。

教英出版
〒422-8054
静岡県静岡市駿河区南安倍3丁目12−28
TEL 054-288-2131
FAX 054-288-2133
詳しくは教英出版で検索
教英出版 検索
URL https://kyoei-syuppan.net/

2024年度　須磨学園中学校入学試験

国　　語

第１回

（60分）

（注　意）

解答用紙は、この問題冊子の中央にはさんであります。まず、解答用紙を取り出して、受験番号シールを貼(は)り、受験番号と名前を記入しなさい。

1．すべての問題を解答しなさい。

2．解答は、すべて解答用紙に記入しなさい。

3．解答は、１行の枠内に２行以上書いてはいけません。また、字数制限のある問題については、記号や句読点も１字と数えることとします。

4．試験終了(しゅうりょう)後、解答用紙のみ提出し、問題冊子は持ち帰りなさい。

須磨学園中学校

2024(R6) 須磨学園中　第１回
K 教英出版

問九　「少しだけ幸せをはこんで」（——線部G）とありますが、「少しだけ」に込められた思いについての説明として最も適当なものを、次の中から一つ選び、番号で答えなさい。

1　「わたし」は、いなくなった子どもたちを寂しく思ったが、子どもたちが着ていた衣類をまとめた袋を、子どもが確かにそこにいた思い出のよすがと見なし、多少は寂しさを紛らわすことができた。

2　雨が止んで、気持ちも少しは落ち着き、たとえ子どもたちと会えなくなったとしても、自分に残された長い人生の時間を、子どもたちの分まで、精一杯生き抜こうと前向きな姿勢を取り戻している。

3　薄暗く、朝から降り続いた雨が止んだ後、偶然、外の美しい夕暮れを見て、子育てに精一杯だった自分の人生には、まだまだ気づかなかった美しさがあることを知り、満ち足りた思いに浸っている。

4　家から子どもたちがいなくなった後、何も手が付かずに、散らかしたままだった荷物の整理をすることで気持ちも整理され、美しい夕暮れに自分の気持ちを投影し、悲しみが多少は浄化されている。

二の設問

問一 〰〰線部a〜cの本文中の意味として最も適当なものを、次の各群の中から、それぞれ一つずつ選び、番号で答えなさい。

a 雨脚

1 降った雨でできた水たまり。
2 しとしとと雨が落ちる先。
3 土砂降りの雨が降る方向。
4 筋をひいて降りそそぐ雨。

b リズミカルに

1 調子よく
2 機嫌よく
3 都合よく
4 効率よく

c ぎゅっと

1 後悔しないよう

問四 「雨がすべての音をのみこんでいく」（——線部B）についての説明として**適当でないもの**を、次の中から一つ選び、番号で答えなさい。

1 「雨は」（2行目）から、「雨が」へと変わり、より筆者の実感に近い表現がなされている。
2 「わたし」には、雨が室内のあらゆる音をかき消すほどの雑音に聞こえたことが分かる。
3 雨音は、外界から隔絶された「わたし」が内省を深めてゆくきっかけとして描かれている。
4 「のみこんでいく」という現在形の表現からは、筆者の実感がありありと伝わってくる。

問五 本文全体から客観的に推測できる「わたし」（——線部C）の説明として適当なものを、次の中から**すべて**選び、番号で答えなさい。

1 「わたし」はずっと室内にいる。
2 「わたし」は女性である。

二

次の詩を読んで、後の設問に答えなさい。

お詫び

著作権上の都合により、文章は掲載しておりません。
ご不便をおかけし、誠に申し訳ございません。

教英出版

(ii) 次に示すのは、【文章Ⅰ】と【文章Ⅱ】を読んだ後のAさんたちの話し合いの様子です。【文章Ⅰ】と【文章Ⅱ】の内容を踏まえた意見として、適当なものはT、適当でないものはFと、それぞれ記号で答えなさい。

1 【文章Ⅰ】と【文章Ⅱ】の関係性は、【文章Ⅰ】の「第一印象があたっていることが多い」ことについて、【文章Ⅱ】が、その理由の一つを説明しているといった関係性になっているね。

2 第一印象による判断の正しさについては、【文章Ⅰ】では、自身で育んだ能力であるという説明に対して、【文章Ⅱ】では、予測が実現されるよう、相手に振る舞わせているという違いがあります。

3 【文章Ⅱ】の「予測の自己実現」から、人間はお互いに同調する性質があることが分かります。だから、自分が利己的に振る舞えば、相手も利己的に振る舞うということになるわけですね。

4 そういう意味では、【文章Ⅱ】の「現代は情報社会である」という記述を根拠として、【文章Ⅰ】の「利害関係を第一に考えるのはやめたほうがいい」という結論を導くこ由も含(ふく)めて書きなさい。

条件4　二文目では、「いい人格のつくり方」についての作者の考えを、その理由も含めて書きなさい。

下書き用　**（※これは解答用紙ではありません）**

設問は、次の用紙に続きます。

一の設問

問一 「外れることも多々あります」（――線部A）とありますが、それはなぜですか。その理由の説明として最も適当なものを、次の中から一つ選び、番号で答えなさい。

1 第一印象に基づいて判断することは、人間の動物的な勘による能力だから。

2 判断が当たっていることが多くなれば、外れる可能性を考えなくなるから。

3 人間の動物的な判断である以上、絶対当たるということはないはずだから。

4 第一印象で人をあてることができる能力は、年を取るうちに失われるから。

問二 「それができる」（――線部B）とは、どういうことですか。その内容の説明として最も適当なものを、次の中から一つ選び、番号で答えなさい。

1 動物性に基づいて、第一印象が育つということ。

問四 「同じようなこと」（――線部D）とありますが、それはどのようなことを言っているのですか。その内容の説明として最も適当なものを、次の中から一つ選び、番号で答えなさい。

1 第一印象で判断する側も、第一印象で判断される側も、あまりあてにならない判断をしているという点では、大した違いはないということ。

2 第一印象で判断される側の人間の性格とは、生まれとは無関係に、意志や経験に基づき、その未来を自分の力で切り開くものだということ。

3 人間というのは、生まれつきの性格や育った環境といった無意識的な面と、意志や経験といった意識的な面とで構成されているということ。

4 人間の性格の大部分は無意識に作られているが、残りは意識的に作るものなので、第一印象による判断は、あまり正確ではないということ。

問五 「ただ気をつけなければならないのは」（――線部E）という文が、本文で果たす働きについての説明として最も適当なものを、次の中から一つ選び、番号で答えなさい。

一　次の【文章Ⅰ】を読んで、後の設問に答えなさい。

【文章Ⅰ】

人に対して第一印象を持つという能力は、その人の能力をハンシャ的にハッキするという意味合いで考えると、かなり強力な能力と言っていいでしょう。これもまた、人間の動物性にもとづく能力なのかもしれません。だからこそ、第一印象があたっていることが多いのではないでしょうか。けれども、外れることも多々あります。

動物的な成長率を持って自然に発達してきたある部分の判断力というのは、おそらく第一印象を形作る上で大きな力をハッキして、しかもかなりの確率であたるのではないかと思います。

しかし、それができるのは大体青春期[注]以前までです。つまり、動物的に発達してきた判断力や印象で見る力は、赤ん坊のときから前思春期の十五、六歳までで終わってしまうのです。

そのため、それ以降の年になると、第一印象ではあたらないで、これはしまったという経験もよくしますし、まったくのケントウ違いをすることもたびたびです。青春期以降は、他人を第一印象だけで判断してはだめだということを悟り、自分でそれを直そうとか、乗り越えようと人はするものです。

何となくそれが全体ににじみ出てきて、相手にもあまりいい印象を与えないかもしれません。

だから、利害関係を第一に考えるのはやめたほうがいい。まったくゼロにすることは無理にしても、自分の判断力の中に、何気なく含めるというぐらいの気持ちで加えるようにするのが、いい人格のつくり方だと言えそうです。

（吉本隆明『真贋』〈二〇〇七〉による）

注　青春期……十代半ばから、二十代半ばまでの時期を指す。

ないとわからないものだ、という体験もフえてくるはずです。そうしていくうちに、[C]第一印象というものはあまりあてにならないとわかってくるのでしょう。

一方、第一印象で判断される側にとっても、[D]同じようなことが言えます。[e]ゲンミツに人間の性格みたいなものだけを言えば、たしかに前思春期でほぼ決まっています。だから、その人となりの七、八割は、その人の生まれつきの性格や育った環境（かんきょう）によると言っていいでしょう。しかし、残りの二、三割は、自分の意志の力や人間関係の経験などをもとにして、後から自分でつくってきた部分があります。

つまり、無意識だけではなくて、意識的な性格もプラスされて人間というものができ上がるのです。そうした年齢（ねんれい）に達した人を判断しようとすると、[f]タンなる第一印象では間違（まちが）えてしまうわけです。

[E]ただ気をつけなければならないのは、計算高さは、顔や挙措振（きょそふ）る舞（ま）いの中に自然に出てきてしまうということです。恋愛（れんあい）関係であろうと、一般的（いっぱんてき）な人間と人間の関係であろうと、それは[F]あまりいい印象を相手に与（あた）えません。利害関係を自分の中でどういう心がけで持っていたらいいのかは、その人の全体の人格に関することだと思います。利害ばかり考えていたり、言っていたりすると

4　動物的な能力を、自然に育成できるということ。

問三　「第一印象というものはあまりあてにならないとわかってくる」（――線部C）とありますが、なぜそう「わかってくる」のですか。その理由の説明として最も適当なものを、次の中から一つ選び、番号で答えなさい。

1　人に第一印象を持つというのは、確かに強力な能力ではあるが、青春期以降の年になると、終わってしまうような能力だから。

2　第一印象だけで判断して失敗することを数多く経験することによって、人は、見た目によらないものだと思うようになるから。

3　人を見た目だけで判断してはならないと心がけるのに加え、実際に付き合ってみなければ分からないと気づくようになるから。

4　年齢（ねんれい）を重ねるうちに、人間の外面も内面もすべて、現実に付き合うことによってしか分からないものだと考えるようになるから。

ぎながら、補足という形で、どのような点を意識すべきなのかについて、読者を誘導（ゆうどう）している。

2　第一印象はあてにならないという前の段落までの注意点に付加する形で、人間関係で気をつけなければならない点について、読者の注意を喚起（かんき）している。

3　人間形成においては、意識的な性格が極めて重要だという前の段落の話に説得力を持たせる形で、具体的な注意点について、新たな話題を展開している。

4　人間は思い通りの自分になることができるという前の段落に、逆接という形で、だからと言って好きなように振（ふ）る舞（ま）ってはならないと注意を促（うなが）している。

設問は、裏面に続きます。

問六 「あまりいい印象を相手に与えません」（――線部F）とありますが、なぜそう言えるのですか。その理由の説明として最も適当なものを、次の中から一つ選び、番号で答えなさい。

1 計算高い性格とは、因果応報として、親しい相手には、表情や態度を通して伝わってしまうから。

2 計算高さが表情や態度に表れて、自分の利益しか考えない、傍若無人な印象を相手に与えるから。

3 計算高いことばかり考えていると、表情や態度と裏腹に、以心伝心で伝わってしまうものだから。

4 いかなる人間関係でも、計算高く生きる人間は、海千山千な人間である印象を与えるものだから。

問七 「いい人格のつくり方」（――線部G）について、筆者はどうするのがいいと言っていますか。次の**条件1**～**4**を満たすように書きなさい。

条件1 必ず二つの文に分けて、全体を一〇〇字以上一二〇字以内で書くこと（句読点や記号は一字と数えます）。

条件2 必ず一文目は、「確かに、」から書き始め、二文目は、

問八 Aさんたちは、「第一印象があたっていることが多い」（――線部）ことについて、図書室で本を調べていたところ、次の【文章Ⅱ】を見つけました。これを踏まえた上で、後の(i)・(ii)の問いに答えなさい。

【文章Ⅱ】

（齊藤勇『人間関係の心理学』による）

(i) 【文章Ⅱ】の「予測の自己実現」について説明している以下の図を時系列的に沿って適切に並び替え、それぞれ番号で答

めたほうがいい」という表現からは、本文の主張としては、「利害関係」を超えた人間関係を理想とすべきであると読むことができます。

6 私は、**【文章Ⅰ】**と**【文章Ⅱ】**からは、情報によるイメージで相手を判断するような現代社会だからこそ、人間関係を考える際には自身の「利害関係」を優先しすぎない方がいいなという理解をしました。

7 お互いが「利害関係」に囚われていると、結果的にみんなが得をするか、損をするか、そういう話ってないのかな？　いつの間にか、第一印象の話から、経済や社会制度の話になりそうだね。

問九　～～～線部a～fのカタカナに相当する漢字を楷書で書きなさい。

a　ハンシャ　**b**　ハッキ　**c**　ケントウ

d　フ（えて）　**e**　ゲンミツ　**f**　タン（なる）

（房内はるみ「少しだけ幸せな日」による）

注　ポリ袋…ポリエチレンなどの合成樹脂を原材料とする袋の総称。自然に分解しないが、耐久性はある。

4　勢いよく一気に

問二　この詩は、何連でできていますか。漢数字のみ答えなさい。

問三　「雨はささやいてくるのだった」（――線部A）についての説明として**適当でないもの**を一つ選び、番号で答えなさい。

1　雨音をきっかけとして展開されてゆく話である。
2　「雨はささやいてくる」は擬人法が使われている。
3　「ささやいてくる」から、雨はほぼ降っていない。
4　文末の過去形は、導入の働きを果たしている。

5　「わたし」には子どもがいる。

問六　「今は二つの椅子が　さみしく向かいあっている」（――線部D）とありますが、なぜそう感じているのですか。その理由の説明として最も適当なものを、次の中から一つ選び、番号で答えなさい。

1　大切にしていた四つの椅子が、二つしか残っていないことに、過去には二度とは戻れない喪失感を抱いたから。
2　過去を思い返し、自分の所から一人ずつ去っていった子どもたちとはもう二度と会えないことに気づいたから。
3　アルバムを見て、家族全員で過ごした日々を追想し、雨の日に死別した子どもたちを愛おしく思い出したから。
4　残された二つの椅子を見て、家族全員で過ごした楽しい過去が思い出され、子どもの不在を寂しく感じたから。

設問は、裏面に続きます。

問七　「永遠の袋」（――線部E）についての説明として最も適当なものを、次の中から一つ選び、番号で答えなさい。

1　「永遠」は、この袋が朽ちることなく、恒久的に残り続けることを表している。
2　「袋」は、子どもたちの辛い記憶を思い出さないよう閉じ込めたものである。
3　体言止めから、後文には「になる」が省略されていることを、明示している。
4　体言止めを用いて、「わたし」の見た物を際立てつつ、後に余韻を残している。

問八　「雨粒がオレンジ色に光っている」（――線部F）についての説明として最も適当なものを、次の中から一つ選び、番号で答えなさい。

1　周りの自然と混じり合い、雨の色が変化した。
2　すぐれなかった「わたし」の体調が回復した。
3　木の葉の雨粒がすべて見えるほど視力が良い。

問十　本文の内容・構成・表現の説明として**適当でないもの**を、次の中から一つ選び、番号で答えなさい。

1　1行目・2行目と、22行目・23行目とは、対照的な表現であると言える。
2　8行目～11行目と、13行目～17行目とは、対照的な心情が表現されていると解釈できる。
3　詩中の言葉を踏まえれば、この詩では二色の色の移り変わりを読み取ることができる。
4　8行目の「緑色の時のページをめくっている」は、具体的ではない意味を含んでいる。
5　22行目～23行目の「雨が／あがった」は、筆者の実感の表出であり、省略法の効果も見て取れる。

2024年度　須磨学園中学校入学試験

算　　数

第 1 回

（60分）

（注　意）

解答用紙は、この問題冊子の中央にはさんであります。まず、解答用紙を取り出して、受験番号シールを貼り、受験番号と名前を記入しなさい。

1．すべての問題を解答しなさい。

2．解答はすべて解答用紙に記入しなさい。

3．試験終了後、解答用紙のみ提出し、問題冊子は持ち帰りなさい。

4．答えが割り切れないときは、分数で答えなさい。

須磨学園中学校

1 次の $\square$ に当てはまる数を答えなさい。

(1) $2024 - (8 \times 6 - 7 \times 5) \times \{(8 - 2 \times 3) + 1\} = \square$

(2) $\dfrac{1}{1+2} + \dfrac{1}{4+5+6} + \dfrac{1}{37-36+35-34+33} + \dfrac{1}{20+21+22} + \dfrac{1}{3 \times 3 \times 11} = \square$

(3) $1.8 \times 3\dfrac{1}{16} \div 1.5 \times 3\dfrac{1}{3} \times 3\dfrac{6}{7} \div 0.375 = \square$

(4) 314159.26cm − 1865m ＋ 123456.7mm − 1.4km ＋ 0.07cm ＝ $\square$ cm

(5) $\dfrac{7}{\dfrac{\square + 2 \times 3}{6 \times 8 - 26}} \div \dfrac{77}{13} = \dfrac{26}{11}$

2 へ続く

計算欄（ここに記入した内容は採点されません）

2 次の［　　］に当てはまる数や文字を答えなさい。

(1) 140 g の水に食塩 20 g を溶(と)かしました。そこに濃度(のうど) 7 % の食塩水 200 g を混ぜました。水が 20 g 蒸発したとき，食塩水の濃度は［　　］% になります。

(2) 下の図において直線アと直線イは平行で三角形 ABC は正三角形です。
このとき，角ウの大きさは［　　］度です。

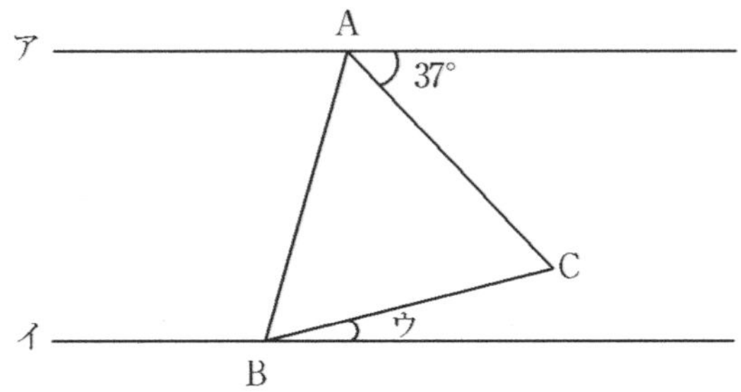

(3) 〈a〉は a を 6 倍したときの十の位の数とします。
例えば〈6〉= 3，〈19〉= 1 となります。このとき，
〈〈6〉+〈12〉+〈18〉+〈8〉〉+〈〈10〉+〈14〉+〈16〉〉=［　　］となります。

(4) （ア）～（エ）は同じ大きさの正八面体です。下の図のように頂点または辺の真ん中の点に 3 点を取ります。（ア）～（エ）の中で，3 点を通る断面の面積が一番大きいのは［　　］です。

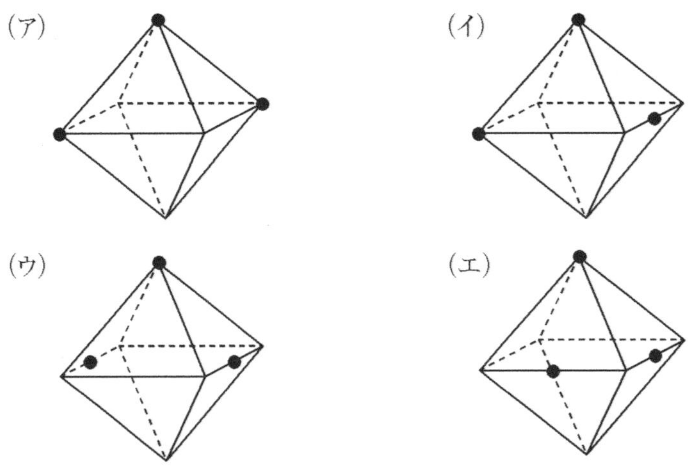

2 の(5)以降の問題は，5ページに続く

計算欄（ここに記入した内容は採点されません）

2

(5) 太郎君は果物屋に買い物に行き，リンゴ5個とミカン8個を定価で合計920円で買いました。その2時間後に次郎君が同じ店でリンゴ3個とミカン6個を買うと，タイムセールで全品20% 引きになっており合計480円でした。
リンゴ1個の定価は［　　］円です。ただし，消費税は考えないものとします。

(6) 下の図のような長方形 ABCD について考えます。
四角形 EFGH は正方形で，AH = 8 cm，FC = 12 cm で AD：AB の比は，3：1です。このとき，四角形 ABFE の面積は［　　］cm^2 です。

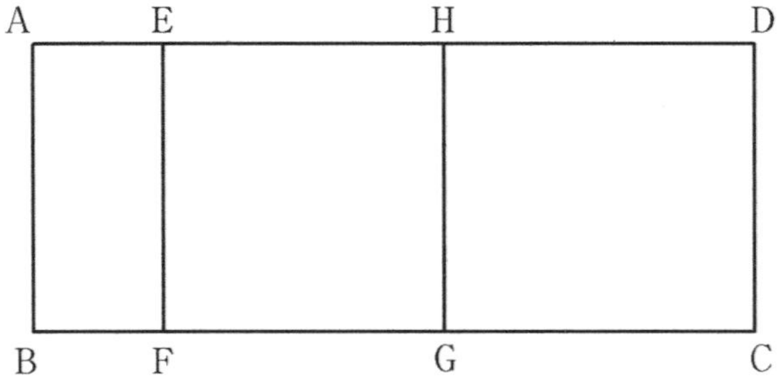

(7) 太郎君は20 km のマラソンに挑戦（ちょうせん）しました。最初は1 km を4分のペースで走っていましたが，少し疲（つか）れたのでスタートして30分後からは1 km を5分のペースに落としました。スタートして［　　］km 地点からラストスパートで1 km を4分30秒のペースに上げたところ，1時間31分でゴールしました。

(8) 右の図の四角形 ABCD において，点 O は対角線が交わる点です。また AC = 4 cm，BD = 6 cm，BC = 5 cm で三角形 ABD，三角形 BCD の面積はそれぞれ3 cm^2，9 cm^2 です。このとき，三角形 OCD の面積は［　　］cm^2 です。

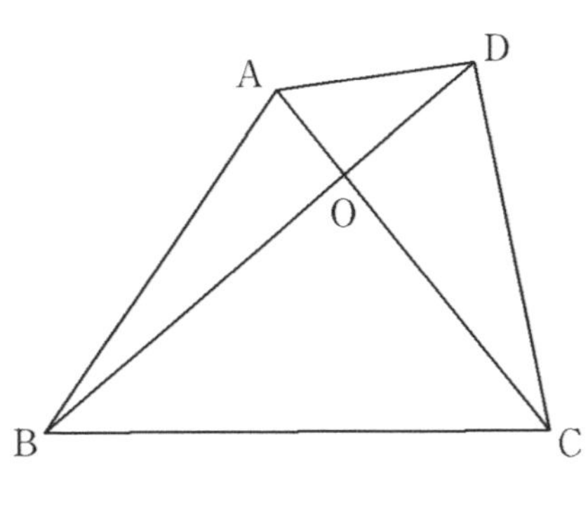

3へ続く

計算欄（ここに記入した内容は採点されません）

3 太郎君は夏休みの自由工作で光の３原色を使った工作物を作りました。この工作物には赤，緑，青の３つのライトがついており，それぞれ２秒，３秒，５秒に１回点滅(てんめつ)します。工作物からはこれらのライトの光が混ざって発光されます。光が混ざったとき，下の表のような光が見えます。例えば，開始してから２秒後には赤色に発光し，６秒後には黄色に発光します。
また，３つのライトが同時に点滅した直後を開始とします。

赤と緑	黄色
赤と青	ピンク色
青と緑	水色
赤と青と緑	白色

(1) 工作物から白色が２回目に発光されるのは開始してから何秒後か答えなさい。

(2) 開始してから２分間で，工作物から何回発光されるか答えなさい。

(3) 開始してから２分間で，工作物から緑色が発光された１秒後にピンク色が発光されるのは何回あるか答えなさい。

(4) 開始してから２分間で，工作物から５秒連続で発光されるのは何回あるか答えなさい。

4 へ続く

計算欄（ここに記入した内容は採点されません）

4 面積が 81 cm^2 の正三角形を描(えが)きます（図１）。
この正三角形の各辺を３等分し，その中央の部分を１辺とする正三角形を元の正三角形の外側に描き，新たに描いた正三角形と元の正三角形の重なっている部分の線を消します（図２）。
出来上がった図形に対して，同じ操作をもう一度繰(く)り返します（図３）。

図１　　図２　　図３

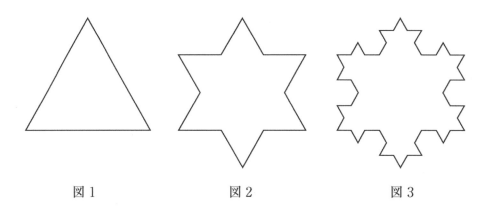

(1)　図２の図形（ 12 角形 ）の面積を答えなさい。

(2)　図３の図形の辺の本数と面積を答えなさい。

(3)　図３の図形に対してこの操作をもう一度行ったときの図形の辺の本数と面積を答えなさい。

5 へ続く

計算欄（ここに記入した内容は採点されません）

5 高さが 25 cm である円柱の形をした水槽(すいそう) A があります。
水槽 A には，水が 10 cm の高さまで入っています。
水槽 A に円柱を入れます。入れたあとは水槽 A の底面に円柱の底面がぴったりくっついているとします。
水槽 A に底面の半径が 3 cm ，表面積が 131.88 cm^2 である円柱 B を入れると水位が 1 cm 上がりました。
ただし，水槽の厚さや水の蒸発は考えないものとし，円周率は 3.14 とします。

(1) 円柱 B の高さを答えなさい。

(2) 円柱 B の体積を答えなさい。

(3) 円柱 B を取り出したあと，円柱 B と高さが同じである円柱 C を入れると，水位は 12.25 cm の高さになりました。円柱 C の底面の円の半径は，円柱 B の底面の円の半径の何倍であるか答えなさい。

(4) 円柱 C を取り出したあと，底面の半径が 4 cm ，高さが 20 cm である円柱 D を水槽 A に入れました。このとき，水槽 A 内の水位を答えなさい。また，考え方も答えなさい。

（ 余 白 ）

2024年度　須磨学園中学校入学試験

理　　科

第 1 回

（40分）

（注　意）

解答用紙は、この問題冊子の中央にはさんであります。まず、解答用紙を取り出して、受験番号シールを貼(は)り、受験番号と名前を記入しなさい。

1．すべての問題を解答しなさい。

2．解答はすべて解答用紙に記入しなさい。

3．試験終了(しゅうりょう)後、解答用紙のみ提出し、問題冊子は持ち帰りなさい。

須磨学園中学校

1 各問いに答えなさい。

自然界にはさまざまな種類の生物が存在しており，「食べる・食べられる」という関係でつながっています。このつながりを（　ア　）といいます。複数の種類の生物について，それぞれの生物の個体数や重さを「食べられる」生物から「食べる」生物の順に積み上げていくと，(1) ふつう「食べられる」生物のほうが「食べる」生物よりも多いため，底辺が広いピラミッド型になります。このように，生物の個体数や全体の重さの関係をピラミッドの形で表したものを（　イ　）といいます。陸と海の生物について（　イ　）を表すと，底辺のおもな生物はそれぞれ植物と（　ウ　）になります。自然環境では，生物の数や重さは増えたり減ったりしますが，（　イ　）は時間がたつとバランスのとれた状態にもどります。

人が川や海に有害物質を流し続けると，海水によってうすめられて，人体に影響をおよぼさないような低い濃度になります。しかし，有害物質は（　ア　）を通じて少しずつ小魚などの体内にたまっていくことがあります。さらに大きな魚がたくさんの小魚を食べると，大きな魚の体内にさらに多くの有害物質がたまっていきます。このように（　イ　）の頂点の生物に近づくほど，生物の体内で有害物質が高い濃度でたまっていく現象を (2) 生物濃縮といいます。この現象が人の健康に大きな影響をおよぼした有名な例は，(3) 1950年代に熊本県水俣湾周辺で発生した，メチル水銀を原因物質とした公害病です。

また，近年，海のプラスチックごみが生物に与える影響が注目されています。海に流れ出たプラスチックごみは，波にもまれたり太陽からの紫外線を受けたりすることによって細かくなり，マイクロプラスチック（以下MPとします）とよばれる５mm以下の小さなかけらになります。これらはさらに細かくなり，数マイクロメートル※になる場合もあります。海にすむ魚介類は，このMPを海水や食物とともに体内に取りこんでしまいます。最近の研究では，(4) 魚や貝がMPを取りこむことで，うまく栄養をとれなくなったり，生まれた子の成長がさまたげられたりすることが報告されていて，海の生物の数のバランスがくずれてしまうことが心配されています。

※１マイクロメートルは１mmの1000分の１の大きさ

問１　本文中の空らん（　ア　）～（　ウ　）にあてはまる適切な語句をそれぞれ答えなさい。

問２　下線部（1）について，（　イ　）を個体数について表すと，その形がピラミッド型にならない例を次の①～④から１つ選び，記号で答えなさい。

①　田んぼに生えたイネをイナゴが食べ，イナゴをモズが食べる。
②　池にすむゾウリムシをメダカが食べ，メダカをヤゴが食べる。
③　川にすむエビをウナギが食べ，ウナギをサギが食べる。
④　街路樹のサクラの葉をガの幼虫が食べ，幼虫をホトトギスが食べる。

問３　下線部（２）について，次の（ａ）と（ｂ）の問いに答えなさい。

（ａ）　生物の体内に高い濃度でたまっていくのは，有害物質がどのような性質をもつ場合であると考えられますか。適切なものを次の①～④から2つ選び，記号で答えなさい。

①　水に溶けやすく，あぶらに溶けにくい。　②　あぶらに溶けやすく，水に溶けにくい。
③　体内で分解されやすい。　④　体内で分解されにくい。

（ｂ）「食べられる」→「食べる」の関係にあるＡ→Ｂ→Ｃ→Ｄという４種類の生物がいます。これらの生物について，ある有害物質の体内濃度を測定すると，Ａが0.001 ppm，Ｂが３ppm，Ｃが５ppm，Ｄが20 ppmでした。この４種類の生物のつながりのうち，有害物質が最も濃縮されているものを，次の①～④から１つ選び，記号で答えなさい。ppmとは小さな割合を表すときに用いる単位であり，％の10000分の１にあたります。

①　Ａ→Ｂの間　②　Ｂ→Ｃの間　③　Ｃ→Ｄの間　④　どれも同じである

問４　下線部（３）について，同じ地域に住んでいるにもかかわらず，この公害病にかかる人とかからない人が存在しました。その理由を，本文の内容にもとづいて考え，30字以内で述べなさい。

問５　下線部（４）について，MPがカキにおよぼす影響を調べました。数マイクロメートルのとても小さなMPをふくむ環境と，MPをふくまない環境で，２か月間オスのカキを育てました。そして，それぞれを父親とする幼生を30匹ずつ用意しました(それぞれをMP群と対照群とします)。次の図は，カキの幼生の大きさを受精してから２日ごとに測定し，群ごとの平均値を示したものです。この結果から考えられることとして適切なものを，下の①～⑤から2つ選び，記号で答えなさい。

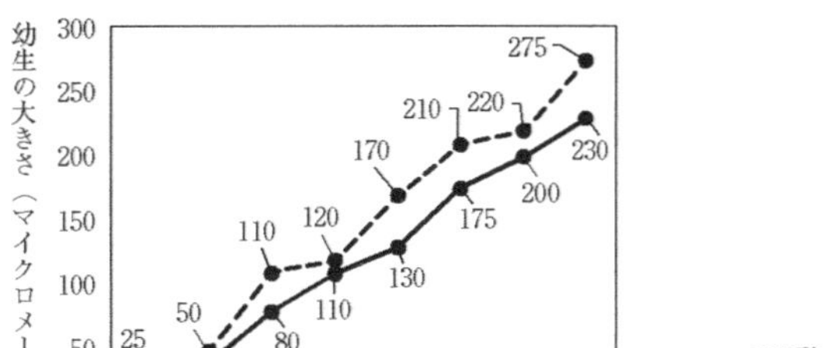

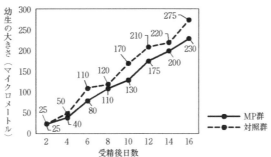

①　幼生の大きさの２日ごとの変化はMP群と対照群ともに，受精後日数がたつにつれて大きくなっている。
②　幼生の大きさの２日ごとの変化を比べると，MP群が対照群を上回る場合がある。
③　MP群と対照群に見られる差は，受精前の卵に原因があったと考えられる。
④　対照群の幼生の大きさの変化が小さくなっている時期は，水温の上しょうが起こっていたと考えられる。
⑤　同じ受精後日数で比べたとき，６日以降では，対照群の幼生の大きさの平均値はMP群と比べて，少なくとも10マイクロメートルは大きい。

2 各問いに答えなさい。

液体を冷やしていき，液体が固体になり始める温度のことを「凝固点（ぎょうこてん）」といいます。通常，何も溶（と）けていない水の凝固点は0℃です。しかし，水よう液になると0℃になっても氷にならず，もっと低い温度で氷になります。この現象を「凝固点降下」といいます。ここでは，太郎と花子が，冬季に道路にまかれる白い粒（つぶ）について調べています。以下はそれについての２人の会話文です。

太郎「寒い日にまかれていた白い粒は融雪剤（ゆうせつざい）の一つで，塩化カルシウムというらしいよ」
花子「どうして融雪剤をまくのかしら？」
太郎「融雪剤が水に溶けると凝固点降下が起きて，水がこおりにくくなるらしい。水がこおりにくいということは，氷としてはとけやすいということだから，雪がとけるみたい」
花子「じゃあ，塩化カルシウムでどのくらい凝固点が下がるのか，実験で確かめてみましょう」

【実験】 塩化カルシウム（以下Ａとする）によって水よう液の凝固点がどうなるかを調べるため，Ａの水よう液の濃度（のうど）を変えて，凝固点を調べたところ，（表１）のようになりました。ただし，氷点下３℃は，「-３℃」と表すこととします。

（表１）

Ａの水よう液の濃度[%]	5	10	15	20	30
凝固点[℃]	-2.6	-5.6	-8.8	-12.5	-21.4

花子「縦軸（じく）に凝固点[℃]，横軸に水よう液の濃度[%]のグラフをかいてみると（　ア　）のようなグラフになったけれどよくわからないわ」
太郎「濃度じゃなくて，Ａの重さに着目するともっと何かわかるんじゃないかな」
花子「じゃあ，それぞれの濃度から水100 gに溶けているＡの重さを計算してみましょう」

（表２）

Ａの水よう液の濃度[%]	5	10	15	20	30
凝固点[℃]	-2.6	-5.6	-8.8	-12.5	-21.4
100 gの水に溶けているＡの重さ[g]		（a）		（b）	

花子「凝固点の温度から『-(マイナス)』をとると，その値は100 gの水に溶けているＡの重さの約（　イ　）倍になっているのね。この（表２）から縦軸に凝固点[℃]，横軸にＡの重さ[g]のグラフをかくと（　ウ　）のようなグラフになるわ」
太郎「これなら，100 gの水に溶かしたＡの重さを（　イ　）倍すれば，およその凝固点を求めることができるね」
花子「融雪剤は他にもあるのかしら」
太郎「じゃあ，先生からもらった融雪剤についての資料を見て，まとめてみよう」
花子「食塩も融雪剤なのね。他にもいろんな薬品が融雪剤として使われるのね」

太郎「そうだね。ただ，高価だったり，１回の使用量が多かったりと問題点もあるみたい。ここではＡと食塩に注目して比べてみよう」

（表３）

	凝固点(ぎょうこてん)[℃]	速効性	持続性	価格	散布量
A	−55	○	△	50	20
食塩	−21	△	○	20	20

※「凝固点」は，もっとも効果が高い水よう液の濃度(のうど)を基準とする
「価格」は１kgあたりのおよその値段[円]，「散布量」は１m^2にまく重さ[g]

花子「Ａのほうが低い温度でこおらなくなるし，速効性があるのね」
太郎「それに対し，食塩は持続性がよく値段も半分以下だ。１回に散布する量は同じだね」
花子「気温が０℃を大きく下回りにくい神戸では，（　エ　）の方が融雪剤(ゆうせつざい)としてよく使われていると予想できるね」

問１　本文中の空らん（　ア　）にあてはまるグラフを，次の①～③から１つ選び，記号で答えなさい。

①
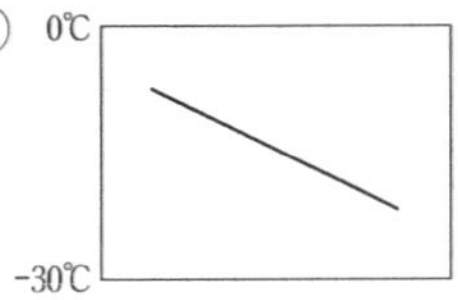

②
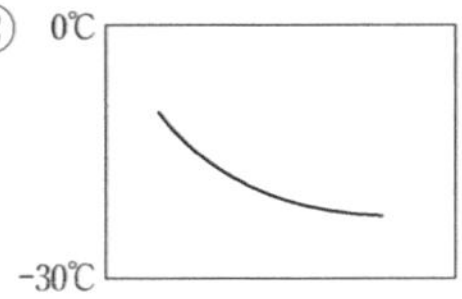

③
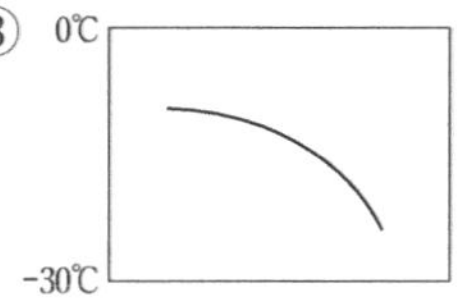

問２　（表２）の空らん（ａ）と（ｂ）にあてはまる値を，小数第１位を四捨五入して，整数で求めなさい。

問３　本文中の空らん（　イ　）にあてはまる値を，小数第２位を四捨五入して，小数第１位まで求めなさい。

問４　本文中の空らん（　ウ　）にあてはまるグラフを，問１の①～③から１つ選び，記号で答えなさい。

問５　25%のＡの水よう液の凝固点は何℃になりますか。小数第２位を四捨五入して，小数第１位まで求めなさい。

問６　本文中の空らん（　エ　）にあてはまるものを，次の①～④から１つ選び，記号で答えなさい。

①　高価で速効性のあるＡ　　②　高価で持続性のある食塩
③　安価で速効性のあるＡ　　④　安価で持続性のある食塩

問７　融雪剤に炭の粉などを混ぜて黒く着色することがあります。これはなぜだと考えられますか。融雪剤に用いられるＡは白色であること，赤や青などの粉でなく黒であることをふまえて，考えられる理由を説明しなさい。

3 各問いに答えなさい。

わたしたちが水の中に入ると，体が軽くなったように感じます。これは，わたしたちの体に浮力がはたらくためです。同じように，液体にものを入れると浮力がはたらきます。この浮力の大きさは，ものが押しのけた水の重さと等しくなります。そのため，浮力の性質を使って物体の密度を求めることができます。この方法をアルキメデス法と呼びます。具体的には，物体の重さを測定し，次に物体を水中に浸し，物体に押しのけられた水の体積を測定します。水そう内で実験したときには，水そうの水位の変化やこぼれた水の重さから，物体の液体に沈んでいる部分の体積が求められます。そして，物体の重さがわかれば物体の密度を求めることができます。この方法を用いて，海洋プラスチック問題について考えてみましょう。この問題では，水の密度を1 g/cm³とします。

【実験１】 水で満たしたビーカーの重さをはかりで測ると133.7 gを示しました。次に，（図１）のようにプラスチック片Ｐの全体を静かに水の中に入れると，2.9 gの水がこぼれました。

【実験２】 （図２）のように水を入れたビーカーを上皿てんびんにのせ，もう一方の皿に分銅をいくつかのせると，てんびんはつりあいました。その後，ビーカーにプラスチック片Ｐを【実験１】と同じように沈めました。

【実験３】 （図３）のように水100 gを入れたビーカーに，体積の無視できる細い糸をつけたプラスチック片Ｐを入れました。このときＰはビーカーの底につくことはなく，水がこぼれることもありませんでした。Ｐを入れる前と比べてはかりの数値は大きくなりました。これは水がＰを押しているのと同じように，Ｐが水を押しているためです。水がＰを押す力を「浮力」，Ｐが水を押す力を「浮力の反作用」といい，２つの力は同じ大きさになります。浮力の大きさは，ものが押しのけた水の重さと等しいことを利用すると，重さの変化を測るだけで，Ｐの体積を求めることができます。

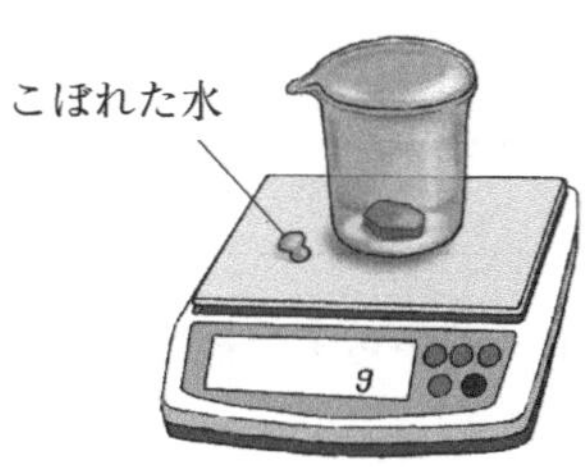

（図１）

（図２）

（図３）

問１ 【実験１】において，プラスチック片Ｐにかかる浮力の向きを次の①～④から<u>すべて</u>選び，記号で答えなさい。

① 上向き　② 右向き　③ 下向き　④ 左向き

問２ 【実験１】において，プラスチック片Ｐの体積はいくらか答えなさい。

問３　【実験２】のとき，上皿てんびんはどのようになりましたか。適切なものを，次の①～③から１つ選び，記号で答えなさい。

①　分銅をのせたほうが下がる　　②　ビーカーをのせたほうが下がる
③　静止したまま

問４　【実験３】の方法で実験し，プラスチック片を入れた後のはかりの数値とプラスチック片の重さを以下の（表１）にまとめました。このプラスチック片Ａ～Ｄの種類を，各プラスチックの密度（表２）を参考にしてそれぞれ選び，プラスチックの種類を答えなさい。ただし，【実験３】でのはかりの数値は，ビーカーのみをのせたときを０gとしています。

（表１）

	【実験３】でのはかりの数値	プラスチック片の重さ
A	122 g	21.1 g
B	125.9 g	23.3 g
C	115.5 g	22.5 g
D	115 g	20.7 g

（表２）

プラスチックの種類	密度
ポリプロピレン	0.9 g/cm^3
ポリエチレン	0.96 g/cm^3
ポリエチレンテレフタラート	1.38 g/cm^3
塩化ビニル	1.45 g/cm^3

問５　海に捨てられてしまったときに，海水に浮(う)くプラスチックを問４のプラスチック片Ａ～Ｄの中からすべて選び，記号で答えなさい。ただし海水の密度は1.04 g/cm^3とします。

4 各問いに答えなさい。

火星は地球のとなりにある惑星で，(1) 中心に金属があり，そのまわりを岩石がおおっていることや，地軸のかたむきが25.2度であること，自転周期が24時間39分であることなど，地球と似ている点がいくつかあります。

一方で，地球とちがう点もあります。そのうちの一つは，表面の温度です。地球の表面温度は平均15℃程度ですが，火星の表面温度は平均マイナス63℃程度で寒いようです。この差が生まれる大きな理由の一つは大気です。下の（表１）に火星と地球の大気の成分と割合をまとめました。（表１）を見ると，温室効果の高い（　ア　）が火星の大気のほとんどをしめているのがわかります。それにもかかわらず火星が寒いのは，そもそも (2) 大気の量が少ないからです。温室効果のある気体の割合が大きくても，量が少ないので，太陽の当たらない時間に温室効果が発揮されず，火星は冷えるのです。また大気には，太陽光によって地表面が熱くなるのをやわらげるはたらきもあります。

（表１）

火星		地球	
成分	割合	成分	割合
（　ア　）	95%	（　イ　）	78%
（　イ　）	2.7%	（　ウ　）	21%
アルゴン	1.6%	アルゴン	0.93%
（　ウ　）	0.13%	（　ア　）	0.04%

衛星の数も地球とちがいます。火星には (3) フォボスとダイモスという２つの衛星があります。

地球で火星の１年の動きを観察すると，ほとんどの期間，星座の間を西から東へと動いて見えます。しかし，(4) 東から西へと動いて見える期間もあり，このような動きを逆行と呼びます。一方，火星で地球の動きを観察すると，「地球は（　エ　）」と考えられます。

問１　下線部（１）について，太陽系の惑星を岩石でできた天体と，ガスでできた天体の２種類に分けたとき，ガスでできた天体にふくまれるものを，次の①～⑥からすべて選び，記号で答えなさい。

①　木星　　②　土星　　③　水星　　④　金星　　⑤　天王星　　⑥　海王星

問２　本文中，または（表１）の空らん（　ア　）～（　ウ　）にあてはまる語句をそれぞれ答えなさい。

問３　下線部（２）について，大気がなくなった場合，火星表面の昼と夜の温度はどのようになると考えられますか。適切なものを，次の①～④から１つ選び，記号で答えなさい。ただし，昼の温室効果は考えないものとします。

①　太陽光が地面を直接温めるため，昼も夜も温度が上がる。
②　温度を保つことができなくなり，昼も夜も温度が下がる。
③　昼は温度が上がり，夜は温度が下がる。
④　大気があるときと変わらない。

問4　下線部（3）について，下の図のように火星に近い側からフォボス，ダイモスがあり，今火星から見ると一直線上に並んでいます。フォボスの公転周期は7時間30分，ダイモスの公転周期は30時間とします。次の（a）と（b）の問いに答えなさい。

（a）　火星から見たとき，次に一直線上に並ぶのは何分後ですか。
（b）（a）のとき，フォボスとダイモスはどこにありますか。解答らんの図中にかきこみなさい。

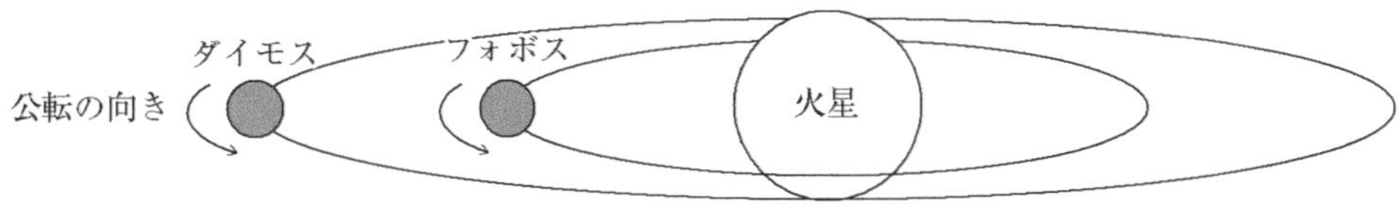

問5　下線部（4）について，下の図は太陽と地球と火星の位置を表したもので，地球が①～⑤の位置にあるとき，火星もそれぞれ①～⑤の位置にあります。①～⑤のそれぞれの日に，うお座が南中した時刻に火星の位置を観測しました。①～⑤のうち，逆行が起こる期間はいつからいつの間ですか。解答らんに合わせて選び，記号で答えなさい。

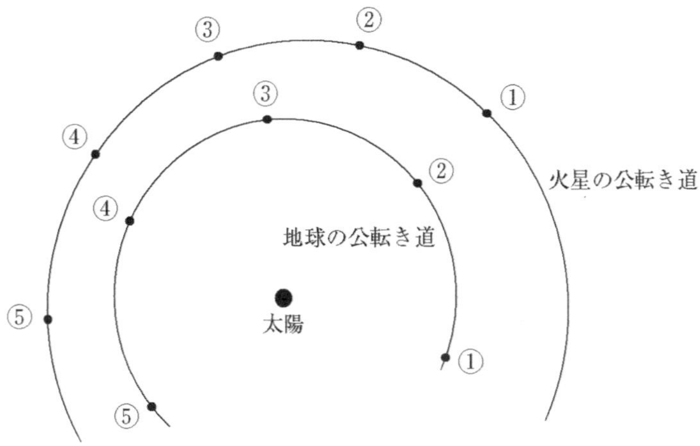

問6　本文中の空らん（　エ　）に入る文を，次の①～④から1つ選び，記号で答えなさい。

①　火星での夜の間ずっと観察できる。
②　火星での日の入りのころだけ見える。
③　火星での日の出のころだけ見える。
④　火星での日の入りまたは日の出のころに見える。

問7　火星が公転き道を1周する間，火星から太陽を観察したとき，南中高度は最大何度変わると考えられますか。必要があれば小数第2位を四捨五入し，小数第1位まで求めなさい。

（　余　白　）

2024年度　須磨学園中学校入学試験

社　　会

第 1 回

（40分）

（注　意）

解答用紙は、この問題冊子の中央にはさんであります。まず、解答用紙を取り出して、受験番号シールを貼（は）り、受験番号と名前を記入しなさい。

1．すべての問題を解答しなさい。

2．解答はすべて解答用紙に記入しなさい。

3．試験終了（しゅうりょう）後、解答用紙のみ提出し、問題冊子は持ち帰りなさい。

須磨学園中学校

1 以下のＮＨＫ大河ドラマについての年表を見てあとの問いに答えなさい。

西暦	作品名	あらすじ
1990	飛ぶが如く	幕末から明治の変革の時代を西郷隆盛と①大久保利通の友情と対立を軸に、近代国家づくりに奔走した人々を描く。
1991	太平記	足利尊氏の生涯を中心に、②南北朝の動乱期を生きた多彩な人物像が繰り広げる歴史絵巻。
1993	琉球の風	17世紀初頭、薩摩の侵攻で苦難に陥った③琉球王国。その未来を模索する主人公啓泰を中心に若者たちの人間模様を描く。
1993	炎(ほむら)立つ	平安時代、東北の都・平泉に君臨した④奥州藤原氏の４代にわたる興亡をつづる物語。
1995	八代将軍　吉宗	紀州藩の三男から徳川八代将軍に上り詰め、⑤享保の改革を断行した吉宗の生涯を描く。
2019	いだてん～東京オリムピック噺～	金栗四三が嘉納治五郎と出会い、「ストックホルム」を目指すところから、田畑政治が招致した1964年の「⑥東京オリンピック」が開催されるまでの激動の52年間を描く。
2021	青天を衝(つ)け	銀行、保険、製紙、紡績、鉄道、海運、ガス、電気……、［ A ］が世の中に必要なものを次々と生み出し、近代日本の礎を築いていく姿を描く。
2022	鎌倉殿の13人	⑦鎌倉幕府を開いた源頼朝にすべてを学び、武士の世を盤石にした男、二代執権・北条義時が、いかにして武士の頂点に上り詰めたのかを描く。
2024	光る君へ	主人公は紫式部。時代は⑧平安。千年の時を超えるベストセラー『源氏物語』を書きあげた女性。変わりゆく世を自らの才能と努力で生き抜いた女性の愛の物語を描く。

問１　下線部①に関連して、大久保利通について述べた文章として適切なものを次のア～エより１つ選び、記号で答えなさい。

ア　「議会を開いて政治をせよ」と自由民権運動を全国に広げた。

イ　君主権の強いドイツの憲法を学び、憲法草案を作成した。

ウ　初代内務卿として殖産興業政策を推進した。

エ　イギリス流の議院内閣制の実現を目指した立憲改進党を結成した。

問２　下線部②に関連して、以下の資料は建武の新政について述べた『梅松論』という資料の口語訳である。この資料に関係することや内容から読み取れることとして正しいものを下の**ア～エ**より１つ選び、記号で答えなさい。

資料

さて、天皇のご命令について、聞くところによると、記録所・雑訴決断所がおかれてはいるが、近臣が勝手に天皇に意見を述べて不当なことを言うので、命令は朝に変わり夕暮に改まるというような状況なので、人々の浮き沈みはめまぐるしい。

～中略～

また、天下一同の法によって所領の支配を保証した綸旨(りんじ)を出されたといっても、所領を取り上げられた人々は恨みをいだいていた。その頃、公家の間である噂が広がった。尊氏なし（足利尊氏が建武政権の要職についていないことを指す）という言葉がはやったのである。そもそも、長い間天皇が考えていたように、幕府を滅ぼそうとしたことは、武家の政権を認めないというところにあった。しかしながら、足利直義(ただよし)が関東の太守として鎌倉におり、東国の者たちはこれに従おうとしない。天下を１つにするという天皇の意図が、いまにいたってもその益がないという思いになっているので、武家の中で公家に恨みをいだいている者は、源頼朝のように天下を握ってほしいと願っているのである。よって、公家と武家は水と火の戦いのごとく対立して、元弘三年も暮れていった。

ア　資料中に出てくる天皇とは、醍醐天皇のことである。

イ　天皇の命令は、常に天皇自身が決めて、意見が左右されることはめったになかった。

ウ　東国の武家の人たちは、天皇の命令によく従い、天下は１つになっていた。

エ　武家の中で公家に恨(うら)みを抱いている人は、武家の政権に期待していた。

問３　下線部③に関連して、琉球王国がなぜ繁栄したのかを説明した以下の空欄の文章に入る適切な語句を答えなさい。

首里城正殿の鐘（別名「万国津梁の鐘」（15世紀半ば、琉球を治めていた国王の命令で造られた釣り鐘のこと）に書かれた文章には、以下のような文章が書かれている。

「琉球国は南の海の良いところにあり、中国と日本の間にある蓬莱（ほうらい）の島で、船で万国の津梁（しんりょう）、いわば架け橋となって貿易を行い、国に宝物が満ちている」

当時、琉球はその立地を活かし、アジアでいちばん栄えていた明、それ以外に朝鮮や日本、東南アジアの国とも貿易をしており、琉球は、輸出国と輸入国の間に第三国を入れて行う貿易形態である ＿＿＿ を行うことで、莫大な経済的利益を得ており、繁栄することができたと考えられる。

問４　下線部④に関連して、奥州藤原氏の繁栄を示す遺跡として最も適切なものを次のア～エより１つ選び、記号で答えなさい。

ア

イ

ウ

エ

問５　下線部⑤に関連して、享保の改革の内容として正しいものを次の**ア〜エ**より１つ選び、記号で答えなさい。

ア　飢饉（ききん）に備えて米を蓄（たくわ）えさせ、御家人の借金を帳消しとし、武士に朱子学以外の学問を教えることを禁止した。
イ　百姓の都市への出稼（かせ）ぎを禁止し、株仲間を解散させ、出版･風俗をとりしまった。
ウ　参勤交代の制度を確立させ、大名の１年おきの江戸への参勤を義務づけた。
エ　公事方御定書という法令集をつくり、裁判の基準とした。

問６　下線部⑥に関連して、東京オリンピックが開催された1960年代の出来事として正しいものを次の**ア〜エ**より１つ選び、記号で答えなさい。

ア　日韓基本条約調印
イ　日中共同声明調印
ウ　日ソ共同宣言調印
エ　日中平和友好条約調印

問７　空欄Ａには国立銀行条例制定や大阪紡績会社設立に尽力（じんりょく）した下記の人物の名前が入ります。その人物の名前を答えなさい。

問８　下線部⑦に関連して、鎌倉幕府のしくみについて述べた文章として**適切でないもの**を次の**ア〜エ**より１つ選び、記号で答えなさい。

ア　鎌倉幕府の将軍と御家人はご恩と奉公という主従関係で結ばれていた。

イ　鎌倉幕府の政治や財政をつかさどる役所を政所という。

ウ　承久の乱後、朝廷の監視や京都の警備を行う六波羅探題が設置された。

エ　３代執権北条時宗の時に、武士の裁判の基準となる御成敗式目を定めた。

問９　下線部⑧に関連して、平安時代について述べた文章として**適切でないもの**を次の**ア〜エ**より１つ選び、記号で答えなさい。

ア　国家が人々に口分田を与え、税を取るという制度が破たんし、人ではなく土地に対して税をかける仕組みへと変化していった。

イ　唐が衰退したため、遣唐使を廃止することが決定され、正式な国の外交使節を通じた中国との交流がなくなった。

ウ　貴族を中心とした文化が華開き、京の都では寝殿造の貴族の屋敷などがみられるようになった。

エ　農業技術が発展し、畿内では二毛作が普及し、肥料が使用されるなど農業の生産性が向上していった。

2　次の日本でおこった地震に関する年表をみて、あとの問いに答えなさい。

西暦(れき)	場所	できごと
416（允恭５）年	大和国遠飛鳥宮 （奈良県明日香村）	『（　①　）』に記述あり。記録に残る日本史上初の地震。
430（允恭19）年	三陸から房総	Ｍ９程度、2011年の東北地方太平洋沖地震と同程度の地震。
599（推古７）年	大和国（奈良県）	『（　①　）』に「家屋倒壊」の記述あり。
684（天武13）年	土佐	②白鳳地震。死者多数、田園が海面下へ沈下。
701（大宝元）年	丹波、若狭湾	大宝律令が制定。
745（天平17）年	岐阜県美濃地方	天皇、平城京に復都。
③869（貞観６）年	陸奥国	貞観地震。死者1000人、④多賀城損壊。
887（仁和３）年	五畿七道諸国、京都・摂津	仁和地震。津波による多数の死者。
938（承平８）年	京都	高野山でも建物損壊。余震が続いた。
1096（嘉保３）年	東海道沖・南海トラフ全域	東大寺の鐘が落下、駿河で民家400以上が流失。
1185（元暦２）年	琵琶湖	琵琶湖の水が北流すると鴨長明が『（　⑤　）』で記述。
1293（正応６）年	鎌倉・⑥相模トラフ	建長寺などで火災、死者２万3000人。
1361（正平16）年	畿内・摂津・阿波・⑦土佐	法隆寺の築地(ついじ)が多少くずれる。摂津・阿波・土佐で津波による被害。
1498（明応７）年	⑧東海道沖	浜名湖が海とつながり、鎌倉高徳院の大仏が押し流される。

問１　空欄①にあてはまる、奈良時代に舎人親王が編さんした神代から持統天皇までの歴史を記した書物を答えなさい。

問２　下線部②について、この時代の文化の作品と、文化の特徴をあらわす文の組み合わせとして適切なものを下のア～エより１つ選び、記号で答えなさい。

作品A

作品B

特徴C　中国の隋・唐の刺激と律令制の建設期の空気を反映し、はつらつとした気分があふれる文化

特徴D　中国文化の影響がうすれ、日本人の生活や考えにねざした文化

ア　A－C　　イ　A－D　　ウ　B－C　　エ　B－D

問３　下線部③について、年表をみると、前の時代と比較し、９世紀に地震の記録が増加している。この理由を９世紀の政治体制という点から簡単に説明しなさい。

問４　下線部④について、多賀城は蝦夷討伐のために設置された代表的な城柵である。これらの設置年の古い順に並べたものを次のア～クより１つ選び、記号で答えなさい。

ア（c）－（b）－（e）－（d）－（a）
イ（c）－（b）－（a）－（e）－（d）
ウ（c）－（e）－（d）－（b）－（a）
エ（c）－（e）－（d）－（a）－（b）
オ（e）－（d）－（c）－（a）－（b）
カ（e）－（d）－（a）－（c）－（b）
キ（e）－（c）－（b）－（d）－（a）
ク（e）－（c）－（d）－（b）－（a）

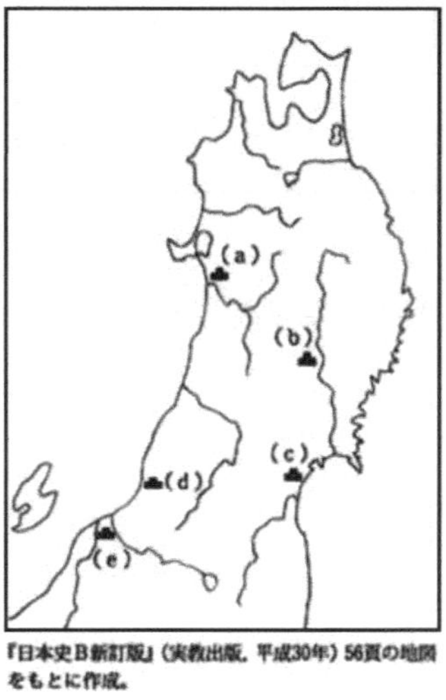

『日本史Ｂ新訂版』（実教出版，平成30年）56頁の地図をもとに作成。

問５　空欄⑤に当てはまる作品名を答えなさい。

問６　下線部⑥について、1703年には同じく相模トラフ沿(ぞ)いで「元禄地震」とよばれる巨大地震が起こったとされている。次の文章は、その地震を経験した人物の自伝である。

　この人物がおこなったこととして適切なものを下の**ア**～**エ**より１つ選び、記号で答えなさい。

> 宝永六年（1709年）の春正月十日に、５代将軍が死んだという知らせがあり、西の丸御殿に皆参上するようにとの告知があった。自分も翌十一日に参上した。十九日に再び参上した際、…前代の御時に制定せられた、「生類あわれみの令」が停廃されたという話を聞いた。…いつの頃であったか、世継の君が参上されたところ、少将吉保…などの朝臣をはじめ、近習の人々を召されて、「自分が生類をいたわったのは、たとえ不条理のことではあっても、このことだけは、百年後も、自分が世にあった時のように御沙汰あるのが孝行というものである。ここに祗候(しこう)の者たちも、よく心得ておれ」と仰せられた。しかし、この数年来、このことのために罪におちた者は、その数何十万人に及ぶかわからない。未だに判決がきまらないものも九人まである。まだ死なない者も莫大な数である。この禁令がのぞかれなければ、天下の憂苦はなくなるまい。

ア　江戸の湯島に孔子をまつった聖堂を開設した。
イ　オランダ・中国船の貿易額を制限した。
ウ　キリスト教に関係のない海外の書物の輸入を認めた。
エ　幕府が正しい学問として定めた朱子学以外を教えることを禁じた。

問７　下線部⑦について、土佐藩・高知県に由来のある人物に関する次の**ア～エ**のできごとを、時代順に並び替(か)えなさい。

ア　坂本龍馬が幕末の薩摩藩と長州藩の間を仲介し、薩長同盟が締結された。

イ　岩崎彌太郎が、明治３年に後の三菱商会となる九十九商会の責任者となった。

ウ　板垣退助が国会開設の要求（民選議院開設の要求）を政府に提出した。

エ　福岡孝弟が起草した、五カ条の御誓文が出された。

問８　下線部⑧について、1961年、東海道新幹線を建設するために８千万ドルの貸出が行われた。この貸出をおこなった国際機関を答えなさい。

3 次の文章を読み、あとの問いに答えなさい。

花子さん：須磨学園の生活にも慣れてきたわ…さて、昼食の時間ね。今日のお弁当の中身は、①わかめおにぎりに、卵焼き、ウィンナー、②ロールキャベツ、ミニトマトにブロッコリー。どれも私がすきなメニューばかりだわ。

太郎くん：僕は食堂で定食のテイクアウトメニューを購入（こうにゅう）したんだ。最近は地元農家の方から購入した、新鮮な野菜のサラダが人気だそうだよ。

花子さん：社会の授業で習った「（　③　）」の取り組みのひとつね。文化祭では、その農家の方から直接野菜を買うことで、わたしたち消費者と生産者が互いの距離を縮めることができたわ。

太郎くん：消費地への流通コストを抑（おさ）えることができるのも「（　③　）」のメリットだね。

花子さん：そうね。私のお弁当の材料のほとんどは、お家の近くのスーパーマーケットで購入しているの。でも、少し歩いたところに商店街があって、そこの八百屋さんで買うこともあるのよ。昨日は、八百屋さんのトマトがすごく安かったとお母さんが喜んでいたわ。

太郎くん：確かに、④八百屋さんの方が値段が安いイメージがあるよね。

花子さん：お弁当を食べると、なんだかお味噌汁が欲しくなってきたわ。やっぱりご飯には味噌汁よね。

太郎くん：花子さんは和食が好きなんだね。

花子さん：そうね。秋に行く、九州への研修旅行では、その土地の美味しいものを食べてみたいな。それと、九州の歴史や文化も学びたいと思っているの。

太郎くん：僕は高校生で行く⑤広島が今から楽しみだな。歴史はもちろん、⑥工業にも興味があるんだ。

問１　下線部①について、下の図は日本の遠洋漁業、沖合漁業、沿岸漁業、海面養殖業の漁業別生産量の推移を示したものである。遠洋漁業と海面養殖業にあてはまるものを、グラフ中の**ア～エ**からそれぞれ選び、記号で答えなさい。

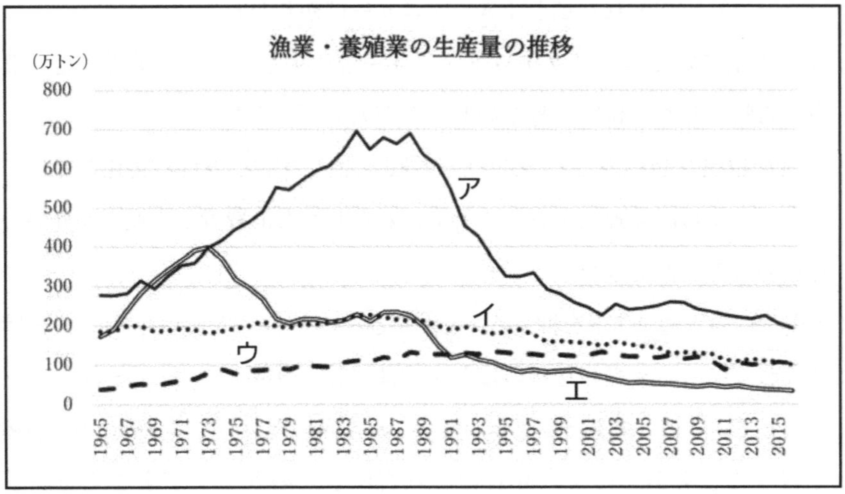

（水産省ホームページ、漁業・養殖業の国内生産の動向より作成）

問２　下線部②について、群馬県の嬬恋（つまごい）村では、キャベツの栽培がさかんです。嬬恋村の地図と雨温図を参考にして、嬬恋村でキャベツの栽培がさかんな理由を説明した文として**適切でないもの**を下の**ア～オ**より１つ選びなさい。

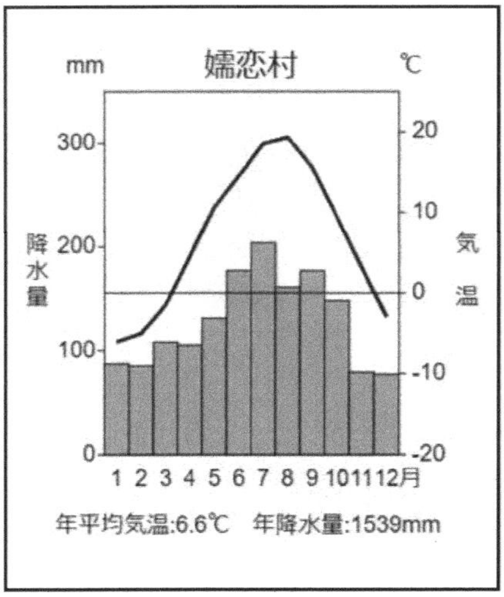

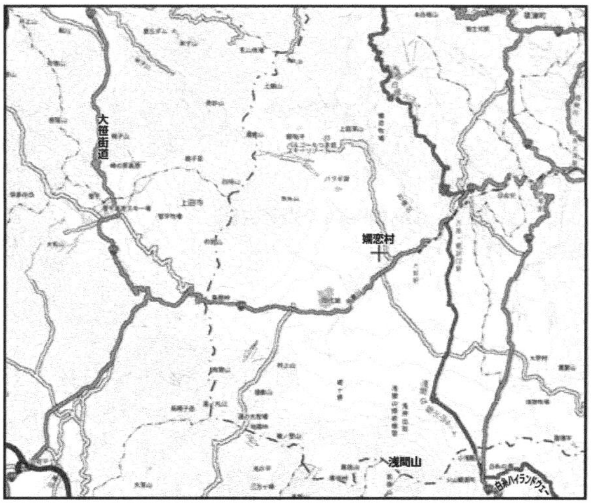

出典：国土地理院の地図をもとに作成

ア　嬬恋村は、６～９月の気温が15℃～20℃と涼しいため。

イ　年間の雨量が多く、たくさん水が必要なキャベツの栽培に向いているため。

ウ　標高が高く、朝と夜の気温差が大きいことで甘くおいしくなり、高原の朝露のおかげでみずみずしいキャベツが育つため。

エ　浅間山などの火山に囲まれ、火山灰を含む排水の良い、栄養豊かな土が畑に多いため。

オ　都市とつながる道路があることによって、都会との距離が短くなり、出荷しやすくなったため。

問３　空欄（　③　）にあてはまる語句を漢字４文字で答えなさい。

問４　下線部④について、スーパーの野菜よりも、八百屋さんの野菜の方が値段が安くなる理由を下の図を参考に簡単に説明しなさい。

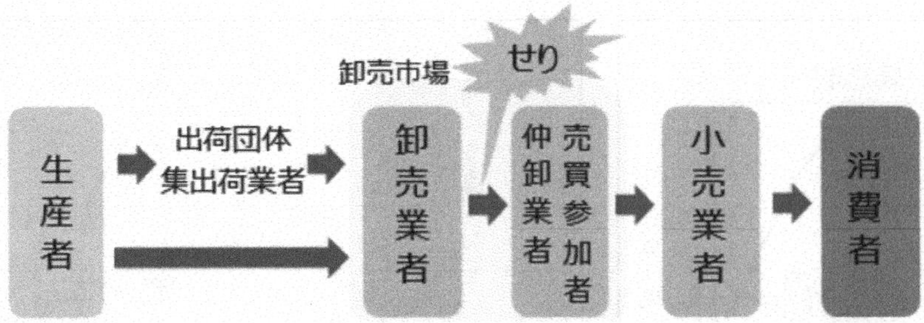

問５　下線部⑤について、広島では、2023年５月に主要７カ国首脳会議がおこなわれました。この会議は、1970年代に発生した世界的な経済危機をきっかけに開催されたといわれている。この危機の名前を答えなさい。

問６　下線部⑥について、工業の種類によって製品を生産する工場などの分布に違い（ちが）がみられる。これについて次の問いに答えなさい。

（１）次の図１～３は、石油化学コンビナートと半導体工場、自動車組立工場のある場所をあらわしています。その組み合わせとして適切なものを右の**ア～カ**より１つ選び、記号で答えなさい。

※
問九

a	c	e
b	d	f
	（えて）	（なる）

※

二

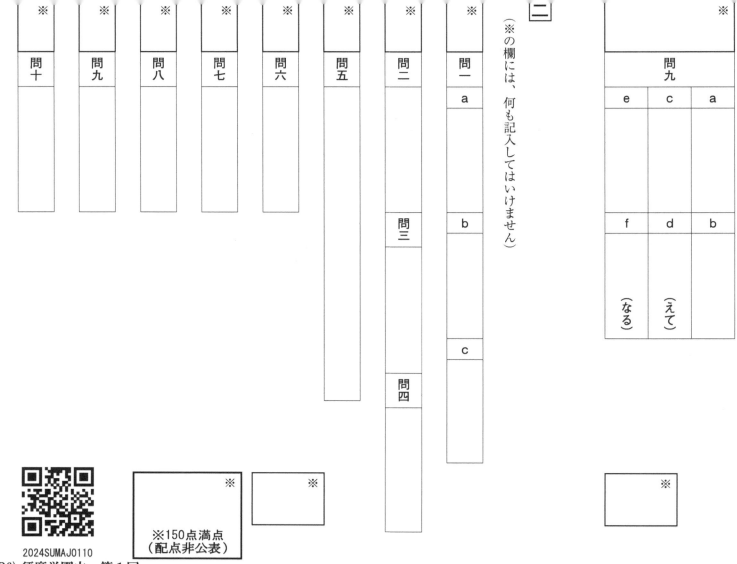

（※の欄には、何も記入してはいけません）

※	※	※	※	※	※	※	※
問一	問二	問五	問六	問七	問八	問九	問十
a							
b	問三						
c	問四						

※

※

※150点満点
（配点非公表）

2024SUMAJ0110

5

(1) cm	(2) cm^3	(3) 倍

(4)

答え　　cm

※

※

※150点満点
（配点非公表）

問1		問2	cm^3	問3	

問4	A	B
	C	D
問5		

※

4

問1		問3		
問2	ア	問4	(a)	分後
	イ		(b)	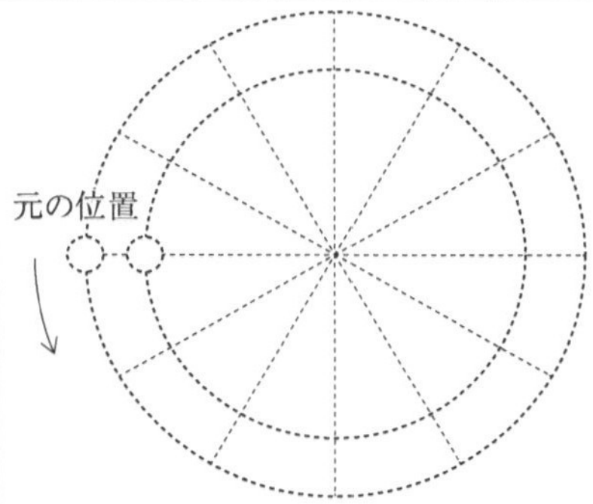
	ウ			
問5	から			
問6				
問7	度			

※

※

※100点満点
（配点非公表）

問4					
問5		問6	(1)		(2)

※

4

問1	(1)			(2)	
問2		問3		問4		問5	
問6					

※

5

問1		問2		問3		問4	
問5		問6		問7			

※

※

※100点満点
（配点非公表）

↓ここにシールを貼(は)ってください↓

受験番号

名前	

２０２４年度　須磨学園中学校　第１回入学試験解答用紙　社会

（※のらんには、何も記入してはいけません）

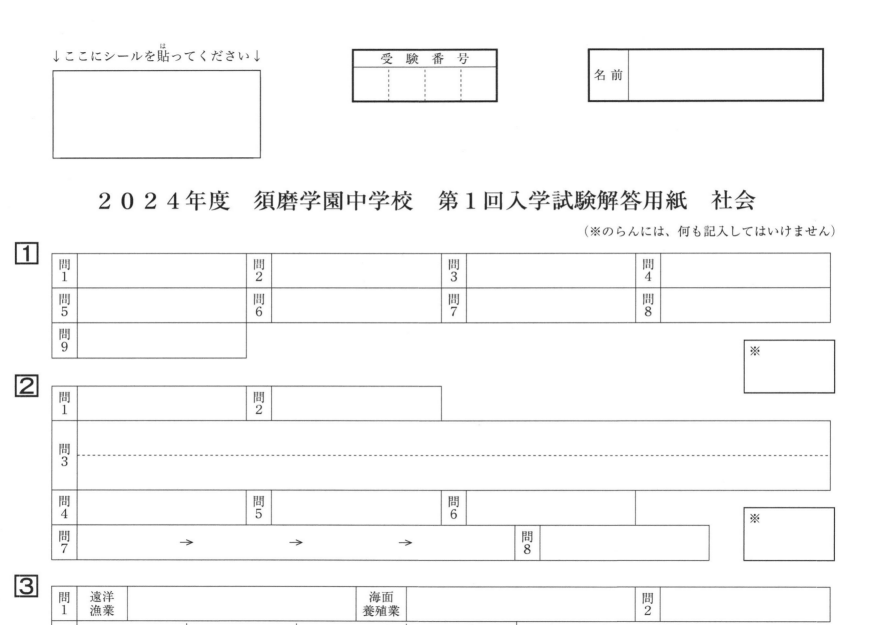

1

問1		問2		問3		問4	
問5		問6		問7		問8	
問9							

※

2

問1		問2			
問3					
問4		問5		問6	
問7	→ → →	問8			

※

3

問1	遠洋漁業		海面養殖業		問2	

【解答

↓ここにシールを貼(は)ってください↓

受　験　番　号

名前	

２０２４年度　須磨学園中学校　第１回入学試験解答用紙　理科

（※の欄(らん)には、何も記入してはいけません）

1

問1	ア		イ		ウ	
問2		問3	(a)		(b)	
問4						
問5						

※

2

問1		問2	(a)		(b)	
問3		問4				
問5	℃	問6				
問7						

※

【解答用

↓ここにシールを貼ってください↓

受験番号

名前	

２０２４年度　須磨学園中学校　第１回入学試験解答用紙　算数

（※の欄には、何も記入してはいけません）

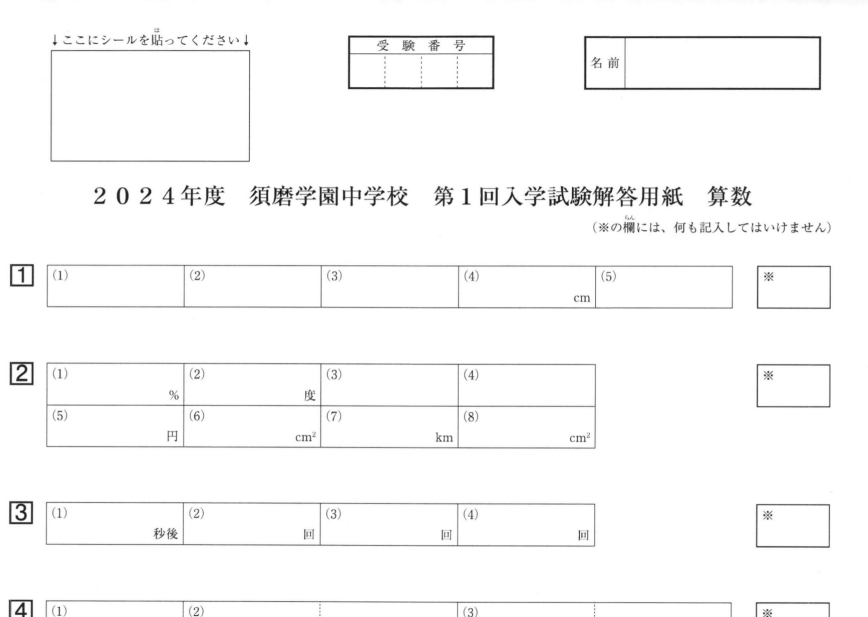

1

(1)	(2)	(3)	(4)	(5)	※
			cm		

2

(1)	(2)	(3)	(4)	※
%	度			
(5)	(6)	(7)	(8)	
円	cm^2	km	cm^2	

3

(1)	(2)	(3)	(4)	※
秒後	回	回	回	

4

(1)	(2)		(3)		※
cm^2	本	cm^2	本	cm^2	

【解答

↓ここにシールを貼(は)ってください↓

受験番号

名前	

２０２４年度　須磨学園中学校　第１回入学試験解答用紙　国語

一

（※の欄(らん)には、何も記入してはいけません）

問一 ※

問二

問三 ※

問四

問五 ※

問六

問七 ※

（120字のマス目：20　40　60　80　100　120）

問八 ※ ※

（i）↓ ↓ ↓ ↓

（ii）1　2　3　4　5　6　7

【解答

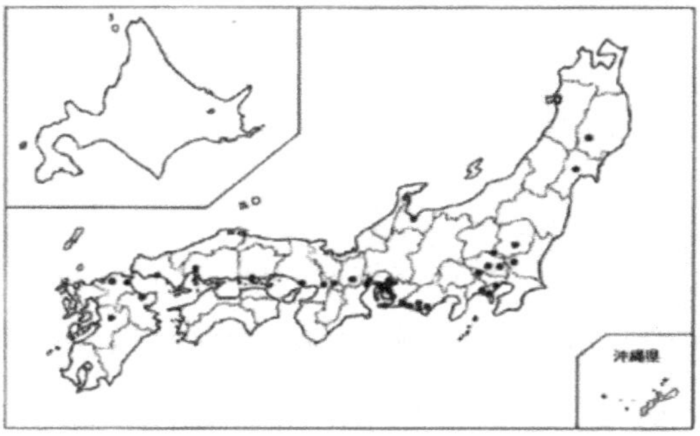

図1

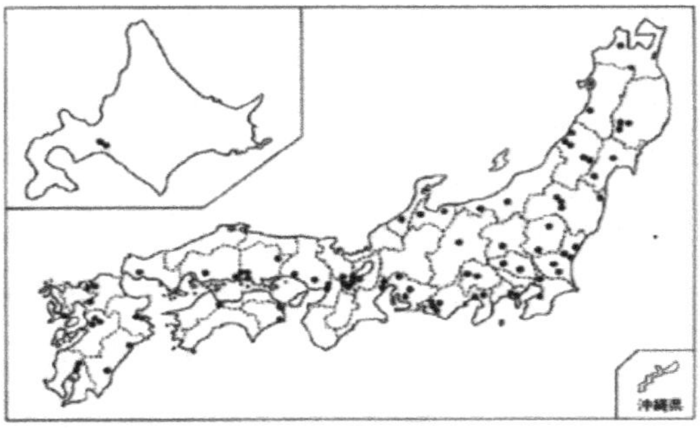

図2

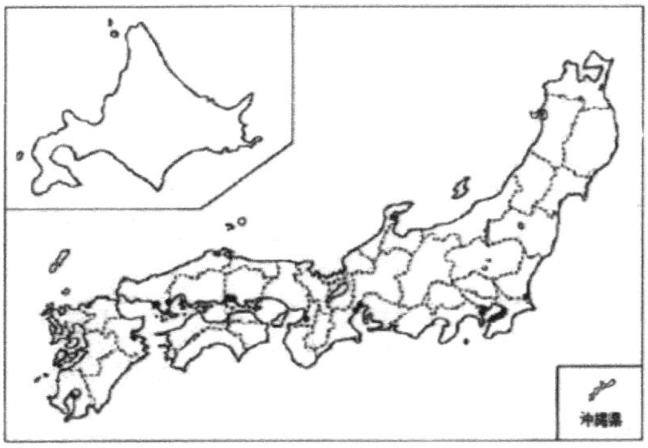

図3

	図1	図2	図3
ア	石油化学コンビナート	半導体工場	自動車組立工場
イ	石油化学コンビナート	自動車組立工場	半導体工場
ウ	半導体工場	石油化学コンビナート	自動車組立工場
エ	半導体工場	自動車組立工場	石油化学コンビナート
オ	自動車組立工場	石油化学コンビナート	半導体工場
カ	自動車組立工場	半導体工場	石油化学コンビナート

（2）日本の茨城県から大分県までを結ぶ、一連の工業地帯・工業地域を何というか答えなさい。

4 エネルギーに関して、あとの問いに答えなさい。

問１　水力発電について次の問いに答えなさい。

（１）水力発電量の上位１～３位の都道府県（2021年度）は、富山県、岐阜県、長野県である。これらの３つの県には、飛騨山脈、木曽山脈、赤石山脈という３つの山脈が位置している。これら３つの山脈は合わせて何と呼ばれているか、６文字で答えなさい。

（２）水力発電を大規模に行うためにはダムをつくることが必要である。ダムをつくることなどにより「砂州」と呼ばれる地形に変化が生じており、「砂州」の代表例である京都府の天橋立でも地形を維持するための対策がみられる。「砂州」ができる過程を示した図１を参考にして、現在の天橋立を示した図２の破線の内側はどのようになっているか、右の**ア～エ**より１つ選び、記号で答えなさい。

図１

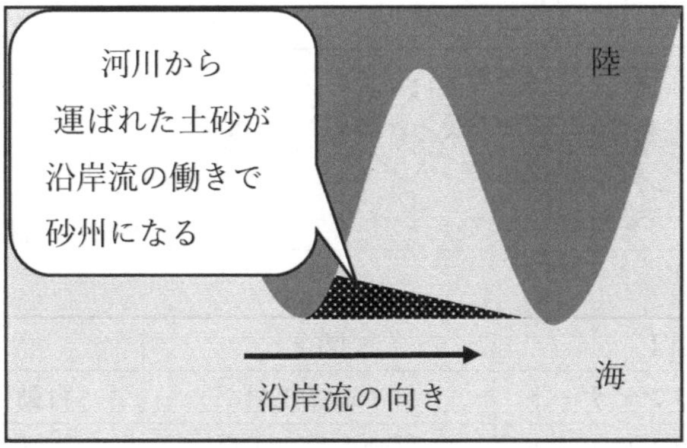

図2

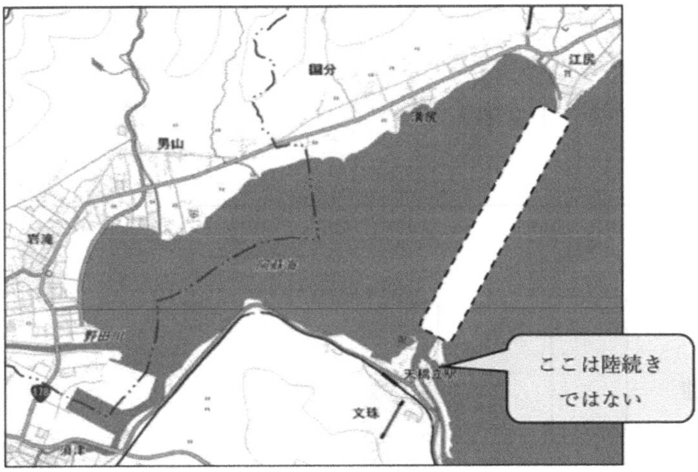

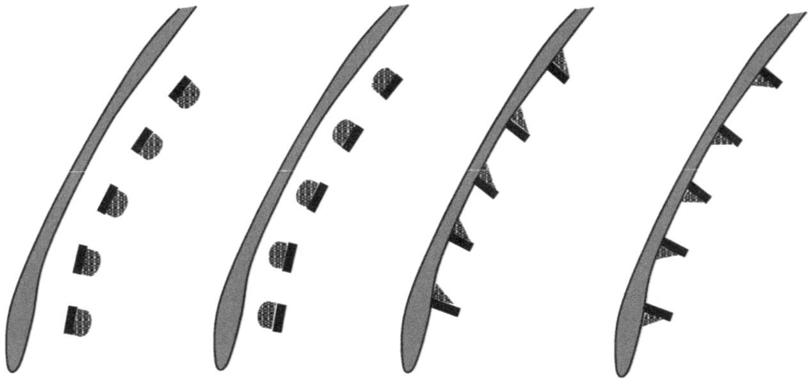

ア　　イ　　ウ　　エ

▬ は人工的な建造物を表し、▩ はその建造物により新たに陸地化した土砂を表す

問2　輸送単位当たりのエネルギーを減らすための方法を述べた文章として**適切でないものを**、次のア～エより1つ選び、記号で答えなさい。

ア　出発地から目的地まで鉄道を使わずにトラックで輸送して、移動手段の数を減らす。

イ　鉄道やバスの本数を増やして便利にすることで、自家用車で通勤する人を減らす。

ウ　自動車や燃料に税金をかけて自動車が走る量を減らし、鉄道やバスの利用をうながす。

エ　自動車から通行料をとることで、渋滞(じゅうたい)が起こりにくくする。

問３　次のグラフは、北海道、神奈川県、千葉県の３つの道県について2019年のエネルギー消費量とそのうち製造業と家庭が占めている量（単位はいずれもトンジュール）を、東京都と比較して示したものである。A～Cの記号と道県名の組み合わせとして適切なものを、下の**ア～カ**より１つ選び、記号で答えなさい。

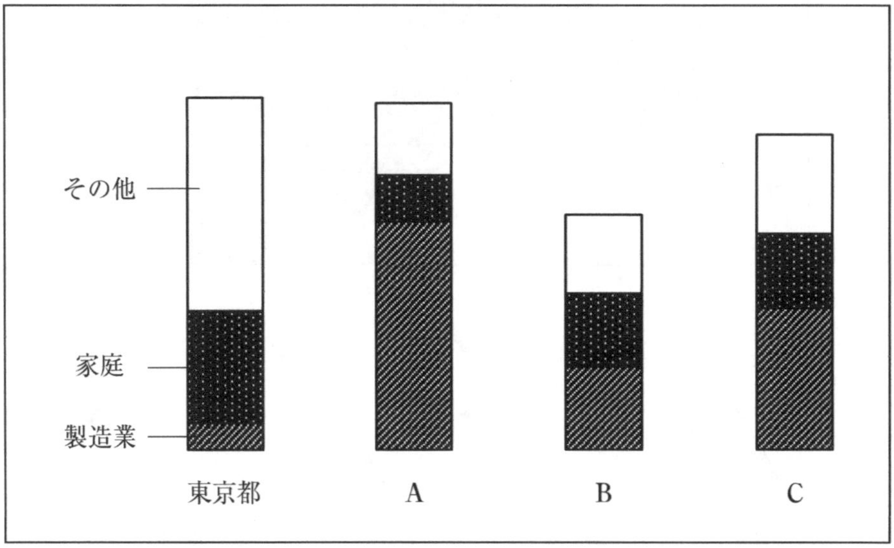

	A	B	C
ア	北海道	神奈川県	千葉県
イ	北海道	千葉県	神奈川県
ウ	神奈川県	北海道	千葉県
エ	神奈川県	千葉県	北海道
オ	千葉県	北海道	神奈川県
カ	千葉県	神奈川県	北海道

問４　次のA～Cの図は、2021年度の太陽光発電、地熱発電、風力発電の発電量が１～５位である都道府県について、その発電による発電量が全国に占める割合（%）を示したものです。図のA～Cと発電の方法の組み合わせとして適切なものを、右の**ア～カ**より１つ選び、記号で答えなさい。

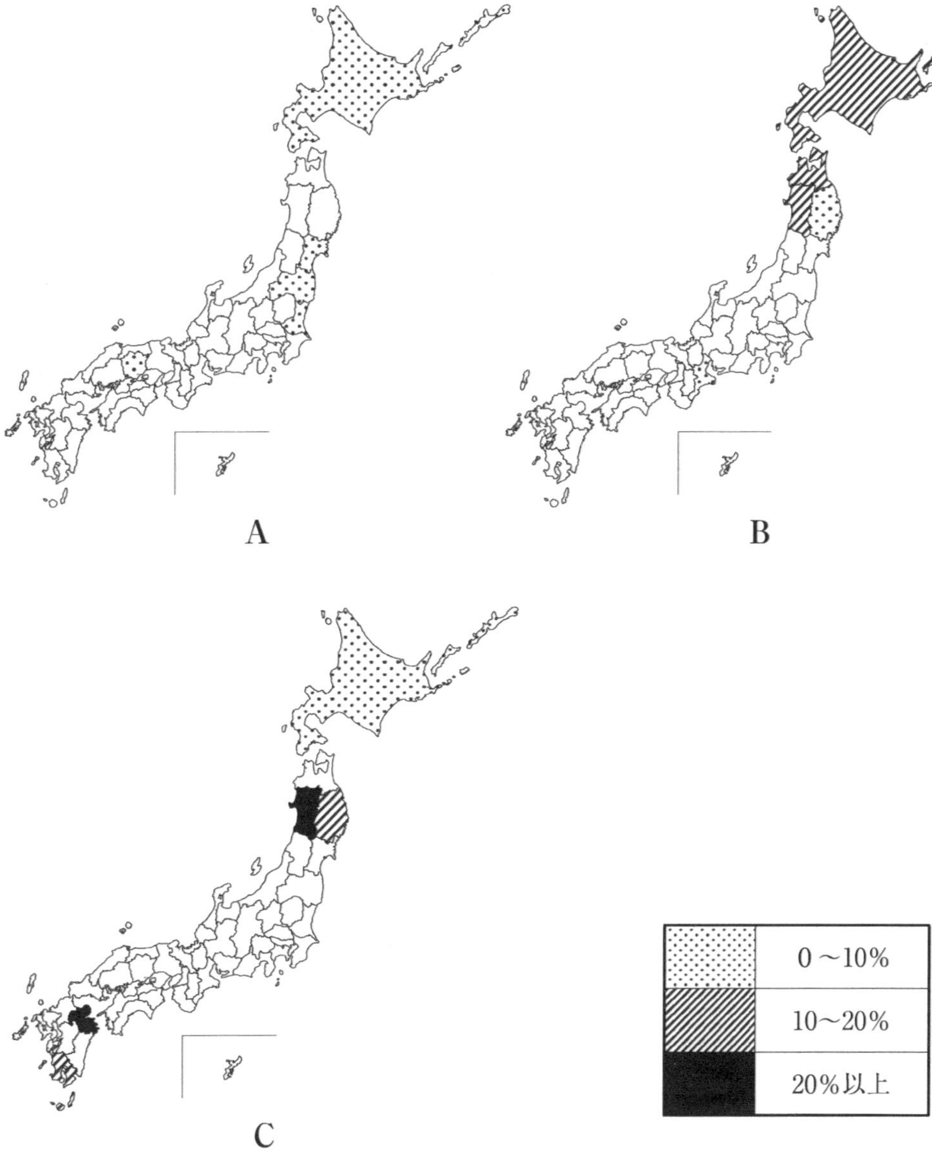

	A	B	C
ア	太陽光発電	地熱発電	風力発電
イ	太陽光発電	風力発電	地熱発電
ウ	地熱発電	太陽光発電	風力発電
エ	地熱発電	風力発電	太陽光発電
オ	風力発電	太陽光発電	地熱発電
カ	風力発電	地熱発電	太陽光発電

問５　日本、ドイツ、フランスについて、発電量とその内訳、二酸化炭素の排出量を次のように示しました。このことについて説明した次の文章の空欄①、②にあてはまる国名・文章の組み合わせとして適切なものを、下の**ア～カ**より１つ選び、記号で答えなさい。

	発電					二酸化炭素の排出量
	発電量	水力	火力	原子力	その他	
日本	10,073	901	8,614	313	245	1,132
ドイツ	6,537	262	4,043	763	1,469	719
フランス	5,621	551	731	3,984	355	306

※統計年次は、発電量は2020年、二酸化炭素の排出量は2019年。発電量の単位は億キロワット時、二酸化炭素の排出量の単位は100万トン。

３か国の中で発電量あたりの二酸化炭素排出量が少ないのは［①］です。［①］は他の２つの国よりも発電に占める［②］ことが、その理由と考えられます。

ア　①　日本　　　②　火力発電の割合が低い
イ　①　日本　　　②　原子力発電の割合が低い
ウ　①　ドイツ　　②　火力発電の割合が低い
エ　①　ドイツ　　②　原子力発電の割合が低い
オ　①　フランス　②　火力発電の割合が低い
カ　①　フランス　②　原子力発電の割合が低い

問６　自然の中で育てられた食材がもっとも多く出回る時期を「旬」といいます。旬の食材を使うことで、使うエネルギーの量を減らすことができると言われます。旬でない食材を使うことが、なぜ使うエネルギーの量を増やすことになるのか、食材を手に入れる方法を挙(あ)げながら説明しなさい。

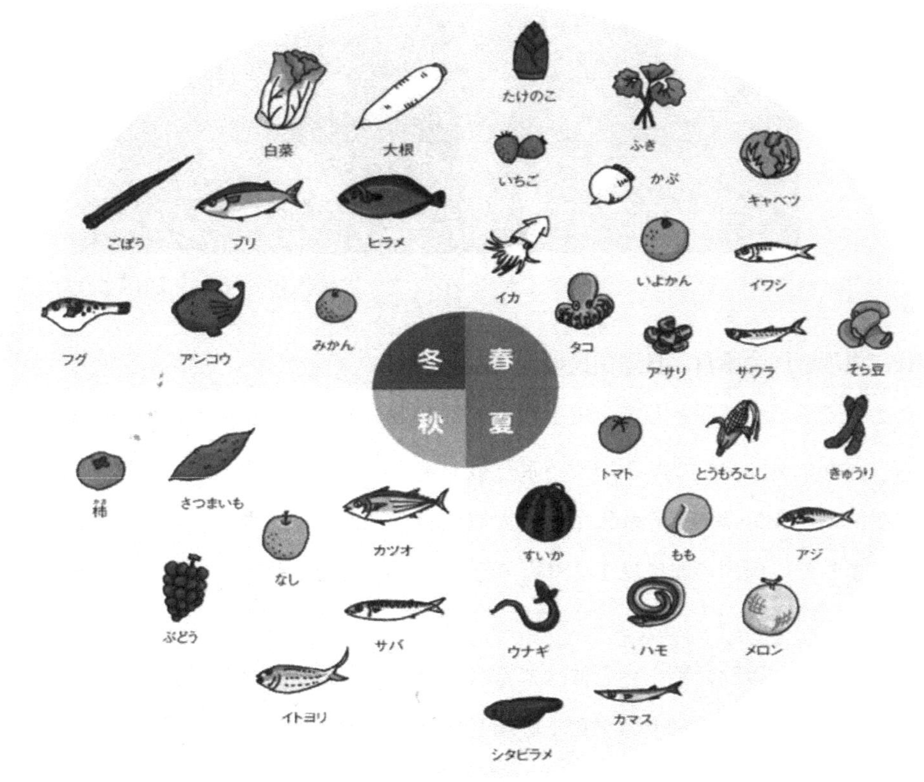

出典：『ポプラディア情報館　食と健康』

5 2022年３月23日にウクライナのゼレンスキー大統領が日本の国会で、オンライン形式で行った演説の日本語訳の一部の文章を読んで、あとの問いに答えなさい。

（ウクライナ ゼレンスキー大統領 国会演説 ｜ NHKより）

議長、総理、国会議員、日本国民の皆さん。

ウクライナの大統領として、史上初めて日本の①国会で話をすることができ光栄です。両国の首都は8193キロ離れていて、飛行機では15時間かかりますが、自由を望む気持ち、生きたいという気持ち、それに平和を大切に思う気持ちに距離がないことを、２月24日に実感しました。両国の間には１ミリたりとも距離はなく、私たちの気持ちに隔たりがないことを。

日本はすぐに援助の手を差し伸べてくれました。心から感謝しています。

ロシアがウクライナ全土の平和を破壊し始めたとき、世界中が②戦争に反対し、自由、世界の安全、すべての③社会における調和のとれた発展を望んでいることを実感しました。

日本はこうした役割を果たすアジアの④リーダーです。日本はロシアが始めたこの残酷な戦争を止めるため、ウクライナの平和のため、すぐに動きだしてくれました。
これはヨーロッパにとっても、地球上のすべての人にとっても重要なことです。なぜなら、ウクライナに平和がないかぎり、世界中の人たちは未来に自信を持つことができないからです。

［ A ］のことをご存じだと思います。ウクライナにある原子力発電所で、1986年に大きな爆発事故が起きた所です。放射性物質が放出され、地球上のさまざまな場所で影響が出ました。今も原発の周囲30キロ圏内への立ち入りが禁止され、汚染された多くの資材やがれきが土の中に埋もれたままとなっています。

2月24日にその上をロシア軍の装甲(こう)車両が通りました。そして放射性物質のほこりを巻き上げました。 A 原発は武力で占拠(せんきょ)されたのです。

大惨事(だいさんじ)が起きた原子力発電所を想像してみてください。破壊された原子炉の上は覆(おお)われ、放射性廃棄(はいき)物の保管施(し)設があります。ロシアは、この施設をも戦争の舞台にしてしまいました。そしてロシアは、この閉鎖(さ)された30キロ圏内の区域を利用して、われわれに新たな攻撃を仕掛けるための準備をしているのです。

ロシア軍が A 原発に与(あた)えた損傷について調査するには、彼らが撤(てっ)退してから何年もかかるでしょう。放射性廃棄物のどの保管施設が損傷し、放射性物質のほこりがどの程度広がったかのかなどです。

～中略～

皆さん！ウクライナとそのパートナーの国々、そして私たちの反戦の連帯こそが、世界の安全を崩壊させず、国家の自由、人々、社会の多様性、それに国境の安全確保のための土台を保障するのです。それは私たちと子どもたち、それに孫たちの平和を守るためです。

国際機関が機能しなかったことを目の当たりにしたと思います。⑤<u>国連</u>や⑥<u>安全保障理事会</u>でさえも…。いったい何ができるのでしょうか。機能するため、ただ議論するだけでなく真に決断し影響力を及(およ)ぼすためには、改革、そして誠実さが必要です。

問1　下線部①について、国会について述べた文章として適切なものを次のア～エより1つ選び、記号で答えなさい。

ア　法律案は、内閣や国会議員が作って国会に提出され、可決されて法律となり、内閣総理大臣が公布する。

イ　内閣が外国と結んだ条約の発効には国会の承認が必要である。

ウ　国が1年間に使うお金と、それをどのように集めるかを決める予算案は国会がつくり、提出する。

エ　内閣の仕事や政治が正しく行われているかを調査する国政調査権は国会ではなく、裁判所が行使できる権利である。

問２　下線部②に関連して、以下は、戦争に関することが述べられている日本国憲法第９条の条文である。その空欄に入る最も適切な語句を答えなさい。

> 第九条　日本国民は、正義と秩序を基調とする国際平和を誠実に希求し、国権の発動たる戦争と、武力による威嚇又は武力の行使は、国際紛争を解決する手段としては、永久にこれを放棄する。
>
> 二項　前項の目的を達するため、陸海空軍その他の［　　　］は、これを保持しない。国の交戦権は、これを認めない。

問３　下線部③に関連して、社会状況の変化に伴い、日本国憲法には明記されていないが、憲法上の権利として保障すべきとされる人権として新しい人権が挙げられる。新しい人権の具体例として説明した次の**ア～エ**の文のうち**適切でないもの**はどれですか。１つ選び、記号で答えなさい。

ア　家の近所に高層ビルが建築されることが決まったため、周辺住民は日照権を確保できるように、住宅メーカーに説明を求め、協議をする場を設けた。

イ　ＳＮＳにおいて本人の同意なしで写真のアップや他人の私生活をみだりに公開されないプライバシーの権利を持っている。

ウ　大けがをしたため、手術をすることになった。その時、医者から医療行為について十分な説明がなされ納得して治療を受けるインフォームドコンセントを行った。

エ　失言の多い市長に嫌気がさし、住民らが解職請求を行い、住民投票が行われた。

問４　下線部④に関連して、日本の国会議員を選ぶ国政選挙についての説明として適切なものを次のア～エより１つ選び、記号で答えなさい。

ア　衆議院議員選挙の被選挙権は25歳以上であり、参議院選挙は３年ごとに半数が改選される選挙である。

イ　衆議院議員選挙の被選挙権は30歳以上であり、参議院選挙は全議席を改選する選挙である。

ウ　衆議院議員選挙の被選挙権は30歳以上であり、参議院選挙は３年ごとに半数が改選される選挙である。

エ　衆議院議員選挙の被選挙権は25歳以上であり、参議院選挙は、全議席を改選する選挙である。

問５　空欄Ａにあてはまる適切な語句を答えなさい。

問６　下線部⑤に関連して、以下の写真の国際連合の活動は何か、答えなさい。

ハイチ　2010年
出典：防衛省・自衛隊HP

問７　下線部⑥について、2023年９月21日、国連安全保障理事会の常任理事国入りを目指す４か国（Ｇ４）の外相会合が行われました。Ｇ４ではない国を次のア～エより１つ選び、記号で答えなさい。

ア　日本　　イ　ドイツ　　ウ　ブラジル　　エ　シンガポール

（ 余 白 ）

（ 余 白 ）

2023年度　須磨学園中学校入学試験

国　　語

第 1 回

（60分）

（注　意）

解答用紙は、この問題冊子の中央にはさんであります。まず、解答用紙を取り出して、受験番号シールを貼り、受験番号と名前を記入しなさい。

1．すべての問題を解答しなさい。

2．解答はすべて解答用紙に記入しなさい。

3．字数制限のある問題については、記号、句読点も１字と数えること。

4．試験終了（しゅうりょう）後、解答用紙のみ提出し、問題冊子は持ち帰りなさい。

※　設問の都合上、本文を一部変更している場合があります。

須磨学園中学校

2023(R5) 須磨学園中　第１回
教英出版

穏やかさ、平和を見いだす感性が素敵だよね。

4　生徒D ―― 「豆」から出発して、もっと大きく、もっと力強いものに平和を見つけられたらいいね。

二 の設問

問一 ～～線部a～cの本文中における意味として最も適当なものを、次の各群の中から、それぞれ一つ選び、番号で答えなさい。

a まめに暮らす
1 丁寧に暮らす
2 怠けず暮らす
3 明るく暮らす
4 元気で暮らす

b 根こそぎ
1 ことごとく
2 いかめしく
3 いちはやく
4 しかるべく

c しぶとく
1 ねばり強く

問四 「まめ　の音は原初的柔らかさ」（――線部B）とありますが、それはなぜですか。その理由の説明として最も適当なものを次の中から一つ選び、番号で答えなさい。

1 「まめ」の音は、お腹を空かせた赤ん坊が「まんま」を欲しがる心の声に他ならないから。
2 口と舌を必死に使って声を上げようとする赤ん坊の姿に、誰もが優しい気持ちになるから。
3 「ま」も「め」も、赤ん坊が口の開け閉めするだけの素朴な動きによって発音されるから。
4 「まめ」とは、生まれて間もない赤ん坊が発する「まんま」と意味が似ている言葉だから。

問五 [C] に入る言葉を、本文中のひらがな一字で答えなさい。

問六 「まみむめも　と発音すればなんでもまるくなる」（――線部D）とありますが、具体的に「ま」「み」「む」「め」「も」のいずれかより始まり、丸いと判断される物（名詞）を、ひ

二

次の詩を読んで、後の設問に答えなさい。

お詫び
著作権上の都合により、文章は掲載しておりません。
ご不便をおかけし、誠に申し訳ございません。
教英出版

お詫び
著作権上の都合により、文章は掲載しておりません。
ご不便をおかけし、誠に申し訳ございません。
教英出版

（ヤリタミサコ「豆の平和」による）

注1　ブランクスクエア … ここでは「空っぽの四角」の意味。
注2　ガラスの天井 … 女性が、本人の能力とは無関係な性別や人種などを理由に、不当に評価されてしまう状態を指す。
注3　ガラスの地下室 … 男性が、生活のための収入と引き換え（ひ）（か）に、大変な労働環境（かんきょう）に押（お）し込められてしまう状態を指す。

問八　「すべてを親が抱え込む必要はありません」（――線部E）とありますが、それはなぜですか。その理由の説明として最も適当なものを次の中から一つ選び、番号で答えなさい。

1　子育てとは、親だけで抱え込まねばならないことではなく、社会全体で助け合わねばならないことだから。

2　学ぶ子どもの側（そば）にいるのは、必ずしも親である必要はなく、身近な年長者でも教育的効果は見込めるから。

3　子育ての悩（なや）みについて親がすべてを抱え込んでしまうと、側にいる子どもに悪影響（あくえいきょう）を及（およ）ぼしかねないから。

4　子どもを勉強させるには、親がすべてを抱えてはならず、身近な大人に頼（たよ）る方が良い結果が得られるから。

問九　「子どもの学習時間を増やすためには、何をすればよいのでしょうか」（══線部）という問題提起に対して、筆者はどうすればよいと述べていますか。本文全体の内容をふまえて、一〇〇字以上一二〇字以内で説明しなさい（句読点も一字と数えます。なお、採点は、どういう書かれ方をしているかについても見ます）。

問十　〰〰線部a～eのカタカナを漢字で答えなさい。

a　チケン　　b　セタイ

c　ロウホウ　　d　オギナ（えば）

e　リキリョウ

2

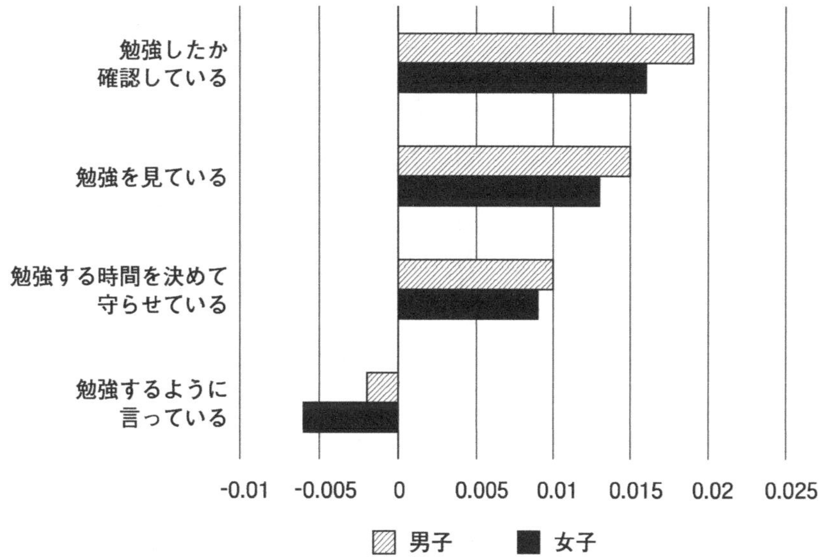

勉強したか
確認している
勉強を見ている
勉強する時間を決めて
守らせている
勉強するように
言っている
-0.01
-0.005
0
0.005
0.01
0.015
0.02
0.025
男子
女子

4

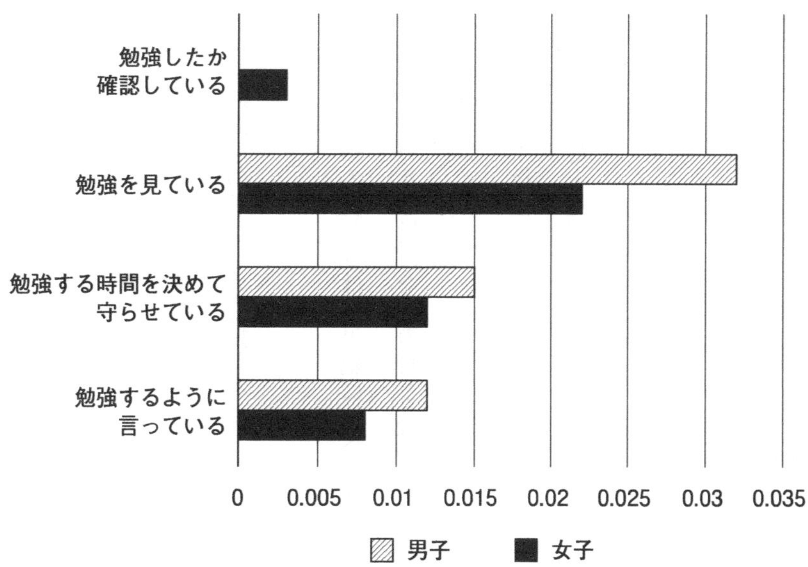

勉強したか
確認している
勉強を見ている
勉強する時間を決めて
守らせている
勉強するように
言っている
0
0.005
0.01
0.015
0.02
0.025
0.03
0.035
男子
女子

設問は、次頁に続きます。

一 の設問

問一 「4つの項目」（——線部A）とありますが、本文全体をふまえた、これらの項目についての説明として、**適当でないもの**を次の中から一つ選び、番号で答えなさい。

1　4つの項目は、親から子どもへの勉強についての関わり方を示している。

2　親にとっては、子どもの「勉強を横について見ている」のは容易なことではない。

3　親にとっては、子どもに「勉強するように言」うのは難しいことではない。

4　4つの項目は、後の項目になればなるほど、行うのが容易である。

問二 [X] にあてはまる内容として適当なものを次の中から**すべて**選び、番号で答えなさい。

1　母親は、自分の子育てに肯定的な自己評価をしている。

問五 「決して自分の役割を侮ってはいけません」（——線部C）とありますが、それはなぜですか。その理由の説明として最も適当なものを次の中から一つ選び、番号で答えなさい。

1　父親の関わり次第で、同性の子どもの勉強時間が増えるばかりではなく、苦手科目の克服につながるといった研究結果もあるから。

2　父親は、いつも学習に関わっている母親に比べて、勉強したがらない同性の子どもの気持ちをより深く理解することができるから。

3　父親の学習への関わりは、母親に比べて低いからこそ、子どもはその関わりを貴重なものだと認識して、高い効果が得られるから。

4　父親の果たす役割は、母親の役割ほどではないものの、子どもが苦手教科を克服することに関して、決して軽いものではないから。

問六 「うんざりしたご両親」（——線部D）とありますが、「うんざり」してしまう「両親」の置かれた背景についての

2023(R5) 須磨学園中　第1回
K 教英出版

一

次の文章を読んで、後の設問に答えなさい。

お詫び

著作権上の都合により、文章は掲載しておりません。
ご不便をおかけし、誠に申し訳ございません。

教英出版

お詫び

著作権上の都合により、文章は掲載しておりません。
ご不便をおかけし、誠に申し訳ございません。

教英出版

（中室牧子（なかむろまきこ）『「学力」の経済学』による）

お詫び

著作権上の都合により、文章は掲載しておりません。

ご不便をおかけし、誠に申し訳ございません。

教英出版

4　父親は、子どもの学習にまったく関わろうとしていない。

問三　「やめたほうがよい」（――線部B）とありますが、それはなぜですか。その理由の説明として最も適当なものを次の中から一つ選び、番号で答えなさい。

1　子どもが勉強嫌いになってしまうから。
2　親自ら勉強する姿を見せるべきだから。
3　親のエネルギーは大切にすべきだから。
4　声をかけても子どもは勉強しないから。

問四　［Y］にあてはまる内容を、本文中より十字以内で正しく書き抜きなさい。

1　子育てとは、大人が思っていた以上に、子どもにかなりの時間をかけねばならないということ。
2　子どもが学ぶには、親は「勉強しなさい」と言えばよいという単純なものではないということ。
3　両親ともに仕事で忙しい場合も多く、子どもの学習に関わるための時間を割くのが難しいこと。
4　近年では、共働きの核家族が多く、子どもの勉強を見てくれるような家族がいないということ。

設問は、裏面に続きます。

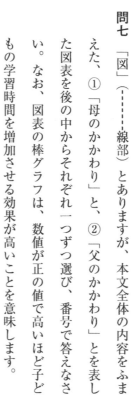

問七　「図」（-------線部）とありますが、本文全体の内容をふまえた、①「母のかかわり」と、②「父のかかわり」とを表した図表を後の中からそれぞれ一つずつ選び、番号で答えなさい。なお、図表の棒グラフは、数値が正の値で高いほど子どもの学習時間を増加させる効果が高いことを意味します。

1

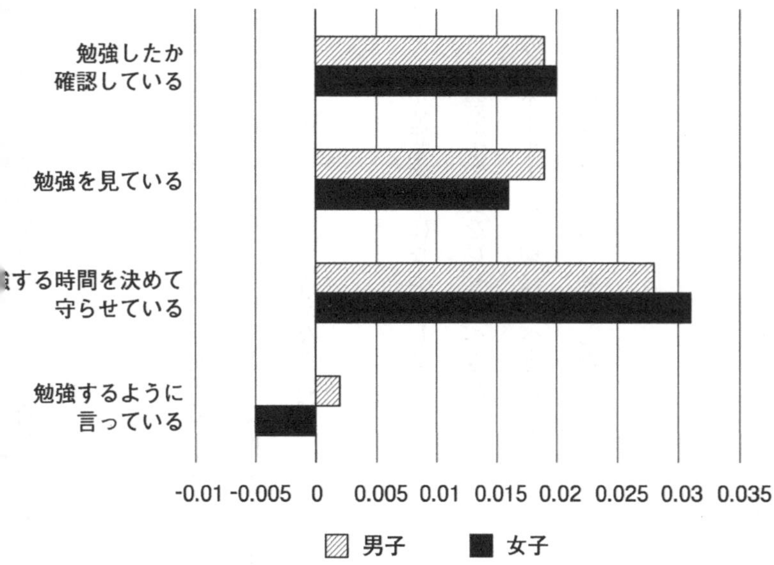

3

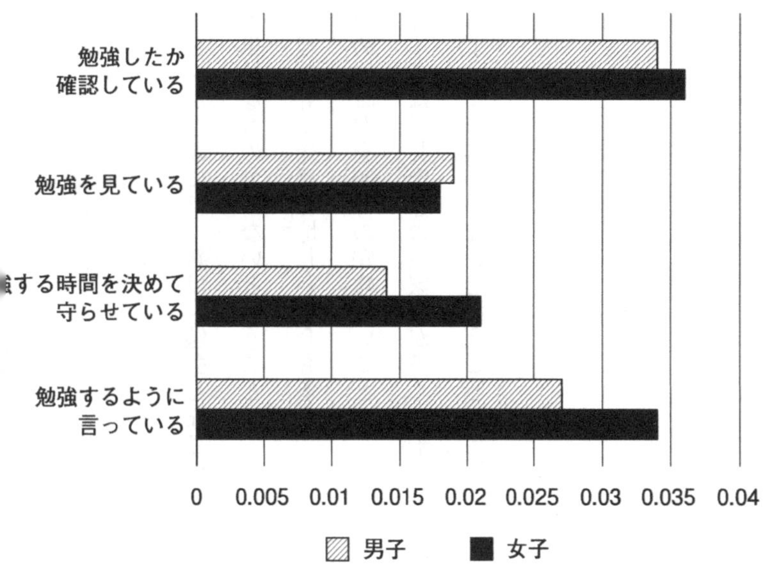

お詫び

著作権上の都合により、文章は掲載しておりません。
ご不便をおかけし、誠に申し訳ございません。

教英出版

4　気にもせず

問二　この詩は、何連でできていますか。算用数字（1、2、3、4…）のみ答えなさい。

問三　「小さな非戦の表示」（――線部A）とありますが、この詩では、具体的には何が「非戦」を「表示」しているのですか。本文中の漢字一字で答えなさい。

問七　21行目～26行目の表現に関する説明として適当なものを**すべて**選び、番号で答えなさい。

1　（　　）は、前後とは異なる観点の話であることを示している。
2　「豆の隣（となり）に強い力がやってきて」では、倒置法（とうちほう）が用いられている。
3　「刈り取ろうとした」に対応する主語は、「豆たち」である。
4　過去の話を語るために、（　　）の中でのみ文末に「た」が用いられている。
5　「力という道具」という表現から、作者は「力」の存在を全否定している。
6　「掘り返されても」の繰（く）り返（かえ）しから、豆という植物のあざとさが伝わってくる。
7　25行目と26行目は、近いか遠いかという点で対比になっている。

設問は、裏面に続きます。

問八　「ガラスの壁」（――線部E）とは、どういうものですか。その説明として最も適当なものを一つ選び、番号で答えなさい。

1　人間世界の至るところに存在し、平和を考えさせるもの。
2　思いやりなく、人間たちを孤立させ、平和を妨げるもの。
3　平和を望んでいる男性と女性とを、冷たく分断するもの。
4　悪い人間たちが、良い人間たちを冷酷に閉じ込めるもの。

問九　［F］に入る三文字を、自分で考えて答えなさい。

問十　次に示すのは、この詩を読んだ後に、四人の生徒が話し合っている場面です。詩の感想として最も適当なものを次の中から一つ選び、番号で答えなさい。

1　生徒A――詩を読んで、作者は、失われてしまった平和の尊さを世界に訴えたいのかと思ったよ。
2　生徒B――なるほどね。何気ない「豆」だけど、実はあ

2023年度　須磨学園中学校入学試験

算　　数

第 1 回

（60分）

（注　意）

解答用紙は、この問題冊子の中央にはさんであります。まず、解答用紙を取り出して、受験番号シールを貼り、受験番号と名前を記入しなさい。

1．すべての問題を解答しなさい。

2．解答はすべて解答用紙に記入しなさい。

3．試験終了（しゅうりょう）後、解答用紙のみ提出し、問題冊子は持ち帰りなさい。

須磨学園中学校

1 次の □ に当てはまる数を答えなさい。

(1) $(21-3\times6)\times(1+2\times3-4+5)-(35\div6-11\div6)=$ □

(2) $2\frac{1}{3}\div0.4\times\frac{6}{11}\div0.7\div2\frac{3}{11}\times4.5=$ □

(3) 1週間3日17時間37分＋4日11時間12分32秒－2週間1日4時間47分52秒＝ □ 秒

(4) $\left(\frac{1}{3}+\frac{1}{15}+\frac{1}{35}+\frac{1}{63}\right)\times\left(\frac{1}{2}+\frac{1}{6}+\frac{1}{12}+\frac{1}{20}\right)=$ □

(5) $\frac{(3+\square\times2)-7}{2}\times\frac{16}{11\times3-1}=1$

2 へ続く

計算欄（らん）（ここに記入した内容は採点されません）

2 次の［　　　］に当てはまる数を答えなさい。

(1) 濃度(のうど) 5 % の食塩水 300 g に，濃度 15 % の食塩水を加えたところ，10 % の食塩水ができました。このとき，できた食塩水は［　　　］g です。

(2) 下の図の五角形について，AE = ［　　　］cmです。

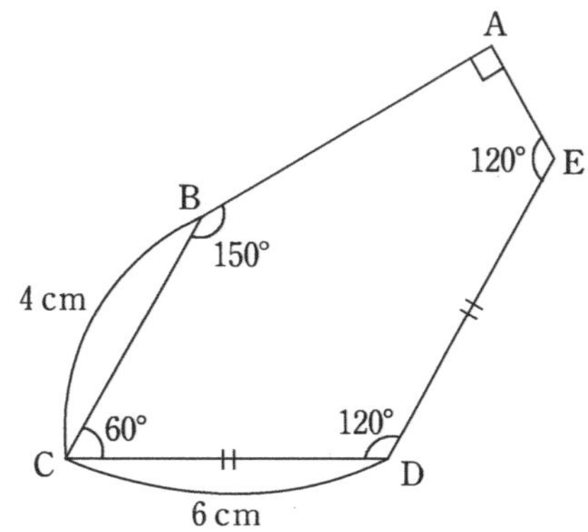

(3) ある中学校の生徒 100 人に対して，国語と数学の確認テストを行いました。国語の確認テストに合格した生徒は 68 人，数学の確認テストに合格した生徒は 53 人です。国語，数学の両方の確認テストに合格した生徒は少なくとも［　　　］人以上です。

(4) 右の図のように，21° で開いた 2 枚の鏡 OA，OB があり，点 P からある角度で光を発射し，最初に反射した点を P_1，2 回目に反射した点を P_2，… とします。光が 7 回の反射で点 P に戻(もど)ってきます。このとき光を発射する角度は［　　　］度です。

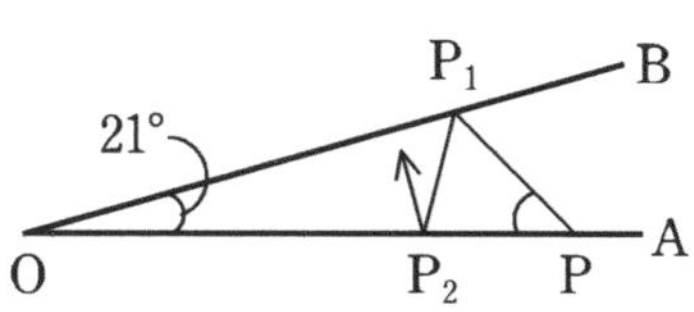

2 の(5)以降の問題は，5ページに続く

計算欄（ここに記入した内容は採点されません）

2

(5) 長さ 1 cm から 長さ 8 cm まで 1 cm 刻みの異なる 8 本の細い棒を準備します。8 本のうちから 3 本を選んで三角形を作るとき，8 cm の棒を含(ふく)む三角形の作り方は ☐ 通りです。

(6) 等脚(とうきゃく)台形 ABCD を直線 m のまわりに 1 回転させてできる立体の体積は ☐ cm^3 です。ただし，円周率は 3.14 とし，
円すいの体積は，底面積×高さ ÷ 3 で求めることができます。

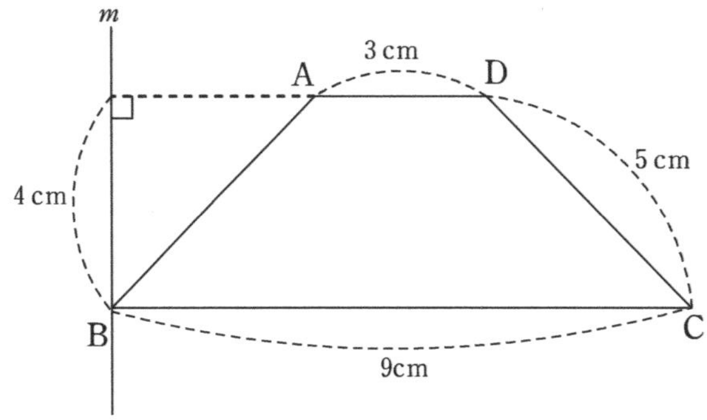

(7) 〔 a 〕を，「 a を 7 で割った余り」とします。
このとき，
〔〔10〕+〔20〕+〔30〕+〔40〕+〔50〕+〔60〕+〔70〕+〔80〕+〔90〕+〔100〕〕
= ☐ です。

(8) 右の図は長方形の外に正方形がくっついています。正方形が長方形のまわりを滑(すべ)ることなく 1 周回るときに，正方形の頂点 A が通る線によって囲まれた面積は ☐ cm^2 です。
ただし，円周率は 3.14 とします。

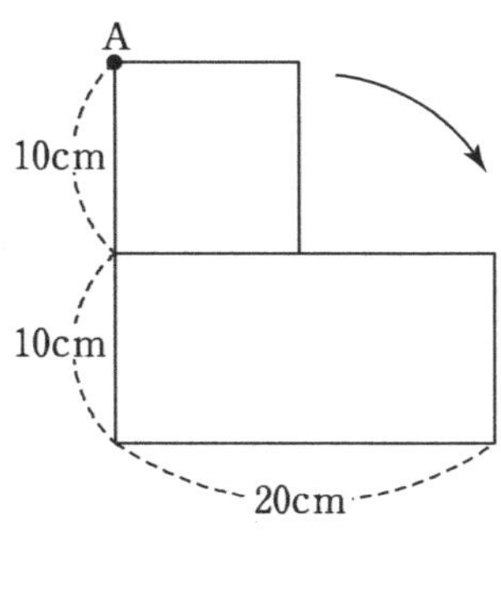

3 へ続く

計算欄(らん)（ここに記入した内容は採点されません）

3 下の図のように，1から6までの整数が書かれたカードが1枚ずつ，合計6枚あります。
この6枚から3枚選び，順に並べて3桁の整数を作ります。

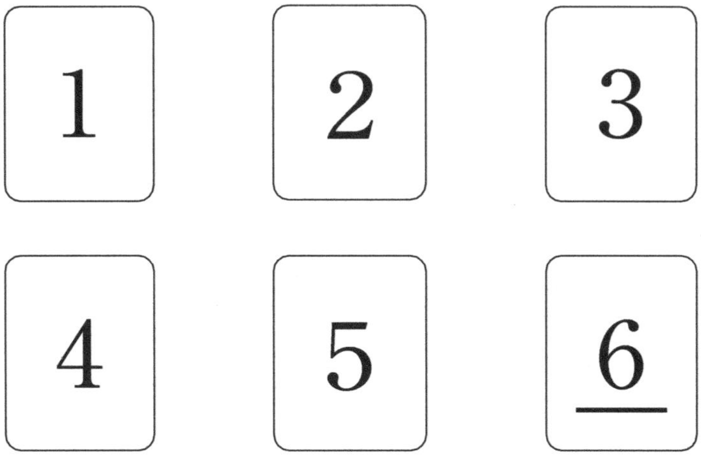

(1) 作ることができる3桁の整数のうち，2の倍数であるものの個数を答えなさい。

(2) 作ることができる3桁の整数のうち，5の倍数であるものの個数を答えなさい。

0と書かれたカードを1枚追加し，0から6までの合計7枚から3枚選び，順に並べて3桁の整数を作ります。整数の各位の数を足した数が3の倍数であるとき，もとの整数も3の倍数です。

(3) 作ることができる3桁の整数のうち，3の倍数であるものの個数を答えなさい。

(4) 作ることができる3桁の整数のうち，15の倍数であるものの個数を答えなさい。

(5) 作ることができる3桁の整数のうち，3の倍数または5の倍数であるものの個数を答えなさい。

4へ続く

計算欄（ここに記入した内容は採点されません）

4 下の図のように直線上の地点 A , B , C , D のそれぞれの地点に花子さん, 太郎(たろう)君, 先生, 街灯が立っています。3 人の身長は順に 88 cm , 132 cm , 176 cm で, AC 間の距離(きょり)は 300 cm です。ただし, 目線の高さと身長は等しいものとします。

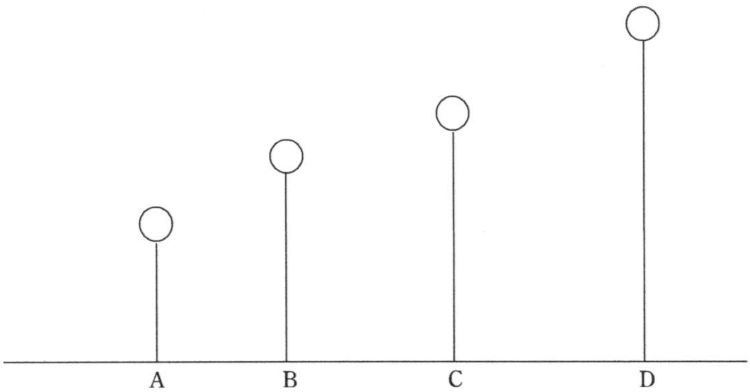

(1) 先生からは花子さんの頭が見えないとき, 太郎君は先生から何cm以上離(はな)れているか答えなさい。

AB 間の距離は 100 cm とします。

(2) 街灯の高さが 440 cm のとき, 街灯の明かりでできる先生の影(かげ)が太郎君の足元にちょうど接します。先生から街灯までは何 cm 離れているか答えなさい。

AB 間の距離は 100 cm とし, CD 間の距離は 300 cm とします。

(3) 街灯の明かりでできる影について次のことが分かっています。

(i) 太郎君が B 地点にいないとき, 花子さんの影の全体は先生の影の中に入っています。
(ii) 太郎君が B 地点に入ったとき, 太郎君の影は先生の影からはみ出します。

このとき, 街灯の高さは何 cm よりも高く, 何 cm よりも低くなるか答えなさい。

5 へ続く

計算欄（ここに記入した内容は採点されません）

5 図1のような AB ＝ 12 cm ，AD ＝ 4 cm である長方形 ABCD の用紙が何枚かあります。辺 BC の真ん中の点を点 E，辺 DC の真ん中の点を点 F とします。この用紙を図2のように重ねて図形を作ります。

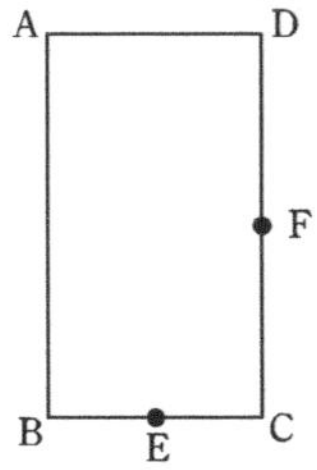

図1

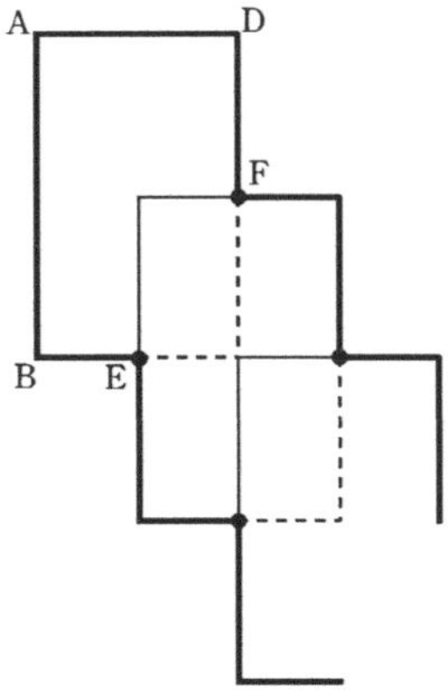

図2

(1) 重なっている部分の面積の合計が 156 cm^2 であるとき用紙の枚数を答えなさい。

(2) 用紙の枚数が 80 枚のとき，周りの長さは何 cm か答えなさい。

一番最初に置いた用紙を1枚目と数えます。用紙の枚数が 80 枚のとき，図形の周りを図3のように点 P は秒速 2 cm で，点 Q は秒速 1 cm で，同時に点 A から出発します。

(3) 点 P が 200 cm 動いたとき，何枚目の用紙の辺上にあるか答えなさい。

(4) 点 P と点 Q が出発してから初めて出会うのは，何枚目の用紙の辺上か答えなさい。また，考え方も答えなさい。

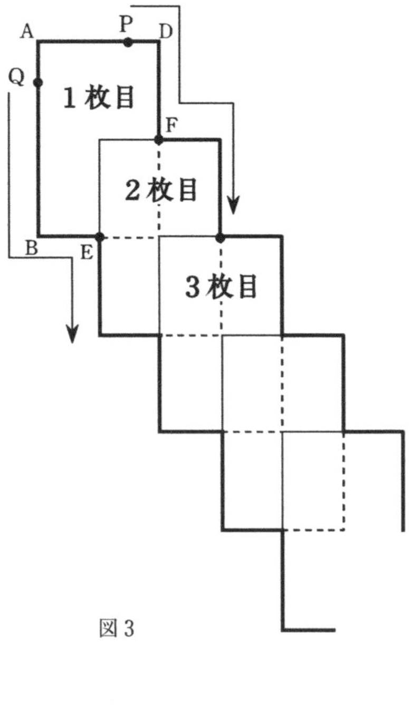

図3

2023年度　須磨学園中学校入学試験

理　　科

第１回

（40分）

（注　意）

解答用紙は、この問題冊子の中央にはさんであります。まず、解答用紙を取り出して、受験番号シールを貼り、受験番号と名前を記入しなさい。

1．すべての問題を解答しなさい。

2．解答はすべて解答用紙に記入しなさい。

3．試験終了(しゅうりょう)後、解答用紙のみ提出し、問題冊子は持ち帰りなさい。

須磨学園中学校

1 各問いに答えなさい。

被子植物のからだは (1) 根・茎・葉からできています。茎や葉の緑色の部分では光合成がおこなわれます。このことが明らかになるまでに，さまざまな研究が行われました。

17世紀なかばに，ある研究者は，(2) ヤナギの木を植木ばちの土に植え５年間水だけを与えて育てると，重さが約75 kg増加したのに対して，土の重さは約57 gしか減少しなかったことを報告し，植物のからだのほとんどは（　ア　）からつくられると考えました。

18世紀後半には複数の研究者によって，(3) 植物は光を受け取ることで酸素を発生させることや，酸素の発生には周囲に二酸化炭素が必要であることが明らかとなりました。

19世紀に入ると，閉じた容器の中に植物を入れて，容器内の気体について調べると，体積は変化しないのに対して，二酸化炭素の量が減り酸素の量が増えることが報告されました。さらに，別の研究から，光を当てた葉の緑色の部分ではヨウ素液に反応が見られるのに対して，光を当てなかった部分では反応が見られないことが報告されました。これらの研究から，植物は光を受け取ることで，空気中の二酸化炭素から，からだをつくるもととなる物質を合成していると考えられるようになりました。(4) このはたらきがのちに光合成と呼ばれます。

赤色・緑色・青色は「光の三原色」と呼ばれ，（図１）のように (5) この３色の光を同じ強さで重ね合わせると白色光になります。光の色によって光合成に違いが見られるかを調べるため，次の【実験】を行いました。

【実験】 とう明なガラス容器を用意し，二酸化炭素を含む気体と植物の葉を入れて，しっかりとふたを閉じました。外側から同じ強さの赤色光，緑色光，青色光を20分ずつ当てながら，容器内の二酸化炭素をはじめの量を100として測定したところ，（図２）の結果が得られました。ただし，３色の光をどのような順番で当てたかは不明です。また，葉の状態はどの時間帯でも同じであり，実験の結果の違いは当てた光の色の違いのみによるものとします。

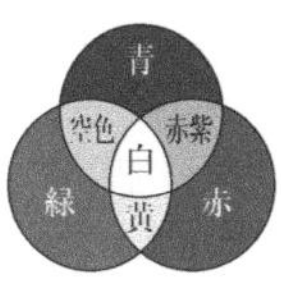

（図１）

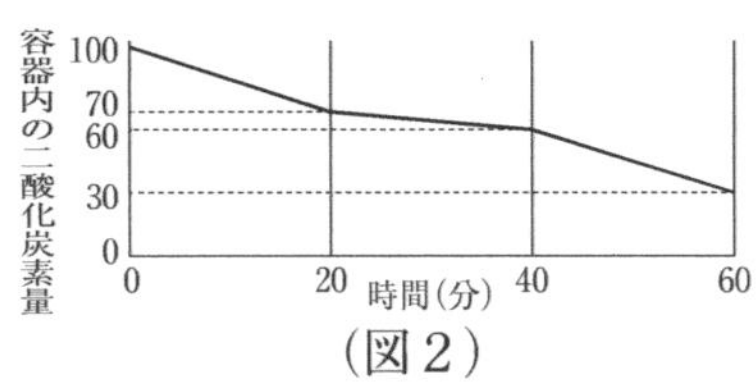

（図２）

問１　下線部（１）について，根・茎・葉のはたらきや構造について述べた次の①～⑤の文のうち，誤りを含むものを２つ選び，記号で答えなさい。

① 根は土の中から水や養分を取り入れるだけでなく，植物のからだを支えている。
② 根に観察される根毛は，１つの細ぼうからできている。
③ 茎には道管と呼ばれる管があり，水や葉でつくられた養分の通り道となる。
④ 双子葉類の茎には形成層が存在せず，道管がふくらむことで太くなる。
⑤ 葉に存在する気こうには，蒸散によって植物の温度を下げるはたらきがある。

問2　下線部（2）について，ヤナギの木の重さが，1年ごとに，実験開始時の1.5倍の重さずつ増加した場合，実験開始時のヤナギの木の重さはおよそ何 kgであったかを求めなさい。

問3　本文中の空らん（　ア　）にあてはめたときに，実験結果から考えて正しい可能性のある語を次の①～⑤からすべて選び，記号で答えなさい。

①　土　　②　水　　③　酸素　　④　ちっ素　　⑤　二酸化炭素

問4　下線部（3）の結論は，次の文のような実験から得られました。文中の空らん（　あ　）と（　い　）にあてはまる語句を，解答らんの選択肢（せんたくし）からそれぞれ選んで○をつけなさい。ただし，ネズミは空気中の酸素を用いて呼吸をおこなって生きているものとします。

ネズミのいるガラスの容器内に火をつけたろうそくを入れてしっかりとふたをしたところ，ネズミは（　あ　）。一方，ネズミといっしょに植物を容器内に入れて，火をつけたろうそくを入れてしっかりとふたをしたところ，ネズミは（　い　）。

問5　下線部（4）について，本文を参考にして，植物が光合成をおこなうのは何を合成することが目的であるかを，具体的な物質名で答えなさい。

問6　下線部（5）について，この白色光を植物の葉に当てると，葉は緑色に見えます。これは葉が他の2色の光よりも緑色光を多く反射しており，それがヒトの眼（め）に届くからです。このことを参考にして，次の（a）と（b）の問いに答えなさい。

（a）【実験】で3色の光をどのような順番で当てたのかを考え，可能性のあるものを次の①～⑥からすべて選び，記号で答えなさい。

①　赤 → 緑 → 青　　②　赤 → 青 → 緑　　③　緑 → 赤 → 青
④　緑 → 青 → 赤　　⑤　青 → 赤 → 緑　　⑥　青 → 緑 → 赤

（b）（図1）のように，三原色の光を重ね合わせることによって，さまざまな色の光をつくることができます。この方法で次の①～④の色の光を用意し，すべて同じ強さになるように調節しました。これらの光をそれぞれ植物の葉に当て，容器内の二酸化炭素量の変化を測定したとき，速く減少するものから順に並べなさい。

①　緑色光　　②　空色光　　③　赤紫色光（あかむらさき）　　④　白色光

2 各問いに答えなさい。

炭素と水素の２種類の成分のみからなる物質を炭化水素といいます。炭化水素を完全燃焼(ねんしょう)させると炭化水素に含(ふく)まれている炭素はすべて二酸化炭素になり，炭化水素に含まれている水素はすべて水になります。二酸化炭素44 g中には炭素が12 g含まれており，水18 g中には水素が２g含まれていることがわかっています。例えば，ある炭化水素を完全燃焼させたとき，二酸化炭素が44 g，水が18 g生じたとすると，炭化水素に含まれていた炭素は12 g，水素は２gだとわかります。したがって，燃焼後の二酸化炭素と水の重さを調べることで，炭化水素にもともと含まれている炭素と水素の重さを求めることができます。

炭化水素の１つに(1)アセチレンという気体があります。アセチレンは水に炭化カルシウムという固体の物質を加えることにより発生します。アセチレンは水上置換や上方置換で集めることができます。

炭化水素や炭化カルシウムに関する次の【実験１】～【実験３】を行いました。

【実験１】 異なる重さの炭化水素（アセチレン，ベンゼン，ヘプタン）を用意しました。それぞれの炭化水素を完全燃焼させて二酸化炭素と水にし，その重さを測定して（表１）にまとめました。

（表１）

	アセチレン	ベンゼン	ヘプタン
二酸化炭素の重さ（g）	88	264	308
水の重さ（g）	18	54	144

【実験２】 ４つの容器に同じ量の水を入れ，異なる重さの炭化カルシウムをそれぞれ加えました。このとき発生したアセチレンを集めて体積を測定しました。その後，容器に残ったそれぞれの水よう液にBTB液を加えるとすべて青色になりました。そして，水よう液に同じ濃度(のうど)の塩酸を，BTB液の色が緑色になるまで加えました。これらの結果を（表２）にまとめました。

（表２）

加えた炭化カルシウムの重さ（g）	0.032	0.048	0.064	0.080
発生したアセチレンの体積（mL）	11.2	16.8	22.4	25.2
加えた塩酸の体積（mL）	20	30	40	（ア）

【実験３】 炭化カルシウムを主成分とする物質にカーバイドという固体の物質があります。十分な量の水に不純物(ふじゅんぶつ)を含んでいるカーバイドを加え，含まれている炭化カルシウムをすべて溶(と)かしました。このとき，発生したアセチレンの体積を測定したところ336 mLでした。ただし，カーバイドに含まれている不純物は水とは反応しないことがあらかじめわかっています。

問１　下線部(１)について，アセチレンを含む６種類の気体をある性質の有無で分類し，(表３）にまとめました。グループＡの気体に共通している性質を１つ答えなさい。

(表３)

グループＡ	グループＢ
アセチレン 酸素 ちっ素	二酸化ちっ素 塩化水素 アンモニア

問２　【実験１】について，次の（ａ)～(ｃ）の問いに答えなさい。

（ａ）燃焼させる前のアセチレンの重さを答えなさい。
（ｂ）ベンゼンに含まれている炭素と水素の重さを簡単な整数比で答えなさい。
（ｃ）アセチレン，ベンゼン，ヘプタンの中で，含まれている炭素の重さの割合がもっとも小さいものはどれですか。

問３　【実験２】について，次の（ａ)，(ｂ）の問いに答えなさい。

（ａ）(表２）の（ア）に入る数字を答えなさい。
（ｂ）0.080 gの炭化カルシウムを加えたとき，何 gの炭化カルシウムが溶けずに残っていますか。

問４　【実験３】について，カーバイドに含まれている炭化カルシウムの重さの割合を純度（%）といいます。この実験で純度が80%のカーバイドを用いたとすると，水に加えたカーバイドの重さは何ｇですか。

問５　【実験３】について，水にカーバイドを加えて炭化カルシウムをすべて溶かしたあと，BTB液を加えると青色になりました。ここへ【実験２】と同じ濃度の塩酸を加えていくと，何 mL加えたときに，BTB液の色が緑色になりますか。

3 各問いに答えなさい。

導線を何回も巻いたものを「コイル」と呼びます。コイルは電流を流したときだけ磁石と同じようなはたらきをします。コイルについて【実験1】と【実験2】を行いました。

【実験1】（図1）のように電流の大きさを自由に変えられる「電源装置」と，電流の大きさを測ることができる「電流計」をコイルにつなぎました。コイルに流れる電流の大きさとコイルにくっつくクリップの個数を調べたところ，（表1）のようになりました。

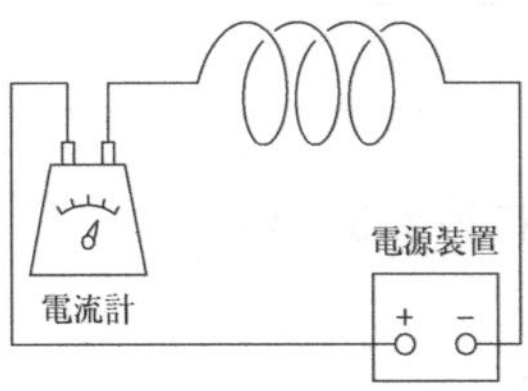

（図1）

（表1）

電流の大きさ	くっつくクリップの個数
1ミリアンペア	2個
2ミリアンペア	4個
3ミリアンペア	6個
4ミリアンペア	8個

【実験2】（図2）のようにプラスチックの箱に4つのコイルを入れた装置を作りました。装置は水平なレールに取りつけられており，レールに沿ってなめらかに動くことができますが，それ以外の方向には動きません。はじめ，装置はストッパーで動かないように固定してあります。コイル1と2の中央上部に，N極を下にして磁石を上からゆっくりと近づけました。

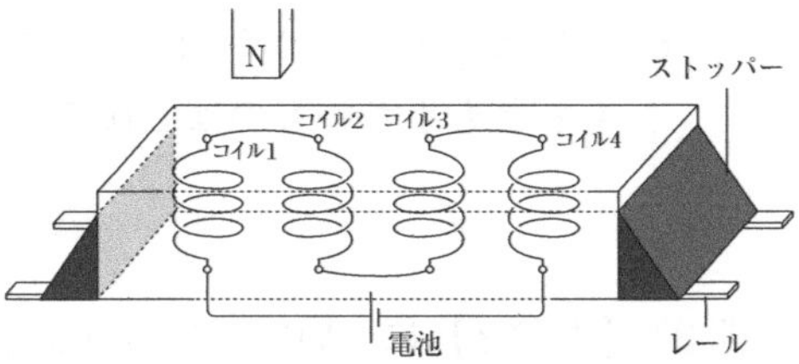

（図2）

問1　【実験1】について，（表1）の結果よりも多くのクリップをくっつけるためには，（図1）のコイルにどのような工夫（くふう）をすればよいですか。考えられるものを1つ答えなさい。ただし，電流計は常に2ミリアンペアを示しているものとします。

問2　（図1）のコイルと同じコイルを4つ用意し，右図のAとBのように2つずつつなぎました。2つのコイルにくっつくクリップの合計数はそれぞれいくつになりますか。ただし，A，Bとも電流計は2ミリアンペアを示していました。

A
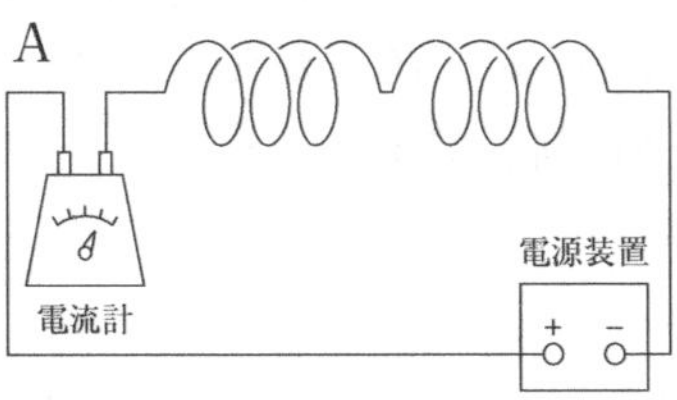

B
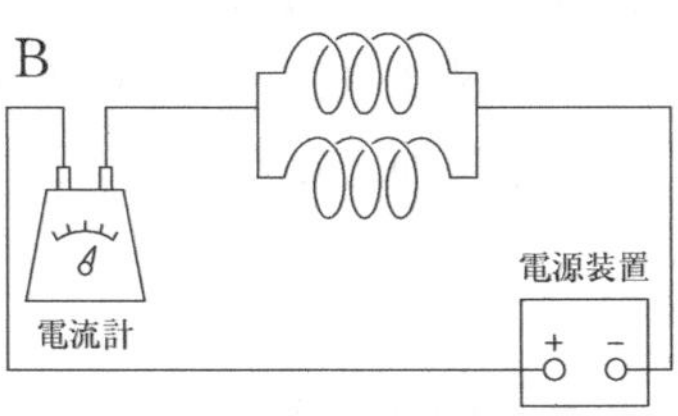

問3　【実験2】について，（図2）のように電池と導線をつないだ場合，コイル1～4の上の面はN極かS極のどちらになるかを，それぞれ答えなさい。

問４　【実験２】について，（図２）のように電池と導線をつなぎ，ストッパーをはずすと同時に，磁石をゆっくり右に動かしはじめました。このときの装置の動きとしてもっとも適切なものを次の①～③より１つ選び，記号で答えなさい。

①　レールに沿って右に動く　　②　レールに沿って左に動く　　③　動かない

問５　次の（図３）～（図６）は，（図２）のコイル１～４をそのままにして，導線のつなぎ方だけを変えて電池につないだものです。コイル１と２の中央上部に，Ｎ極を下にして磁石を上からゆっくりと近づけた場合，それぞれのコイルが磁石から受ける力の向きと大きさは（表２）のようになりました。（図６）の場合，コイルが受ける力の向きや合計の力はいくらになりますか。（表２）の（ア）～（カ）に入る適切な語句もしくは数値をそれぞれ答えなさい。ただし，数値は分数を用いてよいものとします。また，コイルが磁石から受ける力は，お互いの距離がはなれるほど小さくなることがわかっています。

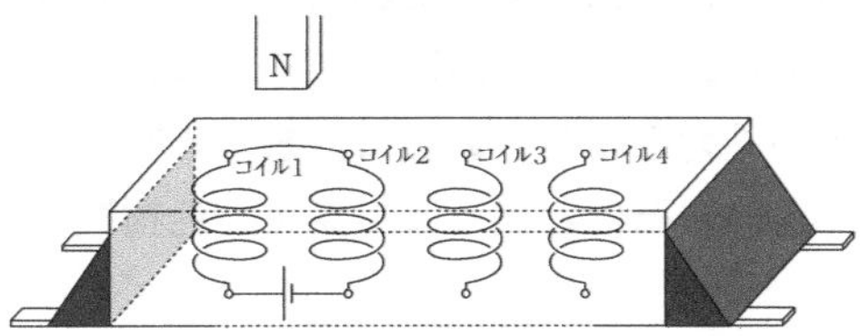

（図３）

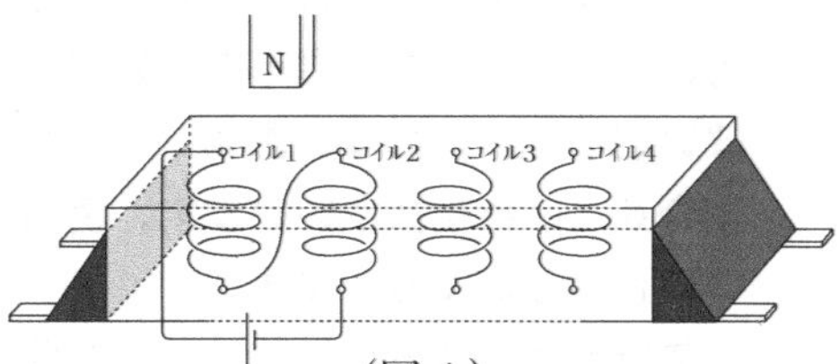

（図４）

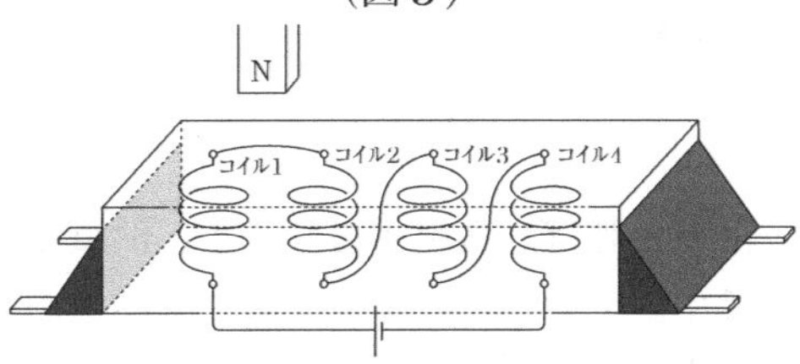

（図５）

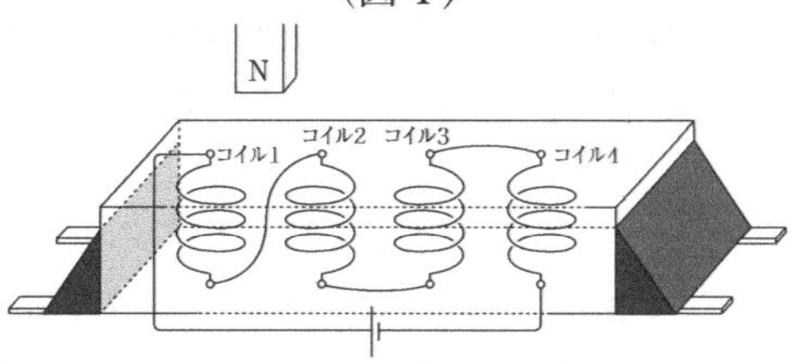

（図６）

（表２）

	コイル1が受ける力	コイル2が受ける力	コイル3が受ける力	コイル4が受ける力	コイル1～4が受ける合計の力
（図３）	右方向に「１」	左方向に「１」	「０」	「０」	「０」（打ち消しあう）
（図４）	左方向に「１」	左方向に「１」	「０」	「０」	左方向に「２」
（図５）	右方向に「１」	左方向に「１」	左方向に「$\frac{1}{2}$」	右方向に「$\frac{1}{8}$」	左方向に「$\frac{3}{8}$」
（図６）	(ア) 方向に「1」	(イ) 方向に「1」	(ウ) 方向に「$\frac{1}{2}$」	(エ) 方向に「$\frac{1}{8}$」	（オ） 方向に「（カ）」

問６　（図７）のように，コイル２と３の中央上部に，Ｎ極を下にして磁石を上からゆっくりと近づけました。このとき，装置が動かないようにするためには導線をどのようにつないでおくとよいですか。解答らんの図に導線を描きなさい。ただし，必ずとなりどうしのコイルをつなぎ，すべてのコイルに電流が流れるものとします。

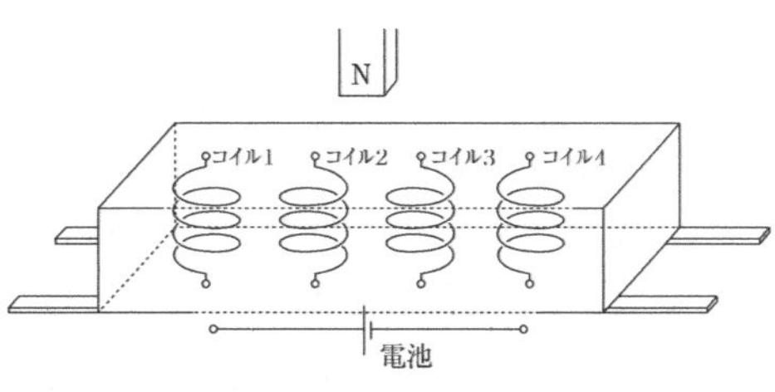

（図７）

4 各問いに答えなさい。

あるプロ野球チームの応援歌に「六甲おろし」という用語が出てきます。「六甲おろし」は冬に吹く北風で，六甲山をこえて南側に吹き降ります。

湿った空気が山をこえるときに、風下側の気温が上昇する現象が起こることがあります。この現象を「フェーン現象」といいますが，(1) 六甲おろしが吹いても「フェーン現象」はほとんど起こりません。

（図１）

六甲山の大部分は花こう岩でできています。花こう岩は (2) マグマが地下の深いところで固まってできた岩石の一種です。花こう岩を顕微鏡で観察すると，（図１）のようにさまざまな種類の結晶が集まっていることがわかります。

マグマが冷えて固まった岩石には色の白っぽいものや黒っぽいものなどさまざまなものが存在します。黒っぽい岩石は，色のある鉱物（有色鉱物）を多く含みます。白っぽい岩石は，色のない鉱物（無色鉱物）を多く含みます。岩石に含まれる有色鉱物の割合を (3) 色指数といいます。色指数の大きい岩石ほど黒っぽく見え、色指数が小さいほど白っぽく見えます。

無色鉱物の成分の１つに (4) 二酸化ケイ素があります。二酸化ケイ素の割合が大きいほどマグマの粘り気が強く，小さいほど粘り気が弱くなります。それによりできる (5) 火山の形も異なっています。

問１　六甲山へ吹く風は六甲おろし以外に，浜風と呼ばれる風があります。浜風は瀬戸内海側から六甲山へ吹きつける風のことです。いつ，どのような条件で浜風が吹くと考えられますか。もっとも適切なものを１つずつ選び，記号で答えなさい。

【いつ】①　昼間　　②　夜間
【条件】①　海と陸の気温差が大きい　　②　海と陸の気温差が小さい

問２　下線部（1）について，六甲おろしが吹いてもフェーン現象がほとんど起こらない理由の１つを次に記しました。本文を参考にして空らん（　あ　）に10字以内の説明を記入しなさい。

【理由】北から六甲山に向かって吹く風は（　あ　）から。

問３　下線部（2）について，（図１）のように大きな結晶をつくる方法を調べるため，ミョウバンの水よう液を用いて次の①～④の実験を行いました。もっとも大きな結晶をつくることができる実験は①～④のどれですか。もっとも適切なものを１つ選び，記号で答えなさい。

①　濃い水よう液を急速に冷やす。　　②　濃い水よう液をゆっくり冷やす。
③　薄い水よう液を急速に冷やす。　　④　薄い水よう液をゆっくり冷やす。

問4　下線部（3）について，色指数は以下のように求めます。岩石を顕微鏡で観察した図に1 mm間隔で縦と横に線を引き，線の交点にそれぞれ黒丸（●）をつけます。すべての黒丸（●）のうち，有色鉱物に含まれる黒丸（●）の占める割合が色指数であり，次の式で計算できます。

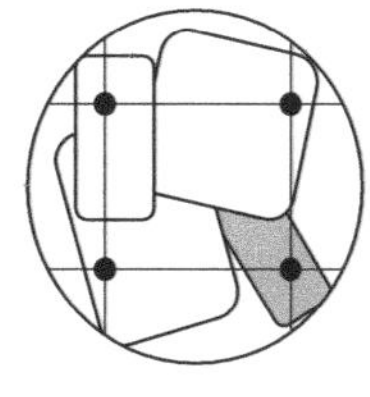

（図2）

$$色指数(\%) = \frac{有色鉱物に含まれる●の数}{すべての●の数} \times 100$$

例えば（図2）の場合，白色を無色鉱物，灰色を有色鉱物とすると，色指数は25％となります。次の各問いに答えなさい。

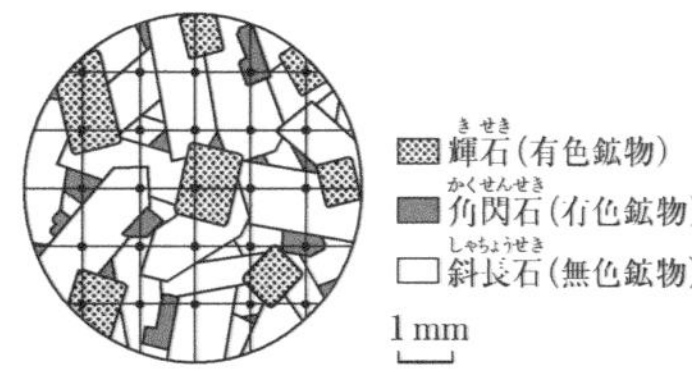

（図3）

（a）（図3）はある岩石を顕微鏡で観察したものです。この岩石の色指数を計算して整数で答えなさい。

（b）火山岩と深成岩を色指数の違いで分類すると次の（表1）のようになります。（図3）の岩石は①～⑥のどの岩石にあてはまりますか。1つ選び，記号で答えなさい。

（表1）

色指数	10％より小さい	10％～35％	35％より大きい
火山岩	①	②	③
深成岩	④	⑤	⑥

問5　下線部（4）について，ある深成岩の体積は100 cm^3であり，全体の体積の80％が長石類で，20％がその他の鉱物です。鉱物には二酸化ケイ素などの成分が含まれ，その割合は鉱物によって異なります。長石類に含まれる二酸化ケイ素の重さの割合は60％，その他の鉱物に含まれる割合は40％であることが知られています。この深成岩中の二酸化ケイ素の重さは，全体の重さの何％を占めていますか。小数第1位を四捨五入し整数で答えなさい。ただし，長石類，その他の鉱物の密度をそれぞれ2.5 g/cm^3，3.0 g/cm^3とします。

問6　下線部（5）について，火山には3種類の形があります。次の①～③は3種類の火山の断面図です。①～③の火山のマグマに含まれている二酸化ケイ素の割合が多いものから順に並べなさい。

①　②　③

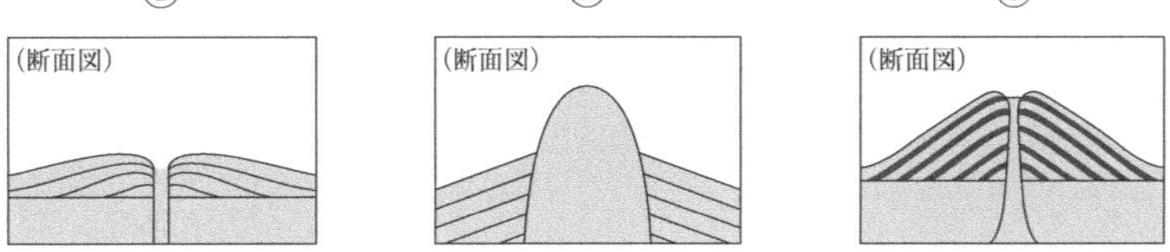

2023年度　須磨学園中学校入学試験

社　　会

第 1 回

（40分）

（注　意）

解答用紙は、この問題冊子の中央にはさんであります。まず、解答用紙を取り出して、受験番号シールを貼り、受験番号と名前を記入しなさい。

1．すべての問題を解答しなさい。

2．解答はすべて解答用紙に記入しなさい。

3．試験終了（しゅうりょう）後、解答用紙のみ提出し、問題冊子は持ち帰りなさい。

須磨学園中学校

1 文字が記された記録だけでなく、遺跡（いせき）からの出土品や残された伝来品もその時代の様子を知る手がかりになります。遺跡や出土品などに関するあとの問いに答えなさい。

問１　次の**写真**を説明した文章の空らんに当てはまる語句・文の組み合わせとして適切なものを下の選択肢（せんたくし）**ア～エ**より１つ選び、記号で答えなさい。

写真

上記の**写真**は正倉院宝庫を撮影したものです。東大寺に大仏を造営するように命じた［　X　］天皇や光明皇后にゆかりのある品を中心に、多数の美術工芸品が納められています。

また、何度か都をうつしたことで有名な［　X　］天皇ですが、［　Y　］を定めたことでも知られており、このことから［　Z　］が読み取れます。

ア　X－桓武　Y－墾田永年私財法
　　Z－すべての土地を国有地とする原則が当時いきづまりを迎（むか）えていたこと
イ　X－桓武　Y－班田収授法
　　Z－公地公民制など天皇中心の律令制度の確立を目指していたこと
ウ　X－聖武　Y－墾田永年私財法
　　Z－すべての土地を国有地とする原則がいきづまりを迎えていたこと
エ　X－聖武　Y－班田収授法
　　Z－公地公民制など天皇中心の律令制度の確立を目指していたこと

問２　次の吉野ヶ里遺跡に関連する写真Ｘ・Ｙについて説明した文章の正誤の組み合わせとして適切なものを下の選択肢**ア～エ**より１つ選び、記号で答えなさい。

Ｘ　稲作(いなさく)をするために集落を取り囲む壕(ほり)と柵(さく)が築かれました。

Ｙ　石包丁は旧石器時代から多く作られ、弥生時代には稲穂(いなほ)のつみ取りに使われました。

ア　Ｘ－正　Ｙ－正　　**イ**　Ｘ－正　Ｙ－誤

ウ　Ｘ－誤　Ｙ－正　　**エ**　Ｘ－誤　Ｙ－誤

問３　次の地図中の点は、ヤマト政権の大王「ワカタケル大王」の名前が刻まれた鉄剣・鉄刀が出土した遺跡の場所を示しています。また、写真は、稲荷山古墳のものです。これらの地図や写真を見て、須磨学園中学校の３人の生徒が議論をしている様子が下の文章です。

３人の生徒の発言のうち正しいものはどれですか。適切なものを下の選択肢ア～カより１つ選び、記号で答えなさい。

地図

写真

稲荷山古墳

大友くん「ワカタケル大王は東北から九州まで支配したんだね」
細川くん「大和政権の中心は関東か九州にあったんだね」
朝倉くん「前方後円墳は東日本で生まれて西日本へと広がったんだね」

ア　大友くんだけが正しい
イ　細川くんだけが正しい
ウ　朝倉くんだけが正しい
エ　大友くんと細川くんが正しい
オ　大友くんと朝倉くんが正しい
カ　全員間違(まちが)っている

問４　次の**写真**は日本軍が東南アジアで発行した紙幣で、軍票とよばれたものです。軍票の発行、および下のⅠ～Ⅱの出来事を古い順番に並べたものとして適切なものを下の選択肢**ア～カ**より１つ選び、記号で答えなさい。

写真

Ⅰ　「リンゴの唄」が国民的なヒット曲となった。

Ⅱ　日本でラジオ放送が始まった。

ア　Ⅰ→Ⅱ→「軍票の発行」　　イ　Ⅰ→「軍票の発行」→Ⅱ

ウ　Ⅱ→Ⅰ→「軍票の発行」　　エ　Ⅱ→「軍票の発行」→Ⅰ

オ　「軍票の発行」→Ⅰ→Ⅱ　　カ　「軍票の発行」→Ⅱ→Ⅰ

問５　次の**写真**は中国の皇帝(こうてい)が日本の奴国王に送ったとされる金印で、1784年に今の福岡県の農民が農作業中に発見したと言われています。この金印が発見された18世紀の出来事として適切なものを下の選択肢**ア～エ**より１つ選び、記号で答えなさい。

写真

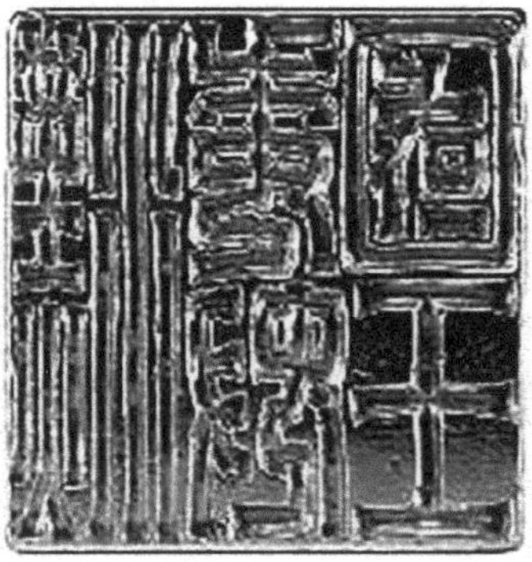

ア　田沼意次による改革が行われた。

イ　異国船打払令が出された。

ウ　安政の大獄で吉田松陰(よしだしょういん)が処刑された。

エ　島原天草一揆（島原の乱）が起きた。

2 次の会話文は須磨学園中学校の生徒会役員と先生によるものです。これを読み、あとの問いに答えなさい。

鈴花「いろんな人の意見をまとめて決定を下すというのはとても大変だね。」

先生「①ドイツの大宰相(さいしょう)であったビスマルクの『愚者(ぐしゃ)は経験に学び、賢者(けんじゃ)は歴史に学ぶ』という発言にあるように、過去の政権ではどのように物事を決定してきたのかを考えてみようか。」

将大「日本には古代から②天皇がいるけど、実際どれほど政治的な決定に関わってきたんだろう。」

佳奈「平安時代なんかは天皇より③藤原氏が権力をもっているって感じがするよね。」

陽介「そもそもヤマト政権は豪族たちの支持なしには成り立たなかったって習ったな。」

先生「確かに天皇が政治的実権を握った時期というのは、日本史のなかでも割合としてはかなり少ないと言えます。一方、だからこそ天皇という地位が④現代まで続いたのだと主張する人もいるのです。」

鈴花「今の日本国憲法でも第4条に『天皇は、この憲法の定める⑤国事に関する行為(こうい)のみを行い、国政に関する権能を有しない』と書かれていますね。」

将大「⑥明治時代に発布された大日本帝国憲法の第1条では『大日本帝国は万世一系(ばんせいいっけい)の天皇之(これ)を統治す』とあるので、天皇が独裁的な権限を握っていたのかな。」

先生「実は帝国憲法下においても、天皇が実質的な政治的決定を下した例は極めてまれです。というのも大日本帝国憲法第3条『天皇は神聖にして侵すべからず』とあるように、天皇は神聖不可侵な存在であるからこそ、［　⑦　］。実際、帝国憲法下においても、天皇は基本的に内閣や議会などが決めたことを承認するようにしていました。」

佳奈「⑧鎌倉時代から⑨江戸時代にかけては、幕府とか将軍が物事を決めているって印象があるね。」

陽介「幕府と天皇ってどういう関係だったんだろうな。」

問１　下線部①「ドイツ」に関連して、次の**写真**は日独伊三国同盟が結ばれたときのものです。これは何年に結ばれたものですか。適切なものを下の選択肢**ア～エ**より１つ選び、記号で答えなさい。

写真

ア　1915年　　**イ**　1920年　　**ウ**　1940年　　**エ**　1945年

問２　下線部②「天皇」について、次のⅠ～Ⅲの出来事を古い順番に並べたものとして適切なものを下の選択肢**ア～カ**より１つ選び、記号で答えなさい。

Ⅰ　壬申の乱で勝利して即位した天武天皇は律令制の導入を進めた。

Ⅱ　文武天皇は大宝律令を公布し、日本という国号を用いた。

Ⅲ　天智天皇は全国的な戸籍を作成させ、公地公民制の土台を整備した。

ア　Ⅰ→Ⅱ→Ⅲ　　**イ**　Ⅰ→Ⅲ→Ⅱ　　**ウ**　Ⅱ→Ⅰ→Ⅲ

エ　Ⅱ→Ⅲ→Ⅰ　　**オ**　Ⅲ→Ⅰ→Ⅱ　　**カ**　Ⅲ→Ⅱ→Ⅰ

問３　下線部③「藤原氏」について、次の図は藤原道長を中心とした家系図です。この図を参考にし、藤原氏がどのようにして政治の実権をにぎったのか、藤原氏がついた役職の名前にもふれながら簡単に説明しなさい。

図

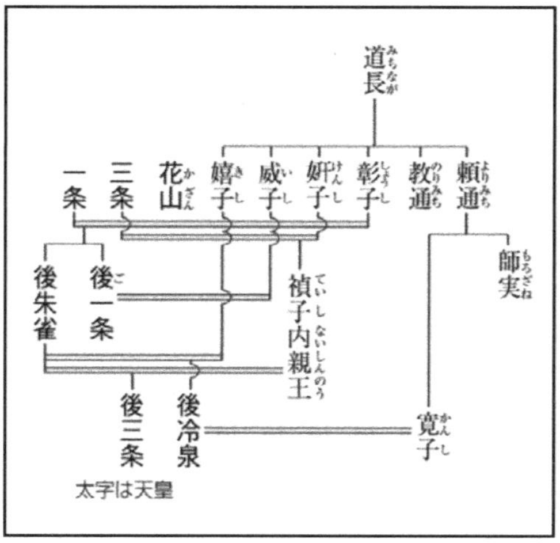

※二重線は結婚していたことを示しています。

問４　下線部④「現代」に関連して、20世紀後半はアメリカ合衆国と旧ソビエト連邦が直接戦争せずに激しく対立する「冷戦」の時代でした。「冷戦」の時代とは**直接的には関係のない出来事**を、下の選択肢**ア～エ**より１つ選び、記号で答えなさい。

ア　アメリカ合衆国は国際連盟へ加盟しなかった。
イ　キューバ危機が起き、世界は核戦争の寸前におちいった。
ウ　ベルリンの壁が建設された。
エ　NATO（北大西洋条約機構）が結成された。

問５　下線部⑤について、天皇の国事行為は日本国憲法第７条で具体的に規定されており、次の文はそれを一部抜粋したものです。空らんに入る語句を解答らんにあてはまるかたちで答えなさい。

「天皇は、内閣の［　　］により、国民のために、左の国事に関する行為を行う。」

問６　下線部⑥「明治時代」に関連して、次の**図**と**文章**は明治時代に展開された自由民権運動について説明したものです。空らんに当てはまる文の組み合わせとして適切なものを下の選択肢**ア～エ**より１つ選び、記号で答えなさい。

図

文章

自由民権運動は1874年の板垣退助らによる民撰議院設立建白書の提出に始まります。これは国会設立を求めた意見書で、五箇条の誓文にある「　X　」という文言を、国会開設を求める根拠（こんきょ）としました。

一方、明治政府は　Y　ため、こうした民権運動を厳しく弾圧（だんあつ）しました。

ア　X － 広く会議を興し、すべて公論で決めるべきだ
　　Y － 中央政府主導で速やかに近代国家を樹立する
イ　X － 広く会議を興し、すべて公論で決めるべきだ
　　Y － 廃藩置県によって地方分権的な政治を確立する
ウ　X － 上下心を一つにして、国を治めるべきだ
　　Y － 中央政府主導で速やかに近代国家を樹立する
エ　X － 上下心を一つにして、国を治めるべきだ
　　Y － 廃藩置県によって地方分権的な政治を確立する

問７　空らん［　⑦　］に入る文を、下の選択肢ア～エより１つ選び、記号で答えなさい。

ア　天皇に政治という俗世間(ぞくせけん)のことを考えさせないようにしました
イ　天皇は宗教的な儀式(ぎしき)にのみ関わるようにしました
ウ　あらゆる決定は天皇の意向をおしはかって行われました
エ　なるべく天皇に政治的な責任が及ばないようにしました

問８　下線部⑧「鎌倉時代」に関連して、次の文章は鎌倉時代の神道と仏教の関係について説明したものです。文章中の空らんにあてはまる出来事を答えなさい。

　平安時代以降、仏や菩薩(ぼさつ)が本来の姿ではなく、日本の神という仮の姿をとって日本の人々を救うという本地垂迹説(はんじすいじゃくせつ)が広まりました。例えば、天照大御神(あまてらすおおみかみ)は大日如来(だいにちにょらい)の化身として日本に現れた神であるというものが代表的です。
　しかし、鎌倉時代中期以降、本地垂迹説を批判して、その逆を唱える反本地垂迹説が急速に広がりました。つまり、日本の神こそが主で、仏や菩薩が神の化身であるという考え方です。［　　］での勝利をきっかけに、日本は神に守られている「神の国」だという思想のたかまりのなかで発展したものだと考えられています。

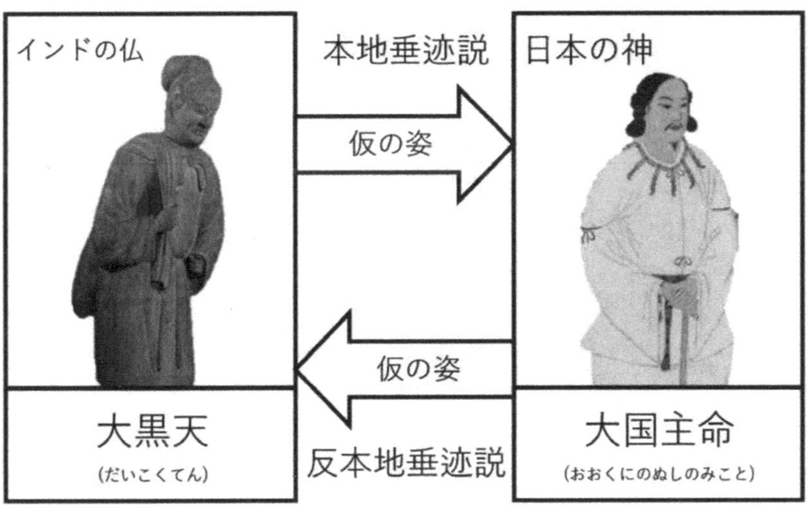

問９　下線部⑨「江戸時代」に関連して、次の図Ｘ・Ｙは江戸時代の文化に関連する図です。Ｘ・Ｙを説明した文の正誤の組み合わせとして適切なものを下の選択肢**ア～エ**より１つ選び、記号で答えなさい。

Ｘ　英語で書かれた医学書を杉田玄白らが日本語訳し、『解体新書』を出版した。

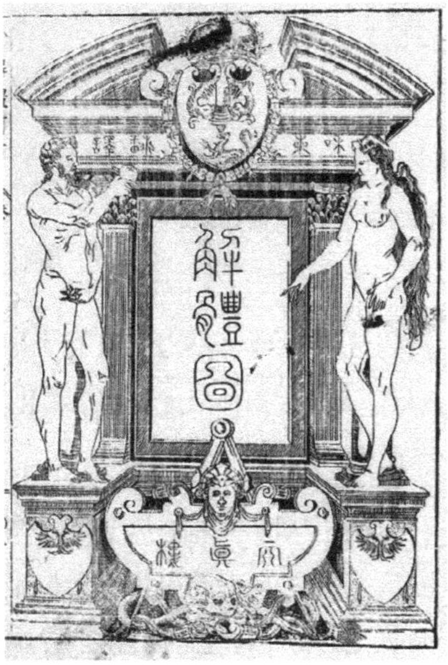

Ｙ　葛飾北斎らの浮世絵は、主に貴族間で愛好される高級品であった。

ア　Ｘ－正　Ｙ－正　　　イ　Ｘ－正　Ｙ－誤

ウ　Ｘ－誤　Ｙ－正　　　エ　Ｘ－誤　Ｙ－誤

3　東海地方について、あとの問いに答えなさい。

問１　次の例にならって、解答らん中の白地図に濃尾平野を書き込みなさい。

例）

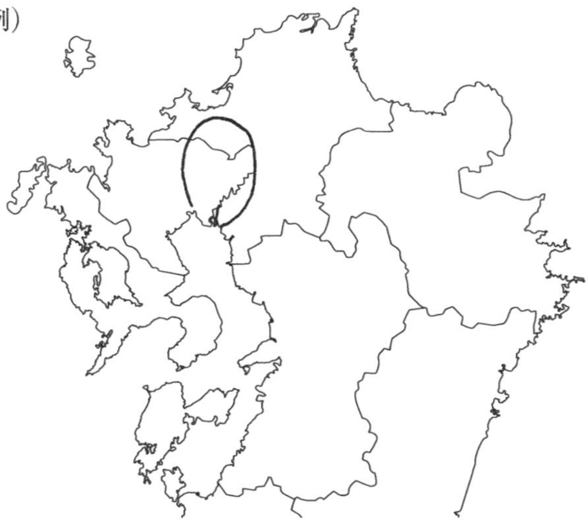

問２　濃尾平野には輪中とよばれる地域が形成されました。輪中での生活の工夫について述べた下の文章中の下線部**ア～エ**より、**適切でないもの**を１つ選び、記号で答えなさい。

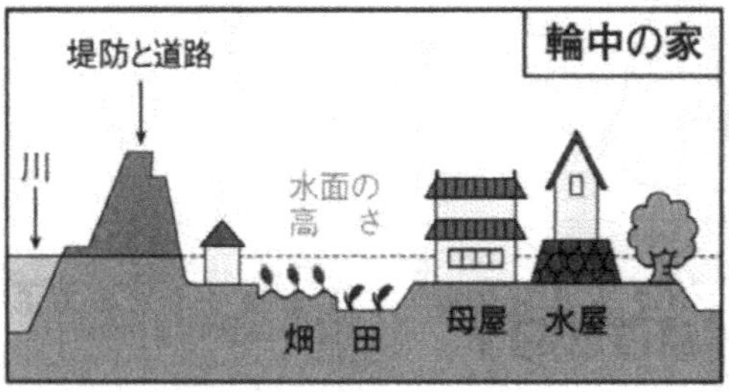

図１

写真

※写真は海津市のHPより。

水害の多い木曽三川下流の地域では、集落や耕地を守るために輪中堤(てい)と呼ばれる堤防(ていぼう)で周囲を囲んだ「輪中」がいくつもつくられました。輪中では、**ア**堤防で囲んだことで得にくくなった水を得やすくするために**写真**のような「堀田(ほりた)」と呼ばれる田がつくられました。

水害は減ったとはいえ、洪水の際には破堤して輪中内が浸水(しんすい)することもあったため、図１のように、**イ**家屋は少し高いところに建てられ、仏壇(ぶつだん)のように大切なものは家の中でも高いところに置かれるといった工夫がなされました。**ウ**避難(ひなん)時に必要なものを蓄(たくわ)えておく水屋の中には、しばらくの間、暮らせる住居の機能を備えたものもありました。

洪水時にはあえて堤(つつみ)を切ることで被害(ひがい)が大きくなるのを防いだケースもありました。また、**エ**堤防の決壊(けっかい)したことがある箇所(かしょ)や弱い部分には、水神の祠(ほこら)や石碑(せきひ)が建つこともよくありました。

問３　次のグラフ【　Ⅰ　】【　Ⅱ　】は、1960年もしくは2019年の日本の工業地帯・地域の出荷額の割合を表しており、グラフ中の**ア〜エ**には、北九州、京浜、中京、東海のいずれかが当てはまります。**ア〜エ**より中京と東海にあたるものをそれぞれ選び、記号で答えなさい。

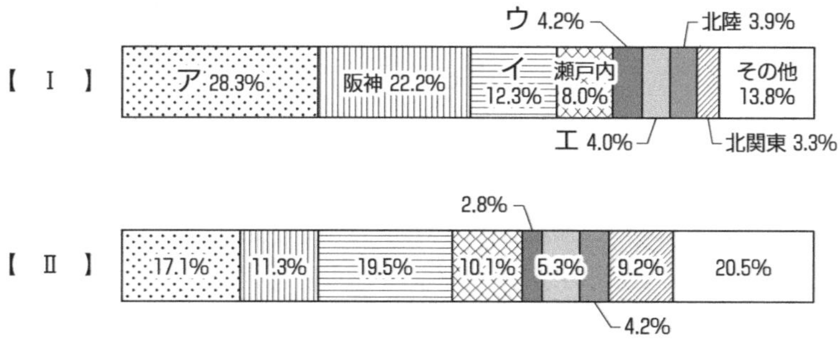

問４　次の図２は、各都道府県の在留外国人の国籍（こくせき）のうち最も多いものを表しており、Ⅲ〜Ⅴには、中国、韓国・朝鮮、ブラジルのいずれかが当てはまります。図３は、各都道府県の就業者に占（し）める第２次産業人口比率を高位、中位、低位に分けて示したものです。図中のⅣに当たる国籍を答え、「高位」にあたるものを**ア〜ウ**より選び、記号で答えなさい。

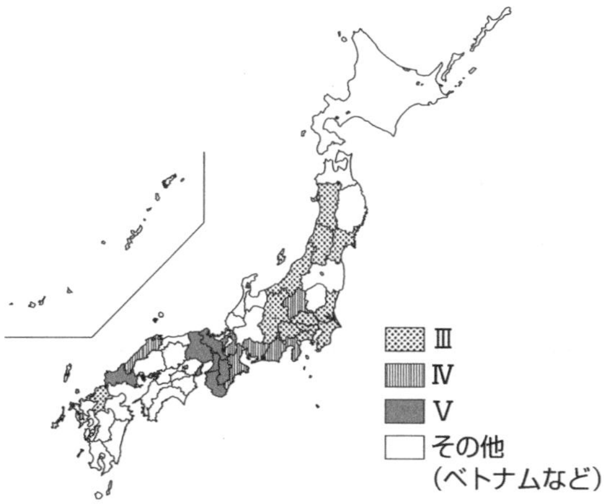

図2

図3

※統計年次は在留外国人が2020年、第２次産業人口比率が2017年。

※『県勢』より作成。

問５　岐阜県は日本の中央部に位置する県として有名です。下の**ア～エ**は、次の**図４**中の大垣市（おおがき）とＡ～Ｄのいずれかの地点との間の断面図です。大垣市とＤの間の断面図にあたるものをあとの**ア～エ**より選び、記号で答えなさい。

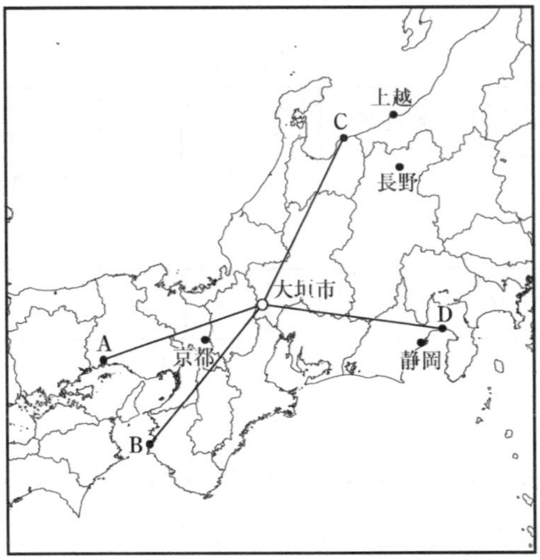

図４

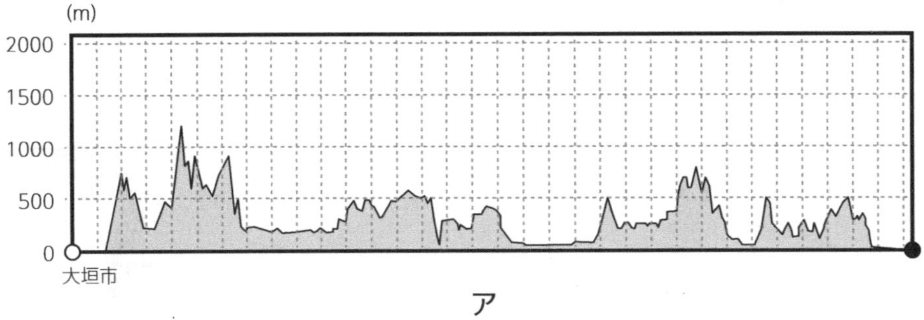

ア

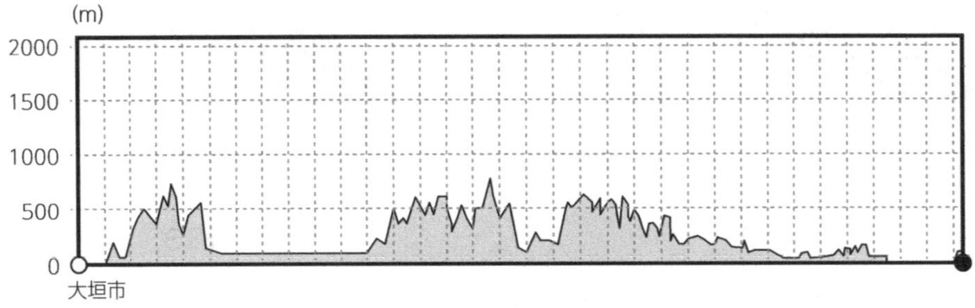

イ

一

（※の欄には、何も記入してはいけません）

問一	
a	
b	
c	

問二

問三

問四

問五

問六	
1	
2	
3	
4	
5	

問七

問八

問九

問十

問十	
a	
b	
c	
d	（えば）
e	

※150点満点
（配点非公表）

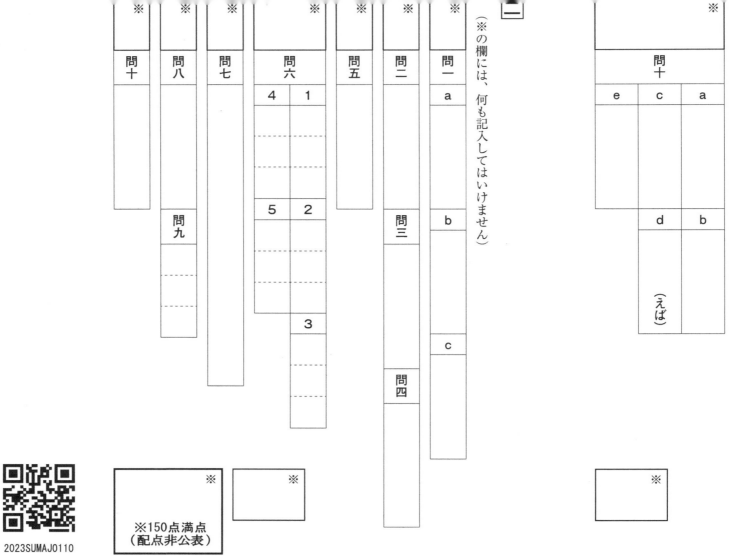

2023SUMAJ0110
2023(R5) 須磨学園中　第１回
教英出版

5

(1) 枚	(2) cm	(3) 枚目

(4)

答え　枚目

※

※

※150点満点
（配点非公表）

2023SUMAJ0120

教英出版

問1								
問2	A	個	B	個				
問3	コイル1	極	コイル2	極	コイル3	極	コイル4	極
問4								

問5	ア		イ		
	ウ		エ		
	オ		カ		

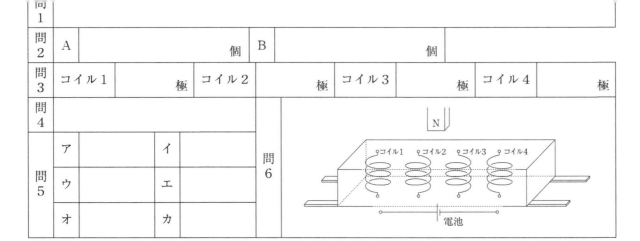

問6

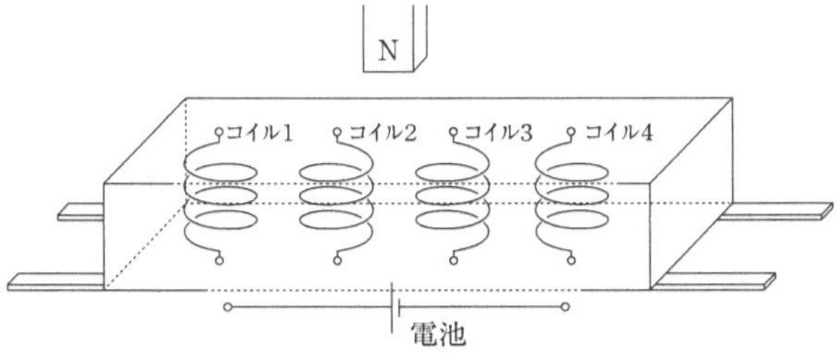

※

4

問1	いつ		条件						
問2									

問3		問4	(a)	%	(b)	
問5	%	問6	→ →			

※

※

※100点満点
（配点非公表）

問7	(1)	
	(2)	
問8		

※

4

問1	km	問2		問3		問4	m
問5							

※

5

問1		問2		問3		問4	
問5				問6			
問7							

※

※

※100点満点
(配点非公表)

↓ここにシールを張ってください↓

受験番号			

名前	

２０２３年度　須磨学園中学校　第１回入学試験解答用紙　社会

（※のらんには、何も記入してはいけません）

1

問1		問2		問3		問4	
問5							

※

2

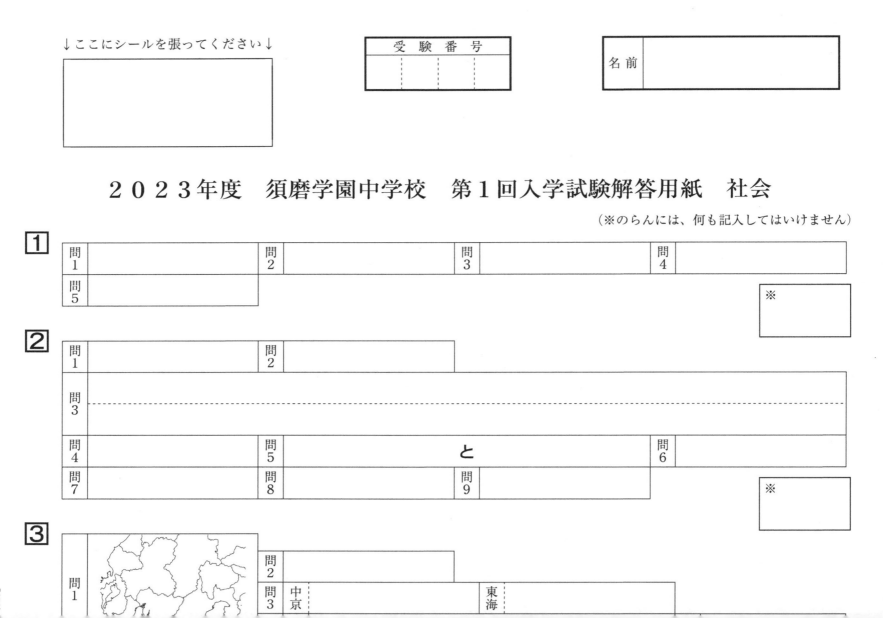

問1		問2			
問3					
問4		問5	と	問6	
問7		問8		問9	

※

3

問1

問2			
問3	中京	東海	

【解答

↓ここにシールを貼ってください↓

受験番号

名前	

２０２３年度　須磨学園中学校　第１回入学試験解答用紙　理科

（※の欄には、何も記入してはいけません）

1

問1		問2	kg	問3	
問4	(あ)	生きたままであった　・　死んでしまった			
	(い)	生きたままであった　・　死んでしまった			
問5					
問6	(a)		(b)	→　→　→	

※

2

問1				
問2	(a)	g	(b)	炭素　：　水素　＝　　：
	(c)			
問3	(a)	mL	(b)	g
問4		g	問5	mL

※

【解答

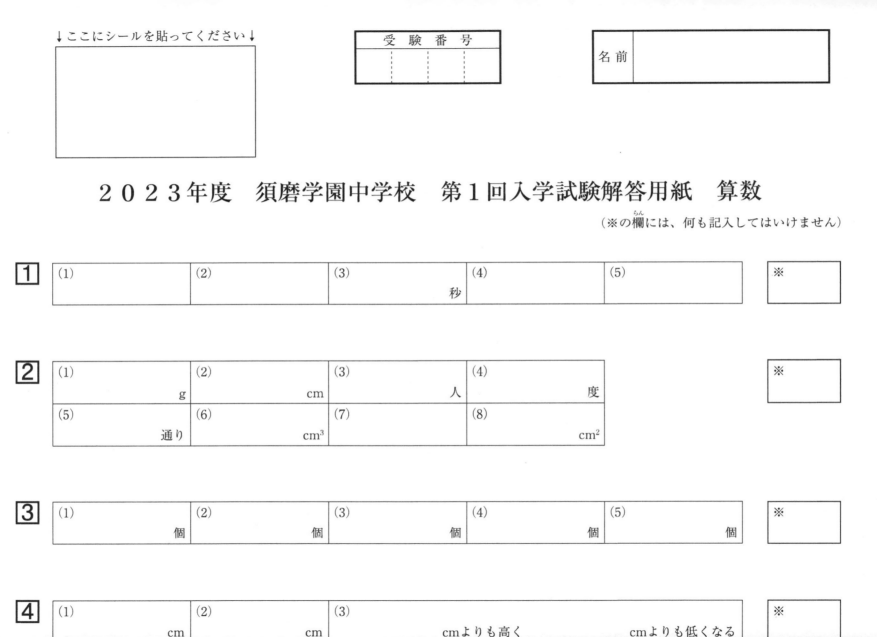

↓ここにシールを貼ってください↓

受　験　番　号

名前	

２０２３年度　須磨学園中学校　第１回入学試験解答用紙　算数

（※の欄(らん)には、何も記入してはいけません）

1

(1)	(2)	(3) 秒	(4)	(5)	※

2

(1) g	(2) cm	(3) 人	(4) 度	※
(5) 通り	(6) cm^3	(7)	(8) cm^2	

3

(1) 個	(2) 個	(3) 個	(4) 個	(5) 個	※

4

(1) cm	(2) cm	(3) cmよりも高く　cmよりも低くなる	※

【解答

↓ここにシールを貼ってください↓

受験番号

名前

２０２３年度　須磨学園中学校　第１回入学試験解答用紙　国語

一

（※の欄には、何も記入してはいけません）

問一 ※

問二 ※

問三 ※

問四 ※

問五 ※

問六

問七 ※ ① ②

問八 ※

問九 ※

20 40 60 80 100 120

【解答

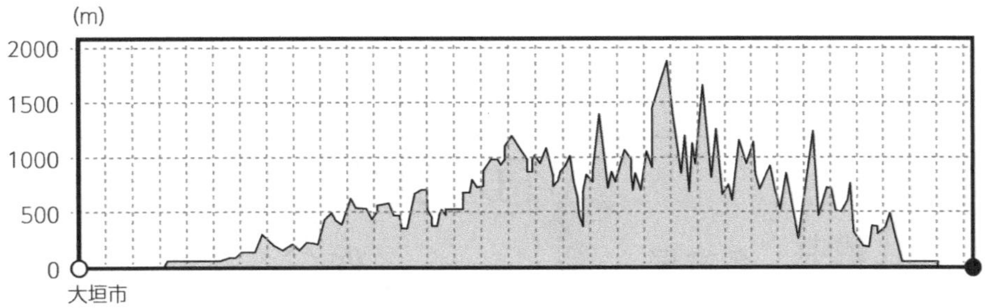

ウ

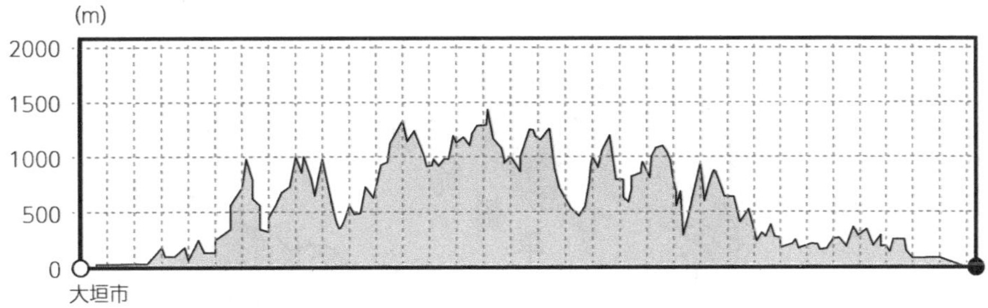

エ

問６　次のグラフⅥ・Ⅶ中のア～エは、図４中の京都、静岡、上越、長野のいずれかの最も暖かい月と寒い月の月平均気温、最も降水量の多い月と少ない月の平均降水量を表しています。ア～エより静岡にあたるものを選び、記号で答えなさい。

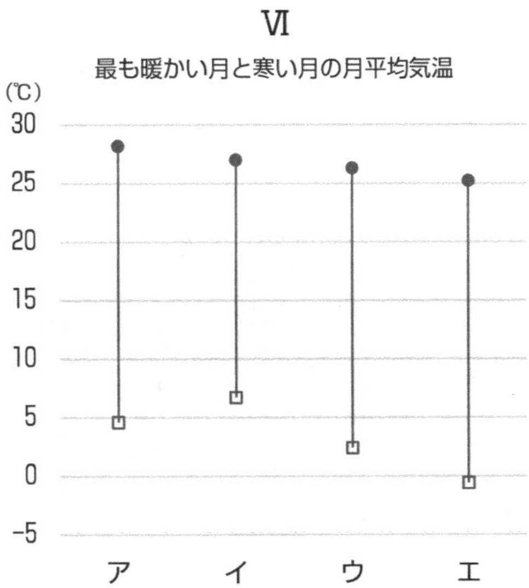

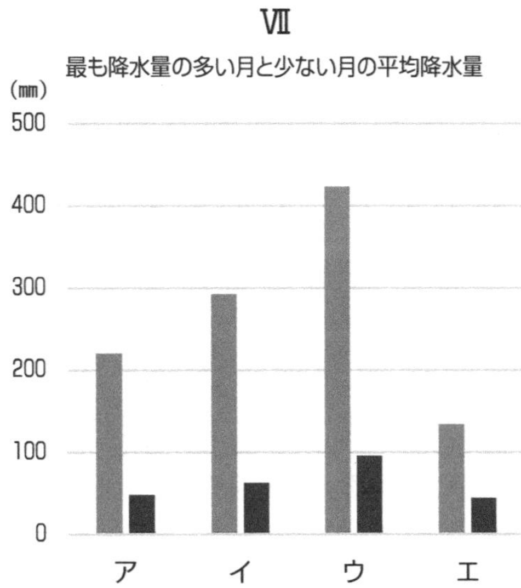

問7　次の図5中の渥美半島に関する下の問いに答えなさい。

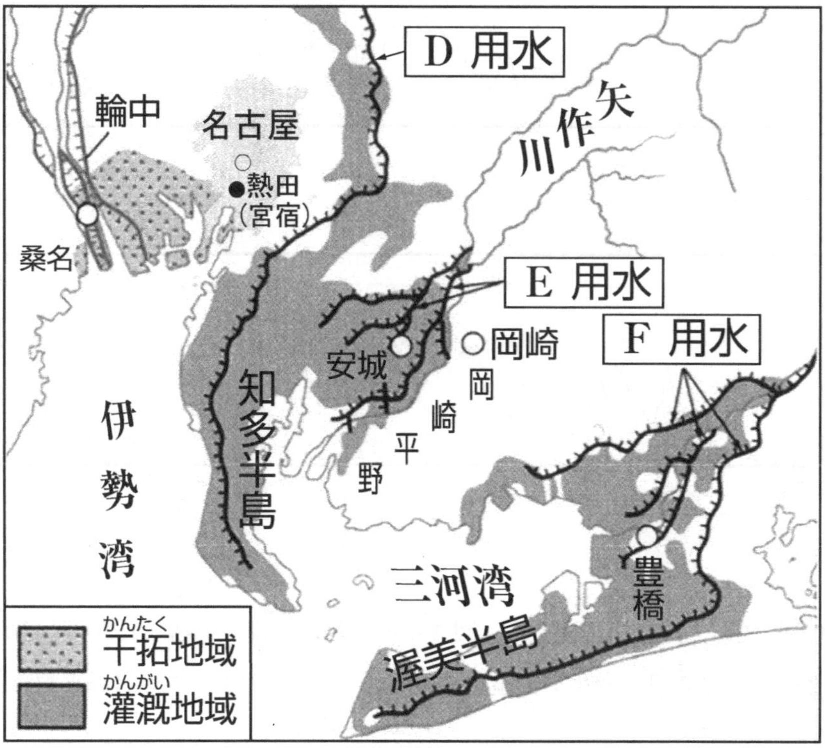

図5

（1）　渥美半島では、**写真**のように夜間に電気を灯した施設での菊の栽培がさかんです。なぜこのような栽培方法が行われるのかを説明した次の文の〔　　　　　〕にふさわしい内容を答えなさい。

〔　　　　　　　　　　　　　　　　〕
ことで、他の産地と差別化をはかり、
高い収益をあげるため。

写真

※愛知県園芸農産課のHPより。

（2） 渥美半島などに張り巡らされた愛知県の3つの灌漑用水の説明と図5中の**D～F**の組み合わせとして適切なものをあとの**ア～カ**より選び、記号で答えなさい。

愛知用水 大きな川のない丘陵地域へ木曽川から引水し、上水道や農業用水として供給しており、工業用水として製鉄所でも利用されている。

豊川用水 台地や砂丘が多く水を得にくい地域へ豊川から引水し、一帯の地域を全国有数の農業地域にまで発展させた。

明治用水 江戸時代末に全国に先駆けて測量・開削が行われた近代農業用水で、2022年の漏水事故では、一帯の自動車産業に影響が出た。

	ア	イ	ウ	エ	オ	カ
愛知用水	D	D	E	E	F	F
豊川用水	E	F	D	F	D	E
明治用水	F	E	F	D	E	D

問8 江戸時代の「東海道」の江戸から京へ向かうルートは、現在の東海道新幹線と異なり桑名宿から、伊勢国（現在の三重県）を通るものでした。桑名宿とその1つ手前の宮宿の間は、「七里の渡し」と呼ばれる海路が用いられていましたが、その理由を説明したものとして**適切でないもの**を下の選択肢**ア～エ**より1つ選び、記号で答えなさい。

ア 桑名宿－宮宿間の陸地側には洪水や高潮のリスクがあった。
イ 桑名宿－宮宿間には陸路もあったが、迂回するぶん時間がかかった。
ウ 旅人にとって海路の方が負担が少なく、楽しみも多かった。
エ 幕府が海路を通るよう指定した。

4 色々な地図を用いたそれぞれの問いに答えなさい。

問１　次の図１は東京を中心とした正距方位図法の地図で、図２は、アンカレジを中心とした正距方位図法の地図です。両図の直径はともに４㎝で、地図上の各地点間の長さが図中に示されています。

いま、東京からロンドンまで、アンカレジを経由して大圏（たいけん）航路を飛行すると、直行するときに比べてどれだけ多くの距離（きょり）を飛ばなくてはいけないですか、実際の距離を答えなさい。

※地球は真球であると仮定し、右図のように、地球の直径に対する円周は４万kmであるとします。

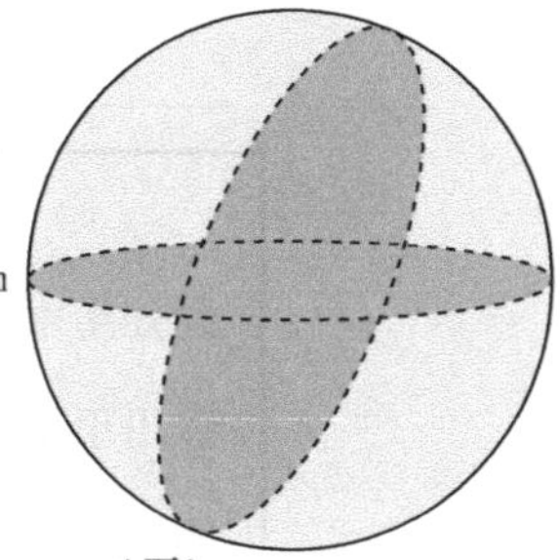

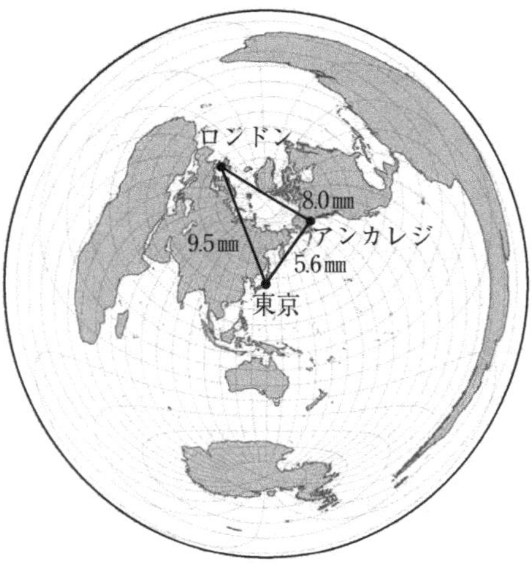

図１

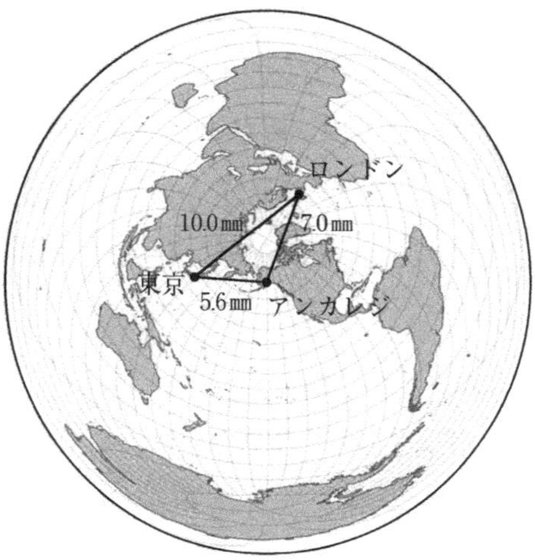

図２

『どこでも方位図法』により作成

問２　次の先生と生徒の会話文中に登場する足利市の位置としてふさわしいものを、「地図帳」のページを模した図中の**ア～カ**より選び、記号で答えなさい。

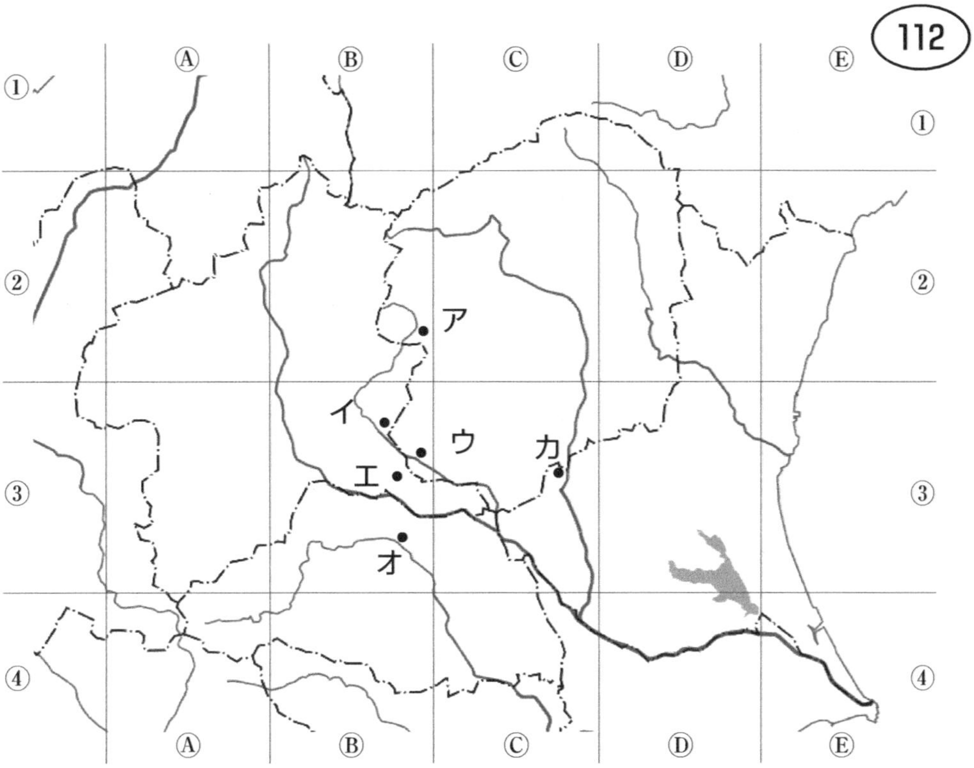

先生　現在の足利市は足利氏発祥(はっしょう)の地とされる下野国足利荘(しもつけのくにあしかがのしょう)のあった場所にあり、市中には、史跡(しせき)足利学校もあります。地図帳で場所を確認してみましょう。

生徒　「さくいん」を調べたら「112B3N」と書かれていました。112ページを開いて探します。あ、見つけました。

先生　足利市はどのような位置にありますか？

生徒　北部に足尾山地があり、関東平野の北の端(はし)にあたります。渡良瀬(わたらせ)川が市街を流れているようです。

先生　足利市は、県をまたいで隣(とな)り合う桐生(きりゅう)市や太田市との関係が密接で、自県の県庁所在地よりも経済的・文化的つながりが深いほどです。

問３　次の図３は、各都道府県の面積を人口規模に比例させて変形させたカルトグラムと呼ばれる地図で、図４は各都道府県を2015年～2020年の人口の平均増加率で塗(ぬ)り分けた地図です。これらの地図について述べたあとのア～エの文より**適切でないもの**を１つ選び、記号で答えなさい。

図３

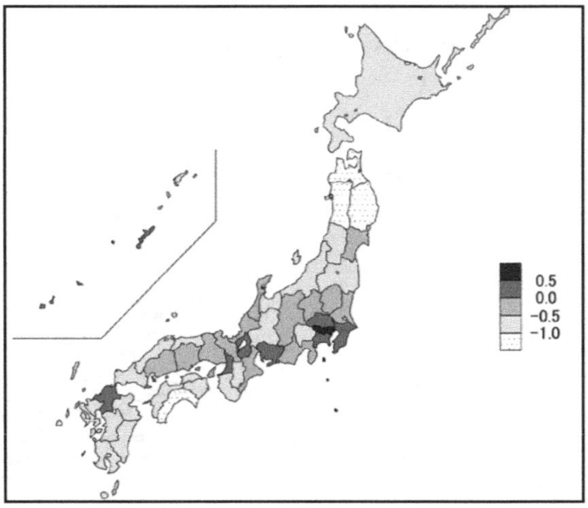

図４

※『県勢』より作成。

ア　実際の面積と比べ、図３での面積が最も膨張(ぼうちょう)している東京都が都道府県の中で最も人口密度が高い。

イ　実際の面積と比べ、図３での面積が大きくなっている都道府県は、2015年～2020年の間に人口が増加した。

ウ　地方ごとに見ると、実際の面積と比べ図３での面積が最も縮小している北海道地方の人口密度が最も低い。

エ　地方ごとに見ると、北海道地方の方が九州地方よりも2015年～2020年の間の人口減少率が高かった。

問4　次の図5は、ある地域の地形図を簡単にして示したものです。図中の等高線は何mおきに引かれているか、読み取って算用数字で答えなさい。

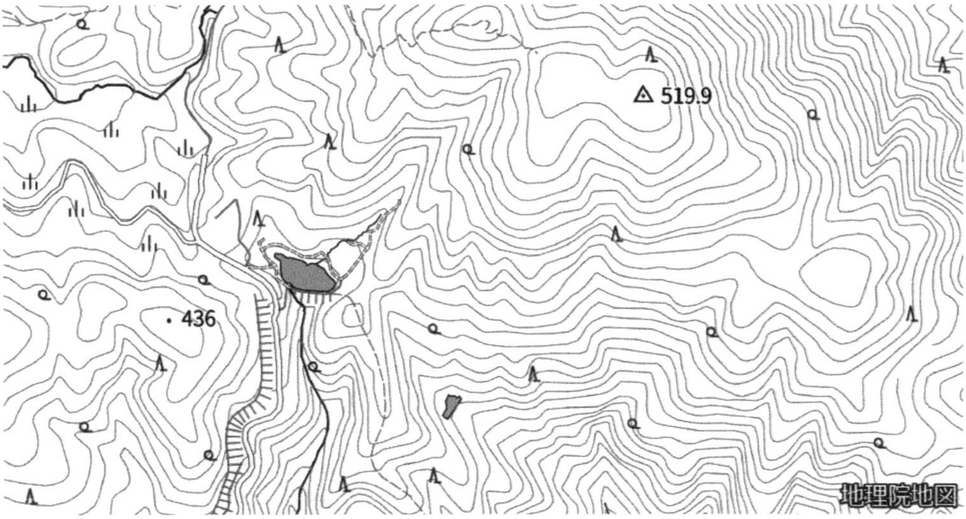

図5

※どの等高線も同じ太さで表現しています。

問５　次の〈資料１〉は東京都と佐賀県のいくつかの市町村の世帯人員ごとの世帯数の割合を表しており、〈資料２〉は両県の出生率*と合計特殊(とくしゅ)出生率**を、〈資料３〉は両県の年齢(ねんれい)ごとの人口構成を表しています。東京都は佐賀県と出生率が大きく変わらないにもかかわらず、合計特殊出生率が佐賀県より低いのはなぜですか。資料を参考に考えて説明しなさい。

*出生率は、ある年の出生数をその年の総人口で割ったもの。
**合計特殊出生率は、１人の女性が一生に産む子供の数を表す、15～49歳までの全女性の年齢別出生率を合計した数値。

〈資料１〉

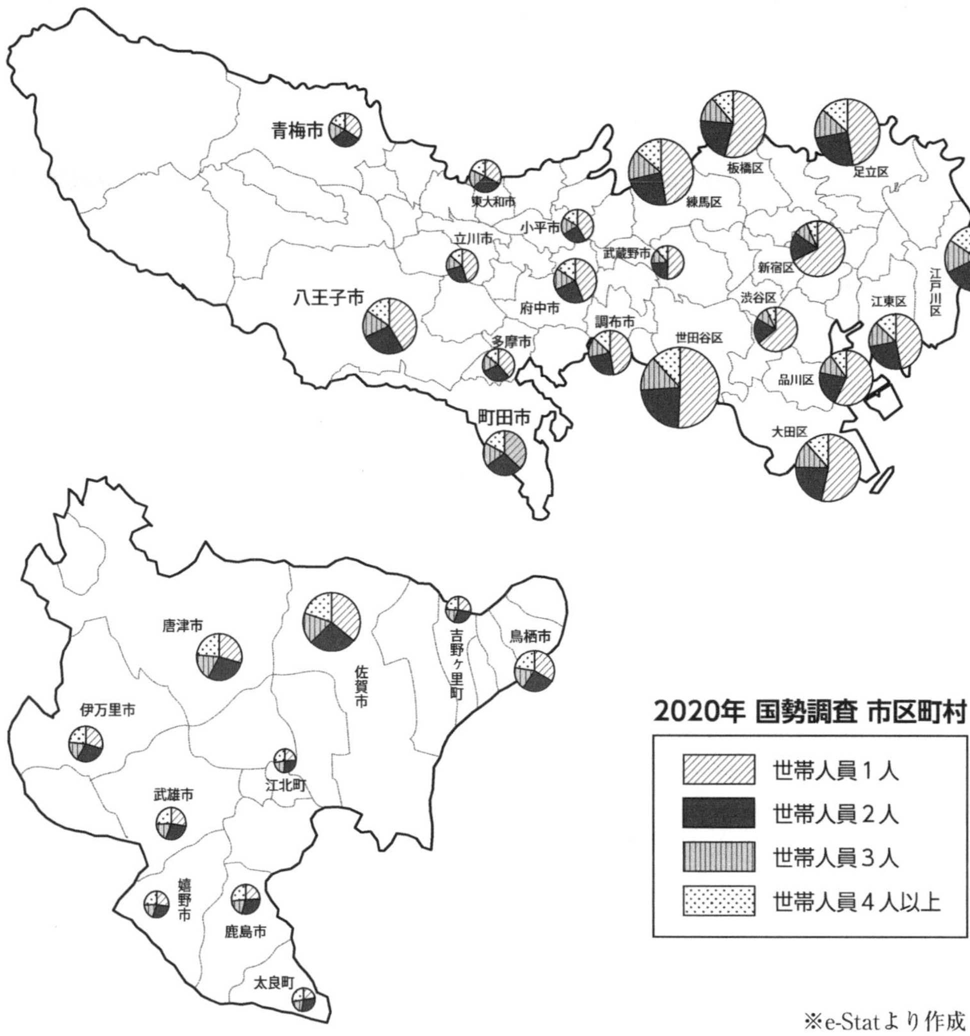

※e-Statより作成

〈資料２〉

	出生率	合計特殊出生率
東京都	7.5	1.15
佐賀県	7.4	1.64

※出生率の単位は‰（パーミル。1000分の１）。
※統計年次は2020年。『日本国勢図会』により作成。

〈資料３〉

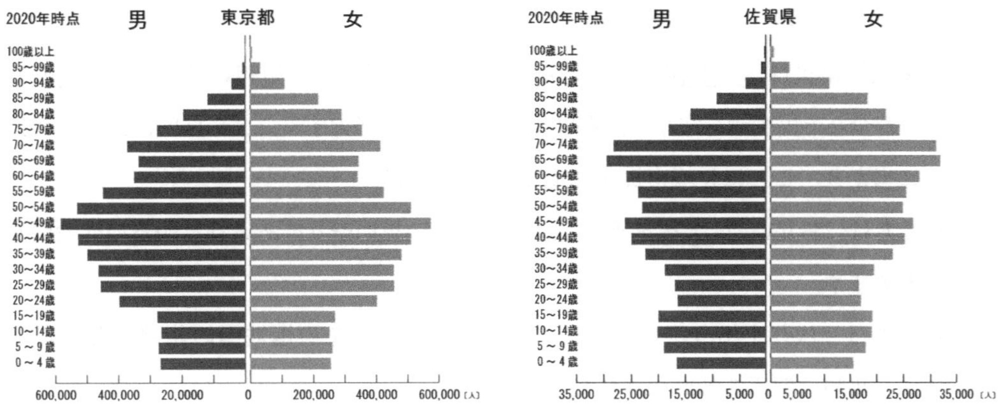

※e-Statより作成

5 以下の長崎市民平和憲章を読んで、あとの問いに答えなさい。

長崎市民平和憲章

私たちのまち長崎は、古くから海外文化の窓口として発展し、諸外国との交流を通じて豊かな文化をはぐくんできました。

第二次世界大戦の末期、昭和20年（1945年）８月９日、長崎は原子爆弾(ばくだん)によって大きな被害(ひがい)を受けました。私たちは、過去の戦争を深く反省し、原爆被爆の悲惨さと、今なお続く被爆者の苦しみを忘れることなく、長崎を最後の被爆地にしなければなりません。

世界の恒久(こうきゅう)平和は、人類共通の願いです。

私たち長崎市民は、①日本国憲法に掲げられた②平和希求の精神に基づき、③民主主義と平和で安全な市民生活を守り、世界平和実現のために努力することを誓い、長崎市制施行(しこう)百周年に当たり、ここに長崎市民平和憲章を定めます。

1．私たちは、お互いの④人権を尊重し、差別のない思いやりにあふれた明るい社会づくりに努めます。

1．私たちは、次代を担う子供たちに、戦争の恐(おそ)ろしさを原爆被爆の体験とともに語り伝え、平和に関する教育の充実(じゅうじつ)に努めます。

1．私たちは、国際文化都市として世界の人々との交流を深めながら、⑤国連並びに世界の各都市と連帯して人類の繁栄(はんえい)と福祉(ふくし)の向上に努めます。

1．私たちは、核(かく)兵器をつくらず、持たず、持ちこませずの［　⑥　］を守り、国に対してもこの原則の厳守を求め、世界の平和・軍縮の推進に努めます。

1．私たちは、原爆被爆都市の使命として、⑦核兵器の脅威(きょうい)を世界に訴え、世界の人々と力を合わせて核兵器の廃絶(はいぜつ)に努めます。

私たち長崎市民は、この憲章の理念達成のため平和施策を実践(じっせん)することを決意し、これを国の内外に向けて宣言します。

平成元年３月27日 長崎市議会議決

平成元年３月27日 長崎市告示第112号

問１　下線部①について、日本国憲法で保障されている自由権に**あてはまらないもの**を下の選択肢**ア〜エ**の事例より１つ選び、記号で答えなさい。

ア　大学で自分が学びたいバイオテクノロジーの分野に進学して研究する。
イ　夢であった海外に住んで、現地ガイドとして活躍する。
ウ　18歳になったので、投票所へ行って１票を投じる。
エ　株式投資や不動産投資などで財産を増やす。

問２　下線部②に関連して、国連が紛争地域の平和の維持を図る手段として行われてきたものとして国連平和維持活動（ＰＫＯ）があります。日本の自衛隊がＰＫＯで派遣された地域名として正しいものを下の選択肢**ア〜エ**より１つ選び、記号で答えなさい。

ア　台湾　　**イ**　フィリピン　　**ウ**　カンボジア　　**エ**　イラク

問３　下線部③に関連して、民主主義を採用する国でもっとも一般的な政治参加が選挙です。ドント方式*による比例代表制の議席配分について、定数６名の場合、次の得票数を見て、Ｃ党の獲得議席は何議席になりますか。算用数字で答えなさい。

*次のような「ドント表」を用いて計算する方式。

	A党	B党	C党	D党
得票数	７５００	６０００	３０００	１５００
÷１				
÷２				
÷３				
÷４				

問４　下線部④に関連して、基本的人権を保障するための権利の説明として**適切でないもの**を下の選択肢**ア～エ**より１つ選び、記号で答えなさい。

ア　衆議院議員は満30歳以上、参議院選挙と都道府県知事は満35歳以上のすべての男女に被選挙権が与えられている。

イ　最高裁判所の裁判官の国民審査（しんさ）を行うことができる。

ウ　国や地方公共団体が国民に損害を与えた場合、賠償（ばいしょう）を請求（せいきゅう）することができる。

エ　憲法が改正されるときは、国民投票による過半数の賛成により承認され、天皇が国民の名において公布する。

問５　下線部⑤に関連して、国際連合によってＳＤＧｓ（持続可能な開発目標）が提案されました。次の**図**の目標の名称の空らんに入る語句を、**資料**を参考にして**漢字４字**で答えなさい。なお**資料**の空らんにも同じ語句が入ります。

図「SDGsの目標13」

※お詫び：著作権上の都合により，イラストは掲載しておりません。
ご不便をおかけし，誠に申し訳ございません。　教英出版

資料

1997年、世界各国の政府代表者が日本の京都に集まり、第３回目となる国連［　　　］枠組み条約の締約（ていやく）国会議（COP3：Conference of the Parties）が開催（かいさい）されました。この会議において採択（さいたく）されたのが、「京都議定書」です。

京都議定書では、参加している先進国全体に対して温室効果ガスを2008年から2012年の間に、1990年比で約５％削減（さくげん）することを要求しました。この削減目標は世界で初めてとなる取り決めとなり、国際社会が協力して温暖化に取り組む、大切な一歩となりました。

問６　空らん⑥に入る適切な語句を答えなさい。

問７　下線部⑦に関連して、核兵器と軍縮をめぐる出来事について正しいものを下の選択肢ア～エより１つ選び、記号で答えなさい。

ア　第五福竜丸の被ばくから原水爆禁止の署名運動が展開され、その活動を引き継ぐ形で第１回原水爆禁止世界大会が広島で開催された。

イ　大気圏内、宇宙空間および水中における核兵器実験を禁止する核兵器不拡散条約が調印された。

ウ　アメリカと中国の間で、中距離核戦力全廃条約が調印された。

エ　核兵器禁止条約が採択され、日本も国際社会の一員として批准した。

2023(R5) 須磨学園中　第1回
教英出版

2022年度　須磨学園中学校入学試験

国　語

第 1 回

（60分）

（注　意）

解答用紙は、この問題冊子の中央にはさんであります。まず、解答用紙を取り出して、受験番号シールを貼り、受験番号と名前を記入しなさい。

1．すべての問題を解答しなさい。

2．解答はすべて解答用紙に記入しなさい。

3．字数制限のある問題については、記号、句読点も１字と数えること。

4．試験終了（しゅうりょう）後、解答用紙のみ提出し、問題冊子は持ち帰りなさい。

※　設問の都合上、本文を一部変更している場合があります。

須磨学園中学校

2022(R4) 須磨学園中　第１回
教英出版

二の設問

問一 〰〰線部a～cの本文中での意味として最も適当なものを後からそれぞれ一つずつ選び、番号で答えなさい。

a 「落ち度」

1 理由
2 失敗
3 不安
4 挫折（ざせつ）

b 「素朴な」

1 正直で、いたわりに満ちているさま。
2 単純で、心がまっすぐであるさま。
3 重苦しくなく、明るい軽さがあるさま。
4 飾（かざ）りけがなく、自然のままであるさま。

c 「疑心暗鬼」

1 悪い状態が長く続き、向上のきざしが見えてこない先行きが不安な状況（じょうきょう）のこと。
2 様子がはっきりせず、目的を達する方法が分からないまま、いろいろ探（さぐ）るように試みること。
3 何でもないことまで疑問や不安を感じたり、恐ろしくなったりすること。

問三 「この曲は優しく、優しく、赤ちゃんの寝息みたいに、限りなく優しく、弾かなくては」（——線部イ）とありますが、なぜ愛理はそのように思っているのですか。その説明として最も適当なものを次の中から一つ選び、番号で答えなさい。

1 優しい月の光を表現し、みなみちゃんに元気を届けるため。
2 平和な眠りの世界を表現し、怒りをコントロールするため。
3 のどかな世界を表現し、聴く人を安らかな気分にするため。
4 幸せな世界を表現し、作詞家と作曲家に曲を捧げるため。

問四 「自分が女の子であることがいやになったりすること、ない？」（——線部）とありますが、本文全体を踏（ふ）まえると、なぜみなみはこのような発言をしたと考えられますか。それを説明した次の文の【 A 】、【 B 】に当てはまる内容を、【 A 】は六字、【 B 】は十五字程度で本文中から抜き出して答えなさい。

みなみちゃんは、自分が【 A 】になった理由を、自分の性別や【 B 】ことにあるように考えているから。

二

小学生の頃は走るのが好きな明るい少女だったみなみは、痴漢の被害に遭ったことで心に傷を負い、それを誰にも話さないまま引っ越してしまいます。三人の親友（雄大・晴樹・愛理）たちはみなみの残したメッセージを手掛かりにその悩みに迫り、みなみの心を救うための計画（ミッション）を開始しました。これを読んで、後の設問に答えなさい。

月の光――江森愛理

「ねえ、愛理。愛理は、自分が女の子であることがいやになったりすること、ない？」

あの日のみなみちゃんのことばが今、あたし自身のことばであるかのように、胸にせまってくる。

ア鍵盤を叩く指につい、力が入ってしまう。

あのね、みなみちゃん、みなみちゃんには、なんのa落ち度もないんだよ。

女の子が痴漢におそわれたとき、女の子の方を責める人がいる。痴漢を誘うようなかっこうをしていたからだ、とか、隙があったからだ、とか。

とんでもない！　と、あたしは思う。

痴漢の被害者には、悪いところなんて、ない。なんにも悪いことをしていないのに、一方的に悪いことをされるから、痴漢っていうのは最悪なんだ。

そこんとこ、間違ってもらっちゃ、困るぜ。

「愛理ちゃん、そこは弾き方が違います。そんなに攻撃的に弾いてはいけません」おっと、マリア先生からストップがかかった。

先生はするどい。

あたしが痴漢に怒りながら弾いていたことを、見破ってしまった。

そう、イこの曲は優しく、優しく、赤ちゃんの寝息みたいに、限りなく優しく、弾かなくては。

「じゃあ、最初からもう一度。愛理ちゃんはこれから、イタリアのベルガモ地方の美しい農村へ行きます。のどかな村です。人々

痴漢には「かいぶつ」の「か」ほどの力もないんだから。

それに、みなみちゃんは、ひとりぼっちじゃない。

あたしたちが付いてる！

遠く離れたところにいても、あたしも雄大も晴樹も、みなみちゃんのことを心配してるし、会いたいって思ってるし、いっしょに悩んだり苦しんだりしたいって、思ってるんだよ。

走りたい少女――伊藤みなみ

「変わったねって言われるのと、変わらないねって言われるの、どっちが好き？」

いつだったか、愛理に、そんな質問をされたことがあった。

愛理は公立中学じゃなくて、音楽大学の付属中学校へ進むことになっていたので、中学生になったら「別れ別れになっちゃうね」っていう話をしているときだったと思う。

「変わらないねがいい。ちっとも変わらないねって、言われたい。大人になんて、なりたくないもん」

わたしがそう答えると、愛理は、自分のほっぺのえくぼに両手の人さし指を当てて――愛理はときどきそんな仕草をする――笑った。

「やっぱり！　みなみちゃんはそう言うと思った」

「じゃあ、愛理は？」

「あ、あたしは絶対『変わったね』派だよ。だって、変わったってことは、成長したってことでしょ。弾けなかった曲が弾けるようになるってことでしょ。あたしはどんどん変わっていきたい。変わらないなんて、つまんないよ」

「そうかなぁ」

と、わたしは言った。

たしかに、変わるということは、成長なのかもしれない。けれど、どんなに成長しても、大人になっても、昔とちっとも変わらない部分、いつまでも変わらないところがあって、その変わらないところこそ、その人のすごくすてきなところ――だったりした

一の設問

問一 (1) ━━線部A「無法」の意味の説明となっている語句を本文中から十字以内で抜き出して答えなさい。

(2) ━━線部B、Cの本文中での意味として最も適当なものを後からそれぞれ一つずつ選び、番号で答えなさい。

B「幹線道路」

1 超高速度での移動、輸送を可能とした道路。
2 最短距離での移動、輸送を可能とした道路。
3 移動、輸送の大部分をになう中心的な道路。
4 移動、輸送の安全のために警備された道路。

C「天と地ほど」

1 極端に
2 端的に
3 本質的に
4 質的に

問二 「その中に、『映すな』という英語が聞こえてくるものがあった」（━━線部ア）とありますが、この言葉はなぜ発せられたのだと考えられますか。その理由の説明として最も

問五 「タリバンの支配」（━━線部エ）とありますが、どういうものでしたか。そのことを説明した次の文の空らん【A】〜【D】に本文中の適切な語句を抜き出して答えなさい。ただし、【A】と【B】、【C】と【D】の順序は問いません。

タリバンは【A】や【B】を強制し、【C】や【D】を禁止していた。

問六 「そういう『物語』に沿ってニュースを作っている」（━━線部オ）とありますが、どういうことですか。その説明として最も適当なものを次の中から一つ選び、番号で答えなさい。

1 アメリカ軍とその協力者が地上からタリバンを壊滅させることを多くの人が望んでいると分かったうえで、その筋書きに合うようにしばしば嘘の事実も織り交ぜて報道を組み立てているということ。
2 アメリカ軍とその協力者が地上からタリバンを壊滅させることを多くの人が望んでいると分かったうえで、その筋書きに不都合な事実をしばしば故意に無視することで報道を組み立てているということ。
3 カブールの平和が保たれ、安全な市民生活が保障され続け

一

次の文章は今から約二〇年前の二〇〇一年に当時のアフガニスタン情勢を受けて、書かれたものである。文中にあるマザリシャリフ、カンダハル、カブールは都市名、タリバンは今（二〇二一年）なお活発に活動するイスラム主義組織の名称である。また、北部同盟とは当時反タリバンを掲げていた軍事勢力の連合体のことである。これを読んで、後の設問に答えなさい。

アフガニスタン戦争のニュース映像はわたしたちの想像力を試す。マザリシャリフ近郊の北部同盟支配地域でタリバンの捕虜が[注1]蜂起した。その周辺にはメディアがたくさんいたらしく、かなり多くの映像が流れたが、(ア)その中に、「映すな」という英語が聞こえてくるものがあった。カメラの被写体となっているのはアメリカ軍の兵士だったと思うが、「アメリカ軍の兵士が負傷したんだ。撮るんじゃない」というようなことを言っていた。そして最後に、「カメラを向けるのを止めないと撃つぞ」と脅した。カメラマンはその脅しに屈した。

アメリカの[注2]海兵隊が地上戦に参加するようになって[注3]CNNやBBCでも戦闘地域の映像が減ったような気がする。カンダハル近郊の戦闘はほとんど映像として見ることができない。北部同盟はメディアの(a)タイドウを許可していたので、アフガニスタン北部からカブールまでの映像は(b)ホウフだった。(イ)特にタリバンが放棄した

だ。忘れてはいけないのは、たとえばカンボジアで(e)ナイセン終結のあとに[注6]ポルポトによる大量の虐殺が起こったというような歴史的事実だ。

日本のメディアが、アメリカに追随した日本政府の正当性をなぞるようにアフガニスタン情勢を報道しているとわたしが思っているわけではない。日本政府の対応が間違っていたことを証明するかのようにアフガニスタン情勢がもっと不安定になればいいと思っているわけでもない。メディアの報道がアメリカ偏重だと考えているわけでもない。ただ、わたしたちは、アメリカに追随したわたしたちの政府の選択はしょうがないものだったという[注7]バイアスをかけて、(カ)アフガニスタン情勢に関するメディア報道を受け入れてしまう傾向と危険性があるのではないかと思っているだけだ。

カブールの外と、主要都市をつなぐ幹線道路、そしてアフガニスタンの大部分を占める山岳地帯の村々には北部同盟のコントロールが及んでいないとすれば、状況は少し面倒になる。超大国アメリカの空爆と海兵隊の投入で[注8]ビンラディンとアルカイーダが捕捉され、アフガニスタン情勢は安定するはずだという前提と期待が崩れるかも知れないからだ。

カブールの映画館が復活したというニュース映像を見て、どういう風に考えたらいいのだろうか。ひょっとしたらカブールの外は、メディアが取材できないほど権力の空白状態が生じているのではないかと想像するのか、それともシュトのカブールで映画館

（余白）

タリバンによって禁止されていた凧揚げ、ブルカを外した女性、ひげを剃る男性、そして復活した映画館などの映像が繰り返し紹介された。カブールにいる国連難民高等弁務官[注5]の友人のメールによると、カブールは現在北部同盟内のさまざまな軍事勢力によって守られているらしい。シュト(c)を支配下に置くことの政治的な意味は大きいので、北部同盟としてはとにかくカブールの治安だけは何としても維持しているということになる。だがもちろん、カブールを一歩出ると(A)無法地帯だ。

ニュース映像で「平和が訪れたカブールの街」を繰り返し見せられると、(ウ)タリバン制圧はすでにほとんど終わってしまったかのような印象を持ってしまう。タリバン後の新しい政権のための会議もドイツで始まった。カンダハル近辺での戦闘が終われば、アフガニスタンが(エ)タリバンの支配を脱して新しく生まれ変わるのだろうとほとんどの人が思っているように見える。というか、誰もがそう思いたいので、メディアは(オ)そういう「物語」に沿ってニュースを作っているのではないだろうか。

わたしはアフガニスタン情勢についてドクジ(d)の情報を持っているわけではない。わたしは、カンダハルでの戦闘についても、カブールの外の状況や、主要都市をつなぐ(B)幹線道路の治安についても何も知らない。だが、そんなに簡単に治安と平和が訪れるのだろうかという疑問を持っている。少年たちが凧揚げができるのは、カブールの中だけではないかという疑いを持っているだけ

選ぶか、どちらがより受け入れがたいだろうか、わたしたちには、受け入れがたい想像を回避するという本能のようなものが備わっている。

受け入れがたい想像のことをわたしたちは不安と呼んでいる。不安に支配されてしまうとわたしたちは精神的安定を失うが、不安をすべて排除してしまうと危機感を持てなくなる。

（村上龍「戦争報道で試される想像力」による）

注1　蜂起　…　一斉に武器を持って立ち上がること。
注2　海兵隊　…　アメリカ軍の初動対応部隊。陸戦も行う。
注3　CNNやBBC　…　CNNはアメリカの、BBCはイギリスのテレビ局。
注4　ブルカ　…　女性の顔を隠す布製のおおい。
注5　国連難民高等弁務官　…　避難民や難民の援助に取り組む国際機関の一員のこと。
注6　ポルポト　…　当時のカンボジア首相。
注7　バイアス　…　思考のかたより。偏見や先入観。
注8　ビンラディンとアルカイーダ　…　国際テロ組織の指導者とその組織名。当時、タリバンの保護下にあったとされる。ビンラディンは二〇一一年アメリカ軍に殺害された。

2 映像が流れることに教育的な問題があるから。
3 映像が流れることに人道的な問題があるから。
4 映像が流れることに宗教的な問題があるから。

問三 「タリバンが放棄したあとのカブールの町や人々を紹介するさまざまな映像」（――線部**イ**）とありますが、どういう映像だったのですか。その説明として最も適当なものを次の中から一つ選び、番号で答えなさい。

1 アメリカ軍の優秀さを伝える映像。
2 タリバンの無能さを伝える映像。
3 解放の歓喜に湧く様子を伝える映像。
4 激しい戦闘の爪あとを伝える映像。

問四 「タリバン制圧」（――線部**ウ**）とありますが、どういうことですか。その説明として最も適当なものを次の中から一つ選び、番号で答えなさい。

1 カブールから完全にタリバンを排除すること。
2 アフガニスタン全土からタリバンを排除すること。
3 タリバンが完全にカブールを制圧すること。
4 タリバンがアフガニスタン全土を制圧すること。

ているということ。

4 カブールの平和が保たれ、安全な市民生活が保障され続けることを多くの人が望んでいると分かったうえで、その筋書きに不都合な事実をしばしば故意に無視することで報道を組み立てているということ。

5 アフガニスタンが国際社会にとって危険な国でなくなることを多くの人が望んでいると分かったうえで、その筋書きに合うようにしばしば嘘の事実も織り交ぜて報道を組み立てているということ。

6 アフガニスタンが国際社会にとって危険な国でなくなることを多くの人が望んでいると分かったうえで、その筋書きに不都合な事実をしばしば故意に無視することで報道を組み立てているということ。

問七 「メディア報道を受け入れてしまう」（――線部**カ**）とありますが、この様子を慣用句を用いて説明した次の文の空らんに入る語を考え、ひらがな三字で答えなさい。

報道を【　　　】にするということ。

問題は、裏面に続きます。

問八　「アフガニスタン戦争のニュース映像はわたしたちの想像力を試す」（〰〰線部）とありますが、「わたしたち」はどうあるべきだと筆者は考えているのですか。本文全体をよく読んで一〇〇字以上一二〇字以内で具体的に説明しなさい。（句読点も一字として数えます。なお、採点については、誤字・脱字や、適切に解答らんを使用しているか等についても見ます。）

問九　〰〰線部a～eのカタカナを漢字で答えなさい。

a　タイドウ　　b　ホウフ　　c　シュト

d　ドクジ　　e　ナイセン

深呼吸をひとつして、あたしは静かに弾きはじめる。
一曲目は、ドビュッシーの『月の光』。
「ベルガマスク組曲」の四つの曲――前奏曲、メヌエット、月の光、パスピエ――の三番めの曲。ベルガマスクの意味は「ベルガモ風の」。

二十代のころ、イタリアに留学中だったドビュッシーはベルガモ地方を訪れたことがあり、滞在中に目にした人々のｂ素朴な生活に心を打たれて、フランスに帰国したあと、この組曲を作曲したという。『月の光』に関しては、フランスの注象徴派の詩人、ヴェルレーヌの「月の光」という詩に捧げる曲でもあったようだ。

あたしは、この曲をみなみちゃんに捧げようと思って、この一週間ずっと、練習に練習を重ねてきた。

先週の金曜日、晴樹の家で取りきめた、三人の重要ミッション。
第一走者のあたしは、コンサートで弾いた曲をみなみちゃんに送る。

その話をマリア先生にしたところ、先生はこんな提案をしてくれた。

「それなら、あと二曲、ドビュッシーの『月の光』と『夢』を加えましょう。この二曲を聴けば、おそろしいかいぶつにねらわれる悪夢を見て、午前三時に目が覚めてしまっても、きっと安らかな眠りにつけます。悪夢は羽を生やして、飛んでいってしまうでしょう。かわりに天使さんが幸せな夢を両手にかかえて、お友だちの枕もとまで、やってきてくれるでしょう。愛理ちゃんの指先で、夢の遣いを呼びだしてあげましょう」

みなみちゃん、だいじょうぶだよ。

痴漢にねらわれたことは、みなみちゃんが女の子であること、みなみちゃんがみなみちゃんであることとは、まったく関係ないんだよ。たまたま近くにいたから被害に遭っただけ。みなみちゃんには、なんの落ち度も責任もない。

だから、恐れる必要もない。

愛理は、ほんとうに、まぶしかった。
未来には「いいことしか待っていません」って感じの瞳をしていた。実際に、そうだったんだろうと思う。

わたしと来たら、まったく逆で、悪いことばかりを考えていた。これから先、もっと悪いことばかりが起こるんじゃないかって、自分の未来におびえていた。

引っ越したあとも、それを引きずっていた。

わたしを苦しめていたかいぶつは、外の世界だけじゃなくて、自分のなかにもいたのだ。それは「ｃ疑心暗鬼」という名前のかいぶつ。

現在の自分に自信が持てなくて、未来にも希望を持てないから、気持ちはどうしても過去へ向かっていく。

あのころはよかった。あのころにもどりたい。大人になんて、なりたくない。変わっていきたくない。ちっとも変わらないねって言われたい。言われて、安心したい。

そういう思考回路を行ったり来たりしていた。

でも今は、ちょっと違う。

真夏の夕暮れどき、乾いた大地をうるおすようにして、空から降ってくる雨音を聞きながら、なんとはなしにいい予感に包まれている。

心のかたすみに「変わりたい」と思っているわたしがいる。その「わたし」は、とても小さな女の子の形をしている。小さいけれど、負けん気だけは強い。

エ<u>小さな女の子は、走るのが大好きだ。</u>

もう一度、走りたい。思いっきり、走りたい。

耳を澄ますと、そんな声が聞こえてくる。

（小手鞠るい『午前3時に電話して』による）

注　象徴派…十九世紀のフランスで盛んになった文学の一派。

問二　「鍵盤を叩く指につい、力が入ってしまう」（――線部ア）とありますが、これはなぜですか。その説明として最も適当なものを次の中から一つ選び、番号で答えなさい。

1　親友のみなみちゃんを思いやってピアノを弾いていると、彼女を苦しめた存在を激しく責めたてたい気持ちになったから。

2　親友のみなみちゃんのためにピアノを弾いていると、彼女の味わった苦しみが想像され、自分も辛い気持ちになったから。

3　親友のみなみちゃんのためにピアノを弾くうちに、彼女をかばいたい気持ちになり、それができないことが悔しいから。

4　親友のみなみちゃんを思いやってピアノを弾いているうちに、彼女を責めた人々への怒りが収まらなくなったから。

すか。どういうことですか。その説明として最も適当なものを次の中から一つ選び、番号で答えなさい。

1　自分が変化していくことを前向きにとらえ、未来でもいいことが起きると強く信じる愛理に憧れる気持ち。

2　勇気をもって変わっていくことで未来も良くなり、自分の意志で未来を変えられるという愛理に憧れる気持ち。

3　変わっていくことを大切にし、元々の美点をさらに磨いて成長させていこうとする愛理に憧れる気持ち。

4　変化を恐れずに成長を望み、自分を支えてくれる友人たちとともに変わろうとする愛理に憧れる気持ち。

問六　「小さな女の子は、走るのが大好きだ」（――線部エ）とありますが、この「小さな女の子」はどういうものを表していますか。それについて説明した次の文の【　Ｘ　】に当てはまる語句を、本文中から十字で抜き出して答えなさい。

変わっていく未来に希望を抱きはじめたみなみが持っている【　Ｘ　】。

2022年度　須磨学園中学校入学試験

算　　数

第 1 回

（60分）

（注　意）

解答用紙は、この問題冊子の中央にはさんであります。まず、解答用紙を取り出して、受験番号シールを貼り、受験番号と名前を記入しなさい。

1．すべての問題を解答しなさい。

2．解答はすべて解答用紙に記入しなさい。

3．試験終了(しゅうりょう)後、解答用紙のみ提出し、問題冊子は持ち帰りなさい。

須磨学園中学校

1　次の $\square$ に当てはまる数を答えなさい。

(1) $\{(17-6\times2)\times5\}-\{(16\times7-6\times16)-(3\times4-7)\}=\square$

(2) $16\times58+79\times16-14\times100+19\times37-37\times5=\square$

(3) $\frac{2}{9}\times0.125\div1\frac{3}{4}\div1.2\div1\frac{2}{3}\times1\frac{3}{4}\times2\frac{2}{3}\times4.5\div\frac{1}{6}=\square$

(4) 312m25cm＋71170mm－363m85cm＋630mm＝ $\square$ cm

(5) $\{31\times\square+(1+2+3\times4)\}\times(4\times4-2\times7)-60=1$

2 へ続く

計算欄（ここに記入した内容は採点されません）

2 次の［　　］に当てはまる数を答えなさい。

(1) 下の図において，直線アと直線イは平行で，三角形 ABC は AB = AC の二等辺三角形です。このとき，角 D の大きさは［　　］度です。

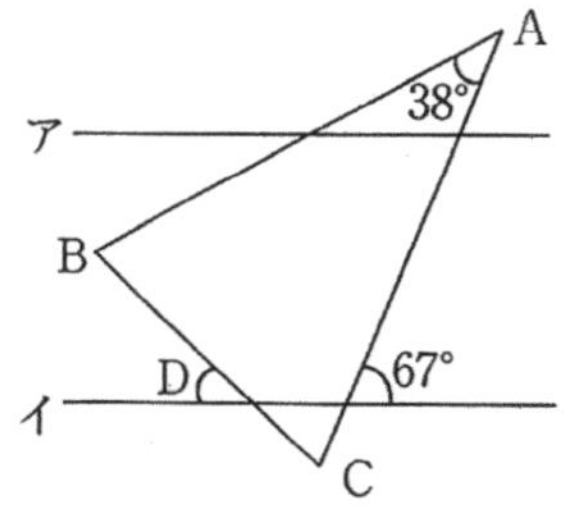

(2) $a \triangle b$ は $a \times b - a - b$ を計算した結果を表すものとします。
例えば，4△5 = 4 × 5 － 4 － 5 = 11 となります。
このとき，3△（4△2）=［　　］△7 が成り立ちます。

(3) 下の図のように，AB＝BC＝ 2 cm，AE＝ 6 cmの直方体があり，
3 点 X，Y，Z を通る平面でこの直方体を切ります。

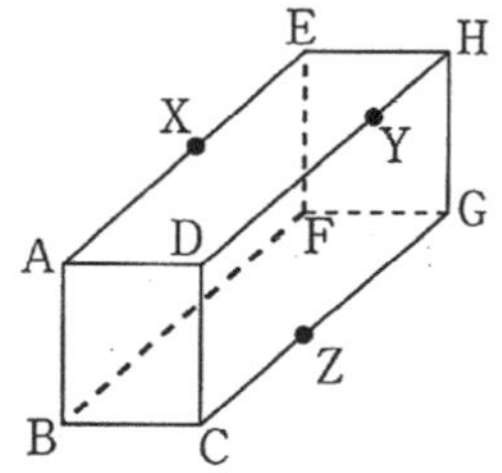

AX＝ 3 cm，HY＝ 2 cm，CZ＝ 2 cm であるとき，
頂点 A を含(ふく)む立体の体積は［　　］cm^3 です。

(4) 和が 11 になる異なる 3 つの 1 以上の整数の組は全部で［　　］組あります。

2 の(5)以降の問題は，5ページに続く

計算欄（らん）（ここに記入した内容は採点されません）

2

(5) 下の図は扇形 ABD と扇形 CDB を重ねたものです。斜線部の面積は小数第 2 位を四捨五入して小数第 1 位までで答えると [　　　] cm^2 になります。
ただし，円周率は 3.14 とします。

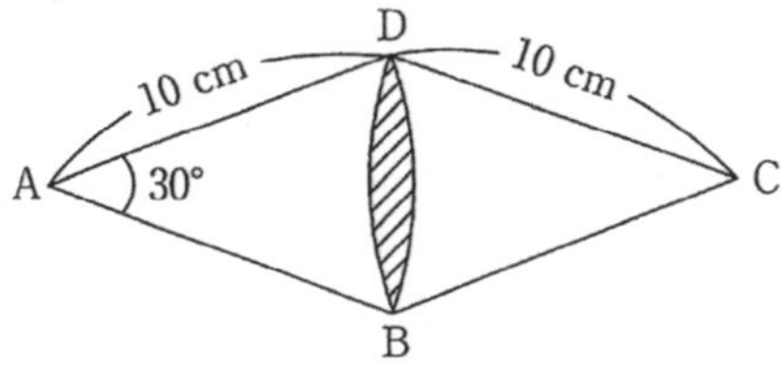

(6) ある国では 4 年に 1 度行われる A 祭りと 3 年に 1 度行われる B 祭りと 7 年に 1 度行われる C 祭りがあります。A 祭りは 2012 年に，B 祭りは 2015 年に，C 祭りは 2008 年に行われていました。
2022 年以降に 3 つのお祭りが初めて同時開催されるのは [　　　] 年です。

(7) ある商品を 200 個仕入れました。仕入れ値の 3 割の利益を得られるように定価をつけると 40 個売れ残ったので，残りはすべて定価の 2 割引きで売ったところ，すべて売れて総利益が 24800 円となりました。この商品 1 個の仕入れ値は [　　　] 円です。

(8) 右の図において，四角形 ABCD は角 C と角 D が 90° で BC = 4 cm，AD = 8 cm です。この四角形を直線アを回転の軸として回転させた立体の体積と直線イを回転の軸として回転させた立体の体積が等しくなりました。

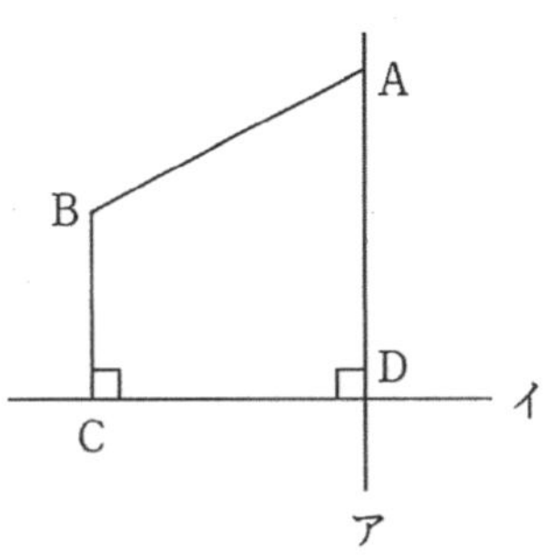

このとき，CD の長さは [　　　] cm です。

ただし，円周率は 3.14 とし，円すいの体積は底面積 × 高さ ÷ 3 で求めることができます。

3 へ続く

計算欄（ここに記入した内容は採点されません）

3 A 地点（上流）と B 地点（下流）の間を往復し，泳ぎ続けることを考えます。
上流から下流へ，秒速 0.5 m の速さで川は流れています。

流れがないところでの太郎(たろう)君と次郎(じろう)君の泳ぐ速さは
それぞれ秒速 1.5 m，秒速 1 m です。

A 地点 と B 地点の間を，太郎君は 7 分 30 秒で往復し，次郎君は 13 分 20 秒で往復することができます。

(1) A 地点 と B 地点との距離(きょり)は何 m ありますか。

2 人が同時に A 地点を出発しました。

(2) 2 人が最初にすれ違(ちが)うのは，A 地点から何 m 離(はな)れたところですか。

(3) 2 人が 2 回目にすれ違うのは，A 地点から何 m 離れたところですか。

(4) 2 人が 3 回目にすれ違うのは，A 地点から何 m 離れたところですか。

(5) 次郎君は出発して 1000 m 泳いだところで，川に流されないようにして，
5 分間を過ぎない範囲(はんい)で休みました。
次郎君が 2 往復したとき，ちょうど太郎君と次郎君が同時に A 地点に
着きました。次郎君は何分何秒間休みましたか。

4 へ続く

計算欄（ここに記入した内容は採点されません）

4 下の図1のような入れ物Pがあります。
AB = BC = DE = FG = GH = AI = 1 cm，CD = FE = 2 cm，
AH = 3 cm であり，それぞれの辺は，垂直に交わっています。

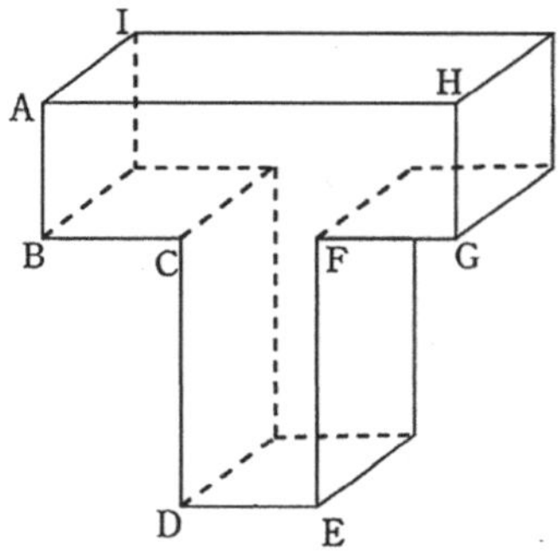

図1

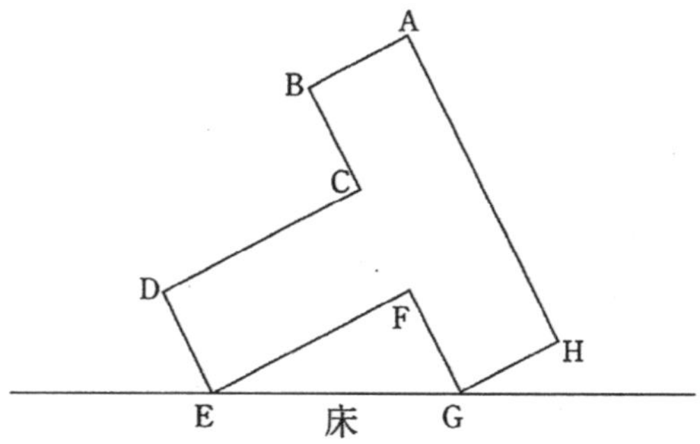

図2

この入れ物の中に図1の点Cの高さまで水を入れて，ふたをしました。

(1) 水を入れたまま面 ABCDEFGH を下にして入れ物Pを置いたとき，水面までの高さは何 cm か答えなさい。

(2) (1) のあと，水をいくらか加え，上の図2のように入れ物Pを床(ゆか)に置くと，水面は点Cの位置にありました。
加えた水の体積は何 cm^3 か答えなさい。

(3) (2) の操作のあと，底面積が 9 cm^2 の四角すいの入れ物Qを四角形の面を床に置き (2) の水をすべて移すと，水面から入れ物Qの頂点までの距離(きょり)が，底面から水面までの距離の2倍になりました。入れ物Qの高さは何 cm か答えなさい。
ただし，四角すいの体積は 底面積×高さ÷3で求めることができます。
また，考え方も答えなさい。

5 へ続く

計算欄（ここに記入した内容は採点されません）

5 下のように，1 ～ 240 の数が縦 6 マス，横 40 マスのマス目に規則正しく書かれています。

1	12	13	24	25		229	240
2	11	14	23	26		230	239
3	10	15	22	27		231	238
4	9	16	21	28	……	232	237
5	8	17	20	29		233	236
6	7	18	19	30		234	235

(1) 隣(とな)り合う横 2 マスの数の合計が 49 となる組み合わせのうち左側の数が一番小さい組み合わせを答えなさい。

(2) 5 の倍数の数が縦 1 列に 2 個ある列は何列あるか答えなさい。

(3) 7 の倍数の数が横 2 マスに隣り合うように並んでいる箇所(かしょ)は何か所あるか答えなさい。

5 の倍数と 7 の倍数の数が書かれているマス目を黒く塗(ぬ)りつぶします。

(4) 黒く塗りつぶしたマス目が何個あるか答えなさい。

(5) 黒く塗りつぶしたマス目が縦 1 列に 3 個ある列は何列あるか答えなさい。

計算欄（ここに記入した内容は採点されません）

（余白）

2022年度　須磨学園中学校入学試験

理　　科

第 1 回

（40分）

（注　意）

解答用紙は、この問題冊子の中央にはさんであります。まず、解答用紙を取り出して、受験番号シールを貼り、受験番号と名前を記入しなさい。

1．すべての問題を解答しなさい。

2．解答はすべて解答用紙に記入しなさい。

3．試験終了(しゅうりょう)後、解答用紙のみ提出し、問題冊子は持ち帰りなさい。

須磨学園中学校

1 各問いに答えなさい。

道ばたに生えている植物を観察すると，茎(くき)が光のくる方向や重力に逆らう方向へ曲がって伸(の)びていることが多くあります。このような植物の性質を「屈性(くっせい)」といい，光による屈性を「光屈性（屈光性(くっこうせい)）」，重力による屈性を「重力屈性」といいます。

植物がどのように光のくる方向へ曲がるのかを調べるため，発芽したばかりのマカラスムギを用いて実験を行いました。発芽直後のマカラスムギはまだ葉がなく，（図１）のように「幼葉(ようよう)しょう」という茎のようなものを伸ばします。

【実験】 地面から垂直に生えた幼葉しょうを４本用意して，（図２）に示すように，それぞれに対して次のア～エの操作を行ってから，横方向から水平に光をあてておき，どの方向に曲がるかを調べました。

<操作ア> 何もしなかった。

<操作イ> 先たん部分を切り取った。

<操作ウ> 先たん部分に光を通さない黒いキャップをかぶせた。

<操作エ> 先たん部分に光を通すとう明なキャップをかぶせた。

【結論】 この実験の結果から，最終的に「幼葉しょうの先たん部分が光を受け取ることで，幼葉しょうが光のくる方向に曲がるようになる」と結論づけました。

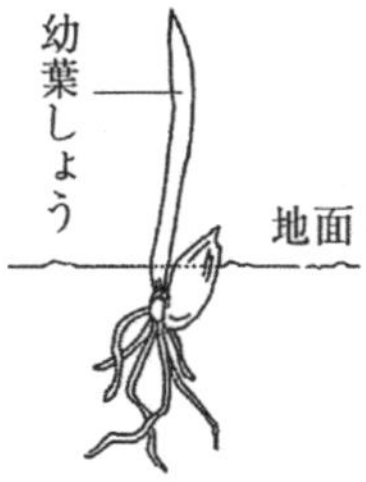

（図１）

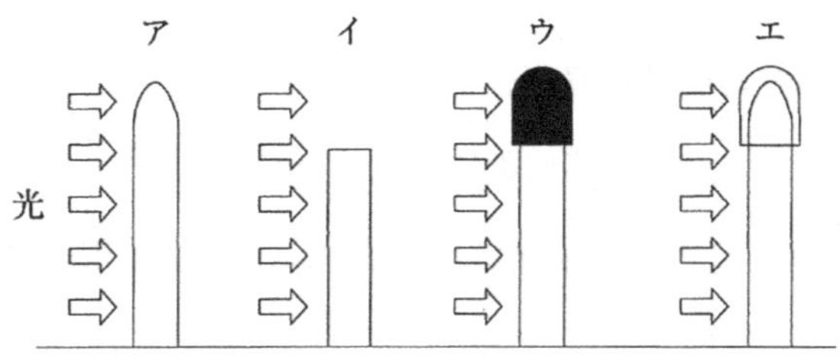

（図２）

問１ 下線部について，マカラスムギはイネのなかまです。成長したマカラスムギの茎の断面は，次の図の①と②のどちらに近いかを答えなさい。また，図中のあ～えの名前をそれぞれ答えなさい。

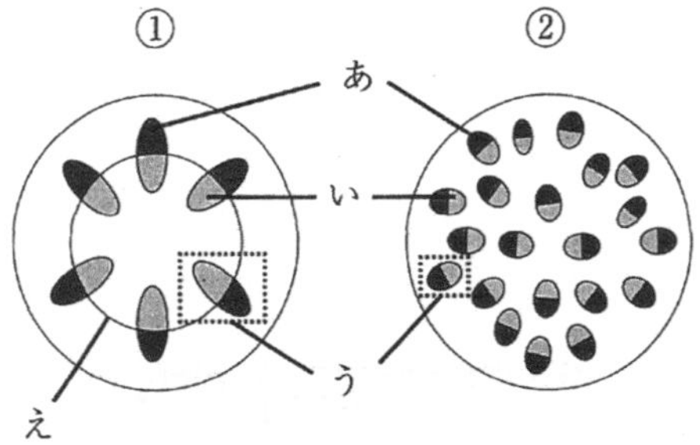

問２　光を受け取って，それに対して応答する能力は動物にもそなわっています。次の文のうち，動物の光に対する応答として適切なものを次の①～⑤より２つ選び，記号で答えなさい。

① 手のひらを強い光にかざすと，血液の色によってすける光が赤くなる。
② 夏の夜の街灯に，虫がとんで近寄ってくる。
③ ネコの眼に急に明るい光を当てると，ひとみ（どうこう）が大きくなる。
④ ヒトが強い日差しを浴び続けると，日焼けをして肌が赤くなる。
⑤ 葉の上のゲンジボタルに軽く息を吹きかけると，ホタルの腹が発光する。

問３　文中の【結論】を参考にして，【実験】でア～エの操作を受けた幼葉しょうがそれぞれどのような結果であったのかを考え，次の①～③より１つずつ選び，記号で答えなさい。

① 光のくる方向に曲がった。　② 光のくる方向と反対方向に曲がった。
③ 曲がらなかった。

問４　＜操作エ＞のマカラスムギを用意した理由を説明した次の文を読み，空らん（ a ）と（ b ）にあてはまる適切な記号と語句をそれぞれ答えなさい。

＜操作エ＞と＜操作（ a ）＞を比較することで，＜操作（ a ）＞の結果がマカラスムギの先たん部分に（ b ）が存在することによるものではなく，先たん部分に光があたらないことによるものだと確認するため。

問５　地面から垂直に生えたマカラスムギの幼葉しょうに，横から光を12分間あてた後，光を消した状態で３分おく，という操作を３回くり返すことで，幼葉しょうが曲がるようすを45分間観察しました。すると，光をあてている12分の間に角度にして５度ずつ光のくる方へ曲がることと，光を消している３分の間にそれまでに曲がった合計の角度の５分の１だけもとに戻ることがわかりました。このマカラスムギの幼葉しょうは最終的に最初の状態から何度曲がっているか答えなさい。ただし，小数第２位を四捨五入して小数第１位まで求めなさい。

問６　文中の【実験】と同じ実験をISS（国際宇宙ステーション）で行っても，幼葉しょうが光のくる方向に曲がるという性質は変化しないと予想できます。これに対して，曲がりの大きさにはどのような変化がみられると予想できますか。本文の「屈性」についての説明を参考にして，解答らんの選択肢から１つを選び，〇をつけ，そのように考えた理由を40字以内で答えなさい。

2 各問いに答えなさい。

2019年，日本の科学者（　ア　）氏がリチウムイオン電池の研究成果により，ノーベル化学賞を受賞しました。ノーベル化学賞は，すぐれた研究結果に加えて，(1) 私たちの生活を一変させた研究におくられます。

肥料の原料となるアンモニアを大量生産する方法である「ハーバー・ボッシュ法」も，かつてノーベル化学賞がおくられた研究の１つです。「ハーバー・ボッシュ法」は(2)ちっ素と水素の反応によってアンモニアを合成する方法です。

28 gのちっ素と６gの水素を容器に入れて反応させたとき，もし，すべてのちっ素とすべての水素が反応したとすると，アンモニアは34 g生じます。しかし，実際に反応を行うと，ちっ素と水素はどちらもすべては反応できずに余ってしまい，生じるアンモニアの重さは34 gより軽くなります。アンモニアの合成についての【実験】を行いました。

【実験】 いくつかの容器を用意し，それぞれの容器に28 gのちっ素と６gの水素を入れ，さまざまな温度で反応を行いました。（図１）は時間とアンモニアが生じた量の関係をそれぞれの温度で表しています。

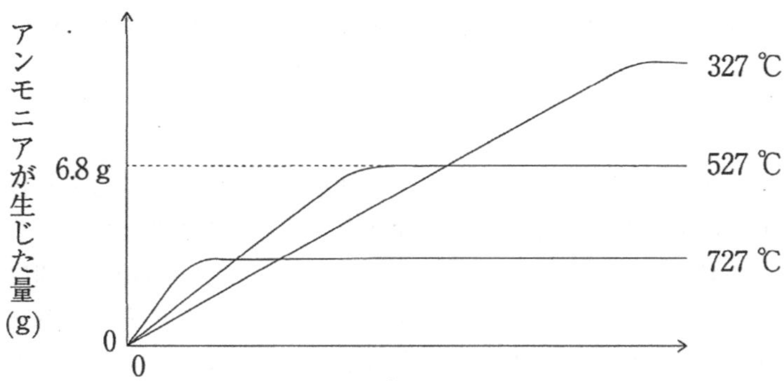

（図１）

問1　空らん（　ア　）にあてはまる日本の科学者の名前として正しいものを，次の①～④より1つ選び，記号で答えなさい。

①　根岸（ねぎし）　英一（えいいち）　　②　吉野（よしの）　彰（あきら）　　③　鈴木（すずき）　章（あきら）　　④　野依（のより）　良治（りょうじ）

問2　下線部（1）について，リチウムイオン電池の研究成果により，世の中に広まった電化製品を1つ答えなさい。

問3　下線部（2）について，アンモニアはちっ素と水素を原料として合成されているにも関わらず，それらの性質とは異なっているものがあります。アンモニアがちっ素や水素と異なっている性質を2つ答えなさい。

問4　【実験】について，527 ℃にして反応させた場合，アンモニアは6.8 gしか生じませんでした。このとき，容器に残っているちっ素と水素の重さはそれぞれ何gになるか答えなさい。

問5　【実験】について，527 ℃で反応を開始してから，容器内に存在するちっ素と水素とアンモニアの重さをそれぞれ計測しつづけました。このとき，3種類の気体の合計の重さについて考えられることとしてもっとも適切なものを，次の①～⑤より1つ選び，記号で答えなさい。

①　増えつづける　　②　減りつづける　　③　はじめは増え，やがて一定となる
④　はじめは減り，やがて一定となる　　⑤　一定のままである

問6　【実験】について，「ハーバー・ボッシュ法」では，アンモニアの合成にちっ素と水素を用いていますが，実際にはそれに加えて鉄を主成分とする物質を使用しています。鉄を主成分とする物質はアンモニアの合成中に変化していません。変化しないにもかかわらず，この物質を使用している理由を簡単に説明しなさい。

問7　【実験】について，427 ℃でのグラフを予想して，時間とアンモニアが生じた量の関係を解答らんのグラフにかき込（こ）みなさい。

問8　アンモニアを大量に得るには327 ℃のような低い温度で行えばよいことが（図1）からわかります。しかし，実際には低い温度ではなく，527 ℃付近の温度で行っています。低い温度でアンモニアの合成を行っていない理由を20字以内で説明しなさい。

3 各問いに答えなさい。

LED（発光ダイオード）や手回し発電機，豆電球，乾電池（かんでんち）を使って，実験を行いました。LEDは（図1-1）のように，長さが異なる２本の足があり，ここに導線をつなげます。また，手回し発電機は（図1-2）のような装置です。出ている２本の導線は区別しやすいように一方を実線（――――），他方を点線（･･････････）でかかれています。

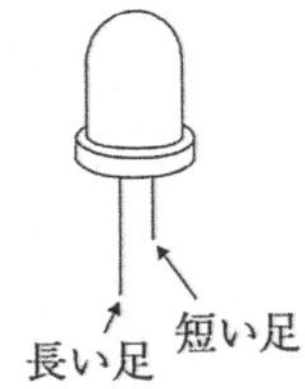

（図1－1）

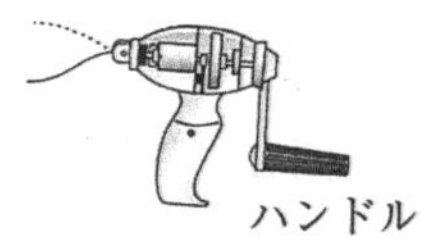

（図1－2）

【実験１】（図２）のように，乾電池と豆電球，乾電池とLEDをつないだところ，A～Cは点灯しましたが，Dは点灯しませんでした。このとき，Dの回路には電流が流れていませんでした。

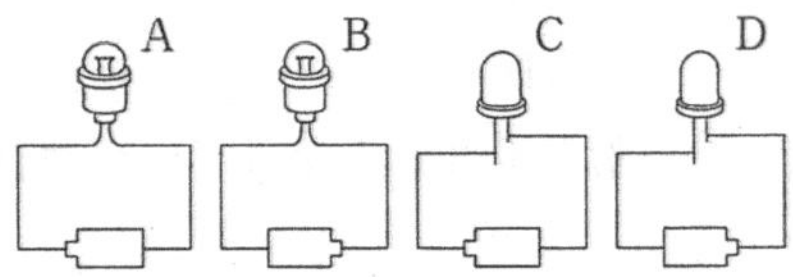

（図２）

【実験２】（図３）のように，手回し発電機と豆電球，手回し発電機とLEDをつなぎました。手回し発電機のハンドルを，AとCにつないだものでは時計回りに，BとDにつないだものでは反時計回りに回転させたところ，A～Cは点灯しましたが，Dは点灯しませんでした。

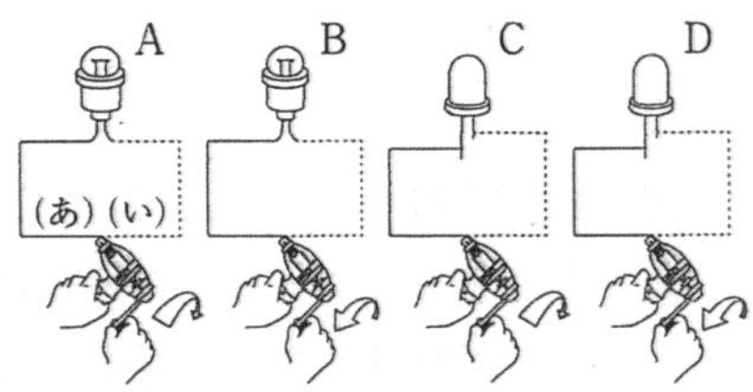

（図３）

【実験３】（図４）のように，手回し発電機と乾電池，豆電球をつないだところ，豆電球は点灯し，手回し発電機のハンドルが１秒あたり１回の速さで，時計回りに回転しました。このことから，発電機と（　ア　）は同じ構造で，はたらかせ方が逆になっていることがわかります。さらに，ハンドルを持ち，回す速さを変化させたところ，豆電球の明るさや回路に流れる電流の大きさが変化しました。それらの結果を（表１）にまとめました。ただし，豆電球の明るさや，電流の大きさは，（図４）の回路のときのものを基準として表しています。

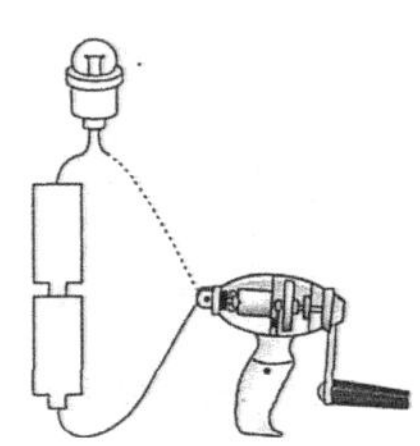
（図４）

（表１）

ハンドルの操作	1秒あたりの回転数	豆電球の明るさ	流れる電流の大きさ
×（何もしない）	時計回りに１回	基準	基準
手で力を加えて回転させる	時計回りに２回	点灯しない	流れていない
手で力を加えて回転させる	時計回りに３回	基準と同じ	基準と同じ
手で回転を止める	×（回転させない）	明るい	基準の２倍

問1　豆電球と比べて，LEDがすぐれている点を1つ答えなさい。

問2　【実験1】でわかることをふまえて，右図のa～hの豆電球およびLEDのうち，点灯するものをすべて選び，記号で答えなさい。

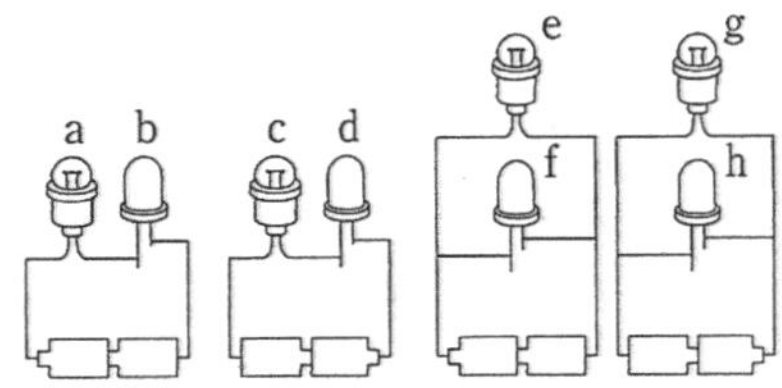

問3　【実験2】について，手回し発電機のハンドルを時計回りに回転させたとき，(図3)中の（あ)，(い）のどちらが乾電池のプラス極にあたるかを答えなさい。

問4　【実験3】について，本文中の空らん（　ア　）にあてはまる機器の名前をカタカナ4文字で答えなさい。

問5　【実験3】について，右図のように同じ手回し発電機2台と，豆電球をつないで，一方のハンドルを手で時計回りに1秒あたり2回の速さで，回転させ続けました。もう一方の手回し発電機のハンドルはどのように回転しますか。次の文章中の（1）と（2）について，正しい説明になるように，解答らんの語句を◯で囲みなさい。

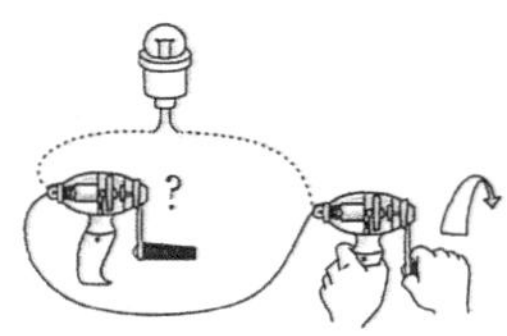

{手で回転させた手回し発電機に比べて，（1）【 同じ・逆 】方向に，
（2）【 より速く・同じ速さで・より遅く 】回転する。}

問6　【実験3】について，右図のように手回し発電機と乾電池，豆電球をつなぎ，次の（a)～(c）の操作を行いました。それぞれの操作と豆電球の明るさが等しくなるつなぎ方を，次の①～④よりそれぞれ1つずつ選び，記号で答えなさい。

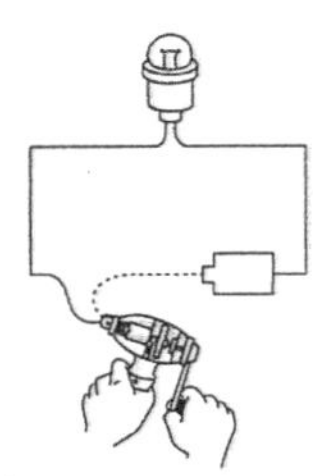

（a）手で力を加えて，1秒あたり1回の速さで時計回りに回転させる。
（b）手で力を加えて，1秒あたり2回の速さで反時計回りに回転させる。
（c）手でハンドルの回転を止める。

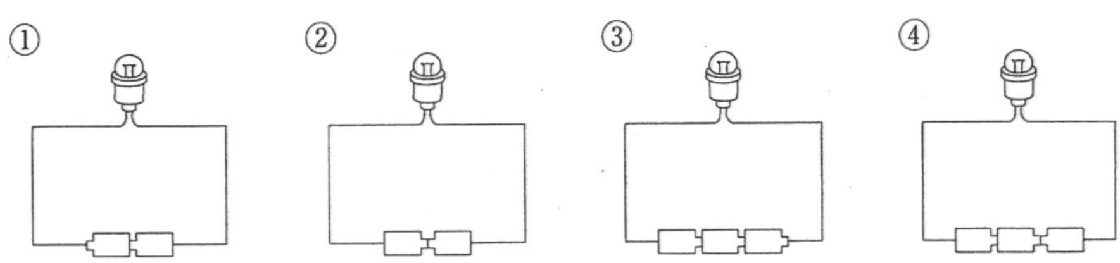

4 各問いに答えなさい。

地球の表面は数十枚のプレートと呼ばれる岩石で覆われています。そしてこれらのプレートは，ゆっくりと運動し，さまざまな現象を引き起こしています。

プレートが引き起こす現象のひとつに (1) <u>地震</u>があります。地震の原因はさまざまですが，断層が原因となる地震は，プレートの一部が壊れ，ある面をはさんだ岩石の両側が急激にずれ動くことで発生します。断層上で最初に破壊される点を (2) <u>震源</u>といいます。断層は，ずれの向きによって正断層，逆断層，横ずれ断層に分類されます。（図1－1）を元の位置とし，向かい合って互いを見たときに，（図1－2）のように互いに右にずれたものを「右横ずれ断層」と呼びます。また，元の位置に対して（図1－3）のように左にずれたものを「左横ずれ断層」と呼びます。

1995年１月17日の「阪神・淡路大震災」を引き起こした兵庫県南部地震では，六甲･淡路島断層帯の一部である (3) <u>野島断層</u>で地表にずれが生じました。断層の南東側が北西側に比べ最大1.4 mもり上がり，断層の南東側が南西方向へ最大2.1 mずれました。この断層の一部は，淡路島北淡震災記念公園で実際に見ることができます。

地震が起こると，先にとう達して小さいゆれを引き起こすＰ波や，後にとう達して大きなゆれを引き起こすＳ波などといった (4) <u>地震波</u>が震源から出て，地球内部を伝わります。地震波は震源を中心に全方位に広がり，地表に達すると地震のゆれとして観測されます。下の（表１）は兵庫県南部地震の際に，各観測地点と，地震波が届いた時刻をまとめたものです。

（図１－１）

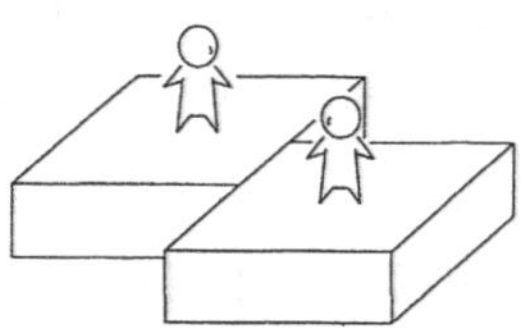

（図１－２）

（図１－３）

（表１）：兵庫県南部地震における各観測地点の地震波とう達時刻

観測地点	震源からの距離	Ｐ波とう達時刻	Ｓ波とう達時刻
神戸	24 km	5 時 46 分 56 秒	5 時 47 分 00 秒
大阪	48 km	5 時 47 分 00 秒	5 時 47 分 08 秒
高野山	66 km	5 時 47 分 03 秒	（　ア　）
名古屋	186 km	（　イ　）	5 時 47 分 54 秒
東京	（　ウ　）	5 時 48 分 07 秒	5 時 49 分 22 秒

※計算しやすくするため，実際のデータとは多少異なります。

問１　下線部（１）について，次の①～④の文のうち，もっとも適切なものを１つ選び，記号で答えなさい。

①　現在使われている震度(しんど)は，１～10の10段階で分けられる。
②　マグニチュードが２大きくなると地震の規模は100倍になる。
③　地震は世界中のあらゆる地域ではなく，特定の地域に集中して発生する。
④　震度の大きな地震が起こったとき，必ず津波(つなみ)が発生する。

問２　下線部（２）について，右図は地震が発生してから各地（図中の・）が何秒後にゆれ始めたかを，地図上に示したものです。この地震の震源は①～⑨のどの場所にあると考えられますか。もっとも適切なものを①～⑨より１つ選び，記号で答えなさい。

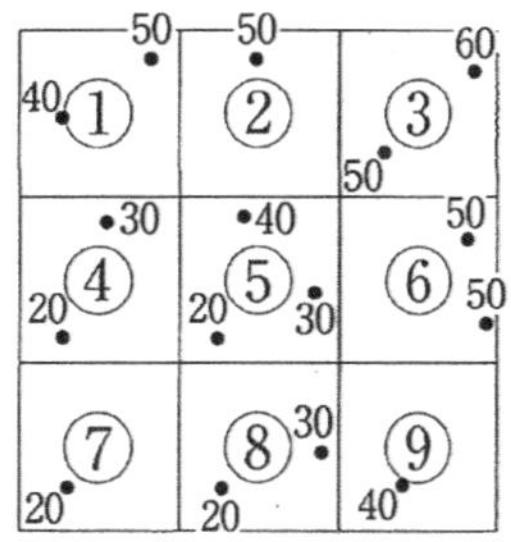

問３　下線部（３）について，どのような断層であると考えられますか。もっとも適切なものを，①～④よりすべて選び，記号で答えなさい。

①　②　③　④

問４　下線部（４）について，次の（ａ），（ｂ）の問いにそれぞれ答えなさい。

（ａ）観測地点で地震波を観測するとき，右図のような３つで１セットの地震計(じしんけい)が用いられます。なぜ３つで１セットなのかを簡単に説明しなさい。

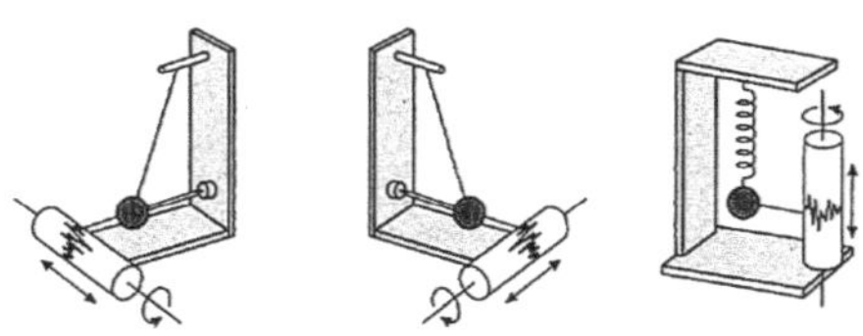

（ｂ）Ｐ波とＳ波の速さの違いを利用したものに緊急(きんきゅう)地震速報があります。震源から42 kmの地点に地震計があり，Ｐ波のとう達と同時に地震を判定し，その10秒後に震源から90 kmの住宅地に緊急地震速報を伝えたとします。このとき，住民が速報を受け取ってからＳ波がとう達するまでの時間を求めなさい。ただし，震源で発生した地震はＰ波が６km/秒，Ｓ波が３km/秒で伝わるものとします。

問５　（表１）について，（　ア　），（　イ　）にあてはまる時刻を，（　ウ　）にあてはまる距離をそれぞれ答えなさい。

（ 余 白 ）

（余白）

2022年度　須磨学園中学校入学試験

社　　会

第 1 回

（40分）

（注　意）

解答用紙は、この問題冊子の中央にはさんであります。まず、解答用紙を取り出して、受験番号シールを貼り、受験番号と名前を記入しなさい。

1．すべての問題を解答しなさい。

2．解答はすべて解答用紙に記入しなさい。

3．試験終了（しゅうりょう）後、解答用紙のみ提出し、問題冊子は持ち帰りなさい。

須磨学園中学校

1 約80年前、1941年12月８日の日本軍による真珠湾攻撃により太平洋戦争が始まりました。太平洋戦争での敗戦が日本社会を大きく変えるきっかけとなったように、戦争や戦乱が社会に及ぼす影響は非常に大きいものです。そこで、太郎さんは有名な戦争や戦乱を５つ選び、カードにまとめました。カードＡ～Ｅの文章を読み、あとの問いに答えなさい。

A　応仁の乱

a 当時の幕府の次の将軍をめぐる対立をきっかけに、全国の守護大名が東西陣営に分かれて争う応仁の乱が起こりました。11年間もの長きにわたって戦場となった［ ① ］は荒れ果て、幕府の権威は弱まりました。守護大名が［ ① ］で戦いをくり返す間、大名の任地を代わりに守っていた守護代や国人と呼ばれる武士が次第に地方の実権を握るようになりました。

B　太平洋戦争

日本がハワイの真珠湾を攻撃し、日本とアメリカ合衆国・イギリスの間で太平洋戦争が始まりました。19世紀末から［ ② ］での権益を狙うアメリカ合衆国に対して、第一次世界大戦中に「二十一ヶ条の要求」を突きつけるなど日本が［ ② ］への野心をあらわにしたことが対立のきっかけです。そして、太平洋戦争開戦直前の日米交渉では、日本の［ ② ］からの撤退が主題となりました。

C　島原・天草一揆

厳しいキリスト教取り締まりと年貢の取り立てに百姓たちが反発して、島原・天草一揆が起こりました。一揆の中心となったのは当時16歳の［ ③ ］です。b 当時の幕府は12万人の兵力を動員してようやくこれを鎮圧し、この後キリスト教根絶のために様々な政策を実施しました。

D　元寇

モンゴル人の国である元が日本に降伏（こうふく）を要求しましたが、c当時の幕府がその要求を拒否（きょひ）したことにより、元軍が九州北部に２度押し寄せました。日本の武士は元軍の集団戦法や「てつはう」と呼ばれる火薬に苦戦しましたが、２度とも追い返すことに成功しました。一方、命がけで戦ったにもかかわらず、幕府から④御恩を授かった武士はわずかで、幕府に不満を持つ者が増えました。

E　承久の乱

d当時の幕府に反発した朝廷側が、幕府打倒（だとう）のために起こした戦いを承久の乱とよびます。しかし、その結果は幕府側の圧勝で終わり、戦乱の中心になった３人の⑤上皇は島流しとなりました。その後幕府は天皇の後継（こうけい）者決定にも介入（かいにゅう）するようになり、さらに幕府の力は強まっていきました。

問１　波線部a～dのうち２つは同じものを指しています。どれとどれが同じか記号で答えなさい。

問２　空らん［ ① ］には、ある場所が入ります。その場所として適切なものを次の地図中のア～エより１つ選び、記号で答えなさい。

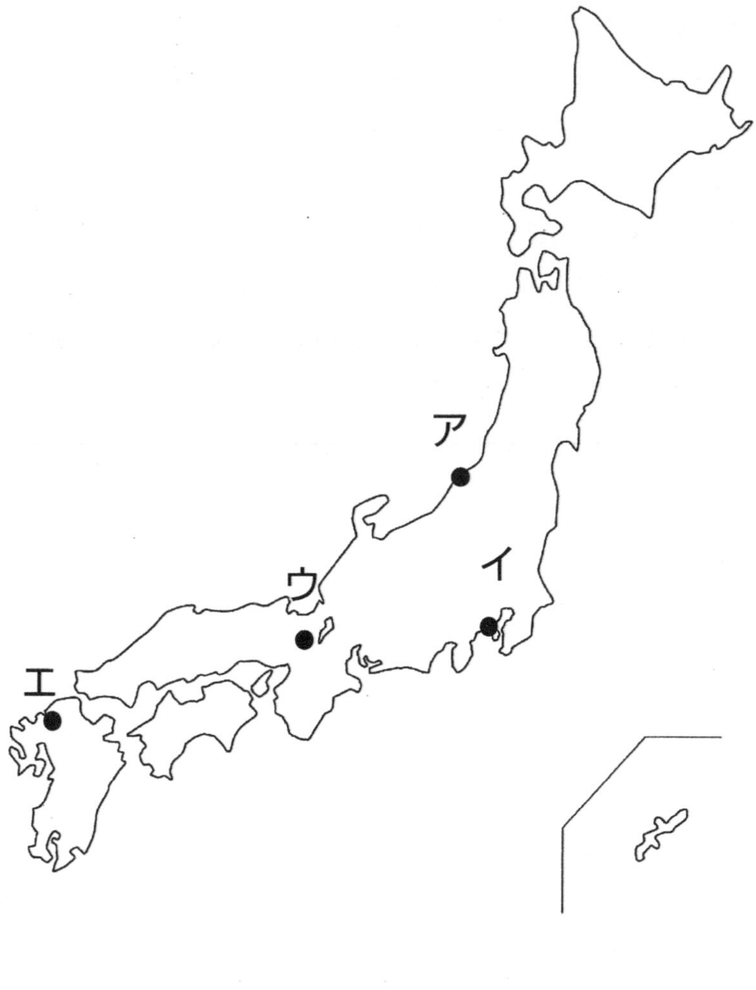

問３　空らん［ ② ］には、ある地域が入ります。その地域に含まれている場所として適切なものを次のア～エより１つ選び、記号で答えなさい。

ア　上海（シャンハイ）　　イ　平壌（ピョンヤン）　　ウ　香港（ホンコン）　　エ　台北（タイペイ）

問4　空らん ③ に入る人物の名前を漢字で答えなさい。

問5　下線部④「御恩」の具体的な説明として適切なものを、次のア～エより1つ選び、記号で答えなさい。

ア　多額の金銀や財宝を授与してもらうこと
イ　代々所有してきた土地の権利を認めてもらうこと
ウ　配下の軍団の増員を許されること
エ　幕府所在地に近い土地へ移住を命じられること

問6　下線部⑤「上皇」に関連して、次の百人一首の詠(よ)み手ア～エのうち、上皇になったことがあるのは誰ですか。適切なものを1つ選び、記号で答えなさい。

ア

イ

ウ

エ

問7　カードA～Eを年代の古い順番に並べなさい。(最後はBになります。)

2 茶の歴史に関する次の文章を読み、あとの問いに答えなさい。

私たちがふだん何気なく飲んでいる「お茶」は、その歴史をたどってみると、単なる飲み物ではなく、時代によって異なる社会的な意味合いを持っていたということが分かります。

そもそも茶は中国発祥のもので、①遣唐使として中国に派遣(はけん)された人々によって、日本に茶の文化が持ち込まれたと考えられています。９世紀初頭の記録が日本での茶に関する最初の記述とされていますが、当時茶は非常に貴重なもので、②貴族や僧などの極めて限定された人々しか口にすることができませんでした。

③鎌倉時代になると、栄西という僧が『喫茶養生記(きっさようじょうき)』を書き記し、茶の効能を人々に説きました。栄西は12世紀後半に中国で禅宗を学びましたが、そのとき中国の寺院では茶を飲むことが流行していたようです。鎌倉時代には、禅宗が日本の［　④　］に広く信仰されるようになりましたが、それとともに茶を飲む習慣が社交の道具として［　④　］に浸透しました。この頃から⑤駿河や伊勢など、日本でも茶が栽培(さいばい)されるようになりました。

⑥南北朝時代から室町時代にかけては、茶の宴会(えんかい)が流行するなど、茶は娯楽(ごらく)性の強いものになりました。一方、15世紀後半になると禅宗の作法を重んじ、質素さを追求した「侘(わ)び茶」という様式が生まれます。⑦豊臣秀吉に重用されたことでも知られる千利休がそれを完成させました。

江戸時代になると、日本全土で⑧交通・流通制度が整備され、茶が積極的に取り引きされるようになりました。その後、⑨明治時代中期までは大いに輸出されてきた茶でしたが、外国産の茶の台頭により、次第に輸出量は停滞しました。代わりに国内での消費量が増加し、昭和時代初期になると食卓で茶が飲まれることが一般化したと言われています。現在のように飲み物としてお茶が飲まれるようになったのは歴史的には最近のことなのです。

問１　下線部①「遣唐使」について説明した次のア～エの文のうち**適切でないもの**はどれですか。１つ選び、記号で答えなさい。

ア　日本の使者が持参した国書を見て皇帝の煬帝(ようだい)が立腹した。

イ　９世紀末に菅原道真によってその停止が進言された。

ウ　唐の政治制度を学ぶことが目的の１つだった。

エ　日本の仏教の振興(しんこう)に大きな役割を果たした。

問２　下線部②に関連して、平安時代の文化はおもに貴族によって担われました。次の写真に示される、平等院鳳凰堂を建てさせた貴族の名を**漢字４字**で答えなさい。

問３　下線部③に関連して、次の図は鎌倉時代の農民が書いたとされる文書です。ここに書かれた内容として適切なものはどれですか。下のア～エより１つ選び、記号で答えなさい。

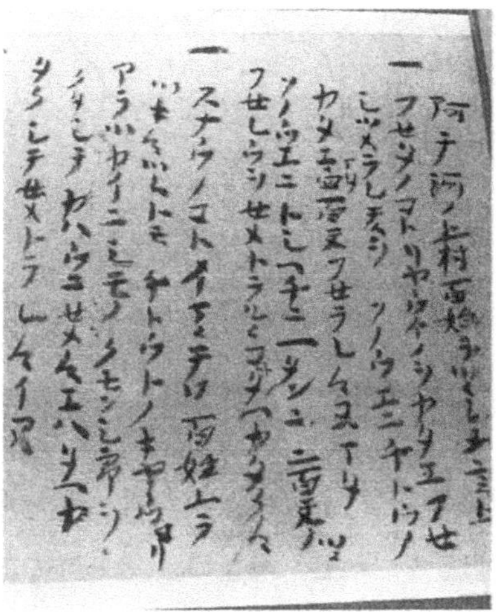

ア　防人のために東国から太宰府まで移動する大変さを訴えている。

イ　地頭による乱暴な人づかいのため、年貢（ねんぐ）の納入が遅れたと訴えている。

ウ　高利貸し業者の酒屋・土倉を襲撃（しゅうげき）し、借金の破棄（はき）を宣言している。

エ　貴重な働き手である若い男子を軍隊に召集（しょうしゅう）する徴兵（ちょうへい）令に反対している。

問４　空らん［④］には当時の支配階級が入ります。空らんに当てはまる語句を**漢字２字**で答えなさい。

問５　下線部⑤について、駿河や伊勢は茶の栽培に適した気候であったためと考えられます。日本で栽培される以前、中国で栽培がさかんであった地域に含まれるのは、下のア～エのうちどの地域ですか。４つの雨温図を参考に適切なものを１つ選び、記号で答えなさい。

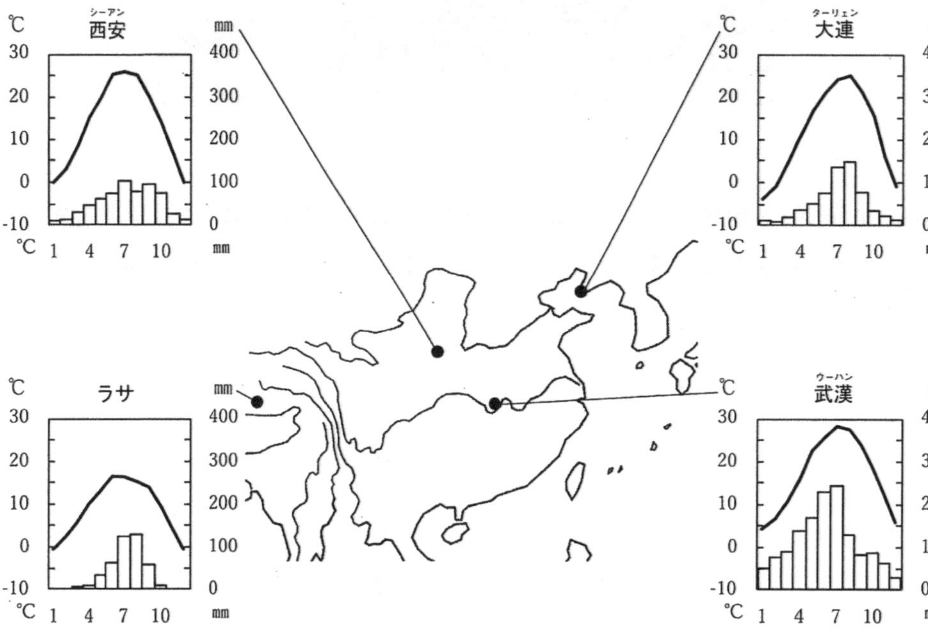

『理科年表』により作成

ア　現在の西安（シーアン）一帯の地域　　イ　現在の大連（ターリエン）一帯の地域
ウ　現在のラサ一帯の地域　　エ　現在の武漢（ウーハン）一帯の地域

問６　下線部⑥に関連して、次の資料は南北朝時代直前の混沌（こんとん）とした世情を風刺（ふうし）した「二条河原の落書」の一部とその解説文です。解説文中の空らんに当てはまる語句を漢字２字で答えなさい。

> 「二条河原の落書」
>
> 此比（このころ）都ニハヤル物　夜討（ようち）強盗謀綸旨（にせりんじ）……（後略）

【解説文】

京都の二条河原にかかげられたといわれるこの落書は、［　　　］中心の政治を目指した建武の新政期に書かれたものです。この改革によって、今まで認められていた土地の所有権はすべて無効とされ、［　　　］の命令である綸旨によってのみ所有権を認めることとされました。その結果、綸旨を求める人々が京都に殺到し、その混乱に紛（まぎ）れてニセの綸旨が数多く作成されました。その混乱ぶりがリズムよくこの落書冒頭に描かれています。

問７　下線部⑦について、次の図P・Qは豊臣秀吉の政策と関係のあるものです。P・Qを説明した文の正誤の組み合わせとして適切なものを下のア～エより選び、記号で答えなさい。

P　全国的な検地の実施により、誰が年貢を負担するのか明確にした。

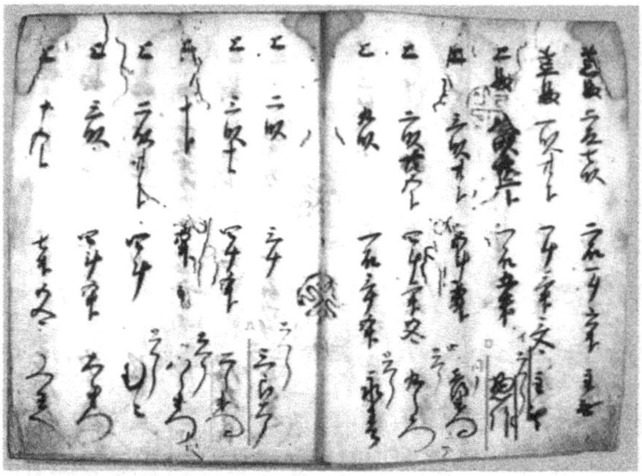

Q　鎮護(ちんご)国家思想に基づき、大仏建立を目的として農民から刀を徴集(ちょうしゅう)した。

ア	P－正	Q－正	イ	P－正	Q－誤
ウ	P－誤	Q－正	エ	P－誤	Q－誤

問８　下線部⑧に関連して、次のア～エのうち、江戸時代に大坂から江戸に物資を輸送する上で**利用しない**と考えられる経路を１つ選び、記号で答えなさい。

ア　中山道　　イ　東海道　　ウ　西廻り航路　　エ　東廻り航路

問９　下線部⑨について、次の図は明治時代中期に起きたノルマントン号事件を示したものです。これについて説明した文Ｘ・Ｙの正誤の組み合わせとして適切なものを下のア～エより選び、記号で答えなさい。

Ｘ　この事件によって関税自主権の回復が日本国内で強く求められるようになった。

Ｙ　この事件を受けて岩倉使節団が欧米に派遣（はけん）されることになった。

ア　Ｘ－正　Ｙ－正　　イ　Ｘ－正　Ｙ－誤

ウ　Ｘ－誤　Ｙ－正　　エ　Ｘ－誤　Ｙ－誤

3 東北地方に関する次の各問いに答えなさい。

問１　次の図ア～エは東北６県の果実、漁業、米、畜産の産出額のいずれかを比較したものです。畜産の産出額にあたるものをア～エより１つ選び、記号で答えなさい。

ア

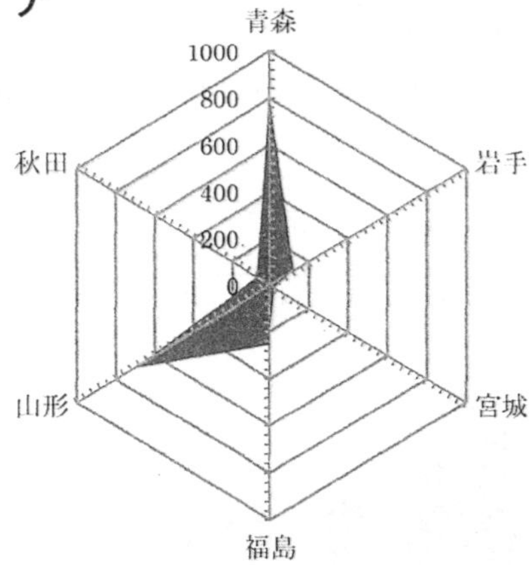

イ

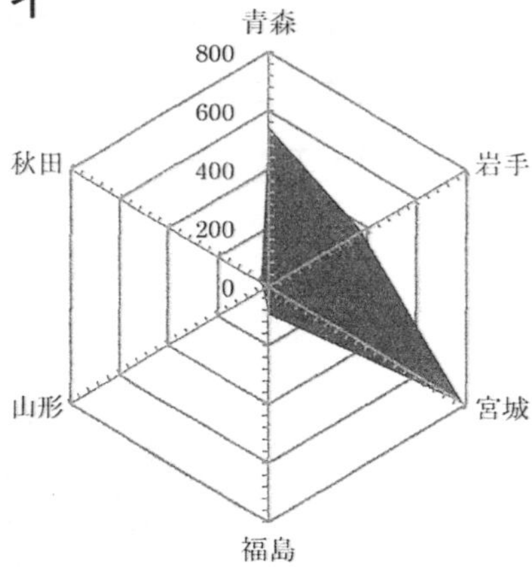

ウ

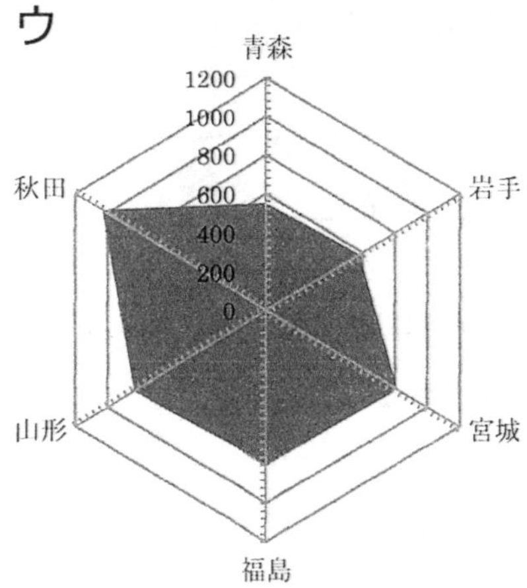

エ

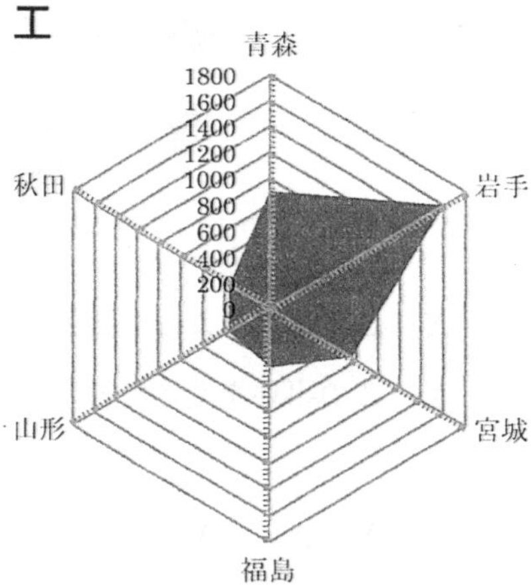

数値の単位は億円。統計年次は2018年。
『日本国勢図会』により作成。

問２　東北６県はすべて海に面しています。解答らんにある山形県の図のうち、海岸線にあたる部分を実線でなぞりなさい。

一

（※の欄には、何も記入してはいけません）

問一 a b c ※

問二 ※

問三 ※

問四 A B ※

問五 ※

問六 ※

※

問九 a b c d e ※

※

※

※

※150点満点
（配点非公表）

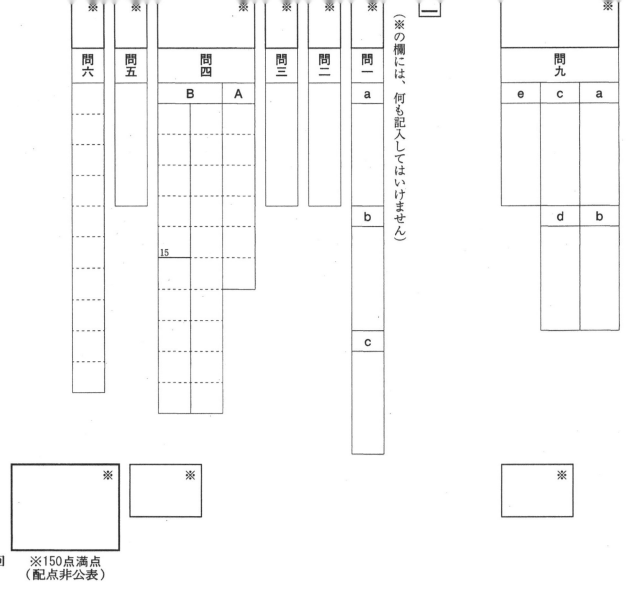

2022SUMAJ0110
2022(R4) 須磨学園中　第１回
教英出版

答え

cm

5

(1) (,)	(2) 列	(3) か所	(4) 個	(5) 列

※

※

※150点満点
（配点非公表）

2022SUMAJ0120

2022(R4) 須磨学園中　第１回
教英出版

問7

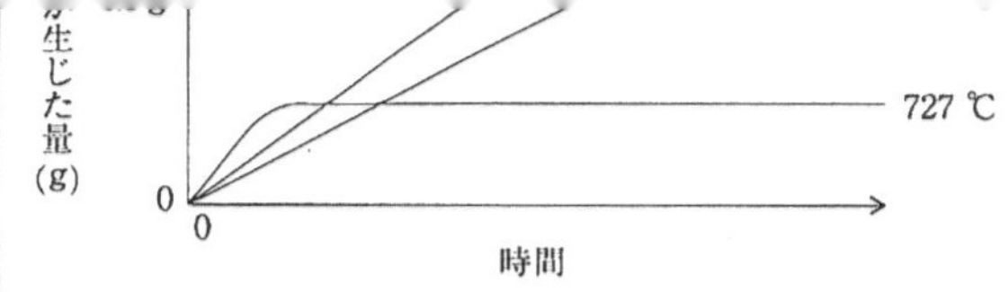

※

3

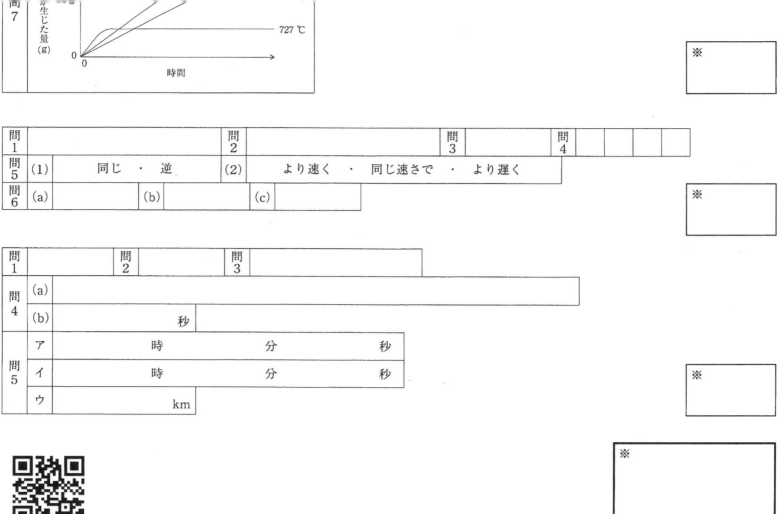

問1		問2		問3		問4				
問5	(1)	同じ ・ 逆	(2)	より速く ・ 同じ速さで ・ より遅く						
問6	(a)		(b)		(c)					

※

4

問1		問2		問3	

問4	(a)	
	(b)	秒
問5	ア	時 分 秒
	イ	時 分 秒
	ウ	km

※

※

※100点満点
（配点非公表）

6	説明	

※

4

問1		問2		問3	
問4					
問5					

※

5

問1		問2		問3		問4			
問5		問6		問7					

※

※

※100点満点
（配点非公表）

↓ここにシールを張ってください↓

受験番号

名前	

２０２２年度　須磨学園中学校　第１回入学試験解答用紙　社会

（※のらんには、何も記入してはいけません）

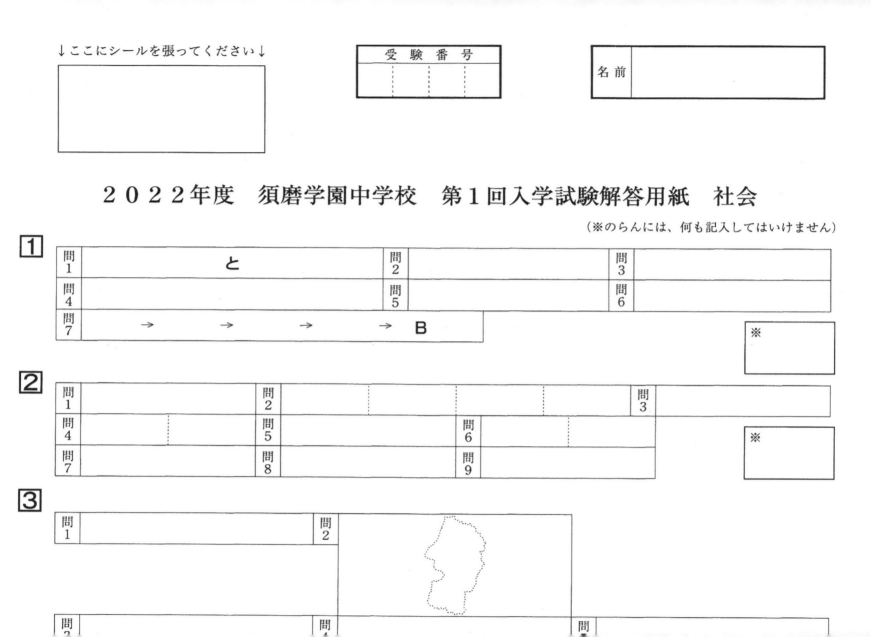

1

問1	と	問2		問3	
問4		問5		問6	
問7	→ → → → B				

※

2

問1		問2		問3	
問4		問5		問6	
問7		問8		問9	

※

3

問1		問2	

問		問		問	

【解答

↓ここにシールを貼ってください↓

受験番号

名前	

２０２２年度　須磨学園中学校　第１回入学試験解答用紙　理科

（※の欄には、何も記入してはいけません）

1

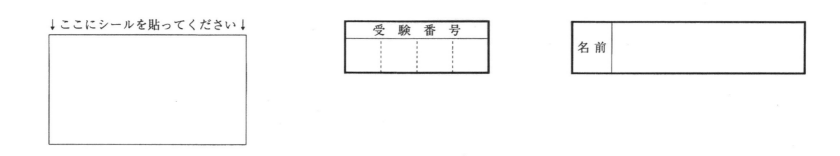

問1	記号									
	あ		い		う		え			
問2			問3	ア		イ		ウ		エ
問4	(a)		(b)		問5	度				
問6	小さくなる・変化しない・大きくなる		理由							

※

2

問1		問2		問3		
問4	ちっ素 g	水素 g	問5			
問6						

【解答

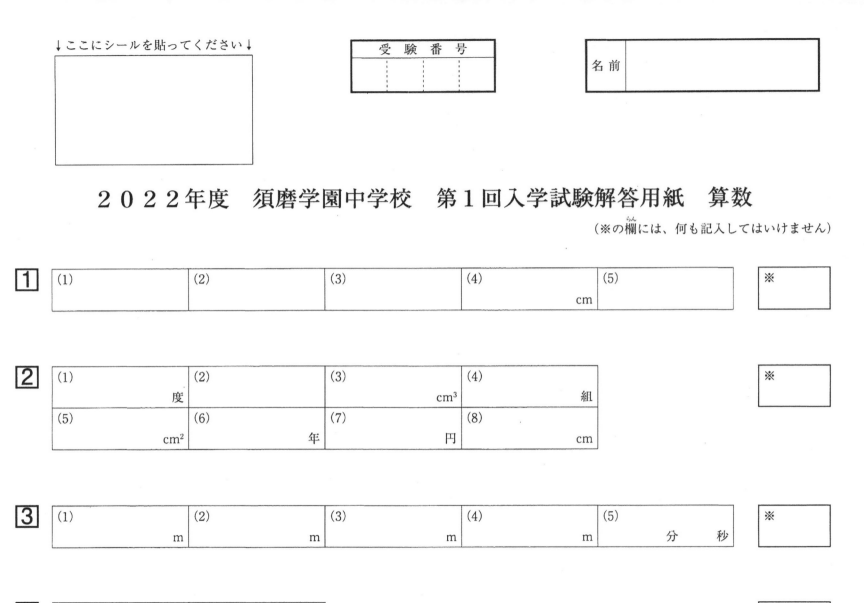

↓ここにシールを貼ってください↓

受験番号

名前	

2022年度　須磨学園中学校　第1回入学試験解答用紙　算数

（※の欄(らん)には、何も記入してはいけません）

1

(1)	(2)	(3)	(4) cm	(5)

※

2

(1) 度	(2)	(3) cm^3	(4) 組
(5) cm^2	(6) 年	(7) 円	(8) cm

※

3

(1) m	(2) m	(3) m	(4) m	(5) 分　秒

※

4

(1)	(2) cm^3

※

【解答

↓ここにシールを貼ってください↓

受験番号

名前	

2022年度　須磨学園中学校　第1回入学試験解答用紙　国語

一

（※の欄には、何も記入してはいけません）

問一 ※
(1) A
(2) B
C

問二 ※

問三 ※

問四 ※

問五 ※
A
B
C
D

問六 ※

問七 ※

問八 ※

20
40
60
80
100
120

【解答

問３　東北地方には、「富士」と呼ばれる山がいくつかあります。そのうち、次の図に示された岩木山を説明した文を下のア～エより１つ選び、記号で答えなさい。

ア　猪苗代湖のある南側から見た姿が「会津富士」と形容され、民謡にもうたわれている。北側では噴火によって山が崩れ、岩くずにせき止められてできた色とりどりの湖が存在する。

イ　山頂に雪が積もった姿から「出羽富士」と呼ばれる。東北地方で２番目に高い山で、夏でも溶けない万年雪が見られる。古くから信仰の対象であり、山伏の修業の場でもあった。

ウ　「津軽富士」と呼ばれ、古くから信仰の対象にもなってきた。太宰治が「十二単を拡げたよう」と、その美しい山容をたたえている。

エ　長いすそ野を引く形が富士山に似ているが、片側が削げたように見えることから、「南部片富士」と呼ばれる。石川啄木が「ふるさとの山」と詠み、宮沢賢治の作品にも登場する。

問４　東北地方では「東根さくらんぼ」「大鰐温泉もやし」など地理的表示（GI）保護制度に登録された食品の生産が見られます。次のア～エの、全国のGI登録食品と生産されている都道府県の組み合わせとして**適切でないもの**を１つ選び、記号で答えなさい。

ア　奥飛騨山之村寒干し大根 ― 岐阜県　　イ　大山ブロッコリー ― 石川県

ウ　対州そば ― 長崎県　　エ　但馬牛 ― 兵庫県

問５　東北地方では、東北三大祭りをはじめとする祭りがさかんで、県外からも見物客が訪れます。全国にも有名な祭りがあり、次の図ア～エとその説明は、祇園祭、博多祇園山笠、仙台七夕まつり、長崎くんちのいずれかのものです。長崎くんちにあたるものをア～エより１つ選び、記号で答えなさい。

ア　伊達政宗が藩内で年中行事を推奨したことに始まるとされる。

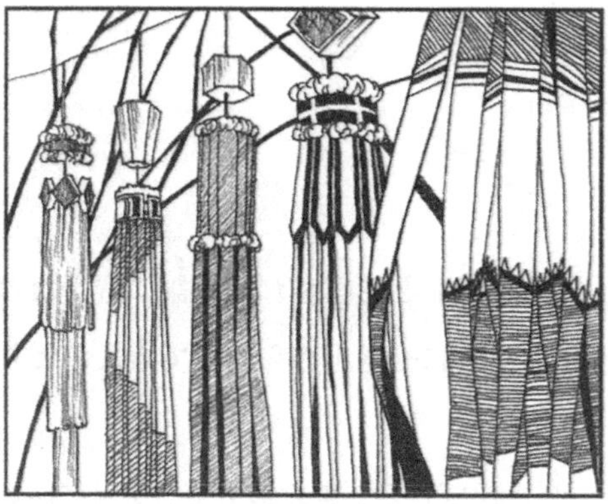

イ　平安時代に始まり、応仁の乱で一時中断するも町衆が中心となり再興した。

ウ　はじめは「飾り山」の華美を競っていたが、担いでスピードを競う「追山」に変化した。

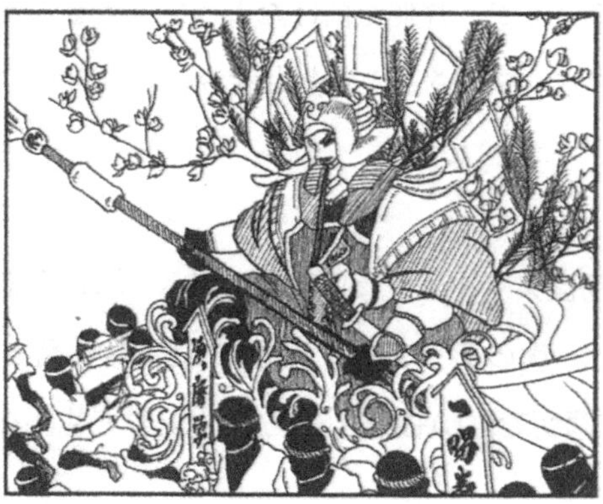

エ　諏訪大社の秋季大祭。奉納踊に異国趣味が取り入れられているのが特徴。

問６　東北地方太平洋沖地震で発生した津波に際しての、図中Ａ・Ｂの地域での状況が下のア、イで述べられています。Ｂの地域のものをア、イより１つ選びなさい。また、そのようなことが起こった原因をＡ・Ｂ地域の地形に注目して説明しなさい。

ア　津波は海岸から４㎞内陸にまでも達し、広範囲が浸水(しんすい)被害を受けた。

イ　津波は20ｍ近い高さとなって護岸を乗り越え、集落に大被害をもたらした。

4 1964年から約50年を経て、2021年には東京で２度目となるオリンピックが開催(かいさい)されました。２度のオリンピックの間に起こった生活や社会の変化に関して、次の各問いに答えなさい。

問１　次の図は、1965年の値を100とした場合の生産量の推移を表したグラフです。A～Dは、生乳、茶、葉たばこ、みかんのいずれかです。また、下のア～エはそれぞれの推移の背景を説明した文です。グラフのAの説明を下のア～エより１つ選び、記号で答えなさい。

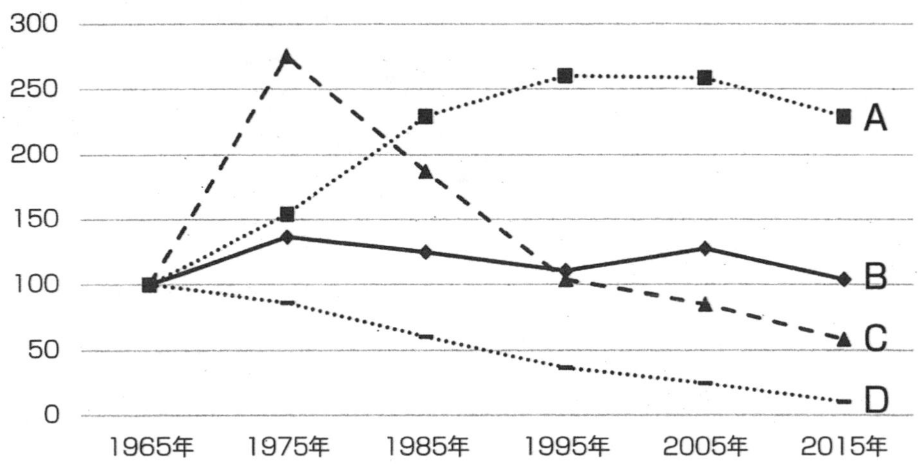

『日本の100年』などにより作成。

ア　オレンジと牛肉の輸入自由化以降消費量が減り、生産量も減っている。生産者の高齢化(こうれいか)と後継(こうけい)者不足も深刻である。

イ　暮らしが豊かになったことにより消費量がいったん増えたが、食生活の多様化によりやや減少した。健康志向の高まりと製品の流通により再び消費量が増えた。

ウ　製品の輸入が多く、暮らしが豊かになっても国産の生産は増えなかった。健康志向の高まりと社会の変化により製品の消費量が減少している。

エ　暮らしが豊かになり食生活が多様化したことで消費量が増えたが、生産者の高齢化と後継者不足に加え、生産費用の上昇により生産量が落ち込んでいる。

問２　1960年代に日本の工業は大きく成長をとげましたが、近年では他国の成長もあり厳しい競争にさらされている業種もあります。次のグラフ中のⅠ・Ⅱは、1965年の値を100とした場合の自動車生産台数（四輪車のみ）と、粗鋼生産高（単位：トン）の推移を表しており、図中のＰ・Ｑは西日本における自動車工場と製鉄所のいずれかの分布の変化を表しています。自動車にあたるグラフと分布の組み合わせとして適切なものを下のア～エより１つ選び、記号で答えなさい。

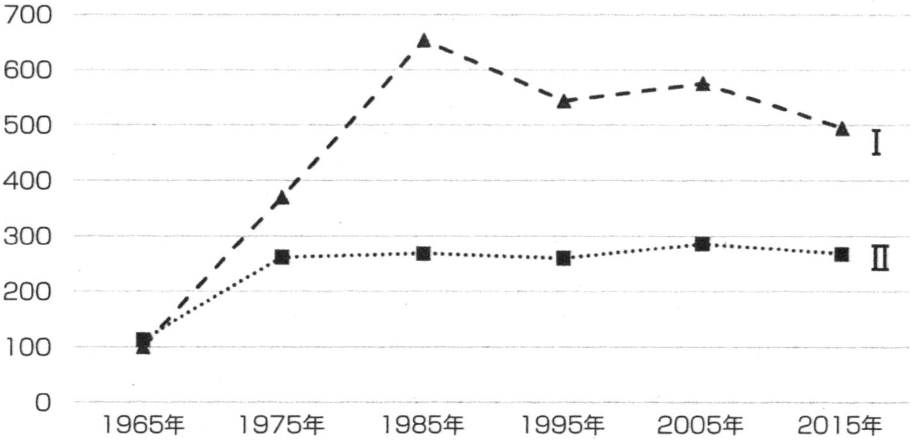

『日本国勢図会』により作成。

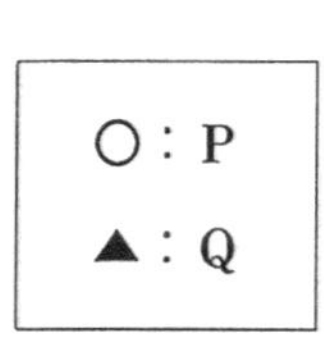

自動車・鉄鋼各社の
ホームページより作成。

ア　Ⅰ－Ｐ　　イ　Ⅰ－Ｑ　　ウ　Ⅱ－Ｐ　　エ　Ⅱ－Ｑ

問３　2011年に発生した東日本大震災や、地球温暖化の問題により、「エネルギーシフト」に注目が集まっています。次の表ⅠとⅡは福井県と福島県いずれかの発電の内訳を表しており、表中のXとYには2016年か2020年のいずれかが当てはまります。福島県と2020年にあたるものの組み合わせとして適切なものを下のア～エより１つ選びなさい。

Ⅰ

	原子力	水力	風力	太陽光	その他(火力など)
X	―	5,964	328	1,182	47,186
Y	―	5,084	360	183	48,564

Ⅱ　（単位：百万kW時）

	原子力	水力	風力	太陽光	その他(火力など)
X	15,335	1,676	42	29	7,878
Y	―	1,340	16	14	9,134

資源エネルギー庁の資料により作成。

ア　Ⅰ―X　　イ　Ⅰ―Y　　ウ　Ⅱ―X　　エ　Ⅱ―Y

問４　2000年代に入ると新しいメディアの普及(ふきゅう)により、新聞やテレビなどのマスメディアのあり方にも変化が生じています。この変化をもたらした、世界各地のコンピュータ同士を相互に結ぶ情報通信網(もう)のことを何というか答えなさい。

問５　次の資料１を見ると、1965年から2019年の間に、稲作にかかる時間は大きく短縮されたことがわかります。資料２を参考にしてその要因を述べなさい。また、今後稲作にかかる時間がどうなっていくかを、資料３も参考にして予想し、答えなさい。

資料１　米の作業別労働時間の年ごとの比較（10a当たり）

単位：時間

区　分	種　子予　措	本田耕起及び整地	基　肥	田　植	除　草	かん排水管　理	稲 刈 り及び脱穀	その他
1965年	0.6	14.4	5.6	24.3	17.4	12.0	47.9	123.3
1975年	0.5	9.2	3.5	12.2	8.4	9.9	21.8	66.8
1985年	0.5	6.8	2.3	7.3	4.3	9.2	11.2	43.1
1995年	0.5	5.0	1.3	5.7	2.0	7.7	6.6	29.6
2005年	0.4	3.9	1.0	4.1	1.6	6.8	4.3	22.6
2015年	0.2	3.3	0.7	3.1	1.3	6.0	3.0	17.9
2019年	0.2	3.2	0.7	2.8	1.1	5.7	2.7	16.7

資料２　稲の生長と米づくりの様子

資料３　農地集積の動き

農地集積率の推移▶

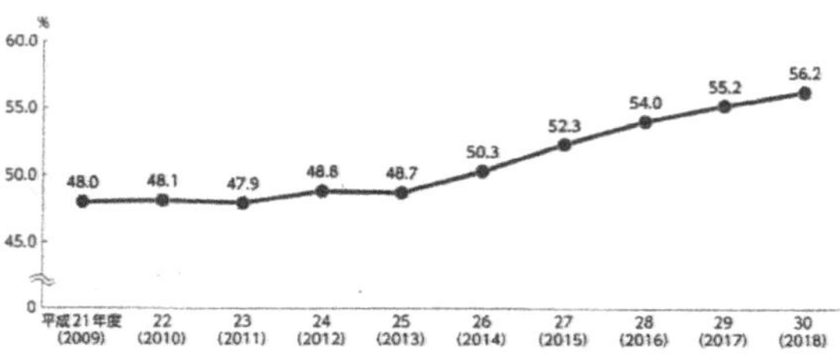

農水省の資料より

農地集積の例 ▼

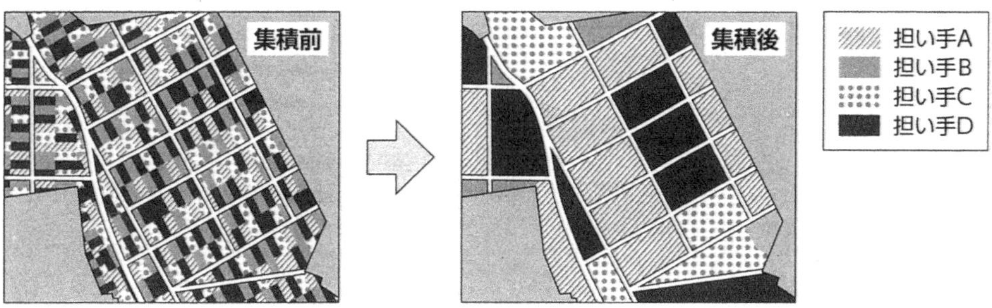

5　新型コロナウイルスに関する動きをまとめた次の表を見て、あとの問いに答えなさい。

年	月日	できごと
2020年	3月13日	①新型インフルエンザ等対策特別措置(そち)法を新型コロナウイルス感染症(しょう)へ適用対象拡大。
	4月7日	新型インフルエンザ等対策特別措置法の規定に基づき、新型コロナウイルス感染症に関する緊急事態を、当時の安倍晋三②首相が宣言。③都道府県知事が住民に外出自粛(じしゅく)を要請(ようせい)したり、施設・店舗(てんぽ)の休業やイベントの中止を要請・指示したりできるようになる。
	4月30日	特別定額給付金のための補正④予算が成立。一律に1人あたり現金10万円を給付することが決まる。
2021年	1月13日	外国人の新規入国を停止。
	2月17日	医療(いりょう)従事者や高齢者などを対象に⑤新型コロナワクチン接種が開始。
	4月1日	新型コロナウイルス感染症まん延防止等重点措置に関する公示。

問1　下線部①に関連して、次のア～エより法律案や法律について述べた文として正しいものを**すべて選び**、記号で答えなさい。

ア　法律案は参議院よりも衆議院に先に提出して、審議と議決を経なければならない。
イ　法律案を国会に提出できるのは内閣と国会議員である。
ウ　法律案が国会で可決されると、内閣の助言と承認により天皇が公布する。
エ　法律は最高裁判所の判決によって、なくしたり変えたりできる。

問２　下線部②について、衆議院と参議院における政党ごとの議席数が次の図のようになっているとき、内閣総理大臣（首相）の指名に関して述べた文として適切なものを、下のア～エより１つ選び、記号で答えなさい。

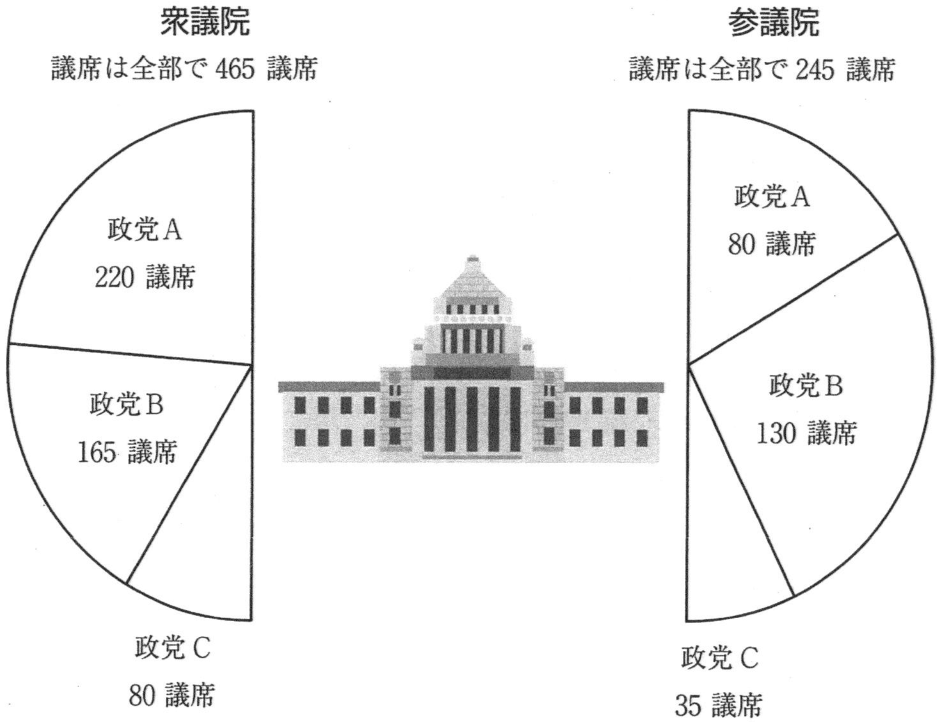

ア　首相指名で他の政党の協力を得なくても党首を首相にできるのは政党Aだけである。

イ　首相指名で他の政党の協力を得なくても党首を首相にできるのは政党Bだけである。

ウ　首相指名で政党Cは政党Aか政党Bの一方だけでも協力を得ると党首を首相にできる。

エ　首相指名で政党Cだけは他の政党の協力を得ても党首を首相にできない。

問３　下線部③について、都道府県知事に関して述べた文として正しいものを次のア～エより１つ選び、記号で答えなさい。

ア　都道府県知事は住民による選挙により選出され、立候補することができる年齢は満25歳以上である。

イ　都道府県知事は、都道府県議会の議員を辞めさせる権限がある。

ウ　都道府県知事は、解職を求める住民の署名が一定割合以上集まって選挙管理委員会に提出されると辞任しなければならない。

エ　都道府県知事は、都道府県議会で不信任決議案が可決されると、その議会を解散することができる。

問４　下線部④に関連して、日本政府の予算や財政について述べた文として**適切でないもの**をア～エより１つ選び、記号で答えなさい。

ア　高所得の人からは高い税率で税金を集めることで、格差を小さくすることができる。

イ　国債(こくさい)や株式を買ってその代金を世の中に広めることで、景気対策を行うことができる。

ウ　税金を使って道路や施設をつくることで、国民に必要なものを供給することができる。

エ　生活に困っている人にお金を出すことで、最低限度の生活が営めるようにすることができる。

問５　下線部⑤について、新型コロナウイルスのワクチンは、アメリカやイギリスで生産されたものを多く輸入しています。輸出や輸入に関して述べた文として**適切でないもの**を次のア～エより１つ選び、記号で答えなさい。

ア　1980年代にアメリカが、日本製の自動車の輸出を減らすように日本に要望したことがあった。

イ　1980年代にアメリカが、アメリカ産の農産物の輸入を増やすように日本に要望したことがあった。

ウ　2000年代に中国が、自国の農家を守るために日本から輸入している農産物の輸入を一時的に止めることがあった。

エ　2000年代に中国は、アメリカに代わり日本にとっての最大の輸入相手国になった。

問６　新型コロナウイルスに関する情報を集め、ワクチン接種を促すなどの対策をしていた世界保健機関（WHO）は、国際連合の専門機関です。国際連合の専門機関であるものを、次のア～エより１つ選び、記号で答えなさい。

ア　国際通貨基金　　　イ　国境なき医師団

ウ　青年海外協力隊　　エ　赤十字社

問７　新型コロナウイルスの感染者が増えるのを防ぐために、海外からの入国者は隔離（かくり）され、外出が認められないこともありました。このように自由や権利を制約することを認めることは、憲法で規定している［　　　］という考えに基づくとされています。空らんに当てはまる言葉を**５文字**で答えなさい。

2021年度　須磨学園中学校入学試験

国　　語

第 1 回

（60分）

（注　意）

解答用紙は、この問題冊子の中央にはさんであります。まず、解答用紙を取り出して、受験番号シールを貼り、受験番号と名前を記入しなさい。

1．すべての問題を解答しなさい。

2．解答はすべて解答用紙に記入しなさい。

3．字数制限のある問題については、記号、句読点も１字と数えること。

4．試験終了後、解答用紙のみ提出し、問題冊子は持ち帰りなさい。

※　設問の都合上、本文を一部変更している場合があります。

須磨学園中学校

二の設問

問一　「でもラッキーなのは、私が目にするのはそれがすべて数字だってことよ」（――線部ア）とありますが、これはどのようなことを言ったものですか。最も適当なものを次の中から一つ選び、番号で答えなさい。

1　数値化されているため、現実だと認めずに生活できるということ。
2　数値化されているため、事態を理解しやすくなっているということ。
3　数値化されているため、想像力を働かせることができるということ。
4　数値化されているため、深刻さを受け止めずに済むということ。

問二　「世界を導くんだ」（――線部イ）とありますが、ここでの「世界を導く」とは、具体的にどのようにすることを言うのですか。「〜こと。」という形式に合うように、本文中の十字程度の表現をぬき出して答えなさい。

問三　「しばらく沈黙が続いた」（――線部ウ）とありますが、このとき、「里美」はどのような気持ちでいるのです

問五　「それ」（――線部オ）の指し示す内容の説明として最も適当なものを次の中から一つ選び、番号で答えなさい。

1　「僕が不器用な」こと。
2　「基本に従」うこと。
3　「疑わしい者を隔離」すること。
4　「接触を避け」ること。
5　「消毒を徹底させる」こと。

問六　「自分自身にはそれが出来なかった」（――線部カ）とありますが、これは「優司」が何を「出来なかった」ことを言ったものですか。次の形式に合わせて十字以内で答えなさい。

優司が【　　　　】において、自分の「ごりっぱな言葉」を実行できなかったこと。

問七　「そのほころびを出来る限り遅らせ、最小のほころびにするのが我々医師の務めだ」（――線部キ）とは、どのようなことを言ったものですか。一〇〇字以上一二〇字以内で説明しなさい。（句読点も一字として数えます。なお、採点については、どういう書かれ方をしているかについても見ます。）

二

次の文章は、新型インフルエンザの世界的な大流行を受けて、主人公の優司が日本でその対策を練っている中、スイスのWHO（世界保健機関）にいる元妻で元同僚の里美から電話がかかってくる場面です。読んで、後の設問に答えなさい。

その夜、スイスから国際電話があった。

優司が部屋に帰り、ソファーに座り込んだ時だった。

〈お見事ね。日本は瀬戸崎優司の手によって、今のところ新型インフルエンザの封じ込めに成功している〉

「さすが言葉は正確だ。今のところ成功しているか。おそらくこれからほころびが出てくる」

このような大規模な感染症の封じ込めは、しょせん不可能なのだ。なるべく狭い範囲に感染をとどめて、その間に注1パンデミック・ワクチンを作って国民に接種するしか方法はない。

〈人がバタバタ死んでいくの。アでもラッキーなのは、私が目にするのはそれがすべて数字だってことよ。アメリカ三百六十万、イギリス二百十万、フランス二百八十万、この数字は今日までに新型インフルエンザで死んだ人の数。形もにおいも音もない。男も女も、大人も子供もない。ただの、数。私のオフィスでは、死者がすべて数字で扱われるってこと〉

里美の声が乱れた。泣いているのかも知れない。

WHOのジュネーブ本部には世界中の医療機関から様々な情

いる」

〈エどんな魔法を使ったの。あなたとあなたの国は〉

声の調子が変わった。

「僕が不器用なのは知ってるだろ。基本に従っただけ。徹底的な封じ込め。疑わしい者を隔離して、接触を避け、消毒を徹底させる」

〈たしかにね。オそれがどうして、他では出来ないのかしら〉

「人間のやることだからさ。情に流され、怠慢に満ちている。だがどんなに注意しても、どこかでミスは起きる。針先ほどのミスも数秒後には鉛筆になり、バットになり、人が通れるくらいの穴になる。最初のミスを責めたり詰るのではなく、ミスを共有し、検討してよりミスのない方向に導く。謙虚になれということさ。新型インフルエンザの場合、感染は飛沫感染と接触感染だ。この二つを徹底的に注意すればいい」

〈カミスを認めて謙虚になれ。ごりっぱな言葉ね。でも、どうして自分自身にはそれが出来なかったのかしら〉

「人間だからさ。エゴと傲慢と小心のかたまりだ」

いずれ――と言って、優司は言葉を呑んだ。

「いずれ、日本でもほころびが起きる。キそのほころびを出来る限り遅らせ、最小のほころびにするのが我々医師の務めだ」

背後で子供の泣く声が聞こえる。

〈もう切るわ。ジョンが相手をしてくれって〉

1　支援される人と共に生きることで、支援する側も支えられているという中田先生の考え方は、現地で現地の人々と生活を共にし、時間をかけて相互理解を深めようとする筆者の支援グループの理念と一致するということ。

2　自分が誰かを助けようと思えば、その気持ちをくみ取った相手が、何も言わなくても助けてくれるという中田先生の考え方は、現地でどんな人にも援助の手をさしのべる筆者の支援グループに通じるものがあるということ。

3　弱っている人を助けるつもりが逆にその人の体温によって自分も助かったことを受け、弱い者を積極的に助けるべきだという中田先生の考え方は、「底辺」の庶民を支援する筆者の支援グループと同じであるということ。

4　支援されるものと生活を共にすることで、現地特有の人の温かみが感じられるという中田先生の考え方は、外国人でも温かい心で現地の支援にあたれると確信している筆者の支援グループの考え方と一致するということ。

5　お互いに助け合うことが国際支援として大事だから、現地の人々と苦楽を共にすべきだという中田先生の考え方は、現地の人々と同じ目線で生きるという筆者の支援グループの考え方に通じるものがあるということ。

一の設問

問一 Ⅰ～Ⅲに入る語として最も適当なものを後からそれぞれ一つずつ選び、番号で答えなさい。

Ⅰ
1 非難　2 称賛　3 判定　4 洗礼

Ⅱ
1 失敗　2 怠慢（たいまん）　3 業績　4 希望

Ⅲ
1 いつわり　2 功績　3 作り話　4 美徳

問二 ===線部A、Bの本文中での意味として最も適当なものを後からそれぞれ一つずつ選び、番号で答えなさい。

A「悪戦苦闘」
1 困難なことを乗りこえようとして必死に力をつくす
2 他のことには目もくれずにひとつのことに集中する
3 自分を成長させようとあえて苦手なことに挑戦（ちょうせん）する
4 目的を達成するために仲間と力を合わせて取り組む

B「五十歩百歩」
1 似ているものが混じり合って、見分けがつかない

問五 「ペシャワール会およびその関連する病院からおもむいた長期のワーカーたちは、称賛にあたいする」（――線部イ）とありますが、なぜそのように言えるのですか。その理由の説明として最も適当なものを次の中から一つ選び、番号で答えなさい。

1 何度も現地でつまずきを経験しても、暗い気分になることなく現地であたえられた役割をまっとうしたから。
2 日本での理解がとぼしい中、長期にわたって母国とは異なる環境（かんきょう）で実際に現地の人びとと生活をともにしたから。
3 短期間の訪問で帰国するワーカーが多い中、医療とそのほかの分野で役割を分担して貧しい人びとの支援をしたから。
4 現地の実情を理解する前に帰国するワーカーとちがって、現地の人びとを理解しようという気持ちが強かったから。
5 日本社会で認められなくても、決してあきらめることなく場所を変えて海外で自分の志をとげようとしているから。

問六 「見かけの異質さをこえて厳然と存在する「人間」を見いだすにちがいない」（――線部ウ）とありますが、どういうことですか。その説明として最も適当なものを次の中から一つ選び、番号で答えなさい。

1 はっきりと口に出さなくても、見た目のちがい以上に

2021(R3) 須磨学園中　第1回
K 教英出版

一　**次の文章は海外で医療活動の支援をする日本人について述べた文章である。読んで、後の設問に答えなさい。**

内向的な日本人は、いきおい[注1]技術面でもくもくと仕事にいそしむほうが楽であるし、一時的には「勤勉さ」の［ I ］を受ける。しかし、そうすれば現地スタッフの役割をうばい、チームワークに悪影響が出てくることもある。また、きまじめな者にとっては、しばしば現地の乱雑さはたえがたく、まのびした業務とaカンリのルーズさはイライラをます。

気の遠くなる話にちがいない。こうして、A悪戦苦闘の末に半年や一年はまたたくまに過ぎてしまう。赴任期間が短いと、やっと慣れるころに帰国である。これでは練習だけしてかんじんの試合をせずに帰るスポーツ選手に等しい。それだけの準備とオリエンテーションに膨大な精力を費やして「おさらば」されるのでは、現地側としてもbトロウ感が残るが、我われの不満は、アそれだけのゆとりを日本の社会が許さないことである。

このような中でイペシャワール会[注2]およびその関連する病院からおもむいた長期のワーカーたちは、称賛にあたいする。

この文字どおりの異国で、現地の人びとと泣き、笑いをともにした。決して悲壮な気分でおもむく者はなかったが、何度もつまずきを経験したにちがいない。

短期訪問と異なって、うわべの観察にはとどまらず、肌身で異文化を感じとったろう。しかも「底辺」とよべる庶民たちとに、こうしたワーカーたちの、理屈なしの地道な活動こそが我われの仕事をささえてきたといえる。これはおそらくペシャワールにかぎったことではなかろう。cカンミン問わず、エこうした下積みの努力が地についた「国際理解」を日本にもたらし、我われを変える力になったとあらためて気づかされる。

思い出されるのは最近逝去[注5]された農業専門家・中田正一先生のことばである。先生は「風の学校」を主宰[注6]して、その半生をアジア農村の農業改良にささげられた。わけてもアフガニスタンは先生のふりだし点で特別なdアイチャクがあり、一九八九年夏にペシャワールにおいでになり、「平和の暁にはアフガニスタンで一生をとじるのだ」とまでおっしゃっていた。その先生がくりかえし私たちにのべられた印象的なメッセージがある。

「ある時、三人の若者が山の中で吹雪にあい、遭難しそうになった。C君はぐったりして動けなくなった。とほうにくれたA君、B君のうち、A君は頭の良い人で、『このままでは皆が危ない。ぼくが一人でさきにようすを見てくる』といって二人をおいて身軽に行ってしまった。

ところが、待てど暮らせどもどってこない。残されたB君は、『まあ仕方がない。ともかく凍えるよりは』とたおれたC君を背にしてとぼとぼと雪の中を歩きはじめた。さいわいB君もC君も救助隊に助けられたが、途中で彼が遭遇したのは、なんと先に一人で進んだA君の死体だった。その時、B君がeデンコウのようにさとったことがある。『ぼくはC君を助けるつも

（　余　白　）

う。真に謙虚な者は、おおげさにさけばずとも、見かけの異質さをこえて厳然と存在する「人間」を見いだすにちがいない。そして心をこめて送り出す人びとをも、働きをとおして静かに変えてゆく力になるだろう。ここに我われの会の【 あ 】性がある。

ワーカーたちは、西欧NGOやミッション団体、権威を背景にするいかなる大組織にもよらず、さりとて日本人の【 い 】性にもよらず、ひたすら現地とともに歩むことに努力した（「日本人がかたまるとロクなことはない。訪問者に気をつかうな」とのべて不快に思われたこともある。訪問者に気をつかって現地活動がおろそかになれば、日本向けの対内宣伝中心と五十歩百歩だというのが私の持論である）。B

現地で三年目にはいったある看護婦は、ウルドゥ語はもちろん、パシュトゥ語、ペルシア語学習にもうちこみ、現地の女性注3らい患者の心をつかんでささえとなった。カトリックの西欧人シスターでさえもこの地でできなかったことである。またある者は、注4JAMSの中で、事務やレントゲンなどの技術協力だけでなく、皆にとけこんで好かれ、どんな国際協力の「経歴」のある者よりも、どんな外交官よりもほんとうの意味の相互理解と国際友好の働きをしたと私は思う。そして、彼ら自身はこれをごく自然な喜びとし、大きな Ⅱ であることさえ自覚しなかったのである。

現地の人びととの協力やペシャワール会の国内活動とともに協力の新しい風』岩波新書）

この話は中田先生が若い時に何かで読んだもので、よほど印象的だったのだろう。好んであちこちで話された。「人のために何かしてやるというのは Ⅲ だ。援助ではなく、ともに生きることだ。それで我われも支えられるのだ」というのが先生の持論だった。

オ先生と我われのグループとは、この点で深く共鳴するものがあったと私は思っている。我われとて不動の自信をもって現地活動をしているわけではない。このB君のシンキョウ(f)である。「現地は外国人の活動場所ではなく、ともにあゆむ協力現場である」というのが我われの指針である。

（中村哲『アフガニスタンの診療所から』ちくま文庫による）

注1　いきおい … 必然的に。
注2　ペシャワール会 … この文章の作者である中村哲のパキスタンでの医療活動を支援する目的で、一九八三年に結成された団体。
注3　らい患者 … ハンセン病患者。ハンセン病とは、らい菌によって引き起こされる感染症。現代では治療法が確立されている。
注4　JAMS … 日本・アフガン医療サービスの略称。
注5　逝去 ……… 亡くなること。
注6　主宰 ……… 団体を中心となって運営すること。

4　二つの間に差があるかどうかが、問題にならない

問三　【　あ　】、【　い　】に入る語として最も適当なものを次の中から一つずつ選び、番号で答えなさい。

1　独自　　2　相対　　3　整合　　4　集団　　5　安全

問四　「それだけのゆとりを日本の社会が許さない」（――線部ア）とありますが、どういうことですか。その説明として最も適当なものを次の中から一つ選び、番号で答えなさい。

1　海外に赴任してから現地の役に立つまでには長い時間がかかるということが、日本では受け入れられないということ。

2　時間をかけてスタッフを受け入れる準備をしても、すぐにそのスタッフが余裕を失って帰国してしまうということ。

3　あまりにいそがしいために、日本からの新しいスタッフを受け入れて教育する精神的余裕が現地にはないということ。

4　せっかく受け入れてもらったからには、現地の役に立つまで帰国すべきではないと日本社会が考えているということ。

5　現地で役に立つには、赴任前に長い時間をかけて準備しなければならないことが日本では理解されにくいということ。

2　見かけがどんなに異なっていても、同じ人間であるからにはおたがいを理解し合える日がいつかは必ず来るはずだということ。

3　自分とは見た目がちがっていても、自分と共通する人間としての本質が現地の人びとの中にはっきりとあることに必ず気づくということ。

4　見た目が異なっているのは当たり前だが、そのちがいを乗りこえて同じ人間としておたがいの長所を見つけ出すことが必要だということ。

5　見た目が全然ちがっていたとしても、はっきりと存在する人間らしさを現地の人びとの中に無意識に発見することができるということ。

問題は、裏面に続きます。

問七　「こうした下積みの努力が地についた「国際理解」を日本にもたらし」（――線部エ）とありますが、どういうことですか。その説明として最も適当なものを次の中から一つ選び、番号で答えなさい。

1　権威あるものに従わず、自分たちの主張をおし通してきたワーカーがたくさんいたからこそ、日本に国際理解という言葉の本当の意味が定着したということ。

2　ひたすら現地の人びとと生活をともにして長期にわたって活動を続けるスタッフがいたからこそ、日本でも国際的なボランティアに参加する人が増えたということ。

3　自分たちの今までの経験をあてにせず、常に現地の人びととの友好関係をきずこうとするスタッフがいたからこそ、日本でも国際協力の重要性が認識され始めたということ。

4　現地の言葉を習得するなど地道な努力を続けることで現地の人びとの信頼（しんらい）を得たからこそ、たがいの国のことを理解する意識が日本に根づいてきたということ。

5　ペシャワール会以外の長期ワーカーたちの存在があったからこそ、日本でも海外の貧しい人びとのために働くことの重要性が意識されるようになったということ。

問八　「先生と我われのグループとは、この点で深く共鳴するものがあった」（――線部オ）とありますが、どういう

問九　〰〰線部a～fのカタカナを漢字で答えなさい。

a　カンリ　　b　トロウ

c　カンミン　　d　アイチャク

e　デンコウ　　f　シンキョウ

ともない。「死を数として扱うしかないって、とても怖いことよ。それに慣れると、死を死として感じなくなる」昔、里美が言っていた言葉だ。

〈この数字だってすでに過去のもの。一時間ごとに急激に増えてる。それに――中国なんてこんなはずない。ひょっとすると一桁上かもしれない。今までの報告だって数字が突然、減ることだってあった。世界中が混乱してる。世界の半数以上の国で行政組織がマヒしてる。人の生き死にさえしっかり把握できないって、すごい悲劇なのよ〉

「だからこそ、きみたちの組織が必要なんだ。冷静に状況をとらえて、正確な判断をしてくれ。イ世界を導くんだ」

ウしばらく沈黙が続いた。荒かった息遣いが次第に落ち着いてくる。

〈日本の死者はやっと三桁。それにしても見事というほかない。さすが、元WHOの[注2]メディカルオフィサー。感染症対策ナンバーワンね。みんなも感心してるわよ。皮肉じゃなくね〉

「しかし、すべて後手後手になっている」

もっと早く空港閉鎖をしておけば、もっと早く中国から呼び戻していれば、もっと早く新型インフルエンザの発生を世界に伝えていれば。優司の脳裏を様々な思いが流れた。

「WHOは情報量も多い。優秀なスタッフもそろっている。もっと有益な指示が出来るんじゃないか。世界はそれを待って

電話をおいたまま、子供を抱き上げる気配がする。

〈お互い頑張りましょ〉最初より少しだけ元気な声が聞こえ、電話は切れた。

優司はしばらく窓の外に広がる闇とネオンのまたたきを見つめていた。

今、世界では七十一億人の人間を狙って、その何億倍、何兆倍ものウイルスが蠢いている。おそらく、何千万人か、何億人か、またそれ以上の人間が命を失うことになるだろう。

生命が地球に生まれて、気の遠くなるような長い時間をかけて進化してきた。そして現在に至るまでに、何度となく繰り返されてきた生き残りの一過程なのだろう。そう考えると、クこれからの自分の行為などまったく無意味なように思えた。宇宙の片隅の、ほんの一瞬にすぎないのだ。

（高嶋哲夫『首都感染』による）

注1　パンデミック・ワクチン … 大流行の発生後、実際に感染をもたらしているウイルスをもとに作られる予防接種剤のこと。

注2　メディカルオフィサー …… ここでは感染症対策の責任者のこと。

1　かつての同僚の期待に応えたいと思う反面、その困難さを思うと即答することもできず、ふさわしい言葉が見つからないでいる。
2　自分が所属していた組織から情報を得ようとする強引さに鼻白みつつ、世界のためになることならばと気を取り直している。
3　自分の属する組織が必要とされていると分かり、鼻が高いものの、あっさり手の内を明かすことにためらいを感じている。
4　かつての同僚の期待は買いかぶりに思えるものの、今の自分たちにはできないことだと認めてしまうのもしゃくだと感じている。

問四　「どんな魔法を使ったの」（——線部**エ**）とありますが、この言葉にこめられた「里美」の気持ちを説明したものとして、最も適当なものを次の中から一つ選び、番号で答えなさい。

1　優司に対する不信。
2　優司に対する信頼。
3　優司に対する驚き。
4　日本に対する不快。
5　日本に対する憧れ。

問八　「これからの自分の行為などまったく無意味なように思えた」（——線部**ク**）とありますが、「優司」がそのように思ったのはなぜですか。その説明として最も適当なものを次の中から一つ選び、番号で答えなさい。

1　これから何億人もの人間の命が失われるにちがいないから。
2　同じような事態はこれからも何度も繰り返されるから。
3　どうせ人間が生き残ることは決まっていると言えるから。
4　歴史上のほんの一瞬の間だけの対策になってしまうから。

問九　本文では、会話を示す際に「　」と〈　〉の二種類のかっこを使い分けています。この二つにはどのようなちがいがありますか。次の形式に合わせて三字以上七字以内で答えなさい。

〈　〉のかっこは、【　　　　　　　】会話に用いられていた。

2021年度　須磨学園中学校入学試験

算　　数

第 1 回

（60分）

（注　意）

解答用紙は、この問題冊子の中央にはさんであります。まず、解答用紙を取り出して、受験番号シールを貼り、受験番号と名前を記入しなさい。

1．すべての問題を解答しなさい。

2．解答はすべて解答用紙に記入しなさい。

3．試験終了後、解答用紙のみ提出し、問題冊子は持ち帰りなさい。

須磨学園中学校

1 次の □ に当てはまる数を答えなさい。

(1) $(7-2\times2)\times15-3\times(6\times4-15)+(3\times7-5\times4)=$ □

(2) $62\times7+10\times64-64\times3-126\times5=$ □

(3) $2\frac{1}{3}\times2\frac{2}{7}\div1\frac{1}{3}-1.6\times1.25=$ □

(4) 1週間2日5時間33分31秒 − 8日6時間45分20秒 + 1時間26分 − 23時間57分31秒 = □ 秒

(5) $\left\{5\div(7\times2-11)+\square\right\}\times(7-3\times1)=22\frac{2}{3}$

2 へ続く

計算欄（ここに記入した内容は採点されません）

2 次の［　　］に当てはまる数や記号を答えなさい。

(1) 下の図のように，1辺の長さが6 cmの立方体の辺上に3点 A，B，C があります。
3点 A，B，C はそれぞれの辺の真ん中の点です。
この3点を通る平面で立方体を切ったとき，点 D を含(ふく)む立体の体積は
［　　］cm^3 です。

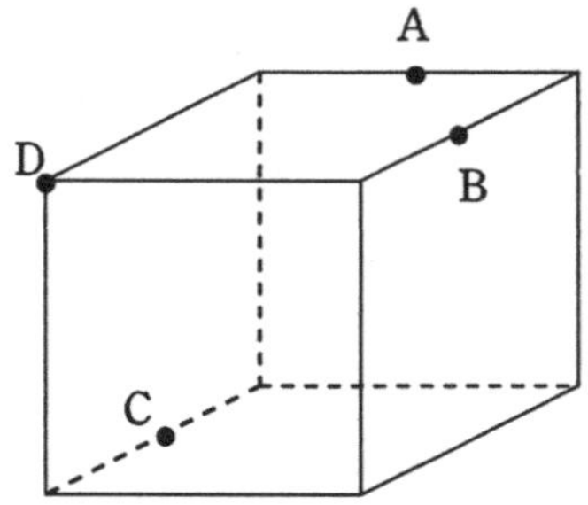

(2) 1に2を2021回かけた数を5で割った余りは［　　］です。

(3) 下の図のように，正九角形の1辺と正五角形の1辺が重なっています。
図の ア の角の大きさは［　　］度です。

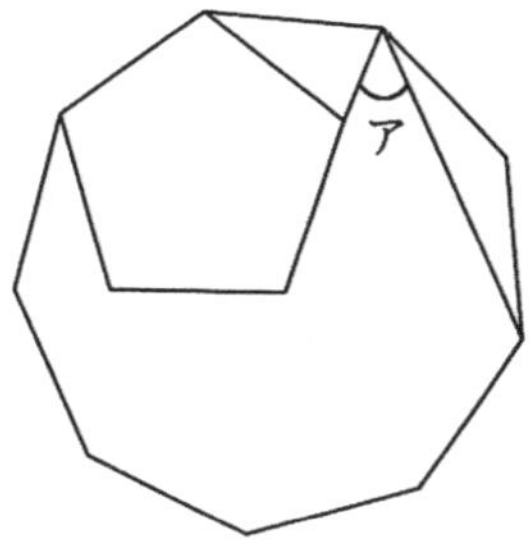

(4) 弟が時速 4.2 km で歩いて家から学校に向かいました。2分遅(おく)れて，姉も時速 7.2 km で走って家から学校に向かいました。途(と)中で姉が弟を追い越し，追い越してから36秒後に姉が学校に着きました。家から学校までの道のりは［　　］m です。

2 の(5)以降の問題は，5ページに続く

計算欄（ここに記入した内容は採点されません）

2

(5) 下の展開図を組み立てて立体を作ったとき，重なる点の組み合わせとして正しいものは次の（ア）～（ク）のうち［　　］です。

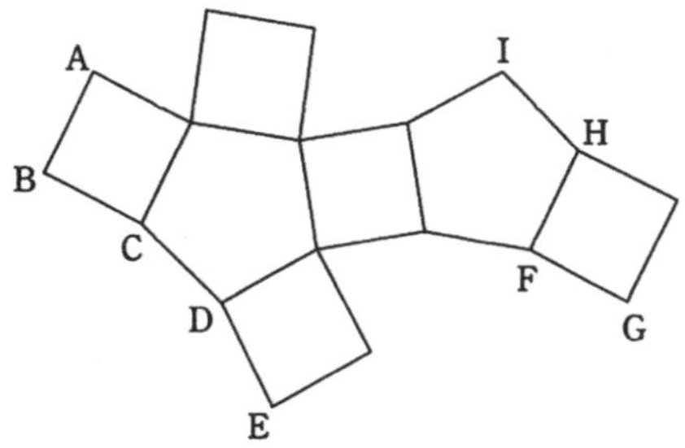

（ア） AとI，CとG，EとF　　（イ） BとI，CとG，EとF
（ウ） AとI，CとG，EとH　　（エ） BとI，CとG，EとH
（オ） AとI，DとG，EとF　　（カ） BとI，DとG，EとF
（キ） AとI，DとG，EとH　　（ク） BとI，DとG，EとH

(6) 2 %の食塩水 150 g と 5 %の食塩水 80 g と 7 %の食塩水 70 g と水［　　］g を混ぜると 2.5 %の食塩水ができました。

(7) □ ♪ △ は △ ÷ {□ × (□ + △)} を計算した結果を表すものとします。
例えば，2 ♪ 5 は 5 ÷ {2 × (2 + 5)} = $\frac{5}{14}$ となります。
(1 ♪ 2) + (3 ♪ 4) + (7 ♪ 8) + (15 ♪ 16) + (31 ♪ 32) = ［　　］です。

(8) 1 辺の長さが 6 cm の正方形 ABCD を，下の図のように点 D を中心として 60° 回転させます。
図の［網かけ］部分の面積は［　　］cm^2 です。ただし，円周率は 3.14 とします。

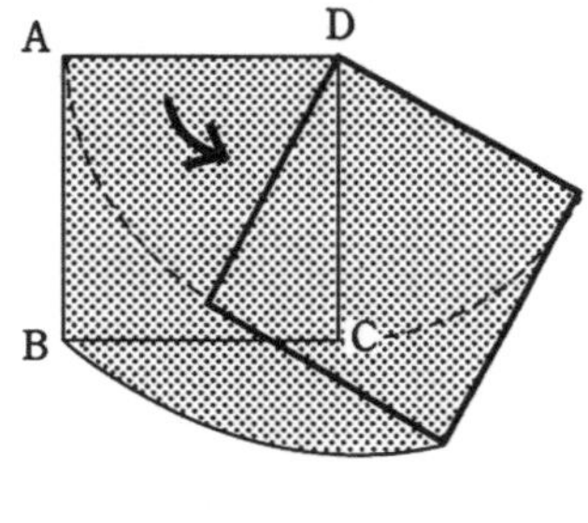

3 へ続く

計算欄（ここに記入した内容は採点されません）

3 下の図のように，1 辺の長さが 10 cm の立方体の形をした空の水槽(すいそう)があります。

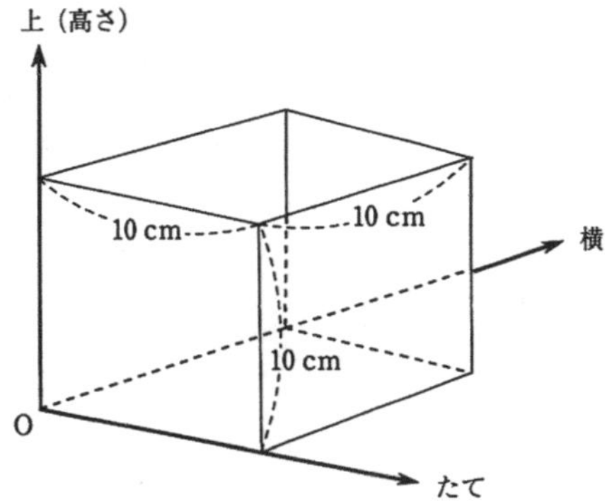

水槽の中にしきりをいくつかつけて，水を入れます。

点 O から，たてに ● cm，横に ▲ cm，上に ■ cm のところの位置を（●，▲，■）で表すものとすると，くっつけるしきりは，次の 3 枚です。

頂点が（4,4,0），（4,0,0），（4,0,4），（4,4,4）にある正方形のしきり A
頂点が（4,4,0），（0,4,0），（0,4,4），（4,4,4）にある正方形のしきり B
頂点が（10,4,0），（4,10,0），（10,4,★），（4,10,★）にある長方形のしきり C
ただし，★ は 5 以上 10 未満の数とします。

ホースの先端(たん)を（1，1，1）の位置に持ってきて，ホースからゆっくり水を入れ始めました。

しきりとしきり，しきりと水槽の側面や底面にすきまがなく，水がもれないものとします。
しきりや水槽の側面，ホースの厚さは考えないものとして，次の問いに答えなさい。

(1) （2,2,□）の位置に水面が達したとき，入れた水の量が 56 cm^3 であった。
□ に入る数を答えなさい。

(2) （5,5,□）の位置に水面が達したとき，入れた水の量が 308.2 cm^3 であった。
□ に入る数を答えなさい。

(3) （6,9,4）の位置に水面が達したとき，入れた水の量が 769 cm^3 であった。
★ はいくらになるか答えなさい。

4 へ続く

計算欄（らん）（ここに記入した内容は採点されません）

4 次のように，ある規則に従って左から順番に分数が並んでいます。

$\frac{1}{1}$, $\frac{1}{2}$, $\frac{2}{2}$, $\frac{1}{3}$, $\frac{2}{3}$, $\frac{3}{3}$, $\frac{1}{4}$, $\frac{2}{4}$, $\frac{3}{4}$, $\frac{4}{4}$, ……

(1) $\frac{12}{20}$ は何番目の分数になりますか。

(2) 503 番目の分数を答えなさい。(約分できる分数の場合であっても，約分しないで答えなさい。)

(3) 1 番目から 503 番目までの分数の和を答えなさい。
また，考え方も答えなさい。

5 へ続く

計算欄（ここに記入した内容は採点されません）

5 0から9までの数字がかかれた青玉と赤玉が袋(ふくろ)に入っています。
袋に入っている玉の個数は，表の通りでどの玉もかかれている数字は1つだけです。

色＼数字	0	1	2	3	4	5	6	7	8	9
青玉	4個	4個	4個	4個	4個	4個	4個	4個	4個	4個
赤玉	0個	4個	4個	4個	0個	0個	0個	0個	0個	0個

この袋の中から，玉を同時に4個取り出し，取り出された玉の色や数字によって，次のように得点を決めます。

(得点) = 12 +(取り出した青玉の数字の合計) −(取り出した赤玉の数字の合計)

例えば，7の青玉を1個，4の青玉を2個，3の赤玉を1個取り出した場合
得点は12 + 7 + 4 + 4 − 3より24点となります。

また，色も番号も同じ玉は区別しないものとします。
例えば，「0の青玉を2個，0以外の青玉を2個取り出し，得点が22点である」という4つの玉の取り出し方は，0以外の青玉の数字の組み合わせ (1,9)，(2,8)，…，(5,5) を考えて5通りです。

(1) 「0の青玉を1個，0以外の青玉を3個取り出し，得点が22点である」という4個の玉の取り出し方は，何通りありますか。

(2) 「青玉を4個取り出し，得点が22点である」という4個の玉の取り出し方は，何通りありますか。

(3) 「青玉を3個，赤玉を1個取り出し，得点が22点である」という4個の玉の取り出し方は，何通りありますか。

(4) 「得点が22点である」という4個の玉の取り出し方は，何通りありますか。

計算欄（ここに記入した内容は採点されません）

（ 余 白 ）

2021年度　須磨学園中学校入学試験

理　　科

第１回

（40分）

（注　意）

解答用紙は、この問題冊子の中央にはさんであります。まず、解答用紙を取り出して、受験番号シールを貼り、受験番号と名前を記入しなさい。

1．すべての問題を解答しなさい。

2．解答はすべて解答用紙に記入しなさい。

3．試験終了(しゅうりょう)後、解答用紙のみ提出し、問題冊子は持ち帰りなさい。

須磨学園中学校

1 各問いに答えなさい。

地球上にすむすべての生き物は，土や水，大気といった環境の中で，(1) お互いに影響を与えながら生活しています。海に行くと様々な (2) 魚や貝のなかまがいます。私たちの目には見えないプランクトンもたくさん生息しています。また，森に行くと，様々な樹木や草，そして (3) 昆虫や鳥類がおり，土の中にも多くの生物が生息しています。このような，生物とそれをとりまく環境のまとまりが，生態系です。

現在，地球上の生物はこれまでにないスピードで多くの種が絶滅しています。この原因の１つに，(4) 外来生物の存在があります。外来生物とは，人間の活動にともなって，それまで生息していなかった場所に持ち込まれた生物のことをいいます。外来生物は (5) 日本の生態系に悪い影響を及ぼし，我々ヒトの暮らしにも影響を与えることがあります。

外来生物については，ただ駆除すればよいわけではありません。複数の外来生物が同じ生態系にすみついている場合，特定の外来生物のみの駆除は，別の外来生物の影響を引き出す場合があります。駆除の対象となる外来生物とほかの生物との関係など，現在の生態系の中でその外来生物が果たしている役割を考慮することも必要です。そのためには，(6) 外来生物の個体数を正確に把握することが重要になります。

問１　下線部（1）について，生物は，生物どうしで影響を与え合うだけでなく，生息している環境にも影響を与える場合があります。その例としてもっとも適切なものを次の①～④より１つ選び，記号で答えなさい。

①　大雨が降ったとき，雨が流れ込んだ川の水が茶色ににごる。
②　晴れた日の昼間に，植物プランクトンの光合成によって，湖の浅い所の酸素の量が夜よりも多くなる。
③　山に降った大雨が海に流れ込むことで，プランクトンが大発生する。
④　岩石が川を流れていくうちに，細かい砂やねんどになる。

問２　下線部（2）について，魚に関する記述として，もっとも適切なものを次の①～④より１つ選び，記号で答えなさい。

①　すべての魚は卵を産み，水中でふ化する。
②　すべての魚は脊椎動物である。
③　すべての魚は全身にかたい骨をもつ。
④　海水と淡水の両方を行き来する魚は存在しない。

問３　下線部（３）について，次にあげる身近な生物①～⑥のうち，昆虫をすべて選び，記号で答えなさい。

①　②　③　④　⑤　⑥

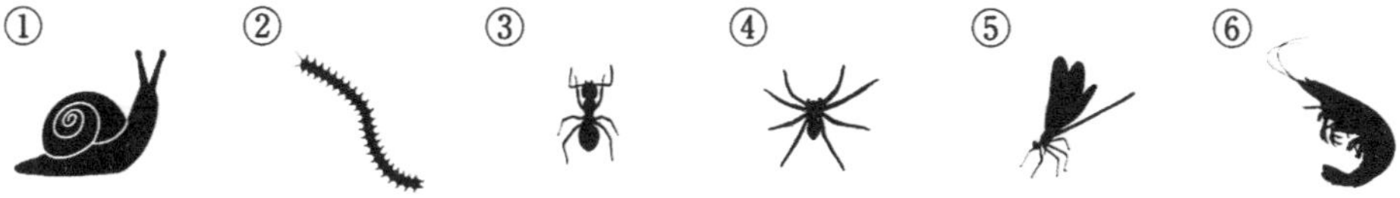

問４　下線部（４）について，次の①～④の生物のなかから，海外から日本にやってきた外来生物として適切でないものを１つ選び，記号で答えなさい。

①　エノコログサ　　②　ヒアリ　　③　アライグマ　　④　オオクチバス

問５　下線部（４）について，本文から考えて，次の①～④のうち外来生物にあてはまらないものを１つ選び，記号で答えなさい。

①　琵琶湖にしか生息していない魚を，北海道の湖に放流した。
②　東南アジアにしか生息していない哺乳類を，毒蛇の駆除のために日本国内で放した。
③　アメリカを出航する船の荷物室に昆虫が侵入し，日本にやってきた。
④　気温の低い冬を赤道付近で過ごした渡り鳥が，夏に日本にやってきた。

問６　下線部（５）について，外来生物が生態系に与える影響について書かれた次の①～④の文章のうち，適切でないものを１つ選び，記号で答えなさい。

①　もともとその場所にいた生物のすみかを奪ってしまう。
②　もともとその場所にいた生物の食べる餌を奪ってしまう。
③　病原体や寄生生物を持ち込むことで，もともとその場所にいた生物の生活をおびやかしてしまう。
④　外来生物であっても植物は捕食をしないため，もともとその場所にいた生物には影響を与えない。

問７　下線部（６）について，とある池に生息している外来魚Ａの個体数を，除去法という方法で調査しました。除去法とは，まったく同じ方法で複数回捕獲を行い，捕獲した外来魚を毎回除去することによって，捕獲数がどれくらい減少するかを調べ，もとの個体数を推測する方法のことです。いま，この池で１回目の捕獲で800個体，２回目の捕獲で600個体，３回目の捕獲で450個体の外来魚Ａを採集しました。このとき，１回目の捕獲の前に生息していた外来魚Ａの個体数を求めなさい。ただし，１回の捕獲において外来魚Ａが捕獲される割合は，池に生息している外来魚Ａの全個体数に対して一定であるとし，捕獲以外の理由で外来魚Ａの個体数は変化していないものとします。

2 各問いに答えなさい。

多くの金属は，酸性の水よう液と反応して気体を発生させる性質をもっています。たとえば，鉄片や亜鉛(あえん)片に塩酸を加えると水素を発生しながら溶(と)けていきます。この性質を利用して，【実験１】～【実験３】を行いました。ただし，実験で使用した塩酸の濃度(のうど)はすべて同じものとします。

【実験１】 鉄片140 mgを容器に入れ塩酸を加えました。加えた塩酸の体積と，塩酸を加えたときに発生した水素の体積との関係を（表１）に示しました。

【実験２】 亜鉛片130 mgを容器に入れ塩酸を加えました。加えた塩酸の体積と，塩酸を加えたときに発生した水素の体積との関係を（表２）に示しました。

【実験３】 鉄片70 mgと亜鉛片65 mgを同じ容器に入れ，そこへ塩酸を加えました。

（表１）鉄片に加えた塩酸の体積と発生した水素の体積との関係

加えた塩酸の体積（cm^3）	0	5	15	25	35	45
発生した水素の体積（cm^3）	0	7	21	35	49	56

（表２）亜鉛片に加えた塩酸の体積と発生した水素の体積との関係

加えた塩酸の体積（cm^3）	0	5	15	25	35	45
発生した水素の体積（cm^3）	0	7	21	35	44.8	44.8

問１　水素を発生させることのできる反応として適切なものを次の①～⑥より2つ選び，記号で答えなさい。

① 塩化アンモニウムと水酸化カルシウムを混ぜて加熱する。
② 銅片に塩酸を加える。
③ アルミニウムにうすい硫酸(りゅうさん)を加える。
④ 石灰石(せっかいせき)に塩酸を加える。
⑤ 二酸化マンガンに過酸化水素水を加える。
⑥ 亜鉛片を水酸化ナトリウム水溶液に加えて加熱する。

問２　実験で発生した水素を次の図のように３種類の捕集法で集めました。水素を捕集したあと，集気びんにフタをして集めた気体が逃げないようにしました。あとの①～③はそれぞれの捕集法で集めた集気びん内の気体の種類を表したものです。水上置換で捕集したびん内の気体の種類を表した図を，下の①～③より１つ選び，記号で答えなさい。

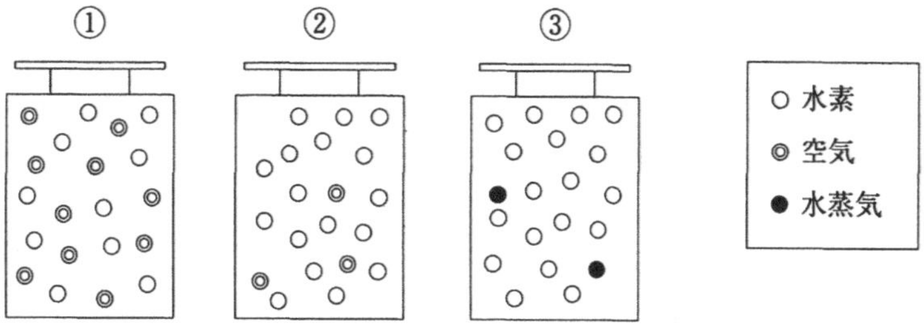

問３　【実験１】について，140 mgの鉄片をすべて溶かすことができるもっとも少ない塩酸の体積を求めなさい。

問４　【実験１】について，加える塩酸の濃度を２倍にしたとき，加えた塩酸の体積と発生する水素の体積との関係はどのようになりますか。解答用紙のグラフに書き込みなさい。

問５　【実験２】について，130 mgの亜鉛片をすべて溶かすことができるもっとも少ない塩酸の体積を求めなさい。

問６　【実験１】の鉄片140 mgと【実験２】の亜鉛片130 mgのそれぞれを同じ体積の塩酸ですべて溶かしたい。もっとも少ない塩酸の体積ですべての鉄片と亜鉛片を溶かすには，鉄片に加える塩酸の濃度を亜鉛片に加える塩酸の濃度の何倍にすればよいですか。もっとも適切なものを次の①～⑥より１つ選び，記号で答えなさい。

①　0.4倍　　②　0.8倍　　③　1.25倍　　④　1.6倍　　⑤　2.4倍　　⑥　2.5倍

問７　【実験３】について，鉄片と亜鉛片をすべて溶かすことのできるもっとも少ない塩酸の体積を求めなさい。また，すべて溶かしたときに発生する水素の体積を求めなさい。

3 各問いに答えなさい。

すまお君と梨花さんが，充電式のカイロについて話しています。

梨　花「すまお君，今日は本当に寒いね。手に持っているのは何？」

すまお「充電式のカイロさ。充電したら何度も繰り返し使えるし，(1) スイッチを入れると，すぐに温かくなるから，とても便利なんだ。(2) スイッチを切り替えると，温かさを４段階に変えることもできるんだ。」

梨　花「ちょっと貸して。とても温かいね。(3) カイロの裏側に『容量：9000 mAh』って書いてあるけど，どういう意味だろう？」

すまお「中に入っているバッテリー（充電式電池）の容量を表しているよ。9000 mAの電流を１時間流せるってことさ。例えば，1000 mAの電流だったら，９時間流し続けることができるんだ。他にも，このカイロは制携帯（須磨学園の生徒が持っているスマートフォン）の充電もできるよ。」

梨　花「制携帯を充電するには，十分な容量なのかな？あとで調べてみよう。」

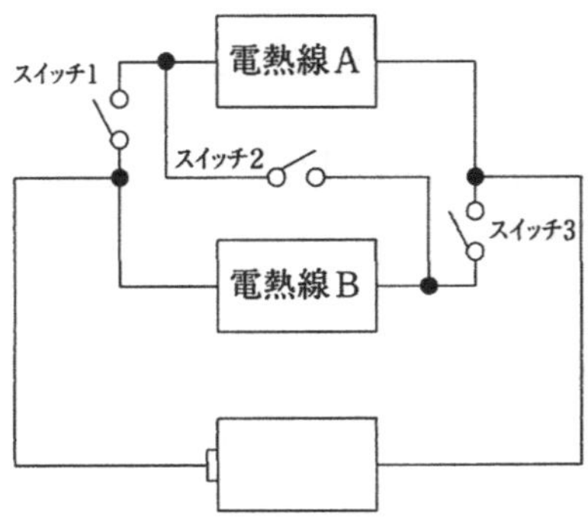

（図１）充電式カイロの回路図

問１　下線部（１）について，カイロの内部にある電熱線で発生した熱がすぐに伝わるようにカイロの表面の素材が工夫されています。もっとも熱が伝わりやすい素材を次の①～⑤より１つ選び，記号で答えなさい。

①　木　　②　ゴム　　③　アルミニウム　　④　プラスチック　　⑤　ニクロム

問２　下線部（２）について，このカイロの内部には，電流を流す性質が異なっている２種類の電熱線ＡとＢがあります。(図１)は，その回路図を表しています。スイッチ１～３のいくつかを入れることで，電熱線のどちらか，または両方同時に電流を流すことができます。次の（ａ）～（ｃ）の問いに答えなさい。

（ａ）電熱線Ａだけに電流を流すためには，どのスイッチを入れれば良いですか。入れるスイッチの組み合わせとしてもっとも適切なものを，次の①～⑤より１つ選び，記号で答えなさい。

①　スイッチ１　　②　スイッチ２　　③　スイッチ３
④　スイッチ１と３　　⑤　スイッチ２と３

（ｂ）バッテリーから流れ出る電流が大きいほど，カイロ全体から１秒あたりに発生する熱が大きくなります。次の①～⑤の中で，スイッチを入れたとき，もっともカイロが温かくなるものを１つ選び，記号で答えなさい。

①　スイッチ１　　②　スイッチ２　　③　スイッチ３
④　スイッチ１と３　　⑤　スイッチ２と３

（ｃ）すべてのスイッチを入れると，カイロが故障する原因になります。このような回路の状態をなんといいますか。カタカナ４文字で答えなさい。

問３　下線部（３）について，（図１）の電熱線Ａだけに電流を流したところ，500 mAの電流が流れ続けました。何時間電流を流し続けることができますか。

問４　制携帯（けいたい）のバッテリーの容量は3600 mAhです。これを充電するには，外部からバッテリーに電流を流し込（こ）む必要があります。例えば，残量がまったくない状態から完全に充電するためには3600 mAの電流であれば，１時間で充電が完了します。

十分に充電されたすまお君のカイロで，制携帯を充電する際に，カイロのバッテリーから出る電流は，常に2000 mAでした。しかし，カイロから制携帯に電流が流れ込むときに無駄が生じるため，カイロから出る電流に対して，制携帯に流れ込む電流は40 %減少していました。次の（ａ），（ｂ）の問いに答えなさい。

（ａ）制携帯のバッテリーを，残量がない状態から完全に充電するために必要な時間を求めなさい。

（ｂ）制携帯を完全に充電したあと，カイロのバッテリーには何mAh残っていますか。

4 各問いに答えなさい。

地球の時代は生物の大量絶滅(ぜつめつ)など地球規模の大きな出来事を基準に分けられ，各時代を地質年代といいます。日本のある地域の地層を調査することで，77万4000年前から12万9000年前の時代に地磁気が逆転していたことが分かりました。地磁気が逆転していたとは，方位磁針のN極が現在のように北ではなく，南を指していた，ということです。この発見により，2020年１月，国際地質科学連合によって初めて，(1) 日本由来の名前が付いた地質年代が認められました。このように，地層は環境(かんきょう)の変化など，地球の歴史を解明する手がかりになります。

地球は46億年前に，複数のとても小さな惑星(わくせい)（び惑星）の衝突(しょうとつ)により生まれました。その当時の地球は高温のマグマに覆(おお)われていましたが，６億年という長い年月をかけて冷えていき，雨が降るようになりました。すると海ができ，生命が誕生しました。

約27億年前に地球に登場したシアノバクテリアは（ a ）を行うことによって，地球の酸素を増やしました。最初は海の中で増えていった酸素も，23億年前頃(ごろ)になると海中に溶(と)けきれなくなり，大気中に放出されるようになりました。増加した大気中の酸素は，大気圏(たいきけん)上層という空の高い場所で紫外線(しがいせん)と反応し，（ b ）をつくりました。（ b ）は有害な紫外線を吸収するので，生物の（ c ）が可能になりました。活動場所が増えた生物はさらに進化をし，今の時代まで命をつなげてきたのです。

地層は生活の中で日常的に観察することができます。山道を歩いていると，（図１）のような (2) 地層があらわになった場所がありました。調べてみると，(3) Aの層は泥岩(でいがん)，Bの層はれき岩，斜線(しゃせん)の層は火山灰でできており，×印の層からは (4) サンヨウチュウの化石が見つかりました。

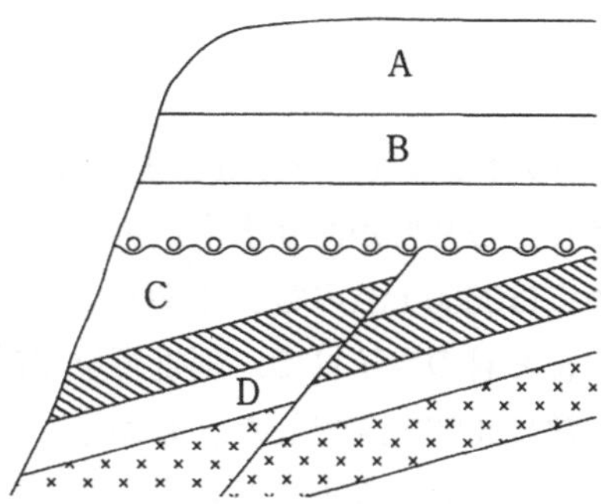

（図１）

問１　下線部（１）について，その地質年代の名前をカタカナ５文字で答えなさい。

問２　本文中の空らん（　ａ　）～（　ｃ　）にあてはまるもっとも適切な語句を次の語群からそれぞれ選び，答えなさい。ただし，同じものを何度選んでもかまいません。

語群
｛呼吸　光合成　二酸化炭素　電離層　オゾン層　巨大化　陸上進出　弱肉強食｝

問３　下線部（２）について，このような場所を何といいますか。

問４　下線部（３）について，（図１）の地層からこの土地がどのような状況であったかを説明したい。次の（あ）～（お）にあてはまる説明をあとの①～⑤より１つずつ選び，記号で答えなさい。ただし，この周辺における火山の噴火は１回であったものとします。

Ｄの層が堆積した　→　（あ）　→　（い）　→　（う）　→　（え）　→　（お）

①　地震が発生した　　②　火山が噴火した　　③　海底となった
④　河口となった　　⑤　Ｃの層が堆積した

問５　下線部（４）について，サンヨウチュウの化石のように地理的に広い範囲に多く発見され，地層ができた時代を決定するのに役立つ化石を何といいますか。

問６　（図１）のような地層のずれが生じる原因として，当時の地中に，どのように力がかかっていたと考えられますか。もっとも適切なものを次の①～⑥から１つ選び，記号で答えなさい。ただし，黒い矢印は力の向きを表しています。

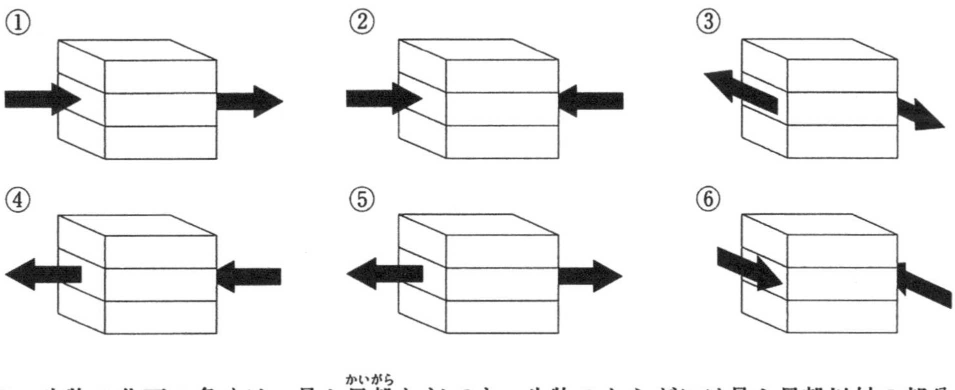

問７　生物の化石の多くは，骨や貝殻などです。生物のからだには骨や貝殻以外の部分が存在するにもかかわらず，化石では骨や貝殻が多く見られる理由を答えなさい。

（　余　白　）

（ 余 白 ）

2021年度　須磨学園中学校入学試験

社　　会

第 1 回

（40分）

（注　意）

解答用紙は、この問題冊子の中央にはさんであります。まず、解答用紙を取り出して、受験番号と名前を記入しなさい。

1．すべての問題を解答しなさい。

2．解答はすべて解答用紙に記入しなさい。

3．試験終了後、解答用紙のみ提出し、問題冊子は持ち帰りなさい。

須磨学園中学校

1 須磨学園中学校では各学年ごとにサマーキャンプを実施しています。中学３年生は高野山を訪ね世界遺産めぐりをします。資料Ⅰ、Ⅱを見て、各問いに答えなさい。

資料Ⅰ　花子さんのサマーキャンプの記録

【１日目の記録】
バスで神戸を出発して、およそ３時間で高野山に到着しました。高野山は①和歌山県の北部にある、周囲を山に囲まれた町です。今からおよそ1200年前に②空海が開いたところで、町にはたくさんの寺院が立ち並び、町全体が聖域となっています。2004年に③世界遺産にも登録されました。私たちは奥の院という場所をグループで散策しました。奥の院には空海を祀る(まつる)御廟(ごびょう)があり、参道には無数の墓碑(ぼひ)が並んでいました。身分の高い皇族・貴族・大名などの墓碑から、無名人の墓碑が延々と立っており、その数の多さに圧倒されました。私たちのグループは散策中に歴史で学習した人物の墓をたくさん見つけることができました。

問１　下線部①について、和歌山県は昔、紀伊国とよばれ、江戸時代には徳川御三家の１つとなりました。幕府政治の改革を行った８代将軍徳川吉宗は紀伊国の出身です。次のＡ～Ｄは江戸時代に行われた政治改革です。

Ａ　寛政の改革	Ｂ　天保の改革	Ｃ　享保の改革	Ｄ　田沼の政治

（１）　Ａ～Ｄの改革を古い順に並べ記号で答えなさい。

（2） 次のア～エのことがらはA～Dのどの改革にあてはまりますか。下の表の①～⑤から正しい組み合わせを1つ選び、番号で答えなさい。

ア　株仲間を結ぶことを奨励（しょうれい）し、税を納めさせた。

イ　幕府の学問所では、朱子学以外の学問を禁止した。

ウ　公事方御定書（くじかたおさだめがき）を定め、裁判のよりどころとした。

エ　株仲間を解散させ、物価の引き下げを図った。

	①	②	③	④	⑤
ア	A	B	D	C	D
イ	C	D	A	A	B
ウ	B	C	C	D	C
エ	D	A	B	B	A

問2　下線部②について、空海は遣唐使とともに唐に渡って仏教を学び、帰国して高野山を開きました。

遣唐使が派遣されていた時期の文化を代表する建築物を次のア～エから1つ選び、記号で答えなさい。

ア

イ

ウ

エ

問３　下線部③について、「熊野三山」、「高野山」、「吉野・大峯」の３つの霊場と参詣道（さんけい）をふくむ「紀伊山地の霊場と参詣道」は2004年に世界遺産に登録されました。この世界遺産は３つの県にまたがっています。和歌山県以外の２つの県名を答えなさい。

資料Ⅱ　花子さんのグループが奥の院散策中に見つけた墓碑の位置

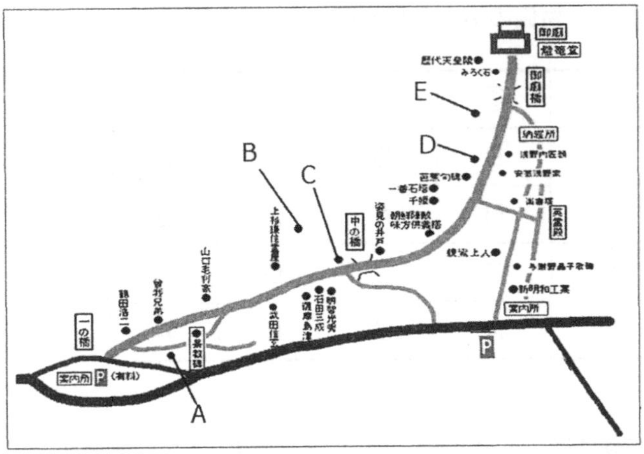

問４　地図中のＡには関東大震災で亡くなった人々の供養塔がありました。震災がおこったころ、護憲運動や普通選挙運動など民主主義的な風潮が高まりました。この風潮のことを何と言いますか。

問５　地図中のＢには井伊直弼の墓（廟）がありました。1858年、当時大老だった井伊直弼は朝廷の許可を得ないままアメリカと条約を結びました。

　この条約を何と言いますか。条約の名前を書き、この条約について述べた文として正しいものを、次のア～エから１つ選び、記号で答えなさい。

ア　日本は、下田・函館の２港を開き、相手国の船に食料・水などを供給することを約束した。

イ　日本は、相手国から琉球と小笠原諸島が日本領であることを認められた。

ウ　日本は、相手国の国民が日本で犯した罪を日本側では裁判できないことを認めた。

エ　日本は、相手国からの輸入品の関税を日本が自主的に決める権利を認められた。

問６　地図中のＣには、江戸の庶民に人気があった歌舞伎役者の初代市川団十郎の墓がありました。歌舞伎は安土桃山時代におこった歌舞伎踊りが発達したものですが、歌舞伎踊りを始めたとされる人は誰ですか。名前を答えなさい。

初代市川団十郎の錦絵

問７　地図中のＤには豊臣家の墓がありました。次の資料Ⅲ とⅣは、豊臣秀吉が行った政策に関するものです。資料Ⅲ とⅣの政策によって、社会がどのように変化したか、次の２語を用いて説明しなさい。〔　武士　　　農民　〕

資料Ⅲ

諸国の百姓が刀や脇ざし、弓、やり、鉄砲、そのほかの武具などを持つことはかたく禁止する。（略）

資料Ⅳ

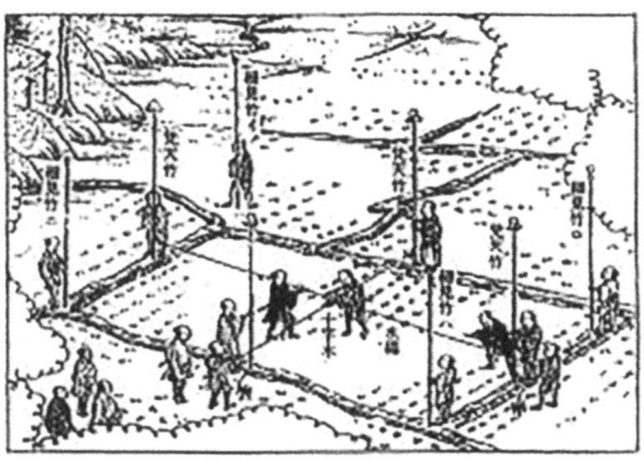

問８　地図中のＥには織田信長の墓がありました。次の資料は織田信長が出した法令です。下線部Ａの城下町の地名を答えなさい。また、その位置を地図中のア～オから１つ選び、記号で答えなさい。

> 一、このＡ城下町を楽市とする。座の制や雑税などの諸税はすべて免除する。

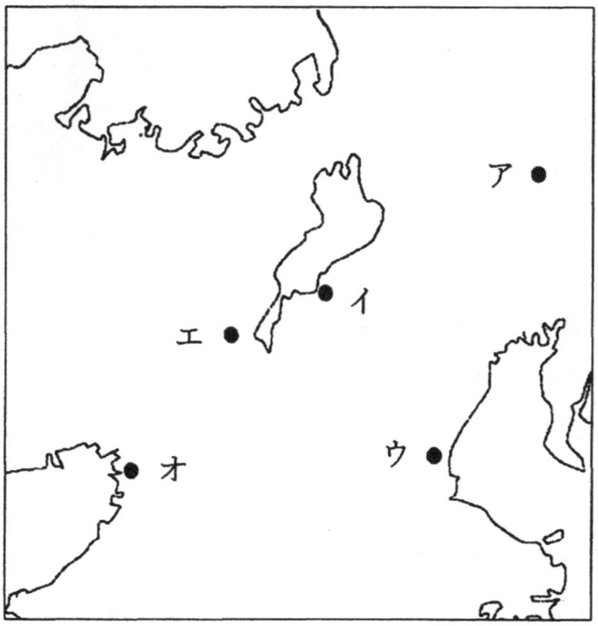

2 新型コロナウイルスの感染拡大は日本全体に大きな影響をおよぼしていますが、歴史を振り返ってみると、これまでにも感染症の流行は繰り返しおきています。次の表は日本の感染症の歴史をまとめたものです。表を見て各問いに答えなさい。

時代	感染症の内容
弥生時代 古墳時代	・出土した弥生時代や古墳時代の人骨の中に結核に感染したものがあることが分かった。大陸から渡来した人たちが結核をもたらしたと考えられている。……A
奈良時代	・筑紫(つくし)の国から広がった疫瘡(えきそう)(天然痘(とう))が平城京でも大流行し、有力な貴族や役人など多くの人々が亡くなった。……B
平安時代	・赤斑瘡(あかもかさ)とよばれた感染症が流行した。赤斑瘡は麻疹(ましん)(はしか)のことで、死亡率が非常に高いことから「命定め」とも呼ばれ人々から恐れられた。……C ・「銭(ぜに)の病」と呼ばれる感染症が流行。発生原因が海外から流入してきた宋銭だと考えたことからこう呼ばれたと考えられている。……D
江戸時代	・江戸時代全体を通じて麻疹の大流行が繰り返しおこる。……E ・幕末にコレラが大流行し、江戸では3万人が死亡した。開国によって貿易が始まり外国との往来がさかんになったことから感染が広がった。……F
明治時代	・日本でも産業革命がおこり、都市化や近代工業化にともなって結核の感染が広がった。女工を中心とする工場労働者が多く感染した。……G
大正時代	・インフルエンザが世界的に大流行し、4000～5000万人が死亡。日本でも「スペインかぜ」とよばれ約40万人の人々が死亡した。……H
昭和時代	・アジアかぜ、香港かぜなどの新型インフルエンザが世界で大流行する。日本でも多くの人が感染し、多数の死者が出た。……I
平成時代	・サーズ(SARS)やマーズ(MERS)、O157、鳥インフルエンザ(新型インフルエンザ)などの新しい感染症が問題となった。……J

問１　Ａについて、４～５世紀は中国や朝鮮半島から多くの渡来人がやってきて、すぐれた技術や文化を伝えました。次の資料は渡来人が仏教を伝えたときの記録です。文中の（　　　）にあてはまる国名を答えなさい。

欽明(きんめい)天皇の御世(みよ)（538年）の10月12日、（　　　）の聖明王がはじめて仏像･経典･僧侶などを伝え奉(たてまつ)った。

問２　Ｂについて、次の資料はこのころに出された詔(みことのり)（天皇の命令）です。この詔を出した天皇が在位していた期間に行われたことを、下のア～エから１つ選び、記号で答えなさい。

天平15（743）年、菩薩(ぼさつ)の大願をたてて、盧舎那仏(るしゃなぶつ)の金銅像一体をお造りする。

ア　大宝律令がつくられた。

イ　墾田(こんでん)永年私財法が出された。

ウ　都が平城京に移された。

エ　班田収授法が定められた。

問３　Ｃについて、このころ藤原道長の権力は全盛期を迎えていましたが、六女の嬉子をはしかで亡くしてしまいました。その後、藤原氏はおとろえ始めます。

　次のア～オは、武士の勢力伸長にかかわるできごとです。年表中のａの期間におこったできごとではないものを１つ選び、記号で答えなさい。

年代	できごと
1016	藤原道長が摂政になる。
	⇕ ａ
1192	源頼朝が征夷大将軍になる。

ア　保元の乱・平治の乱がおこる。

イ　白河上皇が院政を始める。

ウ　平将門の乱・藤原純友の乱がおこる。

エ　平清盛が太政大臣になる。

オ　前九年の役・後三年の役がおこる。

問４　Ｄについて、このころ宋との貿易で輸入された宋銭を下のア～エから１つ選び、記号で答えなさい。

ア

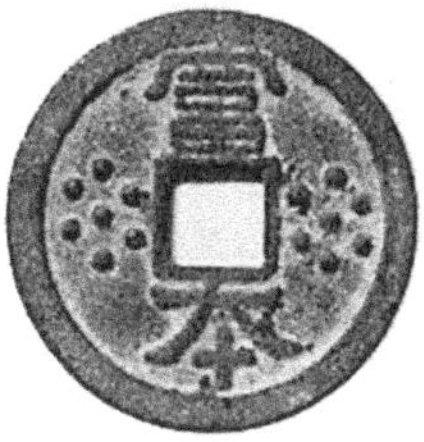

イ

ウ

エ

問５　Ｅについて、このころ江戸幕府の５代将軍徳川綱吉は麻疹にかかって亡くなりました。綱吉が将軍のころ大阪や京都を中心に元禄文化が栄えました。次の①～④の人物は元禄文化で活躍した人物です。①～④の人物に関係がないものを下のア～オから１つ選び、記号で答えなさい。

①　井原西鶴　　②　近松門左衛門　　③　菱川師宣　　④　松尾芭蕉

ア　義理と人情の板ばさみに悩む男女の気持ちを人形浄瑠璃の台本に書いた。
イ　連歌から生まれた五・七・五を型とする俳句を芸術として大成した。
ウ　町人の風俗を題材にして描いた浮世絵を始めた。
エ　華やかな色彩で装飾性の高い屏風絵を描いた。
オ　町人や武士の生活を生き生きと描いた浮世草子を書いた。

問６　Ｆについて、このころ、開国したことによって外国人がコレラの感染をもたらしたのではないかと考え外国人を敵視する人々もいました。そのことが、天皇を重んじ、国内から外国人を追い払おうとする運動が高まる一因になりました。この運動を何と言いますか。

問7　Gについて、下の図は、このころ日本の輸出品で最も輸出額が多かったグラフ中のXの製品を作っている工場のようすです。Xの製品名を答えなさい。

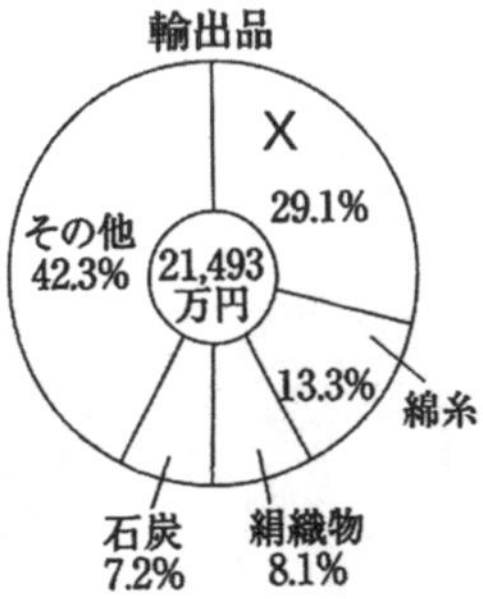

問8　Hについて、下のグラフは米の価格の推移を示しています。スペインかぜが流行し始めた1918年は米価が急激に上昇していることがわかります。次の文は米価の急激な上昇の原因とその影響について述べたものです。文中の［A］にあてはまる語をA群から、［B］にあてはまる語をB群からそれぞれ１つ選び、記号で答えなさい。

政府が［A］への出兵を発表すると、米商人は、あとで大量の米が売れると予想して米を買い占めました。そのために全国で［B］が起きました。

【A群】
- ア　満州
- イ　シベリア
- ウ　台湾
- エ　朝鮮

【B群】
- カ　打ちこわし
- キ　百姓一揆
- ク　米騒動
- ケ　労働争議

米価の推移（単位は円／石　１石は約150kg）

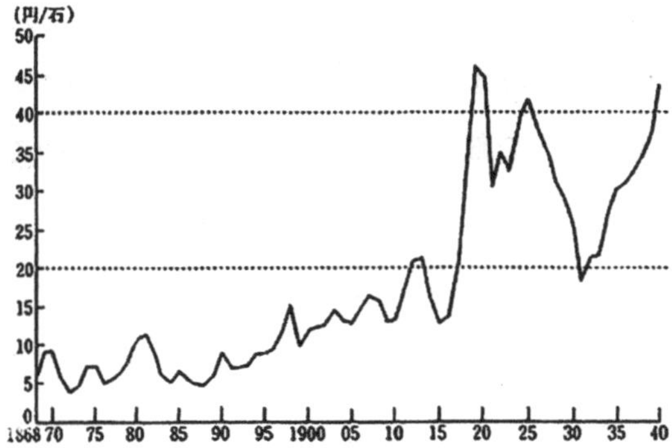

（出典：お米と食の近代史・大豆　生田稔著、吉川弘文館2007年発行）

二

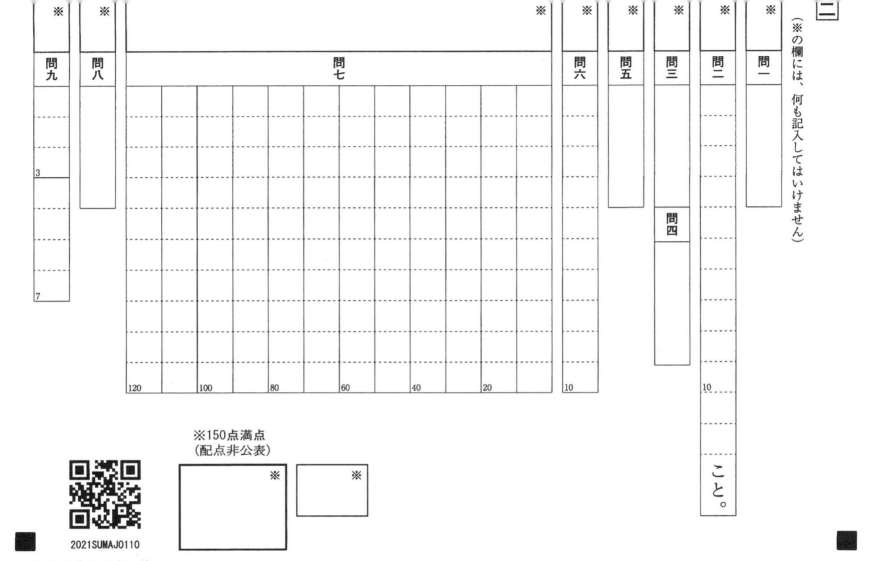

（※の欄には、何も記入してはいけません）

問一 ※

問二 ※

こと。

問三 ※

問四

問五 ※

問六 ※

問七 ※

問八 ※

問九 ※

※150点満点
（配点非公表）

※

※

2021SUMAJ0110

答え

5

(1) 通り	(2) 通り	(3) 通り	(4) 通り

※

※150点満点
(配点非公表)

※

2021SUMAJ0120

加えた塩酸の体積(cm³)

※

3

問1		問2	(a)		(b)		(c)	
問3	時間	問4	(a)	時間	(b)	mAh		

※

4

問1										
問2	a		b		c					
問3										
問4	あ		い		う		え		お	
問5		問6								
問7										

※

2021SUMAJ0150

※100点満点
(配点非公表)

※

3

問1		問2	フィリピン海プレート	太平洋プレート
問3		問4		
問5	関東	北陸	問6	
問7 (1)				
問7 (2)				
問8				

※

4

問1 (1)		(2)	問2	
問3		問4	問5	
問6		問7		

※

※100点満点
（配点非公表）

※

2021(R3) 須磨学園中　第１回
教英出版

受験番号			

名前	

2021年度　須磨学園中学校　第1回入学試験解答用紙　社会

（※のらんには、何も記入してはいけません）

1

問1	(1)　→　→　→	(2)		問2	
問3	県	県	問4		
問5	条約名		記号	問6	
問7					
問8	地名		記号		

※

2

問1		問2		問3	
問4		問5		問6	
問7		問8	A　B	問9	
問					

【解答

↓ここにシールを貼ってください↓

受　験　番　号

名前	

２０２１年度　須磨学園中学校　第１回入学試験解答用紙　理科

（※のらんには、何も記入してはいけません）

1

問1		問2		問3	
問4		問5		問6	
問7	個体				

※

2

問1		問2		問3	cm³
問4	(graph)			問5	cm³
				問6	
				問7	塩酸 cm³
					水素 cm³

問4

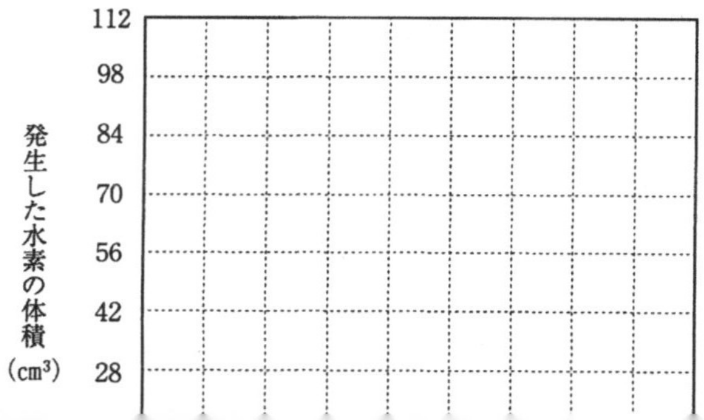

【解答

↓ここにシールを貼ってください↓

受験番号

名前	

2021年度　須磨学園中学校　第1回入学試験解答用紙　算数

（※の欄には、何も記入してはいけません）

1

(1)	(2)	(3)	(4) 秒	(5)

※

2

(1) cm^3	(2)	(3) 度	(4) m
(5)	(6) g	(7)	(8) cm^2

※

3

(1)	(2)	(3)

※

4

(1)	(2)

※

【解答

↓ここにシールを貼ってください↓

受験番号

名前

２０２１年度　須磨学園中学校　第１回入学試験解答用紙　国語

一

（※の欄には、何も記入してはいけません）

問一 ※ I II III

問二 ※ A B

問三 ※ あ い

問四 ※

問五 ※

問六 ※

問七 ※

問八 ※

問九 ※ a b c d e f

※

【解答

問９　Ｉについて、次の①～④はこのころにおこったできごとです。①～④を古い順に並べたとき、正しく並べられているものはどれですか。下のア～エから１つ選び、記号で答えなさい。

①　沖縄が日本に復帰する。

②　日ソ共同宣言に調印し、日本が国際連合に加盟する。

③　日米新安全保障条約が結ばれる。

④　日韓基本条約が結ばれる。

ア　②④③①　　イ　③①②④　　ウ　③④①②　　エ　②③④①

問10　Ｊについて、新しい感染症の出現にともない、世界保健機関（WHO）の活動が注目されています。世界保健機関が設立されたのは1948年のことです。このころの日本では連合国軍総司令部（GHQ）による指令にもとづく民主化政策が進められていました。民主化政策に関する説明として内容が誤っているものを、次のア～エからすべて選び記号で答えなさい。

ア　日本の産業や経済を支配してきた三井・三菱・住友などの財閥（ざいばつ）が解体された。

イ　男女とも選挙権の年齢資格が25歳から20歳に引き下げられた。

ウ　教育基本法が制定され、小学校の就学率がはじめて90％を超えるようになった。

エ　農地改革で地主の土地が強制的に買い上げられ、小作人に安く売り渡された。

3 次の各問いに答えなさい。

問１　右の地図は南極を中心にした地図で、45度おきに経線が引かれています。ア～クの経線のうち日本の標準時子午線にあたるものはどれですか。

１つ選び、記号で答えなさい。

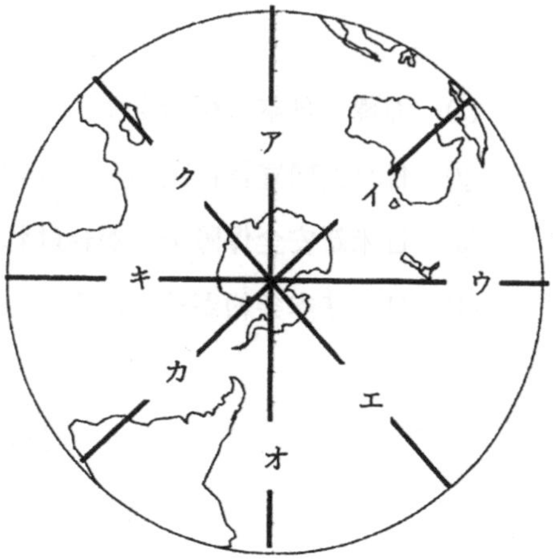

問２　次の図は、日本列島周辺の４つのプレートを示しています。プレートは地球の表面をおおう岩盤のことで、地球内部の力によって動いています。南海トラフ大地震は、プレートの境界のずれによって引き起こされると考えられています。フィリピン海プレートと太平洋プレートの動く方向を示す矢印をそれぞれア～エから１つずつ選び、記号で答えなさい。

問３　次のグラフは下の地図の札幌、上越、松本、静岡、広島の１月と８月の月平均気温と月平均降水量を示しています。１月は○で、８月は●で示しています。松本を示しているものをア～オから１つ選び、記号で答えなさい。

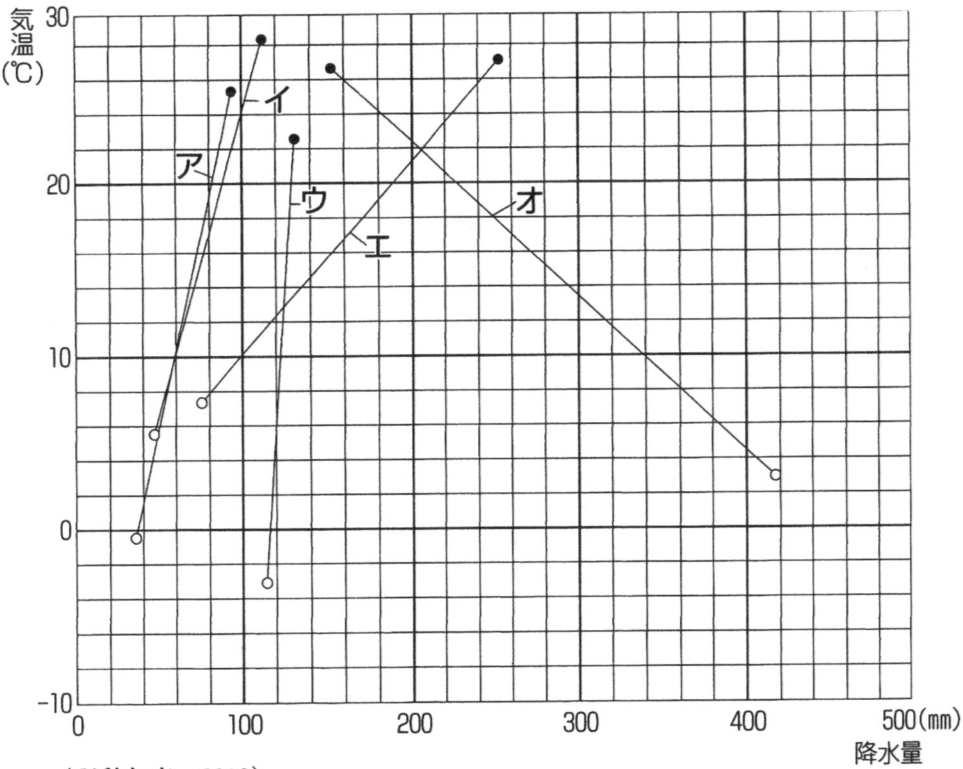

（理科年表　2019）

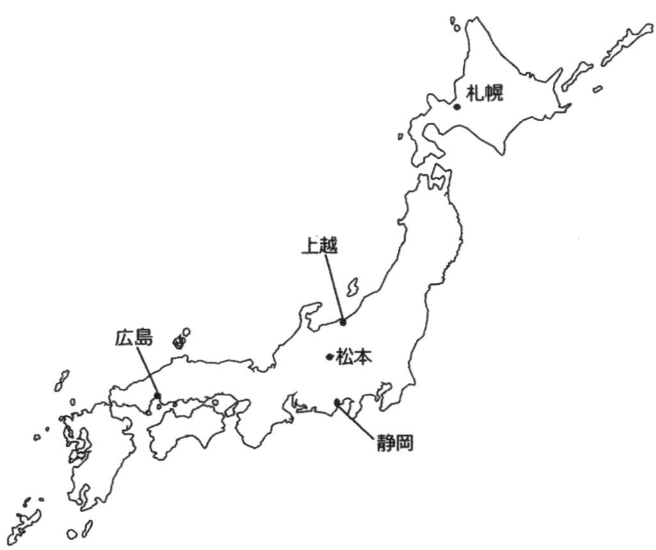

問４　次のグラフは中国・ナイジェリア・スウェーデン・日本の出生率と死亡率の変化を示しています。日本にあてはまるものをア～エから１つ選び、記号で答えなさい。

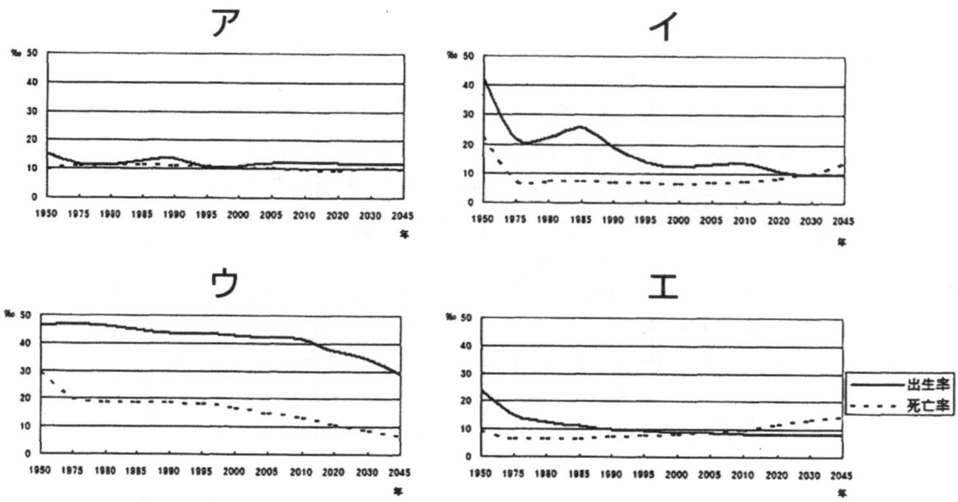

※グラフのたて軸の単位（‰）は１千分の１を単位とする比率　10‰ = １％

（総務省統計局「世界の統計」データブックオブ・ザ・ワールド2019）

問５　次のグラフのア～オは関東・東北・北海道・北陸・九州各地方のいずれかの農業生産額の割合を示しています。関東と北陸にあてはまるものをア～オからそれぞれ１つずつ選び、記号で答えなさい。（関東には山梨県・長野県を含めています）

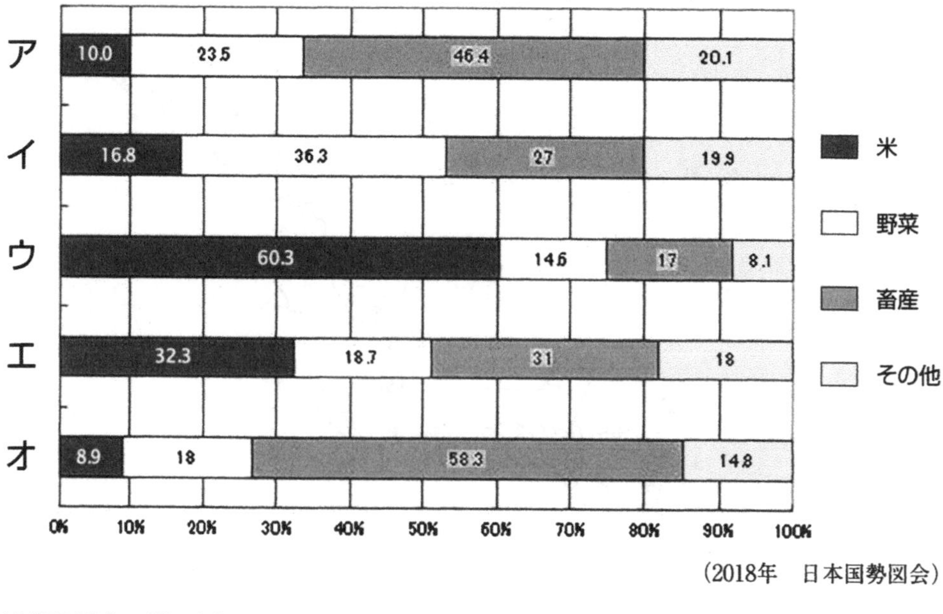

（2018年　日本国勢図会）

問6　次の図1は4つの貿易港の位置を示しています。図2は4つの貿易港が位置している工業地帯・地域の工業出荷額割合を比較したものです。名古屋港と千葉港が位置している工業地帯・地域の組み合わせが正しいものを下の①～⑥から1つ選び、番号で答えなさい。

図1

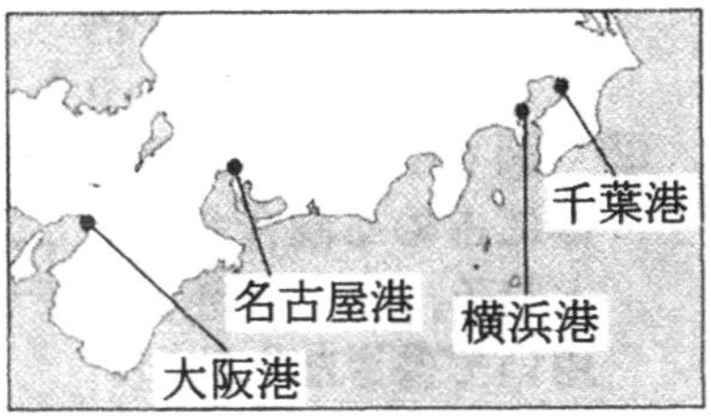

図2

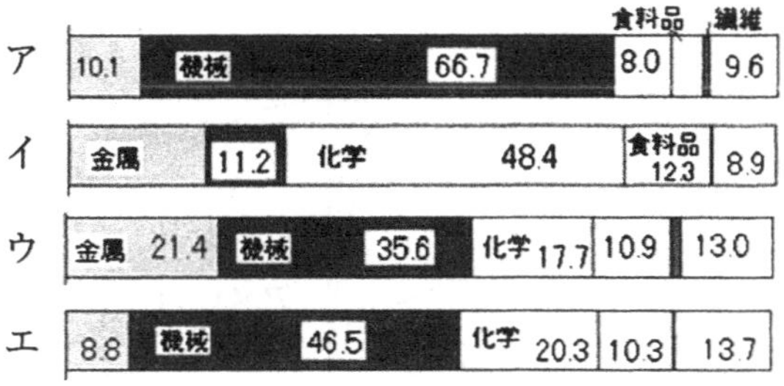

(2014年　日本国勢図会)

① 名古屋港＝ウ　千葉港＝イ　　② 名古屋港＝イ　千葉港＝ウ
③ 名古屋港＝エ　千葉港＝ア　　④ 名古屋港＝ア　千葉港＝イ
⑤ 名古屋港＝ア　千葉港＝エ　　⑥ 名古屋港＝イ　千葉港＝ア

問7　次の資料Ⅰと資料Ⅱを見て各問いに答えなさい。

資料Ⅰ

資料Ⅱ

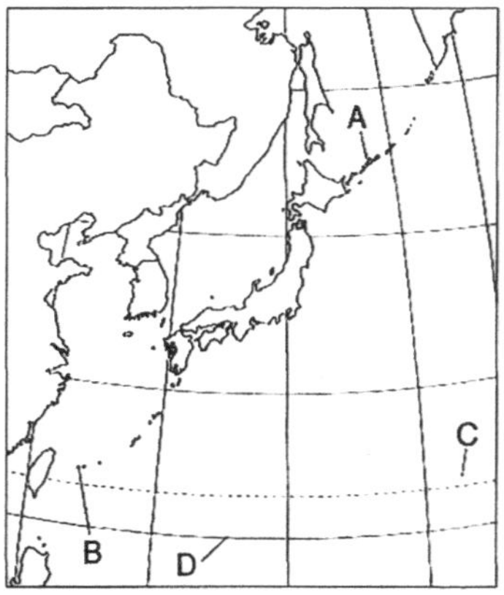

（1）　資料Ⅰは沖ノ鳥島（おきのとりしま）の写真です。この島の位置を資料Ⅱの地図中のA～Dから1つ選び、記号で答えなさい。

（2）　資料Ⅰの沖ノ鳥島は写真から分かるように、中央にある島本体の岩のまわりをコンクリート護岸と消波ブロックで囲み、波による浸食から守られています。なぜこのように厳重に守られているのか、その理由を「資源」という語を用いて説明しなさい。

問８　次のＡ～Ｄのグラフは、日本の大豆・小麦・牛肉・水産物の輸入先を示しています。
Ａ～Ｄの品目の組み合わせが正しいものを下のア～オから１つ選び、記号で答えなさい。

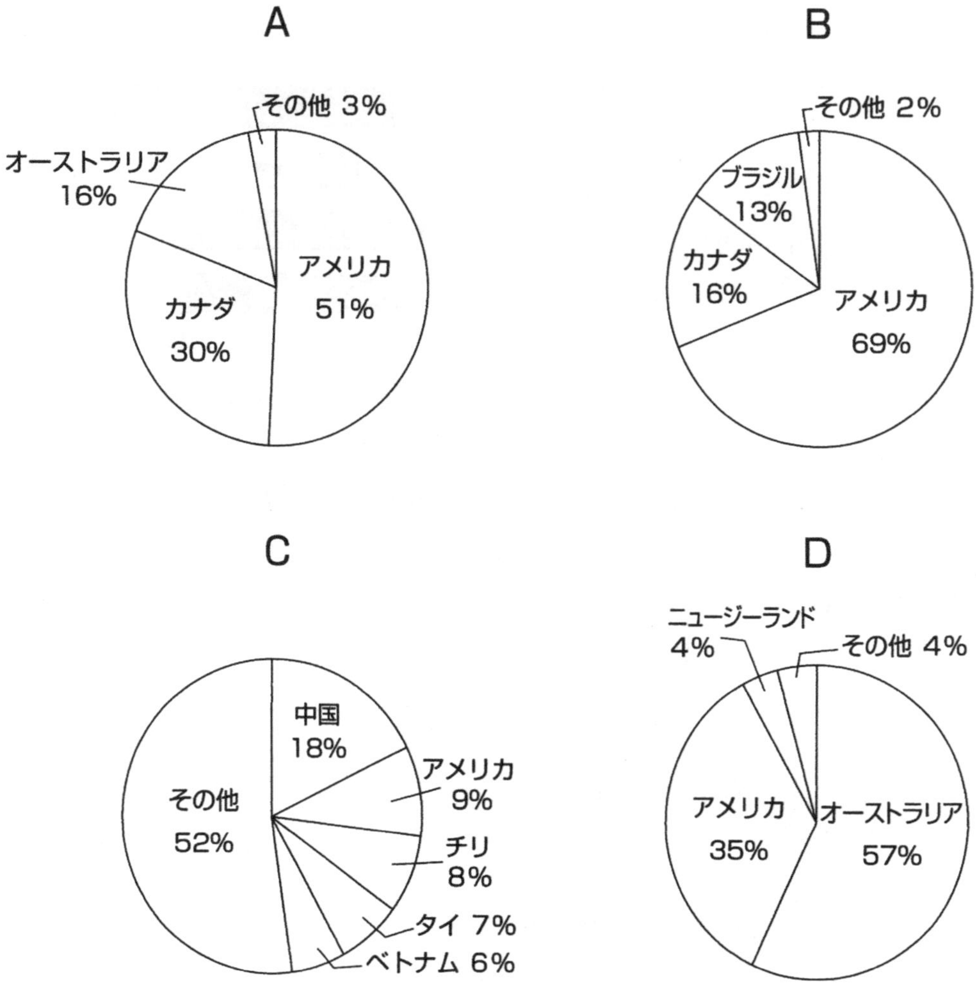

	A	B	C	D
ア	牛肉	大豆	小麦	水産物
イ	大豆	小麦	牛肉	水産物
ウ	小麦	大豆	水産物	牛肉
エ	大豆	水産物	牛肉	小麦
オ	水産物	牛肉	小麦	大豆

（出典：農林水産省「知ってる？日本の食料事情（平成28年８月）」）

4 次の会話文を読み、あとの各問いに答えなさい。

たろう：去年はa核拡散防止条約（NPT）発効50周年の年だったんだよ。
はなこ：世界の一部の国に核保有を認めるなんて少し変な感じもするけど・・・。
たろう：はやく包括的核実験禁止条約（CTBT）が発効してほしいところだね。
はなこ：そういえば50年ほど前って、b日本で初めて万博が開かれたんじゃない？
たろう：よく知ってるね。日本だけでなく、cアジアで初めての開催だったんだよ。
万博のために約170万人のd外国人が日本を訪れたんだ。
ちなみに、そこで電気自動車やリニアモーターカー、e携帯電話などが初めて披露（ひろう）されたんだよ。
はなこ：今やみんな使っているものばかりね。
たろう：まあ実用化されていないものもたくさんあるけどね。
はなこ：でも技術の進歩って本当にすごいわ。例えば医療における技術の向上によって、日本人の平均寿命も延びているみたいだし。
たろう：でもその分少子高齢化が深刻だ、という話もよく聞くね。
はなこ：f高齢者の方が元気で長生きしてくれることは素晴らしいことなんだけどね。
たろう：病気や老後に備えたg社会保障制度がきちんと整備されているというのも重要だね。
はなこ：確かに。私も将来、なりたい自分になってバリバリ働くぞー！

問１　下線部aについて、次の問いに答えなさい。

（1）　この条約は国際連合の総会で採択されました。国際連合の総会について正しく述べている文を、次のア～エからすべて選び記号で答えなさい。

ア　国際連合のすべての加盟国が参加できる。
イ　一国の票数は分担金の金額に合わせて増減する。
ウ　常任理事国のうち１か国でも反対すると決議は否決される。
エ　平和に反した国に対してどのような措置を実施するかを決めることができる。

（2） 日本は非核三原則を掲げています。非核三原則とは、核兵器を「もたず」、「つくらず」ともう１つは何ですか、ひらがな６文字で答えなさい。

問２　下線部ｂについて、日本で初めて万博が開かれた都道府県名を答えなさい。（※都・道・府・県まで答えること）

問３　下線部ｃについて、主要国首脳会議（サミット）に、Ｇ７の一員としてアジアで唯一参加している国はどこですか、次のア〜エから１つ選び、記号で答えなさい。

ア　中　国　　イ　日　本　　ウ　大韓民国　　エ　インド

問４　下線部ｄについて、次のア〜エから、日本に住む外国人には認められていない権利を１つ選び、記号で答えなさい。

ア　言論の自由
イ　衆議院議員選挙・参議院議員選挙への投票
ウ　出国の自由
エ　裁判を受ける権利

問５　下線部ｅについて、情報通信に関する分野を担当している省の名前として正しいものを、次のア〜エから１つ選び、記号で答えなさい。

ア　経済産業省　　イ　国土交通省　　ウ　財務省　　エ　総務省

問６　下線部ｆについて、次の文章は、厚生労働省が発表した日本の100歳以上の高齢者の現状に関する説明です。①～③にあてはまる語句・数字として、正しい組み合わせを下のア～エから１つ選び、記号で答えなさい。

令和２年９月15日現在、日本の100歳以上の高齢者は（　①　）し、初めて（　②　）万人を超え、そのうち（　③　）％以上が女性である。

	①	②	③
ア	50年連続で増加	8	80
イ	50年連続で増加	16	95
ウ	50年連続で減少	8	95
エ	50年連続で減少	16	80

問７　下線部ｇに関連して、次の文章は日本の社会保障制度の１つである公的扶助についての説明です。①，②に入る語句として正しい組み合わせを、下のア～エから１つ選び、記号で答えなさい。

憲法第25条で定めている「健康で（　①　）最低限度の生活」を可能にするために、（　②　）に基づいて実施している。

	①	②
ア	基本的な	社会福祉法
イ	基本的な	生活保護法
ウ	文化的な	社会福祉法
エ	文化的な	生活保護法

2020年度　須磨学園中学校入学試験

国　　語

第１回

（60分）

（注　意）

解答用紙は、この問題冊子の中央にはさんであります。まず、解答用紙を取り出して、受験番号シールを貼り、受験番号と氏名を記入しなさい。

１．すべての問題を解答しなさい。

２．解答はすべて解答用紙に記入しなさい。

３．字数制限のある問題については、記号、句読点も１字と数えること。

４．試験終了後、解答用紙のみ提出し、問題冊子は持ち帰りなさい。

須磨学園中学校

2020(R2) 須磨学園中　第１回
教英出版

二 の設問

問一　「母はあみ子に背を向けたままその場にしゃがみこみ、声を上げて泣きだした」（――線部ア）とありますが、それはなぜですか。その理由の説明として最も適当なものを次の中から一つ選び、番号で答えなさい。

1　弟を死なせてしまった辛い過去をあみ子に責められ、深く傷ついたから。
2　あみ子のおかげで、もう二度と会えない弟をいとおしく思い出したから。
3　弟の死を思い出させようとする娘のあみ子の性格の悪さに絶望したから。
4　弟のお墓を見せられ、忘れたい辛い事実をあみ子に突きつけられたから。

問二　「立たせようとしてやめて」（――線部イ）とありますが、それはなぜですか。その理由の説明として最も適当なものを次の中から一つ選び、番号で答えなさい。

1　母のあまりの動揺に、自分で立っては動けないと思ったから。
2　娘に傷つけられた母を、少しでも思いやりたいと思ったから。
3　泣き続けている母を、立たせることは不可能だと思った

問五　「うれしくないかね」（――線部ウ）とありますが、ここでのあみ子の心情に関する説明として最も適当なものを次の中から一つ選び、番号で答えなさい。

1　辛い過去に向き合い、乗り越えてもらうことを意図した自分なりの贈り物だから、きっとうれしいはずだと思っている。
2　自分なりの気遣いをすれば母もうれしいだろうと思っていたものの、ひどく悲しませてしまったため、落ち込んでいる。
3　書道教室再開のお祝いに作った綺麗な字で書かれたお墓だから、母に喜んでもらえるはずなのにと不思議に思っている。
4　落ち込んでいる母を元気づけるプレゼントとして、本当に適切だったのだろうかと、今さらになって自問自答している。

問六　「あみ子」（――線部エ①・②）と語りかける兄の説明として、最も適当なものを次の中から一つ選び、番号で答えなさい。

1　エ①は、母を悲しませたのに、自分の悪い点をかたくなに認めようとしないあみ子に対して、怒りがこみ上げている。
2　エ①は、あみ子が母を傷つけるつもりがあったのかどうかを、冷静になって、もう一度だけ確認しようと思っている。

2020(R2) 須磨学園中　第1回
K 教英出版

二　**次の文章は、今村夏子「こちらあみ子」の一節です。小学生のあみ子は、子どもを流産[注1]するも書道教室を再開した母を元気づけようと、嫌がる同級生ののり君に必死にお願いをして、母にプレゼントを渡しました。以下はそれに続く場面です。これを読んで、後の設問に答えなさい。**

　ア母はあみ子に背を向けたままその場にしゃがみこみ、声を上げて泣きだした。最初、咳をしているのだと思った。高い音でコンコン言っていたから。それが呻き声のようなものになったかと思うとすぐに確かな発声へと変化した。泣き声は大きく響き渡り、兄が玄関から飛びだしてきた。「どうしたん。お母さんどうしたん。あみ子」
「わからん。いきなり泣きだした」
「なんで、あっ。なにこれ」
「どれ？」
「……なにこれ」
「それ、おはか」
「のり君の字じゃ」
「うん」
「ただいまー」父が帰ってきた。
ひ　ぬ　注2　か　よ

もしてないよ」
エ①「あみ子」
「なに」
エ②「あみ子」
「なんなん」
　すでに日が暮れていた。兄は腹が痛むのをこらえているような顔をして、口を開きかけてはまた閉じて、結局それ以上はなにも言わずに背を向けた。
　数時間後、のり君が両親に連れられて田中家を訪れた。あみ子は玄関先で対応する父との会話を聞くためにテレビを消して耳を澄ませた。「オそんなこちらこそ」とか、「小さな子どものいたずらですから」とか、父の高い声が響く中、のり君のすすり泣く声も聞こえてきた。のり君一家が玄関のチャイムを押して入ってきたときから出て行くまで、カ泣き声はずっとやまなかった。
　翌日、赤い目をしたのり君に腹を蹴られた。
「おまえのせいで叱られた」とのり君は言った。キあみ子は誰からも叱られなかった。

（今村夏子『こちらあみ子』ちくま文庫）

注1　流産……生まれた子が死んでしまうこと。
注2　木の札…弟の墓と書かれた木の札のこと。

問十一　「痛みのようなもの」（――線部ケ）は、どういう事実から生じますか。「大漁」の詩をふまえて、三〇字以内でわかりやすく説明しなさい。

問十二　〰〰線部a～iのカタカナを漢字で答えなさい。

a　センデン　　b　ヤサ（しい）　　c　テンケン

d　ムメイ　　e　エイエン　　f　ウンメイ

g　ゼンテイ　　h　ブンゴ　　i　キチョウ

一 の設問

問一 「そうして、あとで／さみしくなって」（――線部ア）とありますが、それはなぜですか。考えられる理由の説明として、最も適当なものを次の中から一つ選び、番号で答えなさい。

1 遊び相手と会わないうちに、ふとさみしくなったから。
2 遊び相手を傷つけるような、ひどいことを言ったから。
3 けんかした相手が、実は大切な存在だと気づいたから。
4 けんかしたままでは相手ともう遊べないと思ったから。

問二 「こだまでしょうか」（――線部イ）とありますが、「こだま」と筆者が判断している理由について、一五字以内で説明しなさい。

問三 「いいえ、誰でも」（――線部ウ）について、後の文章も参考にしながら、その意味する内容の説明として最も適当なものを次の中から一つ選び、番号で答えなさい。

1 人間というのは、自分の心からの問いかけに、誰もが

問五 「この作品の鍵がある」（――線部オ）について、

(1) ここで用いられている比喩の名前として適当なものを次の中から一つ選び、番号で答えなさい。

1 明喩（直喩）　2 隠喩（暗喩）
3 換喩　4 擬人法

(2) (1)の比喩を用いることで、どういう効果が読者にもたらされますか。その説明として最も適当なものを次の中から一つ選び、番号で答えなさい。

1 筆者の言いたい内容が分かりやすく伝わる。
2 生きている人間のように生き生きと伝わる。
3 筆者の考える作品の要点が印象的に伝わる。
4 筆者が感じた内容が短くまとまって伝わる。

問六 「さみしさも楽しさも増幅されている」（――線部カ）とありますが、「楽しさ」が「増幅されている」のは、詩「こだまでしょうか」のどの部分ですか。一〇字以内で書き抜きなさい。

問七 「自分の隣に息づいている」（――線部キ）とは、どう

2020(R2) 須磨学園中　第１回
K 教英出版

一　次の文章を読んで、後の設問に答えなさい。

東日本大震災のときに、センデン(a)のためのテレビＣＭが自粛され、公共広告機構の作ったスポットＣＭが何度も流された。その中のひとつに、この作品を使ったものがあった。

「遊ぼう」っていうと
「遊ぼう」っていう。

「馬鹿」っていうと
「馬鹿」っていう。

「もう遊ばない」っていうと
「遊ばない」っていう。

(ア)そうして、あとで
さみしくなって、

「ごめんね」っていうと
「ごめんね」っていう。

(イ)こだまでしょうか、
(ウ)

数年間、「童話」などの雑誌に投稿し、注2西条八十に見いだされる。投稿者の「憧れの星」だったようだが、一冊の作品集も持たず、若くして亡くなった彼女の未発表の多くの詞が、死後五十年以上を経て、初めて日の目を見、ブームになるというのはじつに注3稀有なことだと思う。注4矢崎節夫の目に触れなければ、エイエン(e)に埋もれたままだったかもしれない。「大漁」という詞のウンメイ(f)を感じずにはいられない。

朝焼小焼だ
大漁だ
大羽鰮の
大漁だ。

浜は [X] の
ようだけど
海のなかでは
何万の
鰮の [Y]
するだろう。

童謡は、歌われることをゼンテイ(g)にしている。だがみすずの作品は、曲とあいまってのものというよりも、読むことばとし金子みすずには、関東大震災のことを書いた作品もあれば、「私と小鳥と鈴と」や「大漁」などの代表作もあるが、震災とはほとんど無関係なこの童話が選ばれたようだ。「いいえ、誰でも。」という最終行に、この作品の鍵がある。こだまとは遊び相手ばかりでなく、誰においても同じだということだ。こちらが友好的にふるまえば相手も好意を持ち、こちらが嫌えばまた同じであるという、人と人との関係性を述べている。しかしなんとストレートなヤサしいことばで、説教くさくならず核心を衝いていることか。こだまという語が作品全体に広がりを与え、さみしさも楽しさも増幅されているようだ。「馬鹿」などという、童謡ではめったにお目にかからないことばも使われている。テンケンすればするほど巧みな詞だと言わざるを得ない。一番だいじなのは、この書き手のことばが呼吸しているように、変な気取りもなく臭みもなく、自分の隣に息づいていることだろう。これがキッカケとなり、幾度めかの金子みすずブーム[注1]がきたことは記憶に新しい。

金子みすずは明治三十六年（一九〇三）に山口県仙崎に生まれたが、二十六歳で自死した。ほとんどムメイのまま没したこの童謡詩人が世にでたのは、死後五十年以上経った、一九八〇年代の半ばである。

金子みすずは大正十二年、二十歳の時から昭和の始めまでの識や視点を際立たせるものに向いている器とは思えない。③しかし金子みすずの童謡には、柔らかな調子ではあるが、主張があり、それが歌詞であるため、目や耳に入りやすい開かれた形式で綴られた。未だブンゴ体の詩が主流だった大正時代。三木露風[注5]や北原白秋[注6]などの詩の世界にも通じていた彼女だったが、自分がものを書く際には、口語体の喋りことばをキチョウとした。童謡だからこそかなった形式が、今の時代につながる幸運をつかんだのだ。

「大漁」の魚たちの弔いという視点の確かさは、漁師町で育ち、身近に魚の水揚げを見たり感じたりした者の痛みのようなものが、そこにあったのか、なかったか、などと立ち止まってしまう。

（井坂洋子『詩はあなたの隣にいる』筑摩書房による）

注1　ブーム……流行。
注2　西条八十…詩人・作詞家・フランス文学者。
注3　稀有………めったにないこと。
注4　矢崎節夫…児童文学作家・童謡詩人。
注5　三木露風…詩人・童謡作家・歌人。
注6　北原白秋…詩人・童謡作家・歌人。

合うことが一番大事であるということ。

3　人間関係では、相手に対する気持ちと同じような気持ちを、相手も抱いているものだということ。

4　人と人との関係性においては、相手を嫌う言葉は、自分に返ってきてしまうものだということ。

問四　「ようだ」（――線部エ）について、

(1)　ここでの使われ方とは意味の**異なる**例文を次の中から一つ選び、番号で答えなさい。

1　静かに聞こえる音は、雨音のようだ。

2　試合に勝ち、監督は安心したようだ。

3　この美しい絵は、実に写真のようだ。

4　選挙は、公平に行われているようだ。

(2)　この表現によって、どういうことが読者に伝わりますか。その内容の説明として最も適当なものを、次の中から一つ選び、番号で答えなさい。

1　作品が、震災とは、まったく関係がないということ。

2　震災と無関係な作品を選んだことに怒っていること。

3　作品の選ばれた過程に、筆者が関係していないこと。

4　震災時は、その出来事と無関係な話が好まれること。

1　作家のことばが自然な表現として、身近に感じられるということ。

2　書き手のことばが、呼吸しているように息づいているということ。

3　作家のことばはブームをもたらすような巧みな表現だということ。

4　書き手のことばは、人の奥深くに語りかける力があるということ。

問八　[X]・[Y] に入る語の組み合わせとして最も適当なものを次の中から一つ選び、番号で答えなさい。

1　X　えがお　Y　よろしく

2　X　まつり　Y　とむらい

3　X　なみだ　Y　さよなら

4　X　いつも　Y　とむらい

問題は、裏面に続きます。

問九 ①〜③の文についての説明として、**適当でない**ものを次の中から一つ選び、番号で答えなさい。

1 ①は、童謡に関する一般的な見方を述べている。

2 ②は、文の最初に「だから」を補うことができ、①の見方について、筆者が詳しく解説している。

3 ③は、金子みすずの童謡の特徴が述べられた、①の内容と対比されている文である。

4 ③は、②とは逆に、童謡は、作者の認識や視点をわかりやすく伝えられる形式だと主張している。

問十 「童謡だからこそかなった」（——線部**ク**）とは、どういうことですか。何が「かなった」のかに注意しつつ、その説明として最も適当なものを次の中から一つ選び、番号で答えなさい。

1 喋りことばを大切にする童謡だからこそ、金子みすずの作品の多くは、現代につながる名作になったのだということ。

2 話し言葉を用いる童謡だからこそ、作者は、自分の主張を読者により分かりやすく表現することができたということ。

3 世間に知られずに死んだ金子みすずだからこそ、自分の感じた思いを多くの人に伝えることができたのだということ。

ただけで、うずくまって泣き続けている母に近寄り、イ立たせようとしてやめて、両腋の下に手を差し入れて　X　引きずりながら家の中へ運びこんだ。隣りの家のおばさんが台所の小窓から顔を突きだし、こちらを見ていた。兄が恐ろしい顔を向けると　Y　閉まった。そのあともしばらく小窓を見たまま動かなかった兄が、ゆっくりとあみ子のほうへ体を向けて、小さな声で訊いてきた。

「あみ子がのり君にたのんだん？」

「そう」

「あみ子が、たのんだん、のり君に」

「そうよ」

「　Z　」

「のり君字うまいけえ」注3

「ほうじゃなくて、なんで墓作ろうと思ったん」

「弟死んどったけえね。おはかがいるじゃろ。お母さんのお祝いも」

「お母さんはこれもらってうれしいかの」

「ウうれしくないかね」

「泣いとったじゃろう」

「うん。でもあれってほんまにいきなりなんよ。あみ子なんに

から。

問三 [X]・[Y]に入る語の組み合わせとして最も適当なものを次の中から一つ選び、番号で答えなさい。

1 X ずるずると Y ぴしゃりと
2 X だらだらと Y さっと
3 X とろとろと Y ぱったりと
4 X のろのろと Y ぱたんと

問四 文脈上、[Z]に入るのに適切な会話表現を三字で答えなさい。

---

4 エ②は、弟のお墓が母にとってどういう意味をもつのかについてまったく理解できないあみ子を、心底軽蔑している。

問七 「そんなこちらこそ」（――線部**オ**）とは、誰の、どのような気持ちを表した言葉だと考えられますか。その説明として最も適当なものを次の中から一つ選び、番号で答えなさい。

1 のり君の父の、息子の非常識な行為を申し訳なく思う気持ち。
2 あみ子の父の、のり君一家から深く謝罪され恐縮する気持ち。
3 あみ子の母の、のり君の両親に免じて、許そうと思う気持ち。
4 のり君の母の、あみ子の父の言葉に逆に深く恥じ入る気持ち。

問八 「泣き声はずっとやまなかった」（――線部**カ**）という表現から、あみ子のどういう様子が分かりますか。二〇字以内で説明しなさい。

問題は、裏面に続きます。

問九　「あみ子は誰からも叱られなかった」（――線部キ）とありますが、それはなぜだと考えられますか。一〇〇字以上一二〇字以内で説明しなさい。（句読点も一字として数えます。なお、採点については、どういう書かれ方をしているかについても見ます。）

下書き用（※これは解答用紙ではありません）

10	20	30	40	50	60	70	80	90	100	110	120

2020(R2) 須磨学園中　第１回
K 教英出版

2020年度　須磨学園中学校入学試験

算　　数

第 1 回

（60分）

（注　意）

解答用紙は、この問題冊子の中央にはさんであります。まず、解答用紙を取り出して、受験番号シールを貼り、受験番号と氏名を記入しなさい。

1．すべての問題を解答しなさい。

2．解答はすべて解答用紙に記入しなさい。

3．試験終了後、解答用紙のみ提出し、問題冊子は持ち帰りなさい。

須磨学園中学校

1 次の $\square$ に当てはまる数を答えなさい。

(1) $84 \times 3.15 + 36 \times 6.3 - 56 \times 3.15 = \square$

(2) $13\frac{1}{3} \times 0.4 - 2.25 \div \left(3.75 + 3\frac{1}{2}\right) = \square$

(3) 1ドル ＝ 108円，1ユーロ ＝ 122円，1元 ＝ 16円とする。

270ユーロ － 250ドル ＋ 316元 ＋ 1640円 ＝ $\square$ ドル

(4) $\dfrac{3 \times \{3 \times 3 + (3 + 3) \div 3\}}{3 \times 3 - 3 + 33} \div \dfrac{33 \div 3}{1 \div 3 + 3} = \square$

(5) $\dfrac{239}{30} - \dfrac{\square}{10} \div 0.5 - \left\{3.5 + (7 + 8) \times \dfrac{1}{9}\right\} = \dfrac{7}{5}$

2 へ続く

2 次の［　　］に当てはまる数を答えなさい。ただし，円周率は3.14とします。

(1) AB = AC = 5 cm，BC = 8 cm の二等辺三角形 ABC の外側を半径 1 cm の円が転がって1周するとき，円が通過する部分の面積は［　　］㎠です。

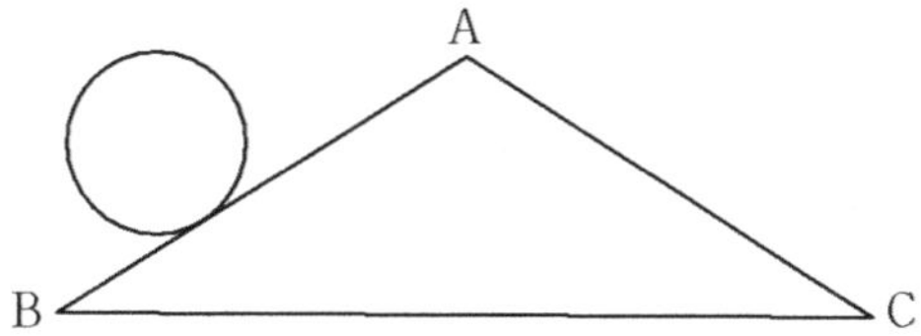

(2) 太郎君は遠足のおやつを買いに行きました。1個68円（税別）のチョコレートと1個35円（税別）のガムを何個かずつ買ったところ，消費税込みで合計金額は999円でした。このとき，太郎君の買ったチョコレートは［　　］個です。ただし，消費税は税別合計金額に対して8％かかるものとします。

(3) 100から200までの整数のうち4でも6でも割り切れない数は［　　］個あります。

(4) 下の図のように正五角形 ABCDE の中に正三角形 CDF があります。角アの大きさは［　　］度です。

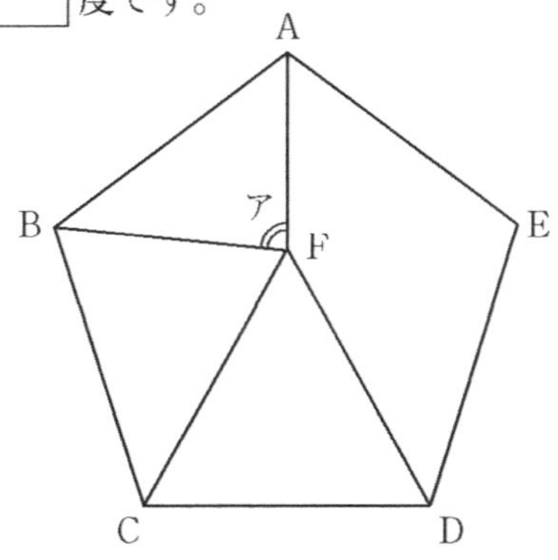

(5) 5で割ると3余り，7で割ると2余る3桁（けた）の数で最大のものは［　　］です。

2 の(6)以降の問題は，3ページに続く

2

(6)　図1のように，AB = 20 cm，BC ＝ 8 cm，BD = 18 cm で，三角形 ABC，三角形 ADB，三角形 BCD が直角三角形である三角すいを図2のように水の入った水そうに入れました。
図2の左の図は三角形 BCD を底面とし，右の図は三角形 ABD を底面としています。
このとき，水そうに入っている水の量は［　　］㎤です。
ただし，三角すいの体積は，（ 底面積 ）×（ 高さ ）÷ 3 で求めることができます。

図1

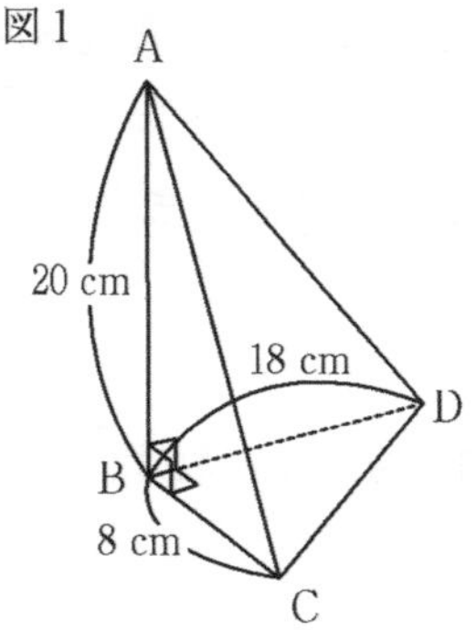

図2

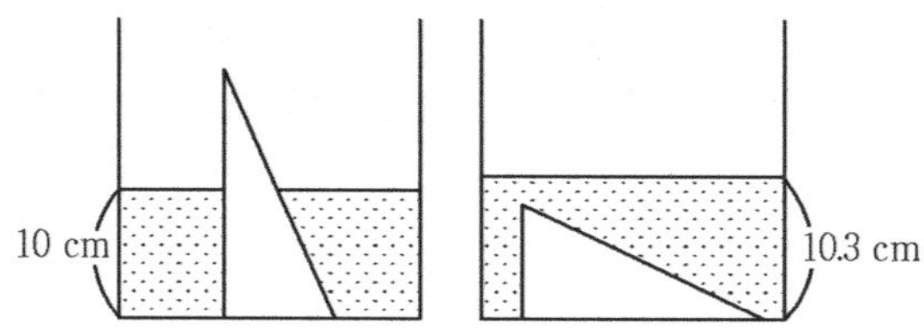

(7)　整数 A を 3 で割った余りを<A>と表します。同じ数を 2 回かけたものを 3 で割った余りを足したもの
< 1 × 1 > ＋ < 2 × 2 > ＋ < 3 × 3 > ＋ …… ＋ < △×△ >
の値がはじめて 2020 になるとき，△の値は［　　］です。ただし，あてはまる△の値がない場合は，解答欄(らん)に「なし」と答えなさい。

(8)　右の図の三角形 ABC で点 D は辺 AC を 3 等分する点のうち最も A に近い点，点 E は辺 AB を 4 等分する点のうち最も B に近い点とします。点 F は CE と BD の交わる点です。このとき，斜(しゃ)線をつけた部分の面積の合計は三角形 ABC の面積の［　　］倍です。

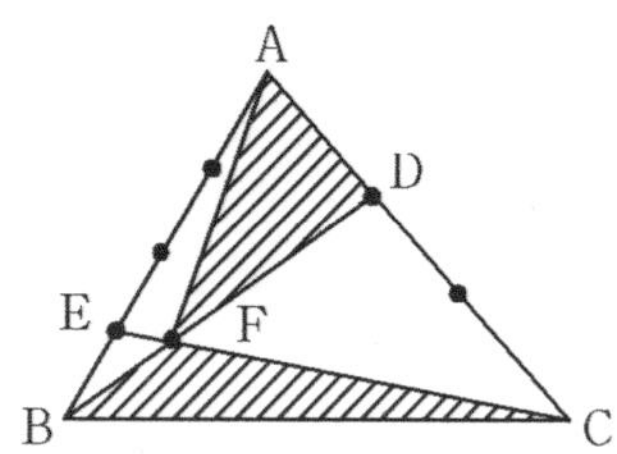

3 へ続く

3 図のように正方形 A を表裏ともに 4 つの同じ大きさの正方形に分けます。
次の 4 つのきまりに従って表裏にある合計 8 つの正方形を何色かの色でぬります。
次の [　　] にあてはまる数を答えなさい。

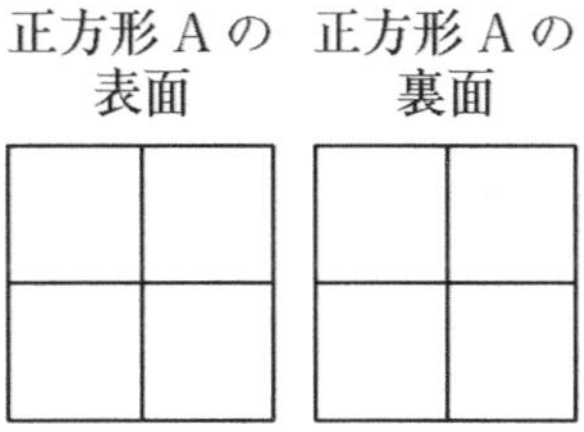

きまり

① 正方形 A を裏返したり平面上で回転させたりして一致するぬり方は同じぬり方とする。
② 同じ色を何回使ってもよい。
③ 使わない色があってもよい。
④ 色をぬっていない部分はない。

例えば，次のようなぬり方は同じものとして数えます。

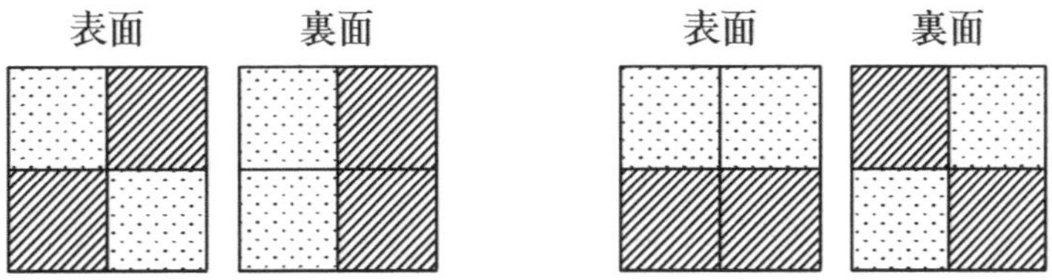

(1) 表面のみに色をぬるときのぬり方を数えます。このとき，裏返しはしません。
青と赤の 2 色が使える場合，1 色だけを用いるぬり方は 2 通りであり，
2 色どちらも用いるぬり方は [ア] 通りあります。
また，青，赤，黄 の 3 色が使える場合は，[イ] 通りのぬり方があります。

(2) 次に，表面，裏面ともに色をぬる場合を考えます。裏返しも考えます。
青と赤の 2 色でぬります。
青を 7ヶ所と赤を 1ヶ所でぬるぬり方は [ウ] 通りです。
青を 6ヶ所と赤を 2ヶ所でぬるぬり方は [エ] 通りです。
青を 5ヶ所と赤を 3ヶ所でぬるぬり方は [オ] 通りです。
青を 4ヶ所と赤を 4ヶ所でぬるぬり方は [カ] 通りです。
青のみ，赤のみのぬり方も含めて，2 色でのぬり方は全部で [キ] 通りです。

4 へ続く

4 図のように，1 辺が 8 cmの立方体の 6 つの面の真ん中に，1 辺が 4 cmの立方体を 1 つずつくっつけて立体 P を作ります。

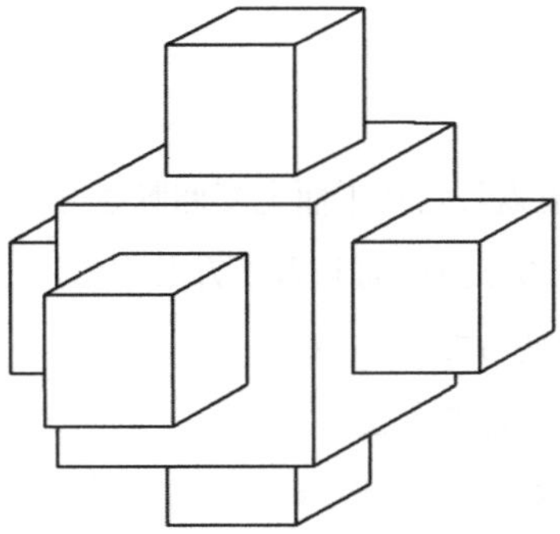

立体 P

(1) 立体 P の体積と表面積をそれぞれ求めなさい。

立体 P において，1 辺が 4 cmのすべての正方形の面の真ん中に 1 辺が 2 cmの立方体を 1 つずつくっつけて立体 Q を作ります。

(2) 立体 Q の表面積を求めなさい。

(3) 立体 Q において，1 辺が 2 cmのすべての正方形の面の真ん中に 1 辺が 0.5 cmの立方体を 1 つずつくっつけて立体 R を作るとき，立体 R の表面積を求めなさい。

5 へ続く

5 須磨学園の文化祭では，金券売り場で金券を買い，その金券で模擬店などを楽しみます。
金券売り場にいくつの窓口を作ればよいかを考えます。
窓口を1つのみ作って金券を売った場合，10時に60人並びました。
そこで，10時に窓口を2つに増やしました。しかし，10時12分には並んでいる人が80人に増えていました。10時12分に窓口をさらに1つ増やし3つにしました。すると，10時36分に待っている人がいなくなりました。
次の問に答えなさい。
ただし，この時間帯に金券を買う人は一定の人数（ペース）できているものとします。
また，どの窓口も1分間に対応できる人数は同じであるとします。

(1) 10時に窓口を3つに増やしていたら，何分で待っている人がいなくなりますか。

(2) 10時に窓口を4つに増やしていたとすると，何分何秒で列がなくなったかを考えます。次の会話文を読んで問いに答えなさい。

学くん	「1つの窓口で1分あたり何人に対応できるか計算したらいいと思うよ」
園子さん	「窓口が2つのとき12分間で20人待つ人が増えて，窓口が3つのとき24分で80人待つ人が減ったから，ここから計算できそうね」
学くん	「1つの窓口は1分で［ア］人に対応できるね」
園子さん	「窓口を4つにしたとき，1分あたりで何人待っている人が減るのかな」
学くん	「1分あたりだと割り切れないけど，3分あたりならばちょうど［イ］人ずつ減っていくね。だから10時にもし窓口を4つに増やしていたとすると，［ウ］で待っている人はいなくなるね」

① ［ア］について，1つの窓口で1分間で何人に対応することができますか。考え方も答えなさい。

② ［イ］について，窓口を4つにしたとき，3分間で何人待っている人を減らせますか。考え方も答えなさい。

③ ［ウ］について，10時にもし窓口を4つに増やしていたとすると，何分何秒で待っている人がいなくなりますか。

2020年度　須磨学園中学校入学試験

理　　科

第 1 回

（40分）

（注　意）

解答用紙は、この問題冊子の中央にはさんであります。まず、解答用紙を取り出して、受験番号シールを貼り、受験番号と氏名を記入しなさい。

1．すべての問題を解答しなさい。

2．解答はすべて解答用紙に記入しなさい。

3．試験終了（しゅうりょう）後、解答用紙のみ提出し、問題冊子は持ち帰りなさい。

須磨学園中学校

1 各問いに答えなさい。

タンニンは植物に由来する物質で，口に入れると強いしぶ味(み)を感じさせる物質です。未熟な柿(かき)（しぶ柿）が苦いのはこのタンニンが多いからです。また，タンニンの量だけではなく，タンニンの水へのとけやすさもしぶ味を感じるかを分ける要素となります。柿からタンニンを取り出し，水へのとけやすさを調べたところ，熟した柿に含(ふく)まれるタンニンは未熟な柿に比べて水にとけにくくなっていることが分かりました。このことから，タンニンがしぶ味を感じさせるためには，タンニンが水にとけやすい，つまり，だ液にとけやすいことが必要です。逆に，タンニンが水にとけにくくなるとしぶ味を感じさせなくなります。しぶ柿を干(ほ)し柿にするのは，このためです。柿をもみ，太陽の光にしぶ柿をあてておくとタンニンが水にとけにくくなるので，干し柿はしぶ味が少なく，甘(あま)い柿になります。

柿Ａ～Ｃを用意し，それぞれの未熟な柿と熟した柿のしぶ味を比較(ひかく)したところ（表１）のようになりました。（表１）中の数値は未熟な柿Ａを１として，未熟な柿Ａに対する比を表しています。例えば，熟した柿Ｃに含まれるタンニンの量は，未熟な柿Ａに含まれるタンニンの量の0.3倍で，熟した柿Ｃの水へのとけやすさは未熟な柿Ａの水へのとけやすさの0.4倍です。

（表１）柿のタンニンの量としぶ味の感じ方，および水へのとけやすさの関係

	タンニンの量	しぶ味の感じ方	水へのとけやすさ
未熟な柿Ａ	1	かなりしぶい	1
熟した柿Ａ	1	しぶ味が少し残る	0.4
未熟な柿Ｂ	1	かなりしぶい	1
熟した柿Ｂ	1	しぶ味はまったくない	0.1
未熟な柿Ｃ	0.7	しぶい	1
熟した柿Ｃ	0.3	しぶ味はまったくない	0.4

問１　2017年における柿の収穫量(しゅうかくりょう)の多さが全国で３位までに入る都道府県を１つ答えなさい。

問２　柿の木は冬になると葉を落とす落葉樹です。柿の木と同じように落葉する植物としてまちがっているものを次の①～④より１つ選び，記号で答えなさい。

①

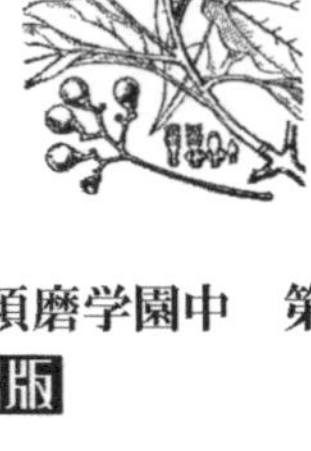

②

③

④

問３　柿の種子は周囲が「種皮」と呼ばれるかたい殻で，中は柔らかい「はい乳」と呼ばれるものでできています。柿の種子のように，成熟した種子が「はい乳」と「種皮」におおわれているものとしてまちがっているものを次の①～④より１つ選び，記号で答えなさい。

①　ムギ　　②　トウモロコシ　　③　ヒマワリ　　④　マツ

問４　柿の種子が地上にまかれることで，その種子から柿の木が成長し柿の木は子孫を増やしていきます。柿の種が地上にまかれる方法としてもっとも適当なものを次の①～④より１つ選び，記号で答えなさい。

①　実が熟したときに，勢いよくはじけて種子が飛び出す。
②　水に浮きやすく，川の流れによって種子が運ばれる。
③　風で種子が飛ばされる。
④　動物に実を食べられ，消化されずに残って排泄されることで運ばれる。

問５　柿はその実だけでなく「葉」も利用されており，その一例として柿の葉寿司があります。柿の葉寿司は酢飯にサバやサケをのせ，柿の葉で包んだものです。柿の葉で寿司を包む理由として適切でないものを次の①～④より１つ選び，記号で答えなさい。

①　柿の葉の香りが寿司にうつる。
②　柿の葉には抗菌作用があり，包むことで数日間保存することができる。
③　柿の葉で包むことで持ち運びがしやすく，食べる際に手が汚れにくい。
④　柿の葉が光に当たると光合成をするので，寿司の栄養価が上がる。

問６　本文と（表１）の結果から言えることを説明したものとして適切でないものを次の①～⑥よりすべて選び，記号で答えなさい。

①　柿に含まれるタンニンの量が少なくなると，しぶ味は感じにくくなる。
②　柿に含まれるタンニンの量が変化しないと，しぶ味の感じ方が変化しない。
③　熟した柿Ｂのタンニンは熟した柿Ａのタンニンよりも水にとけやすいため，しぶ味を感じにくい。
④　熟した柿Ｂは熟した柿Ａよりも含まれるタンニンの量が少ないため，しぶ味を感じにくい。
⑤　熟した柿Ｃのタンニンは熟した柿Ａのタンニンよりも水にとけやすいため，しぶ味を感じにくい。
⑥　熟した柿Ｃは熟した柿Ａよりも含まれるタンニンの量が少ないため，しぶ味を感じにくい。

問７　（表１）から未熟な柿よりも熟した柿の方が，柿に含まれるタンニンが水にとけにくくなっているので甘くなることが分かります。甘くなることの利点を「種子」という言葉を用いて説明しなさい。

2 各問いに答えなさい。

鉄，金，銅，アルミニウムの４種類の金属が水よう液にとける様子を調べるために，（図１）のような実験装置を用いて【実験】を行い，結果を（表１）にまとめました。（表１）では金属が「とけた」ものを「○」，金属が「とけなかった」ものを「×」，実験を行っていないものを「－」で表しています。

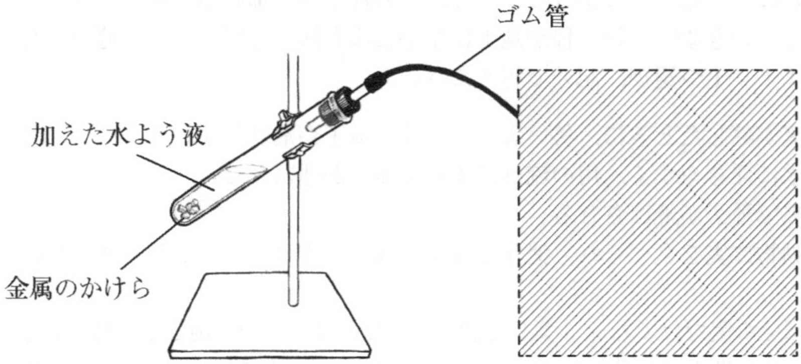

（図１）

【実験】

操作１　うすい塩酸，高温のこい硫酸(りゅうさん)，うすい水酸化ナトリウム水よう液がそれぞれ入った試験管を必要な分だけ用意した。

操作２　操作１で準備したうすい塩酸を入れた４本の試験管に，金属A～Dをそれぞれ入れた。

操作３　操作１で準備した高温のこい硫酸を入れた２本の試験管に，金属CとDをそれぞれ入れた。

操作４　操作１で準備したうすい水酸化ナトリウム水よう液を入れた２本の試験管に，金属AとBをそれぞれ入れた。

（表１）

	金属A	金属B	金属C	金属D
操作２	○	○	×	×
操作３	—	—	○	×
操作４	○	×	—	—

問１　【実験】の操作２で発生する気体はすべて同じです。発生する気体の名前を答えなさい。

問２　【実験】の操作２で発生した気体はすぐには回収せずに，少し時間がたってから回収します。この理由として正しいものを次の①～④より１つ選び，記号で答えなさい。

①　急に気体が発生して危険だから。
②　もともと試験管の中にあった気体が混ざっているから。
③　気体が発生してすぐは，発生した気体と空気が反応するから。
④　気体が熱くなっていて危険だから。

問３　【実験】の操作２を行うとき，（図１）の実験装置の斜線部分を表したものとしてもっとも適当なものを次の①～④より１つ選び，記号で答えなさい。

①
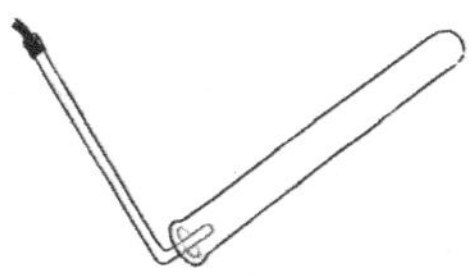
②
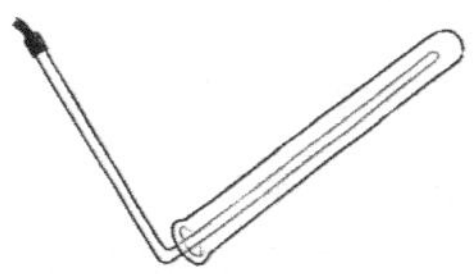
③
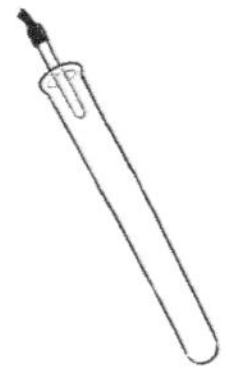
④
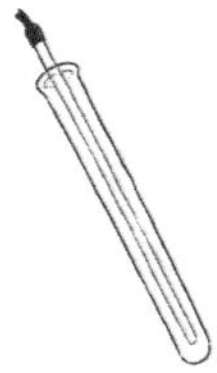

問４　【実験】の操作２～４で試験管に入れた金属が「とけた」反応と同じ，物質が「とける」反応としてもっとも適当なものを次の①～④より１つ選び，記号で答えなさい。

①　チョコレートが「とける」。
②　紅茶に砂糖が「とける」。
③　高温になってアスファルトが「とける」。
④　貝殻が酸性雨に「とける」。

問５　金属Ａ～Ｄは鉄，金，銅，アルミニウムのいずれかです。金属Ａ～Ｄがそれぞれ何であるかを答えなさい。

問６　金属Ｄはこい硫酸にもうすい塩酸にもとけませんが，王水と呼ばれるこい硝酸とこい塩酸を１：３の体積比で混ぜて作った水よう液にはとけます。こい硝酸（密度1.4g/cm^3）とこい塩酸（密度1.2g/cm^3）を混ぜ合わせて王水を作りました。この王水を作るのに必要なこい硝酸とこい塩酸の質量比をもっとも簡単な整数の比を用いて求めなさい。

3 各問いに答えなさい。

家庭内の暖房(だんぼう)は電気エネルギーを使って空気を暖めています。電源装置と導線，そして，電熱線を用いて100ｇの水を温めます。電熱線に１Ａ（アンペア）の電流を流すと電熱線からは１秒間に1.2cal（カロリー）の電気エネルギーが発生し，このすべてが水を温める熱量となります。電熱線で発生した熱量すべてが水の温度上昇(じょうしょう)に使われたとすると，電熱線に１Ａの電流を10分間流し続けることで水は（　ア　）℃上昇します。ただし，水１ｇを１℃上げるには１calの熱量が必要になります。このようにして，電気エネルギーを使って物体を温めることができます。しかし，この方法では多くの電気エネルギーが必要となるので，電気エネルギーを作るときに発生する（　イ　）が地球温暖化につながるのではないかと心配されました。このため，現在の暖房はヒートポンプと呼ばれる技術が多く使われています。

（図１）のように，ヒートポンプは室内機と室外機の間を循環(じゅんかん)する気体（以後、循環気体と呼びます）をぼう張や圧縮させることで少ない電気エネルギーで多くの熱を運んでいます。暖房をつけて効率的に部屋の中の空気を暖めたいとき，熱は温度が高い方から低い方へと移動するので，室外機の中の循環気体が室外から熱を吸収するために，外気の温度より循環気体の温度を（　ウ　）しないといけません。このため，（図１）中の装置Ａでは循環気体を（　エ　）させています。その後，装置Ｂで循環気体を（　オ　）させて循環気体の温度を室内の空気の温度より（　カ　）させています。こうすることで，循環気体から室内へと熱が移動し部屋が暖められます。

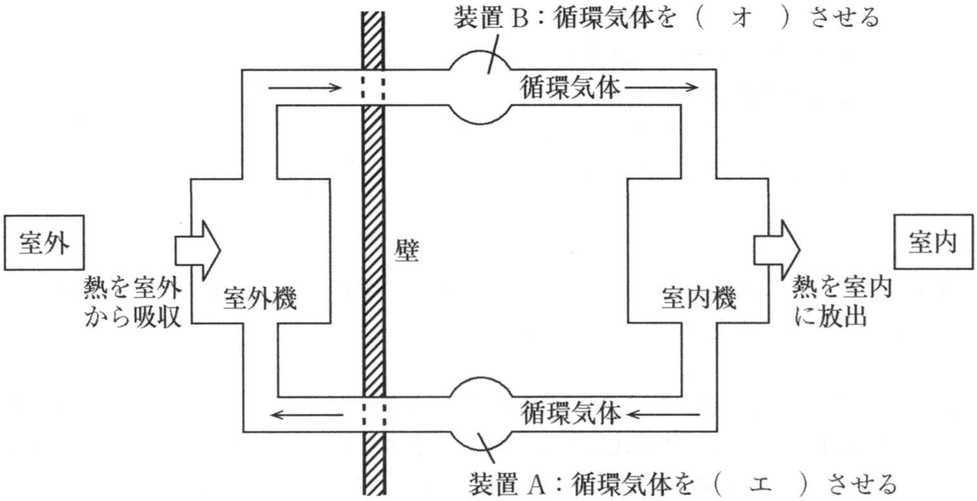

（図１）

このとき，装置Aでは電気エネルギーは使われていませんが，装置Bでは使われています。装置Bで使われた電気エネルギーのすべてが循環気体に熱として吸収され，この熱量を１とすると，循環気体は室外機から６の熱量をもらっています。装置Bが１秒間に60calの電気エネルギーを使うものとすると，室内の空気を５℃上昇させるのに（　キ　）分かかります。ただし，室内の空気を１℃上昇させるのに必要な熱量は55kcalで，循環気体が室外機と装置Bから得た熱すべてが室内の空気の温度上昇に使われるものとします。また，ヒートポンプではなく，電熱線のように空気を直接電気エネルギーで暖める場合，１秒間に60calの電気エネルギーを作り出す暖房では同じ室内の空気を５℃上昇させるのに（　ク　）分かかります。

問１　下線部について，電源装置はかん電池１個分やかん電池２個分などというように条件を変えることができます。下線部の実験をしたときと同じ条件で電熱線に電流を流したとき，水の温度上昇（じょうしょう）が大きいのは太い電熱線と細い電熱線のどちらを使ったときですか。「太い」または「細い」で答えなさい。

問２　空らん（　ア　）に入る数を答えなさい。

問３　空らん（　イ　）に入る気体の名前を答えなさい。

問４　空らん（　ウ　）と（　エ　）に入る語句の組み合わせとして正しいものを次の①～④より１つ選び，記号で答えなさい。

①　ウ：高く　エ：ぼう張　　②　ウ：高く　エ：圧縮
③　ウ：低く　エ：ぼう張　　④　ウ：低く　エ：圧縮

問５　空らん（　オ　）と（　カ　）に入る語句の組み合わせとして正しいものを次の①～④より１つ選び，記号で答えなさい。

①　オ：ぼう張　カ：高く　　②　オ：ぼう張　カ：低く
③　オ：圧縮　カ：高く　　④　オ：圧縮　カ：低く

問６　空らん（　キ　）と（　ク　）に入る数を答えなさい。ただし，小数第１位を四捨五入して整数で答えること。

4 各問いに答えなさい。

鍾乳洞は長い年月をかけて形成されます。(1) 石灰岩が多く含まれる地層に雨が降ることで地層の中に雨水が地下水となってしみこみます。地中では空気中に比べて圧力が高いため，しみこんだ地下水に多くの二酸化炭素がとけこみます。(2) 二酸化炭素がとけて酸性となった地下水が石灰岩の主な成分である炭酸カルシウムをとかします。このようにして，地下水は石灰岩をとかしながら地中の下部へと進んでいきます。また，一部では地下水がたまる場所もあり，そこでは（図１）のように周囲の石灰岩をとかします。そして，（図２）のように，この石灰岩を含んだ地層が (3) 隆起したときに，たまった地下水が外へと流れ，洞窟ができるのです。これが鍾乳洞となります。また，地下水の量が多い場合は (4) 地下水の流れによって周囲の岩石をしん食します。

隆起した後も雨は定期的に降り，地下水となった雨水は石灰岩をとかしながら地中の下部へと進んでいきます。この地下水が洞窟の中に入ると，(5) 地中に比べて圧力が低いため，地下水からとけている二酸化炭素がぬけていきます。このため，地下水は炭酸カルシウムをとかすことができなくなり，炭酸カルシウムが固体として出てきます。固体として出てきた炭酸カルシウムがつららのような形を作ったり，(6) 柱のような形を作ったりします。これらを鍾乳石といいます。

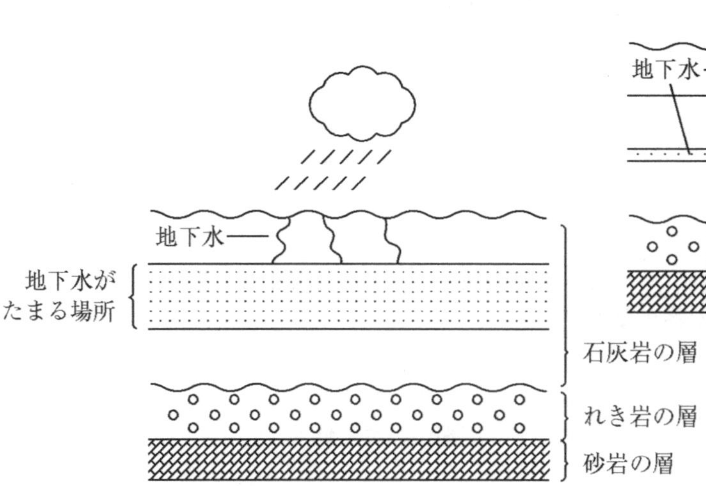

（図１）

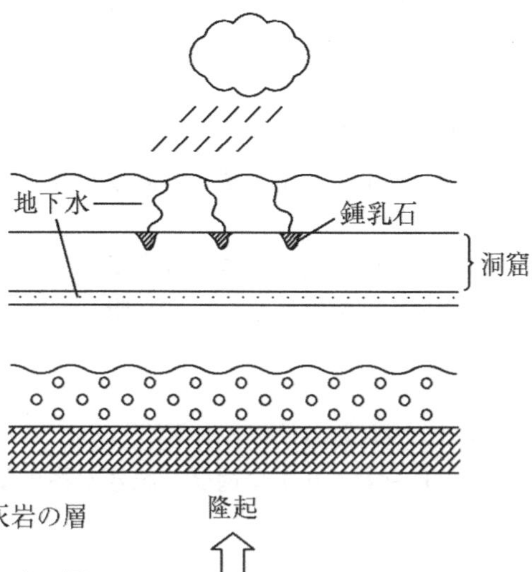

（図２）

問１　下線部（１）について，石灰岩は主に何からできていますか。次の①～④より，もっとも適切なものを１つ選び，記号で答えなさい。

①　火山灰　　②　生物の死がい　　③　泥　　④　れき

問２　下線部（２）について，炭酸カルシウムがとけた現象を説明した以下の文の空らん（　ア　）と（　イ　）に適切な語句を入れなさい。

石灰水に息を吹きこむと石灰水と（　ア　）が反応して炭酸カルシウムができ，炭酸カルシウムが水にとけきれずに石灰水が白くにごります。続けて息を吹き込むと炭酸カルシウムがとけ，石灰水の色は（　イ　）になります。

問３　下線部（３）について，（図１）の地層ができるまでに隆起が少なくとも何回起こったものと考えられますか，数字で答えなさい。

問４　下線部（４）について，しん食によってできた地形として<u>正しくない</u>ものを，次の①～④より１つ選び，記号で答えなさい。

①　三日月湖　　②　Ｖ字谷　　③　扇状地　　④　河岸段丘

問５　下線部（５）について，圧力が低くなることで液体からとけている二酸化炭素がぬけていく身近な現象を答えなさい。

問６　下線部（６）について，鍾乳洞の中では１年間に天井から地下水が１cm^2当たり60cm^3しみ出してきているとします。しみ出した地下水からは体積比で６％の炭酸カルシウムがとけずに固体として出てきます。出てきた固体のうちの１％で円柱の形をした鍾乳石を形成したとすると，石柱の高さが１ｍになるまで何年かかるかを答えなさい。ただし，百の位を四捨五入して千の位まで答えなさい。

2020年度　須磨学園中学校入学試験

社　　会

第 1 回

（40分）

（注　意）

　解答用紙は、この問題冊子の中央にはさんであります。まず、解答用紙を取り出して、受験番号シールを貼り、受験番号と氏名を記入しなさい。

1．すべての問題を解答しなさい。

2．解答はすべて解答用紙に記入しなさい。

3．試験終了後、解答用紙のみ提出し、問題冊子は持ち帰りなさい。

須磨学園中学校

1 次の文を読み、後の各問いに答えなさい。

私たちが住む日本は「都道府県」と呼ばれる地域に分けられています。昔は、いくつかの「国」に分けられていました。①それぞれの国は、貴族や武士により治(おさ)められていましたが、中央との対立などでしばしば②反乱や戦争が起きました。

次ページの図は７世紀に定められた国を表しています。よく見ると、北陸地方には③「越前」・「越中」・「越後」という国名が見られます。また、北九州にも④「豊前」や「豊後」があります。このように各地に「前」・「中」・「後」の文字が使われていることから、当時の政治が［　⑤　］政治だったことが分かります。また、「下総」と「上総」は同じ文字が使われていますが、前者は「しもうさ」、後者は「かずさ」と呼び名がまったく違います。同様に、「下野」と「上野」は「しもつけ」・「こうずけ」と呼びます。その一方で、「阿波」と「安房」は文字こそ違いますが両方とも「あわ」と読みます。

一方、国の大きさを見ると、近畿地方は、たくさんの国に細かく分かれています。反対に、東北地方を見ると、広大な土地に「出羽」と「陸奥」の２国しかありません。当時の東北地方は、［　⑥　］と考えられた事がうかがわれます。

国名を見ると「江」と言う文字が使われているものがあります。この文字は湖などの水域(いき)を表しています。例えば、琵琶湖が位置する国は⑦「近江」と言います。一方、現在の静岡県西部は「遠江」と呼ばれていました。ここには、浜名湖があります。都に近い湖、遠い湖という意味で国名がつけられたのです。

このような国の制度は、⑧明治になると藩を廃止し府県を置くことで大きく変わり、現在の都道府県の基礎がつくられました。

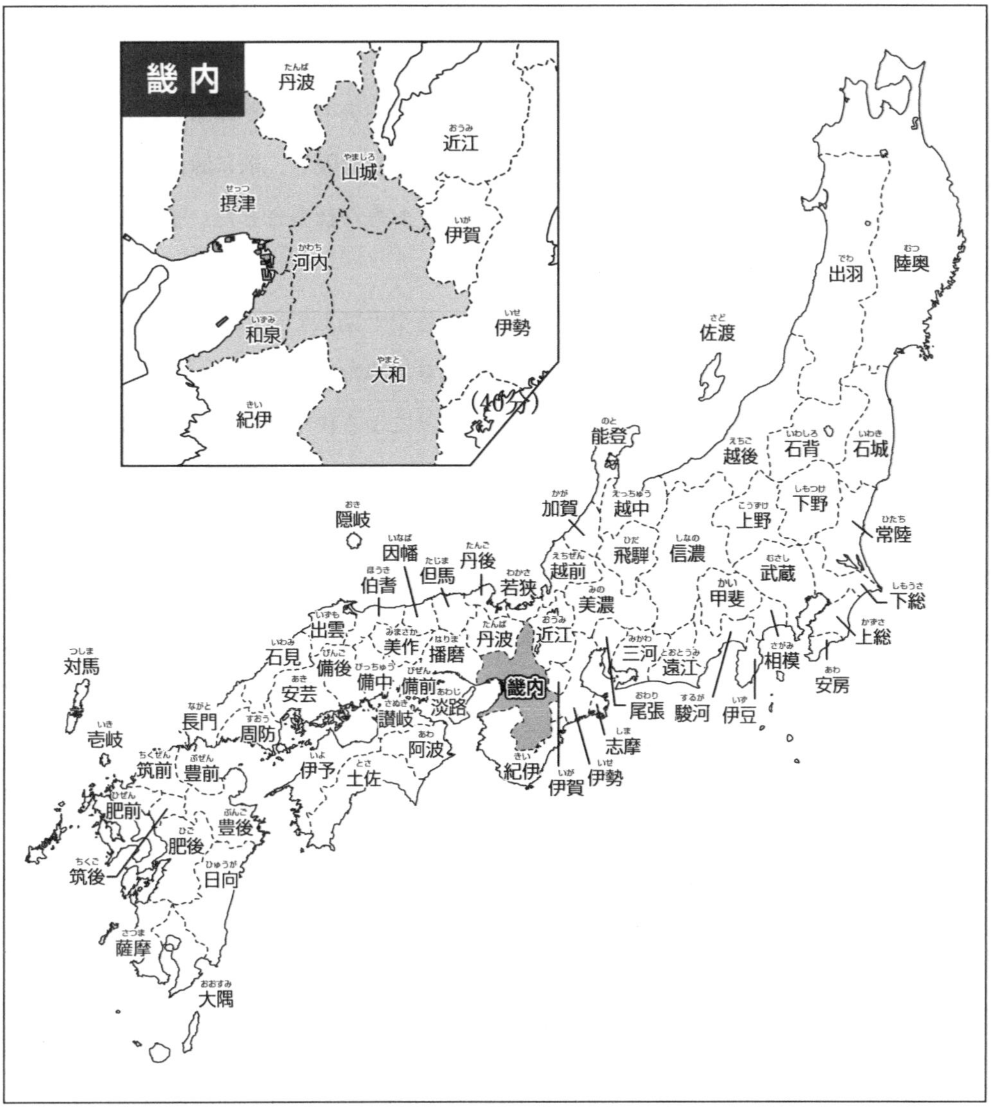
畿内
丹波
近江
山城
摂津
伊賀
河内
伊勢
和泉
大和
紀伊
(40分)
陸奥
出羽
佐渡
能登
越後
石背
石城
加賀
越中
下野
上野
常陸
隠岐
因幡
丹後
飛騨
信濃
越前
武蔵
但馬
若狭
伯耆
美濃
甲斐
下総
出雲
近江
丹波
美作
対馬
石見
備後
播磨
三河
遠江
相模
上総
備中
備前
安芸
淡路
尾張
駿河
伊豆
安房
長門
周防
讃岐
壱岐
志摩
阿波
筑前
豊前
伊予
土佐
紀伊
伊賀
伊勢
肥前
豊後
肥後
筑後
日向
薩摩
大隅

問１　下線部①について、次のア～エの文は各時代の地方の政治を説明したものです。このうち、あやまりをふくむものを１つ選び、記号で答えなさい。

ア　奈良時代、国ごとに置かれた国司は、おもに中央の貴族が派遣され、その地位についた。中には、地方に暮らす農民の貧しい生活を嘆き、歌に詠んだ国司もいた。

イ　鎌倉時代の地頭は、農村で税の取り立てをおもな仕事とした。税を出さぬ者を、刀で鼻や耳をそぐと脅し、厳しく取り立てた。

ウ　戦国時代、室町幕府から独立した守護大名や下克上でその地位に就いた戦国大名が各地を支配し、分国法にもとづいて領地を治めた。

エ　江戸時代、地方を治める幕府や藩が、開墾による新田開発、草木灰や牛馬耕などの新技術の導入、楮・藍・紅花などの栽培により、農業生産を飛躍的にのばした。

問２　下線部②について、地方ではしばしば反乱や戦争が起きました。次のＡ～Ｄの内容を古い順に並べかえたとき、正しい組み合わせを下のア～オから選び、記号で答えなさい。

Ａ　下総の国では平将門が反乱を起こし、自らを「新皇」と名のる。

Ｂ　加賀の国では、浄土真宗の信者による一揆がおき100年間にわたって自治が行われた。

Ｃ　米価の高騰により生活苦に陥った主婦たちが立ち上がった暴動を、新聞が「越中女一揆」と報じると、全国に暴動がひろがった。

Ｄ　上越戦争とは、新旧勢力の間で、鳥羽伏見の戦いから始まり、日本各地で戦われた戦争の一部である。

ア　Ａ→Ｂ→Ｄ→Ｃ　　　イ　Ａ→Ｄ→Ｂ→Ｃ

ウ　Ｂ→Ａ→Ｃ→Ｄ　　　エ　Ｂ→Ａ→Ｄ→Ｃ

オ　Ｄ→Ａ→Ｂ→Ｃ

問３　下線部③について、越前国には日本を代表する寺院があり、今でも多くの僧侶が修行に取り組んでいます。次の表は、平安時代から鎌倉時代にかけて人々の間で信仰を集めた仏教をまとめたものです。表を見て下の各問いに答えなさい。

仏教の宗派	寺院	新しい宗派を開いた僧	
平安時代の密教	A	①	②
念仏をとなえる宗派	B	③	④
鎌倉時代の禅宗	C	⑤	⑥

（1）　表中のＡ～Ｃに入る寺院の正しい組み合わせを次のア～エから１つ選び、記号で答えなさい。

ア　Ａ 延暦寺　　Ｂ 四天王寺　　Ｃ 平等院
イ　Ａ 平等院　　Ｂ 金剛峯寺　　Ｃ 唐招提寺
ウ　Ａ 永平寺　　Ｂ 延暦寺　　Ｃ 中尊寺
エ　Ａ 金剛峯寺　　Ｂ 本願寺　　Ｃ 永平寺

（2）　表中の①～⑥に入る僧侶の正しい組み合わせを次のア～エから１つ選び、記号で答えなさい。

ア　① 最澄　　③ 法然　　イ　② 空海　　⑥ 最澄
ウ　③ 空海　　⑤ 栄西　　エ　⑤ 道元　　⑥ 親鸞

問４　下線部④について、右の写真の人物は「豊前」の中津藩の藩士の子どもとして生まれ、後に「天は人の上に人をつくらず、人の下に人をつくらず」の言葉からはじまる書物を出版（しゅっぱん）しました。この人物名を漢字で答えなさい。

問５　文中の空らん［　⑤　］について、奈良時代の政治の特色を、国の名前から読み取り、空らんに入る文として、最も適しているものを次のア～エから１つ選び、記号で答えなさい。

ア　朝廷が国に優劣（ゆうれつ）の差をつくり、税制や自治権（じちけん）にも違いがある
イ　都を中心に国が配置され、中央集権的な
ウ　地方にも、かなりの自治権を分け与える
エ　同じ文字が用いられた国がまとまり、連合して治める

問６　文中の空らん［　⑥　］に入る文として、最も適しているものを次のア～エから１つ選び、記号で答えなさい。

ア　この地を治める豪（ごう）族に力を与えるため、広い領地をみとめた
イ　納税が期待できないので、重要視されていなかった
ウ　特産物を自由に交易するため、広大な土地に区切った
エ　多くの役人を派遣するのが難しかったので、国を２つだけにした

問７　下線部⑦について、「近江国」には天智天皇により大津の宮が置かれました。次のＡ～Ｄは、その前後の時代に起きた出来事です。古い順に並べかえたとき、正しい組み合わせを下のア～エから選び、記号で答えなさい。

Ａ　大宝律令が制定される
Ｂ　天智天皇が即位（そくい）する
Ｃ　墾田永年私財法が定められる
Ｄ　白村江の戦いが起きる

ア　Ａ→Ｄ→Ｂ→Ｃ
イ　Ｂ→Ｄ→Ａ→Ｃ
ウ　Ｃ→Ａ→Ｄ→Ｂ
エ　Ｄ→Ｂ→Ａ→Ｃ

問８　下線部⑧について、明治になると隣国(りんごく)の中国と新たな外交が結ばれました。次のア～エの資料は、明治から戦後にかけての、日本と中国の外交関係に関するものです。古い順に並べかえたとき、３番目にくるものを選び、記号で答えなさい。

ア	・中国政府は、ドイツがシャントン省に持っている、いっさいの権利を日本にゆずること。 ・日本の旅順・大連の租借(そしゃく)の期限、南満州鉄道の利権の期限を99か年延長すること。
イ	第一条　日本と清は友好を深め、たがいに領土を侵略(しんりゃく)することなく、永遠の安全を保証する。 第二条　もし他国から不公平なあつかいを受けたときは、たがいに援助しあう。
ウ	第一条　両国は、主権および領土保全の相互尊重、相互不可侵(ふかしん)、内政に関する相互不干渉(かんしょう)、平等および互恵(ごけい)ならびに平和共存の諸原則の基礎の上に、両国間の平和友好条約を発展させるものとする。
エ	第一条　清は朝鮮が完全無欠な独立自主の国であることを確認する。 第二条　清は次の土地の主権と、その地方にある城塁(るい)、兵器製造所および官有物を永遠に日本に分け与えるものとする。 １遼東半島 ２台湾全島およびその付属諸島 ３澎湖(ポンフー)諸島

2 次の表は、おもな内閣総理大臣とその就任(しゅうにん)期間、その期間内に起きた重要なできごとを示しています。表を見て各問いに答えなさい。

内閣総理大臣	就任期間	重要なできごと
伊藤　博文	1885～1888	初代内閣総理大臣につく
黒田　清隆	1888～1889	①大日本帝国憲法が制定される
伊藤　博文	1892～1896	〈　F　〉
A	1918～1921	最初の本格的な政党内閣
B	1924～1926	②普通選挙法・〈　G　〉
C	1931～1932	五・一五事件
鈴木　貫太郎	1945	ポツダム宣言
D	1946～1947	〈　H　〉
佐藤　栄作	1964～1972	沖縄返還(へんかん)・〈　I　〉
E	1972～1974	日中共同声明
竹下　登	1987～1989	消費税の導入(どうにゅう)

問１　表中のA～Eに入る内閣総理大臣の正しい組み合わせをア～エから選び、記号で答えなさい。

ア　A 大隈重信　　B 原　敬　　C 犬養毅　　D 細川護熙
イ　A 原　敬　　B 加藤高明　　D 吉田茂　　E 田中角栄
ウ　A 原　敬　　C 犬養毅　　D 田中角栄　　E 細川護熙
エ　B 加藤高明　　C 東条英機　　D 近衛文麿　　E 吉田茂

問２　表中の〈　Ｆ　〉～〈　Ｉ　〉に入る語句の組み合わせとして正しいものをア～エから選び、記号で答えなさい。

ア　Ｆ 第１回帝国議会の開催（さい）　　Ｇ 対華二十一箇条の要求
　　Ｈ 東京裁判の開催　　Ｉ 雑誌「青鞜」の創刊

イ　Ｆ 日清戦争の開戦　　Ｇ 治安維持法の制定
　　Ｈ 日本国憲法の公布　　Ｉ 非核三原則

ウ　Ｆ 自由民権運動の開始　　Ｇ 国家総動員法の制定
　　Ｈ 警察予備隊の設立　　Ｉ 東京オリンピックの開催

エ　Ｆ 下関講和条約が結ばれる　　Ｇ 日比谷焼きうち事件
　　Ｈ 日米安全保障条約の成立　　Ｉ 日韓基本条約の調印

問３　表中の下線部①について、大日本帝国憲法は何という国の憲法を模範（もはん）につくられましたか。その国名を答えなさい。当時の国名でも、現在の国名でもかまいません。

問４　表中の下線部②について、この法律の制定により選挙権はどのような人に与えられましたか。次のア～エから正しいものを１つ選び、記号で答えなさい。

ア　満25歳以上のすべての国民に選挙権が与えられた。
イ　満20歳以上の男子で直接国税15円以上を納める者に選挙権が認められた。
ウ　満25歳以上で直接国税15円以上を納める者に選挙権が与えられた。
エ　納税額の制限はなくなったが、女性には選挙権が与えられなかった。

3 次の各問いに答えなさい。

問１　次の図は、日本の３つの地方を緯線と経線（1°間隔）で示した地図です。☆と○は地方の中で人口が上位７位に入る都市を、•はその他の地点を表します。また、☆は県庁所在地、○はそうでない都市を表しています。

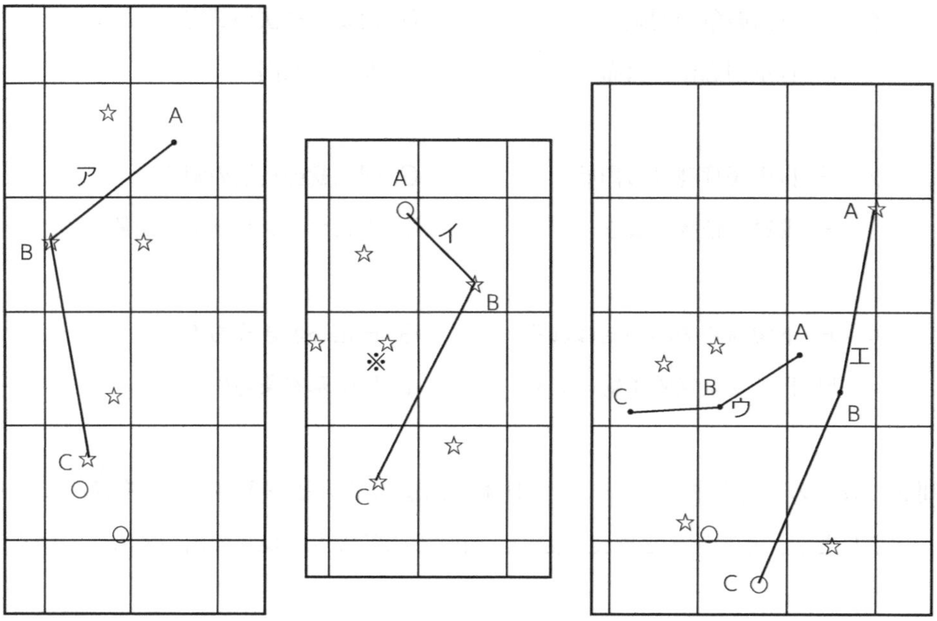

図

（１）　図中の※印に河口が位置する河川を次のア～エから選び、記号で答えなさい。

ア　紀ノ川　　　イ　球磨川　　　ウ　筑後川　　　エ　淀川

（２）　図で示された３つの地方のうち、１つは高速道路を利用して製品の輸送が可能なため、集積回路（IC）の工場が多く進出しています。このことから、この地方を何と呼んでいますか。

（3） 次の２つのグラフは、図中のいずれかの３都市の月ごとの平均気温と降水量を表しています。グラフで示したＡ～Ｃの都市の正しい組み合わせを、図中のア～エから選び、記号で答えなさい。

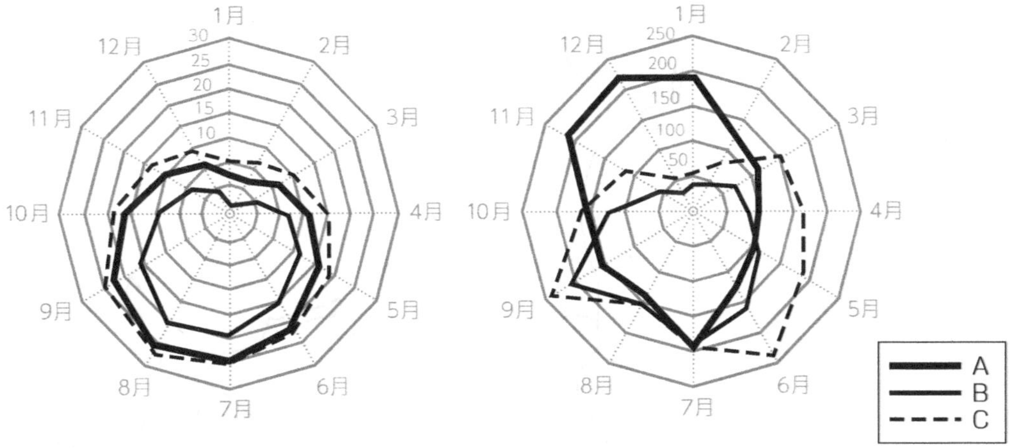

グラフ

出典：『理科年表』

問２ 次の表は、東京都の卸売市場のかぼちゃと白菜の月別の仕入れ先の上位５位までを表しており、ＡとＢにはかぼちゃか白菜のいずれか、ＸとＹには１月か７月が当てはまります。

A

X	Y
茨城	長野
群馬	群馬
兵庫	茨城
埼玉	北海道
愛知	山梨

B

X	Y
メキシコ	茨城
鹿児島	鹿児島
北海道	神奈川
沖縄	メキシコ
コロンビア	栃木

表

出典：『東京都卸売市場の資料』により作成

（1） 白菜の７月にあたる組合せを次のア～エから選び、記号で答えなさい。

ア Ａ－Ｘ　　イ Ａ－Ｙ　　ウ Ｂ－Ｘ　　エ Ｂ－Ｙ

（2） 表を見ると、A・Bの野菜は北海道でもさかんに栽培されているのが分かります。次の地図は、北海道で農業がさかんな地域を示しています。地図中のア～エのうち、野菜をはじめとする畑作がもっともさかんな場所を選び、記号で答えなさい。

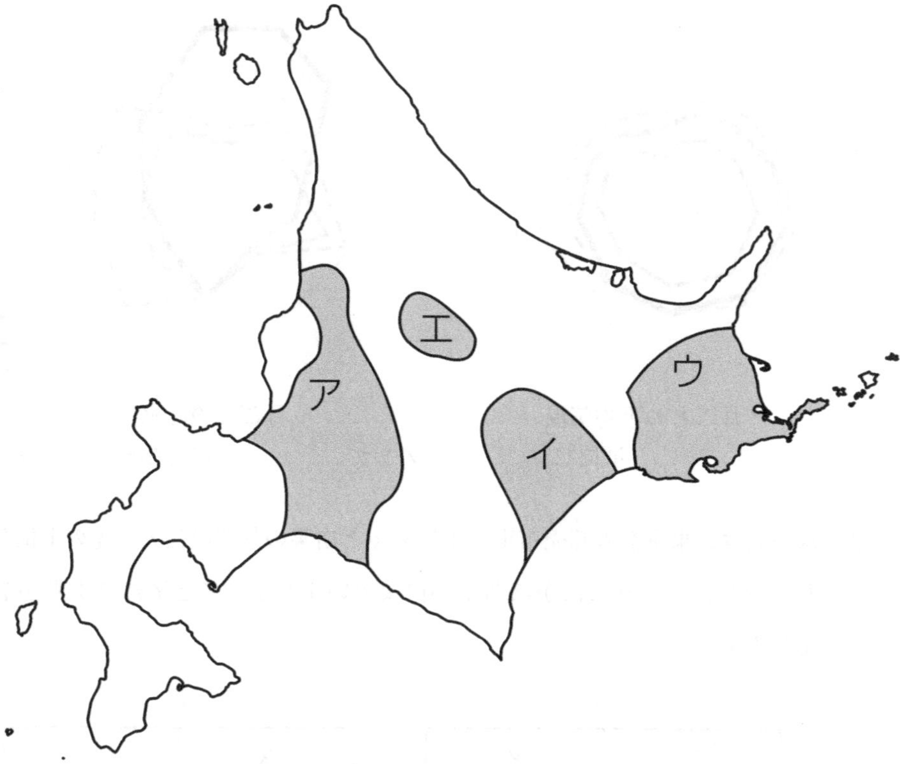

（3） 表を見ると、茨城、群馬、兵庫、埼玉、神奈川など、大都市周辺で白菜やかぼちゃが栽培されていることが分かります。大都市周辺でおこなわれる野菜などを栽培する農業を特に何と言いますか。

二

（※の欄には、何も記入してはいけません）

問一 ※

問二

問三 ※

問四

問五 ※

問六

問七 ※

問八 ※

20

問九 ※

20 40 60 80 100 120

2020SUMAJ0110

※ ※

※150点満点
（配点非公表）

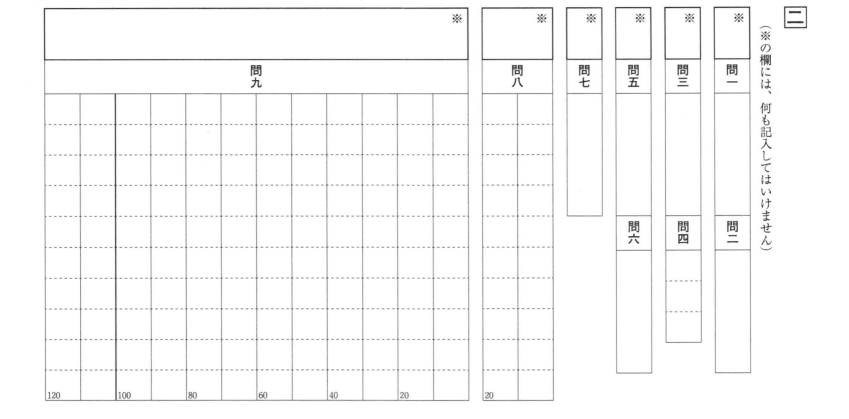

2020(R2) 須磨学園中　第１回
教英出版

分

(2) ①

答え
人

(2) ②

答え
人

(2) ③
分　秒

※150点満点
(配点非公表)

※

二

（※の欄には、何も記入してはいけません）

問一	※
問二	
問三	※
問四	
問五	※
問六	
問七	※
問八	※
問九	※

20

120 100 80 60 40 20

※ ※

※150点満点
（配点非公表）

2020SUMAJ0110
2020(R2) 須磨学園中　第１回
教英出版

分

(2) ①

答え

人

(2) ②

答え

人

(2) ③

分　秒

※150点満点
(配点非公表)

※

2020SUMAJ0120

問1		問2	℃	問3	
問4		問5			

問6	キ	分	ク	分	

※

④

問1		問2	ア		イ	
問3	回	問4				
問5						
問6	千年					

※

※100点満点
(配点非公表)

※

2020SUMAJ0150

問1		問2	℃	問3	
問4		問5			
問6	キ	分	ク	分	

※

4

問1		問2	ア		イ
問3	回	問4			
問5					
問6	千年				

※

※100点満点
(配点非公表)

※

2020SUMAJ0150

問3	(1)		(2)	
問4	(1)		(2)	
問5				

※

4

問1		問2			制								
問3	A	名前		功績		B	名前		功績		C	名前		功績	
問4	(1)		(2)										
問5													
問6	(1)		(2)										

※

※100点満点
（配点非公表）

※

2020SUMAJ0140

↓ここにシールを貼ってください↓

受験番号

氏名	

2020年度　須磨学園中学校　第1回入学試験解答用紙　社会

（※の欄には、何も記入してはいけません）

1

問1		問2		問3	(1)		(2)	
問4				問5		問6	
問7		問8					

※

2

問1		問2		問3		問4	

※

3

問1	(1)		(2)		(3)	

【解答

↓ここにシールを貼ってください↓

受験番号

氏名	

２０２０年度　須磨学園中学校　第１回入学試験解答用紙　理科

（※のらんには、何も記入してはいけません）

1

問1		問2		問3	
問4		問5		問6	
問7					

※

2

問1		問2		問3		問4	
問5	A		B		C		D
問6	（こい硝酸）：（こい塩酸）＝　：						

※

【解答

↓ここにシールを貼ってください↓

受験番号	氏名

２０２０年度　須磨学園中学校　第１回入学試験解答用紙　算数

（※の欄には、何も記入してはいけません）

1

(1)	(2)	(3)	(4)	(5)	※
		ドル			

2

(1) cm²	(2) 個	(3) 個	(4) 度	※
(5)	(6) cm³	(7)	(8) 倍	

3

(1) ア 通り	(1) イ 通り				※
(2) ウ 通り	(2) エ 通り	(2) オ 通り	(2) カ 通り	(2) キ 通り	

4

(1) 体積	(1) 表面積	(2)	(3)	※
cm³	cm²	cm²	cm²	

【解答】

↓ここにシールを貼ってください↓

受験番号

氏名	

2020年度　須磨学園中学校　第1回入学試験解答用紙　国語

一

（※の欄には、何も記入してはいけません）

問一 ※

問二 ※ 15

問三 ※

問四 ※ (1) (2)

問五 ※ (1) (2)

問六 ※ 10

問七 ※

問八

問九 ※

問十

問十一 ※ 20 30

問十二 ※

a	c	e	g	i

b	d	f	h
（しい）			

※

【解答

問３　日本の発電に関する次の問いに答えなさい。

（１）　次のグラフは、日本の総発電量に占める水力発電・火力発電・原子力発電の割合を示したものです。各発電の正しい組み合わせを下のア～カから選び、記号で答えなさい。

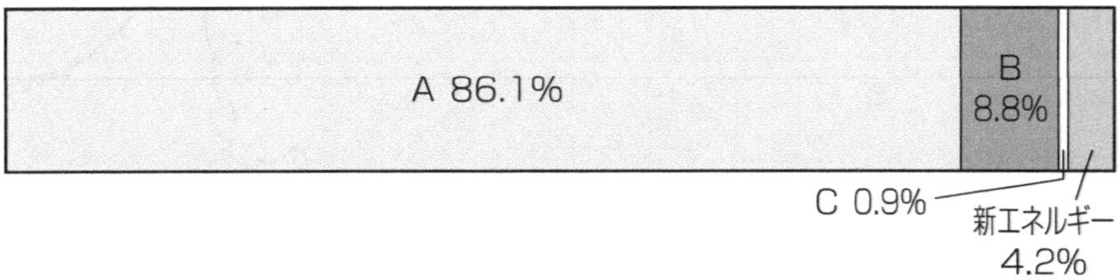

	ア	イ	ウ	エ	オ	カ
水力発電	A	A	B	B	C	C
火力発電	B	C	A	C	A	B
原子力発電	C	B	C	A	B	A

統計年：2017年
出典：『日本国勢図会』

（2）　次の図は、日本の風力発電所（3万ｋＷ以上）の分布を示したものです。この図によると、大規模な風力発電所の多くは、風をさえぎるものが少ない海沿いに立地していることが分かります。このこと以外で、立地場所として共通する特徴を説明しなさい。

問４　日本の産業に関する次の問いに答えなさい。

（１）　次のグラフは、倉敷市（岡山県）と、岡崎市（愛知県）、桐生市（群馬県）の製造品出荷額の内訳（わけ）を表しています。グラフ中のＡ～Ｃには石油化学、せんい、輸送用機械のいずれかが入ります。正しい組合せを、あとのア～カから選びなさい。

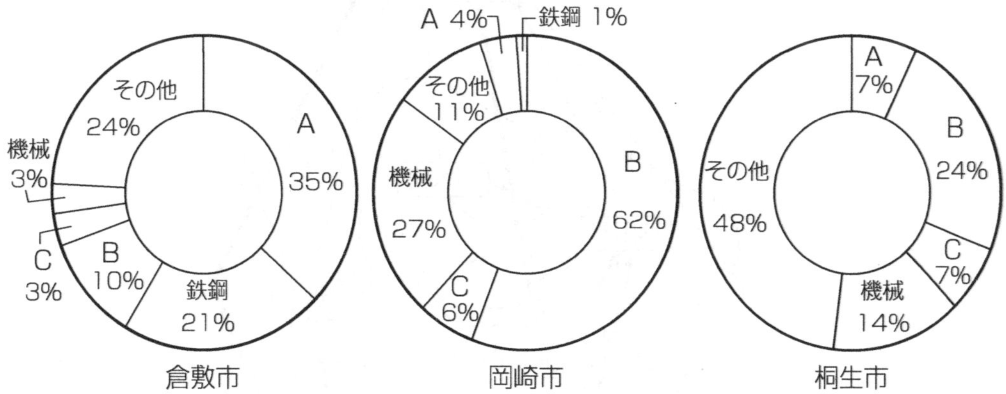

統計年：2016年　出典『工業統計表市町村編』により作成

	ア	イ	ウ	エ	オ	カ
A	石油化学	石油化学	せんい	せんい	輸送用機械	輸送用機械
B	せんい	輸送用機械	石油化学	輸送用機械	石油化学	せんい
C	輸送用機械	せんい	輸送用機械	石油化学	せんい	石油化学

（２） 次の図は、関東地方の一般廃棄物と産業廃棄物の都道府県をこえての移動を表しています。次ページのア～エの文は、図の内容を説明するものです。このうちあやまりをふくむものを１つ選び、記号で答えなさい。

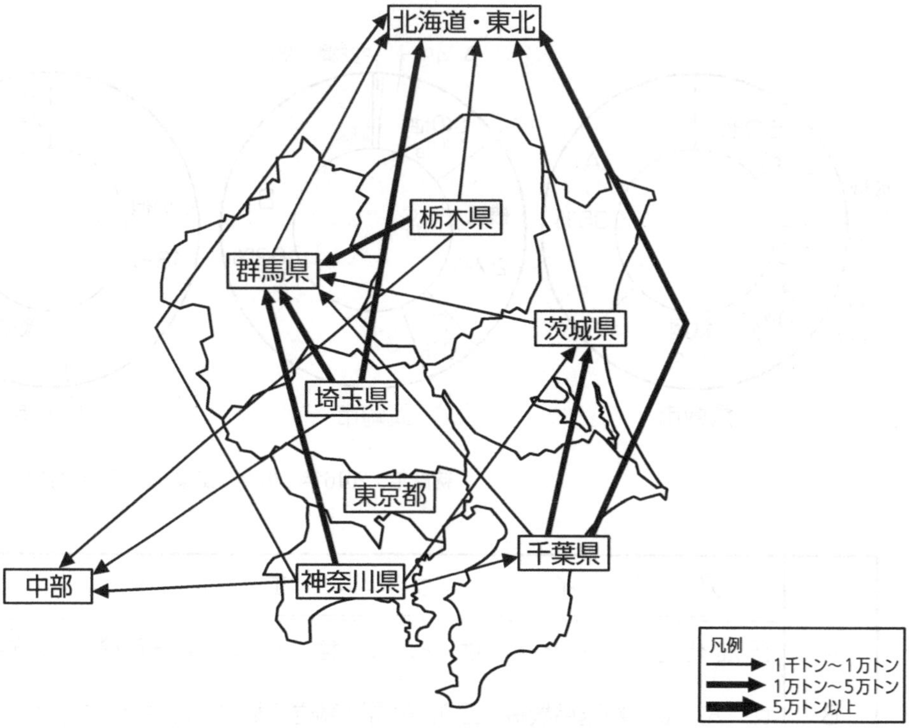

一般廃棄物の移動量

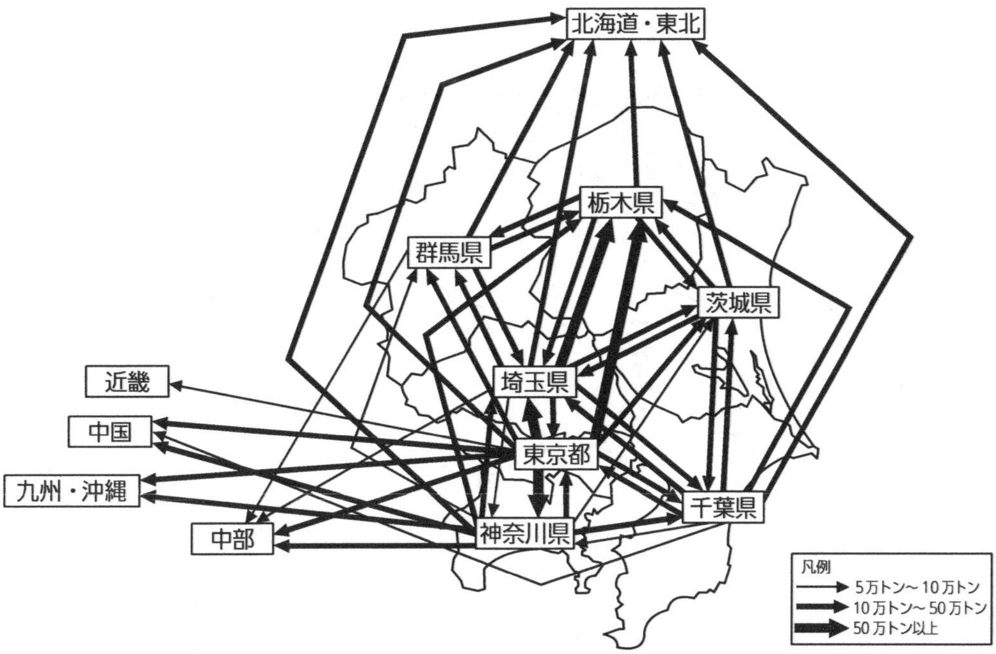

産業廃棄物の移動量（総量）

環境省より。

ア　東京都の一般廃棄物の排出量は多いが、処理施設が整っているため、ほぼすべてを都内で処理できている。

イ　東京都は他県の産業廃棄物の処理を行っているが、都から排出された産業廃棄物が他県で処理されている量の方が多い。

ウ　関東地方から出た産業廃棄物を最も多く処理しているのは、関東地方内では栃木県となっている。

エ　茨城県から搬出される産業廃棄物の総量は東京都から搬出される産業廃棄物の総量よりも多い。

問５　次の各資料は、四国地方の林業従事者に関するものです。資料と説明文に注意して最後の「問い」に答えなさい。

◎　次の［図Ⅰ］は四国４県の地図であり、［図Ⅱ］は低地面積を、［図Ⅲ］は農林業就業者数を、その数値の大きさを面積で示した地図です。

［図Ⅰ］

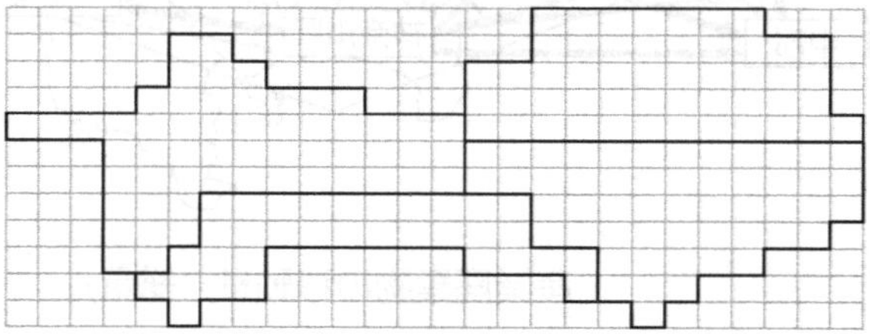

［図Ⅱ］

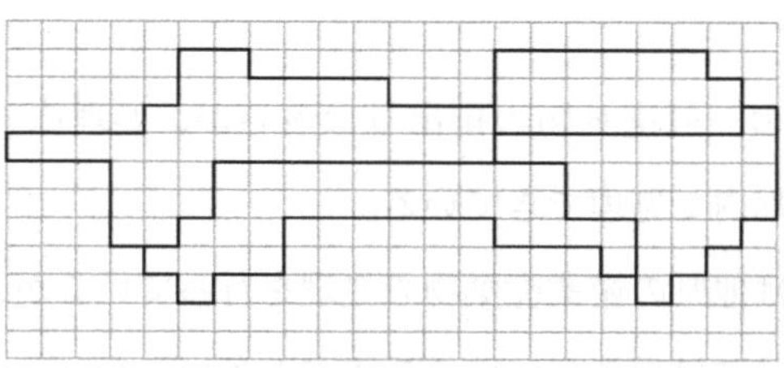

［図Ⅲ］

◎次の写真は、林業従事者を育成するために、高知県が運営している「こうちフォレストスクール」の募集パンフレットの一部です。

高知県HPより作成

◎　次の表は、林業への就業を目指す人のために開かれた研修に参加した人数のうつりかわりを、4県別に表しています。

平成	H15	H16	H17	H18	H19	H20	H21	H22	H23	H24	H25	H26	H27	H28	H29
徳島県	56	57	28	10	16	16	12	16	8	22	11	12	15	11	22
香川県	0	10	4	3	5	2	5	5	0	5	4	5	4	4	4
愛媛県	42	42	23	22	47	34	60	43	45	44	14	13	28	25	36
高知県	88	103	57	43	63	104	98	136	95	64	40	52	50	35	52

「緑の雇用」RINGYOU. NETの資料より

問い　上の表を見ると、高知県の林業への新規就業者数がほかの3県より多くなっているのが読みとれます。その理由を考え説明しなさい。

4 次の各問いに答えなさい。

問１　衆議院で内閣不信任案が可決されたときに、内閣は次の図のように２つの方法をとることができます。図の説明としてあやまっているものを、下のア～エから１つ選び、記号で答えなさい。

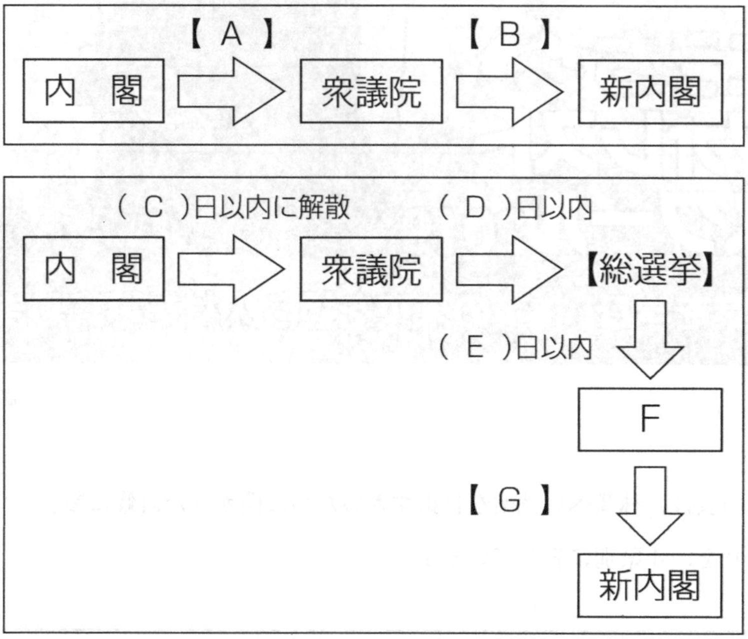

ア　Aには「内閣の総辞職」、Bには「内閣総理大臣の指名」があてはまる。

イ　Cには「30」、Dには「40」、Eには「10」があてはまる。

ウ　Fには「特別国会」、Gには「内閣総理大臣の指名」があてはまる。

エ　この図は、国会と内閣が連帯して責任をおう議院内閣制度を表したものである。

問２　裁判所では、判決に不満があるときには最大３回まで裁判を受けることができます。このしくみを何といいますか。解答らんにあわせて漢字２字で答えなさい。

問３　次のＡ～Ｃの写真は、新しい紙幣の肖像に採用された人物です。各人物の名前を下のア～カから、功績を①～⑤から、それぞれ選び、記号で答えなさい。

Ａ　Ｂ　Ｃ

産経ニュースより

ア　北里柴三郎　　イ　新渡戸稲造　　ウ　野口英世

エ　樋口一葉　　オ　渋沢栄一　　カ　津田梅子

① 結核の予防や細菌学の研究をおこない、近代の医学を発展させた。

② 「君死にたまうことなかれ」という言葉をのこして、反戦運動をおこなった。

③ 岩倉使節団に参加して海外へ留学し、英語教育に貢献して大学を創立した。

④ 日本に資本主義を広めて、約500社の企業の設立にかかわった。

⑤ 世界の平和を主張して、国際連盟の事務次長をつとめた。

問４　自然災害に関する次の各問いに答えなさい。

（１）　災害が発生したときの国の対応を説明する次の文・図のうち、空らんにあてはまる言葉を答えなさい。

> 災害が発生した時に、自衛隊は（　　）大臣の命令によって被(ひ)災地に派遣(はけん)されて、捜索(そうさく)や救助をおこなったり、救援物資を輸送して届(とど)けたりする活動をおこなっています。

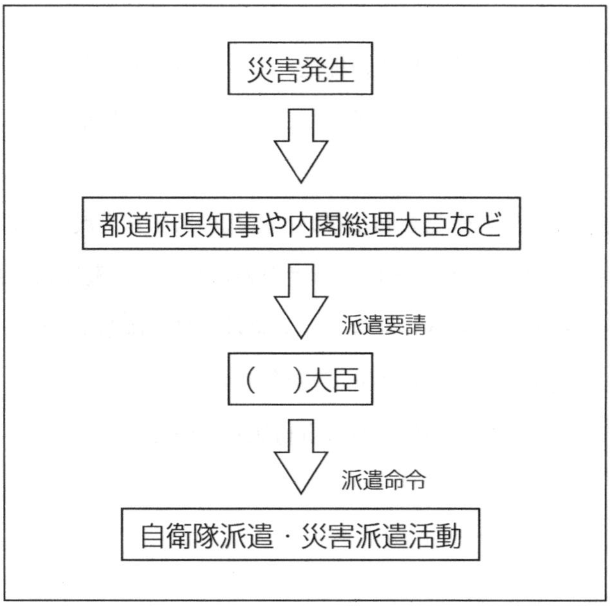

（2） 次のア～エの文は、日本の自然災害への対策を説明するものです。このうちあやまりをふくむものを１つ選び、記号で答えなさい。

ア　日本の予算のなかには、防災に関する費用がふくまれている。
　防災に関する費用は、2018年に西日本で発生した豪(ごう)雨の被害を受けて、増大している。

イ　災害が発生したときに、災害用伝言ダイヤルを使うことができる。
　災害用伝言ダイヤルは、災害で電話がつながりにくい場合に、声を録音・再生できるサービスである。

ウ　災害への備(そな)えとして、都道府県や市区町村ではハザードマップを作成している。
　ハザードマップには、災害のときに危険な場所とともに、避難する場所も記されている。

エ　近年、災害への対策として、減災という考え方が注目されている。
　減災とは、実際に災害が発生したあとに、その被害をできるだけ少なくするよう取り組むことである。

問５　次のア～エの文は、国がおこなう政治（国政）と地方自治体がおこなう政治（地方自治）の違いについて説明したものです。このうちあやまりをふくむものを１つ選び、記号で答えなさい。

ア　国政は、国会・内閣・裁判所が権力を分立して、互(たが)いに抑制(よくせい)しあっている。地方自治は、首長と地方議会が権力を分立して、互いに抑制しあっている。

イ　国政の首長である内閣総理大臣は、国民が間接的に選ぶことができる。地方自治体の首長は、住民の直接選挙によって選ぶことができる。

ウ　国会で制定された法律は、裁判所の違憲審査で無効になることがある。
　地方自治で制定された条例は、住民投票で無効になることがあるので、裁判所が無効にすることはできない。

エ　国政で行うべき仕事の一部を、地方自治体が引き受けておこなっている。そのため、国は地方公共団体に補助金を交付している。

問６　2019年５月に、食品ロス削減（さくげん）法が国会で成立しました。次の問いに答えなさい。

（１）　食品ロスとは、どのようなことをいいあらわしますか。次の空らんにあてはまる内容を考えて答えなさい。

食品ロスとは、［　　］にもかかわらず、ごみとして廃棄（はいき）される食品のこと。

（２）　次のア～エの文は、「食品ロス」の問題点を説明するものです。このうちあやまりをふくむものを１つ選び、記号で答えなさい。

ア　食品をごみとして廃棄することで、ごみ処理に多くの費用がかかってしまう。

イ　食品ロスを減らすと、国民の健康を害する可能性があると心配されている。

ウ　多くの食料を輸入に頼りながら多くの食品を廃棄することで、経済的な無駄（むだ）が出てしまう。

エ　食品を燃やしたあとの灰を埋め立てることで、環境に悪い影響が出てしまう。

2020(R2) 須磨学園中　第１回
K 教英出版